教育部　财政部中等职业学校教师素质提高计划成果
会计专业师资培训包开发项目(LBZD057)

会计核算实务

Kuaiji Hesuan Shiwu

教育部　财政部　组编
刘继伟　主编
窦洪波　执行主编

中国财政经济出版社

图书在版编目（CIP）数据

会计核算实务/窦洪波主编．—北京：中国财政经济出版社，2011.9

教育部、财政部中等职业学校教师素质提高计划成果　会计专业师资培训包开发项目（LBZD057）

ISBN 978－7－5095－3100－6

Ⅰ.①会…　Ⅱ.①窦…　Ⅲ.①会计学－中等专业学校－师资培训－教材　Ⅳ.①F230

中国版本图书馆CIP数据核字（2011）第184284号

责任编辑：陈　冰　　　责任校对：黄亚青

封面设计：陈　瑶　　　版式设计：董生萍

内容提要

本书是教育部和财政部“中等职业学校教师素质提高计划”中“会计专业师资培训包开发项目（LBZD057）”的成果之一。本书以新的《企业会计准则》和《企业所得税法》的内容为主线，按会计工作项目内容将教材分为10个模块，主要介绍了货币资金、往来业务、存货业务、投资业务、长期资产、负债与所有者权益、成本业务、收入及利润的核算与管理等。

本书可用于中等职业学校会计专业教师上岗层级、提高层级和骨干层级的培训指导用书，也可以作为各级会计专业教师培训的指导与参考用书。

中国财政经济出版社出版

URL：http：//www.cfeph.cn

E－mail：cfeph@cfeph.cn

社址：北京市海淀区阜成路甲28号　邮政编码：100142

营销中心电话：88190406　北京财经书店电话：64033436　84041336

北京中兴印刷有限公司印刷　各地新华书店经销

787×1092毫米　16开　21.75印张　521 000字

2011年12月第1版　2011年12月北京第1次印刷

定价：49.00元

ISBN 978－7－5095－3100－6/F·2628

（图书出现印装问题，本社负责调换）

质量投诉电话：88190744

教育部　财政部中等职业学校教师素质提高计划成果
系列丛书

教育部　财政部中等职业学校教师素质提高计划成果
系列丛书

会计专业师资培训包开发项目
(LBZD057)

项目牵头单位　东北财经大学
项 目 负 责 人　刘继伟

出版说明

根据2005年全国职业教育工作会议精神和《国务院关于大力发展职业教育的决定》（国发［2005］35号），教育部、财政部2006年12月印发了《关于实施中等职业学校教师素质提高计划的意见》（教职成［2006］13号），决定“十一五”期间中央财政投入5亿元用于实施中等职业学校师资队伍建设相关项目。其中，安排4 000万元，支持39个培训工作基础好、相关学科优势明显的全国重点建设职教师资培养培训基地牵头，联合有关高等学校、职业学校、行业企业，共同开发中等职业学校重点专业师资培训方案、课程和教材（以下简称“培训包项目”）。

经过四年多的努力，培训包项目取得了丰富成果。一是开发了中等职业学校70个专业的教师培训包，内容包括专业教师的教学能力标准、培训方案、专业核心课程教材、专业教学法教材和培训质量评价指标体系5方面成果。二是开发了中等职业学校校长资格培训、提高培训和高级研修3个校长培训包，内容包括校长岗位职责和能力标准、培训方案、培训教材、培训质量评价指标体系4方面成果。三是取得了7项职教师资公共基础研究成果，内容包括中等职业学校德育课教师、职业指导和心理健康教育教师培训方案、培训教材，教师培训项目体系、教师资格制度、教师培训教育类公共课程、职业教育教学法和现代教育技术、教师培训网站建设等课程教材、政策研究、制度设计和信息平台等。上述成果，共整理汇编出300多本正式出版物。

培训包项目的实施具有如下特点：一是系统设计框架。项目成果涵盖了从标准、方案到教材、评价的一整套内容，成果之间紧密衔接。同时，针对职教师资队伍建设的基础性问题，设计了专门的公共基础研究课题。二是坚持调研先行。项目承担单位进行了3 000多次调研，深度访谈2 000多次，发放问卷200多万份，调研范围覆盖了70多个行业和全国所有省（区、市），收集了大量翔实的一手数据和材料，为提高成果的科学性奠定了坚实基础。三是多方广泛参与。在39个项目牵头单位组织下，另有110多所国内外高等学校和科研机构、260多个行业企业、36个政府管理部门、277所职业院校参加了开发工作，参与研发人员2 100多人，形成了政府、学校、行业、企业和科研机构共同参与的研发模式。四是突出职教特色。项目成果打破学科体系，根据职业学校教学特点，结合产业发展实际，将行动导向、工作过程系统化、任务驱动等理念应用到项目开发中，体现了职教师资培训内容和方式方法的特殊性。五是研究实践并进。几年来，项目承担单位在职业学校进行了1 000多次成果试验。阶段性成果形成后，在中等职业学校专业骨干教师国家级培训、省级培训、企业实践等活动中先行试用，不断总结经验、修改完善，提高了项目成果的针对性、应用性。六是严格过程管理。两部成立了专家指导委员会和项目管理办公室，在项目实施过程中先后组织研讨、培训和推进会近30次，来自职业教育办学、研究和管理一线的数十位领导、专家和实践工作者对成果进行了严格把关，确保了项目开发的正确方向。

作为“十一五”期间教育部、财政部实施的中等职业学校教师素质提高计划的重要内容，培训包项目的实施及所取得的成果，对于进一步完善职业教育师资培养培训体系，推动职教师资培训工作的科学化、规范化具有基础性和开创性意义。这一系列成果，既是职教师资培养培训机构开展教师培训活动的专门教材，也是职业学校教师在职自学的重要读物，同时也将为各级职业教育管理部门加强和改进职教教师管理和培训工作提供有益借鉴。希望各级教育行政部门、职教师资培训机构和职业学校要充分利用好这些成果。

为了高质量完成项目开发任务，全体项目承担单位和项目开发人员付出了巨大努力，中等职业学校教师素质提高计划专家指导委员会、项目管理办公室及相关方面的专家和同志投入了大量心血，承担出版任务的11家出版社开展了富有成效的工作。在此，我们一并表示衷心的感谢！

编写委员会

2011年10月

前言

随着国民经济的快速发展，社会对中等职业人才的需求大量增加。为应对新的中等职业教育形势，贯彻落实《国务院关于大力发展职业教育的决定》的有关要求，2006 年底教育部、财政部启动实施了“中等职业学校教师素质提高计划”。该计划的重要内容之一是开发 70 个重点专业的师资培训方案、课程和教材（简称“专业项目”），这对于促进职教师资培养培训工作的科学化、规范化，完善职教师资培养培训体系有着开创性、基础性的意义。

按照项目实施办法，专业项目要取得五部分成果：一是该专业教师的教学能力标准；二是一套包括该专业教师上岗培训、提高培训、骨干教师培训的培训方案；三是至少一部该专业教师培训的专业核心课程教材；四是一部该专业的专业教学法教材；五是该专业教师培训质量评价指标体系。

教师教学能力标准要解决的问题是：为胜任职业教育教学改革提出的要求，培养高素质技能型人才，中等职业学校教师应该具备的教学能力。能力标准的开发，应立足于职教教师的职业活动，从中职专业教师所履行的教育教学职责以及所在教学岗位的工作要求出发，着眼于教师的专业发展与职业教育的发展。教师教学工作的中心是培养学生，学生毕业后所从事的职业与岗位要求是培养的关键目标所在。为此，学生毕业后的职业领域和工作岗位调研应是教学能力标准开发所需调研活动的逻辑起点。

教师培训方案是针对教师阶段发展要求，针对新教师上岗、在职提高和骨干培训所开发的一套培训方案。教师培训方案提出的相应目标和内容，要以教师教学能力标准为参考依据和重要基础，体现“中等、职教、师资、培训”四个关键词的特征，形成“上岗”、“提高”、“骨干”三个层次。培训方案要突出“职业性”和“师范性”的要求，在理论与实践、专业与教育两个维度展开。专业理论、专业实践、教育理论、教育实践这几个方面怎么实施？分立课程还是综合课程？构成和比例如何？用什么内容和形式？这些问题均应由方案开发来解决。

教师培训的核心目标是专业教学能力的发展，专业核心课程和专业教学法课程是培训方案非常关键的内容，在促进专业教师教学能力提升方面起着举足轻重的作用。为此，编写专业核心课程教材和专业教学法教材是项目开发相当重要的工作，也是项目成果的主要体现。

专业核心课程教材不是普通高等院校专业某一门课程的教材。绝大部分的职业学校教师是从普通高等院校培养出来的，接受的是以学科中心的学术教育，进入职业学校后通常按“学过的内容、体系和方法”教学，只有通过接受用“职业性”课程及其教材进行的培训，才能懂得如何去“职业性”地教学。因此，职教师资培训的专业核心课程应该是该专业领域的主干课程按照与职业教育课程相似的框架结构展开，体现教师的工作过程和学生的就业职业导向。专业课新课程还应关注该专业领域的新理论、新技术、新工艺和新方法方面的内容。

鉴于上述设想，2007 年 11 月份，东北财经大学接受教育部和财政部的委托，开始进行“中等职业学校重点专业师资培养培训方案、课程和教材开发项目”会计项目的开发。该项目主要包括会计专业教师的能力标准，会计新上岗、提高和骨干教师的培训方案，会计专业核心教材，会计专业教学法教材和会计专业教师培训质量评价指标体系五个部分。《会计核算实务》属专业核心教材，是其中一个重要的组成部分。

《会计核算实务》教材的开发以中职会计专业教师的职业能力标准为依据，以理论讲授和实践教学并重的培训方式，培养教师树立先进的职业教育理念，学会先进的教学方法，掌握现代教育技术，形成开展职业教育科学研究的能力。为此，我们根据“调研报告”中关于会计专业的国内师资总体状况、全国范围内会计专业的师资教学能力现状和全国范围内相关专业的师资培训需求以及专业教材需求热点等，结合《中等职业技术学校会计专业教师教学能力标准》对教师教学能力和实践能力的基本要求，按照理论教学胜任能力、实践和实验实训指导能力、课程和专业建设规划能力的专业培训方案的具体内容，来组织会计专业师资培训专业核心教材。

本教材具有以下特点：

第一，教材内容的选取，反映该专业领域主要应用的知识点，并与中等职业学校专业教学紧密衔接、与中职毕业生就业岗位对能力素质的相关要求紧密衔接，适用于师资培训机构培训使用，适用于教师学习使用。

第二，本教材是以最新颁布的《企业会计准则》、《企业会计准则应用指南》和《企业所得税法》内容为主线，遵循“理论以必需、够用为度，重视实践，突出能力与素质培养”的原则，反映会计行业及企业发展的新趋势、新需求，突出“以培养教师职业能力为目标”的特点。

第三，本教材以职业活动为中心，结构新颖。教材按会计工作项目分为 10 个单元模块，每个学习任务由职业情境案例、学习目标、引导性问题、资料卡、小提示、知识归纳和训练区组成，每个模块还有学习目标和评价反思。

第四，本教材凸显项目课程的特征，内容“理实一体化”。首先，教材以解决系列化问题的形式呈现内容，如每个学习任务以实践性问题引导知识和技能内容，每项职业活动也围绕问题的解决展开，这有利于实施项目教学。其次，教材配备了丰富的实践素材。知识训练题适量，突出重点，题目类型丰富；课后活动实践导向明确，使学习与生活有机地联系起来；职业活动资料仿真，学习者以合作的方式“做中学”，利于培养职业能力；“评价反思”促进学习者不断总结、思考。

第五，教材形式新颖、仿真性强。教材重视创设职业情境、角色模拟和团队协作，教学与实践联系紧密；教材通过呈现职业情境，展示业务流程式，内容清晰直观；教材还大量采用实际工作中的单证、账表，学习素材真实、丰富；教材文字简洁、精练，图表化的表述，利于学习者认识的形成。此外，教材中的“资料卡”重在拓展内容的深度和广度，旨在满足不同程度学习者的需要，同时指出了学习中的难点和注意点，起到提示作用；“知识归纳”对知识进行了系统的梳理。

本书由东北财经大学窦洪波副教授主编，参编人员和具体分工如下：广州市财经职业学校梁浩彤高级讲师编写单元1；湖南长沙市财经职业中专顾竞高级讲师编写单元2；窦洪波副教授编写单元4、5、10，东北财经大学姜洁副教授参与编写单元5；山西省运城市财经学校刘淑云讲师编写单元6；东北财经大学陈岩副教授编写单元7；东北财经大学赵金玉副教授编写单元8；重庆财经职业学院聂卫东副教授编写单元9；江苏丰县职业技术教育中心菅振行高级讲师参与编写单元10；同时，河南省平顶山市财经学校、平顶山市干部学校翟新芳高级讲师；陕西商业学校邱社军讲师；北京市黄庄职业高中王焕娣高级讲师、北京市商业学校李亚东讲师；东北财经大学韩霜讲师参与了编写工作并提供了相关资料。海尔集团住建PL本部财务部部长吴建国、大连理工安全装备有限公司财务总监张兴和、大连新华税务师事务所所长张绍红、大连方圆会计师事务所齐圆圆等参与教材论证。全书由大连重工集团财务部部长张辉负责主审。

本教材在写作过程中，得到了商贸管理类专家指导小组石卫平教授、邓泽民教授、杨铭铎教授、卜军教授、王奕俊副教授、师慧丽和郑建萍讲师以及职教专家辽宁师范大学张桂春教授、辽宁省教育厅董新伟研究员的悉心指导和热忱帮助。在三年多的时间中，专家们渊博的职业知识、循循善诱的职业素养、诲人不倦的职业精神，指导和激励着我们完成项目的每一项工作。可以说，项目的每一项进展，都凝聚着专家们的心血，让我们向他们致以诚挚的感谢！

《会计核算实务》教材编写小组

2011年6月

目录

单元1

货币资金核算与管理

学习目标 □ 理解现金收支的范围及规定
□ 能描述现金支付的内部控制过程
□ 熟练运用各种银行结算方式
□ 能编制银行存款余额调节表
□ 认识备用金的管理与核算

任务1 库存现金定义和库存现金的控制

现金是我们最熟悉的资产，也是流动性最强的资产。那么，在会计中对现金是如何定义的？库存现金是指由出纳员保管并存放于企业保险柜中的，用于满足企业经营过程中零星支付需要而保留的货币。库存现金流动性强的特性决定了企业必须对其加强管理，按照国务院颁布的《现金管理暂行条例》正确进行现金收支的核算。

1.1 任务描述

1.1.1 设计库存现金的业务流程

海达有限公司要对库存现金加强管理，首先要设计好有关库存现金日常收支业务的流程，在业务发生时就在各环节加强监督，那么对库存现金的控制也就自然而成。

1.1.2 建立现金使用的管理制度

管理，必须先把关系理顺才能加强监管。结合有关的管理制度和企业的实际情况，设计一套具有可行性的管理制度，才能保证业务正常进行而又能有效地实行控制。

1.2 任务分析

1.2.1 库存现金内部控制制度的相关规定

企业内部控制中对资金的管理要点有以下几个关键：

(1) 健全岗位职责

企业应当建立资金业务的岗位责任制，明确相关部门和岗位的职责权限，确保办理资金业务的不相容岗位相互分离、制约和监督。

(2) 建立资金的授权、审批制度

企业应当建立资金授权制度和审核批准制度，并按照规定的权限和程序办理资金支付业务。

(3) 内部控制中不相容职务进行分离

有关库存现金业务的不相容岗位应当包括：

1) 资金支付的审批与执行；

2) 资金的保管、记录与盘点清查；

3) 资金的会计记录与审计监督。

除此以外，出纳人员不得兼任稽核、会计档案保管和收入、支出、费用、债权债务账目的登记工作。

1.2.2 库存现金业务涉及的单证

1) 现金收付日报表（见表1-1）。

表1-1　　现金及银行存款收付日报表

年　月　日　　　　第　号

摘要	现金									银行存款										备注
	百	十	万	千	百	十	元	角	分	亿	千	百	十	万	千	百	十	元	角	分	
上日结存																					
本日收入																					
本日付出																					
本日结存																					

附：现金收入凭证______字第______号至第______号共______张

现金付出凭证______字第______号至第______号共______张

银行存款收入凭证______字第______号至第______号共______张

银行存款付出凭证______字第______号至第______号共______张

会计　　　　出纳

2) 报销凭证（见表1-2）。

表1-2

海达有限公司　报销凭证

报销日期：20　　年　　月　　日

董事长	总经理	财务总监	部门负责人	验收人	经手人

报销内容摘要

现　　金：________

银行支票号：________

领　款　人：________

报销金额（大写）________________　¥________

1.3 相关知识

1.3.1 库存现金限额

库存现金限额是指为了保证企业日常零星开支的需要，允许企业留存现金的最高限额。开户银行根据实际需要，核定企业3~5天的日常零星开支所需的库存现金限额。边远地区和交通不便地区的企业的库存现金限额，可以多于5天，但不得超过15天的日常零星开支。需要增加或者减少库存现金限额的，应当向开户银行提出申请，由开户银行核定。

经核定的库存现金限额，企业必须严格遵守，超过限额的部分必须及时送存银行，库存现金低于限额时，可以签发现金支票从银行提取现金补足限额。

1.3.2 《现金管理暂行条例》

《现金管理暂行条例》是我国为了改善现金的管理而制定的，各企业应严格遵守此条例并结合本企业的实际情况，制定本企业的现金管理规定。我国现行的《现金管理暂行条例》是由国务院在1988年10月1日颁布的。

1.3.3 现金使用的相关规定

【学习资源查阅】 中国人民银行网页/政务公开/法规政策/国家金融法规。

1.4 技能训练

（1）职业能力判断（正确的在括号内打“√”，错误的打“×”，下同）

①库存现金限额以满足企业五天的日常零星开支所需的现金为限。（　　）

②企业必须严格遵守《现金管理暂行条例》，无权结合本单位的实际情况，确定本单位现金的开支范围。（　　）

③库存现金的限额是指企业为保证日常零星开支的需要，允许单位留存现金的平均限额。（　　）

④对于银行核定的库存现金限额，开户单位必须严格遵守，超过限额的部分应于当日终了前送存银行。（　　）

⑤出纳员小李同时担任会计档案的整理、保管工作。（　　）

（2）职业能力选择（多选，下同）

①下列说法正确的是（　　）。

A. 企业现金收入应于当月送存开户银行　B. 企业可以在本单位的现金收入中直接支付

C. 企业收入现金可以存入个人账户　D. 超过库存限额现金应在下班前送存银行

②下列说法正确的是（　　）。

A. 不准未经批准坐支现金　B. 不准谎报用途套取现金

C. 不准违法留存现金　D. 单位之间可以借用现金

③单位的库存现金限额是由（　　）核定的。

A. 董事长　B. 财务总监　C. 总经理　D. 开户银行

【课堂讨论】 现金管理制度应涵盖的内容。

1.5 完成任务

海达公司为了加强对库存现金的内部控制，建立了资金的授权制度和审核批准制度，要求用款必须按照流程进行。同时对财务部门各岗位建立了岗位职责，通过岗位职责明确对库存现金收支业务的监督管理。

1.5.1 库存现金的业务流程

对于用款业务，海达公司严格按照权限和程序办理，有效保证了控制制度的执行（见图1－1）。

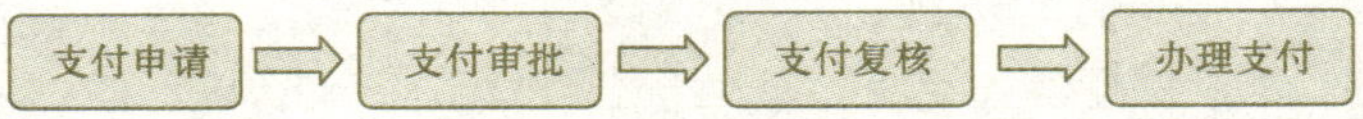

图1－1　海达公司库存现金内控程序

1.5.2 库存现金管理业务流程关键步骤

（1）制定现金管理制度

海达公司为了加强对库存现金的管理，制定了用款的管理制度，对公司的现金管理业务流程进行了设计。具体库存现金管理业务流程见图1－2。

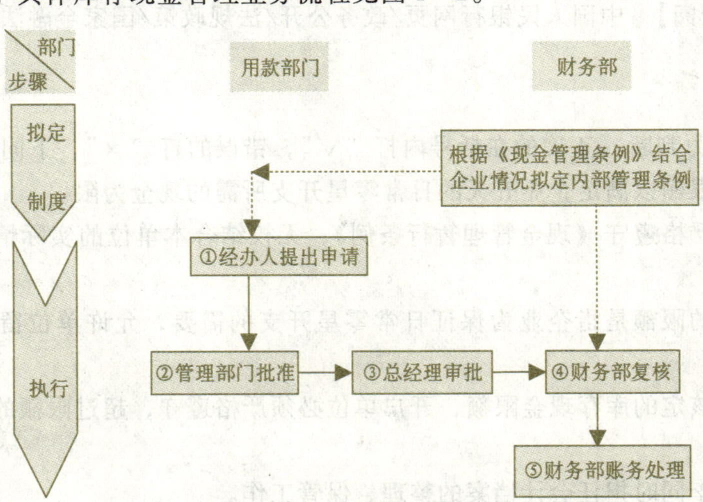

图1－2　海达公司库存现金管理业务流程

（2）明确授权和审核批准的要求

1）企业有关部门或个人用款时，应当提前向经授权的审批人提交资金支付申请，注明款项的用途、金额、预算、限额、支付方式等内容，并附相关证明。

2）审批人根据其职责、权限和相应程序对支付申请进行审批。对不符合规定的资金支付申请，审批人应当拒绝批准，性质或金额重大的，还应及时报告有关部门。

3）复核人应当对批准后的资金支付申请进行复核，复核资金支付申请的批准范围、权限、程序是否正确，手续及相关单证是否齐备，金额计算是否准确，支付方式、支付企业是否妥当等。复核无误后，交由出纳人员办理支付手续。

4）出纳人员应当根据复核无误的支付申请，按规定办理资金支付手续，并及时登记现金和银行存款日记账。

1.6 教研活动

本任务的重点是对库存现金内部控制制度的理解，在完成任务的过程中逐步形成良好的职业规范。

1）学习《现金管理暂行条例》；

2）学习《企业内部控制应用指引——资金》第一、二章。

【课后讨论】 讨论海达公司现金内部控制。

海达公司对货币资金的管理体现在以下几个方面：

1）建立财务管理制度，在制度中对现金的使用有明确规定：因公借用资金，由经办人填写借款单，需经本部门主管签字，法定代表人或授权人审批，财务负责人审核。经办人必须及时办理报销手续（从借款之日起或出差回来一周内），如月内不报销或归还借款，财务部从借款人工资中扣回，原则上“清旧借新”。

2）对费用报销的要求：公司所有费用开支遵循及时结清的原则，即当月发生的费用必须在次月5日前到财务部门办理报销，当年发生的费用必须于次年1月15日前到财务部门办理报销手续（出差人员差旅费报销按差旅费报销时间规定执行），超过该时限财务部门有权不予报销，由此产生的后果由当事人承担。

审批程序要求：经办人（填制费用或差旅报销单）→部门负责人（证明人）→总经理、董事长（审批）→财务总监（审核）→出纳员（办理）。

3）出纳、会计、财务总监等岗位都建立了岗位职责，明确各岗位对现金业务的审核和监督。

要求：分析海达公司以上的管理安排有何优缺点。

1.7 知识拓展——从财务管理角度看现金管理

企业的库存现金不会增值，银行存款的利率也远远低于企业的资金利润率，因此，库存现金的结余过多会降低收益，但结余太少又可能会出现现金短缺影响到经营。所以现金管理的目的是在保证企业正常生产经营活动所需现金的同时，能节约使用现金，减少闲置现金并从闲置的现金中获取最多的利息收入。

现金管理的内容有以下几点：

1）编制现金预算，合理估计未来的现金需求；

2）对日常的现金收支进行管理，力求加速收款，延迟付款；

3）用特定的方法确定现金余额，通过融资、投资等方式达到理想的现金使用状况；

4）尽可能保持最佳的现金持有量。

任务2　现金收入的控制

由于现金是流动性最强的资产，管理有一定的难度，企业应根据国务院颁布的《现金管理暂行条例》，再结合实情建立制度并实施有效的控制。此外，企业在经营过程中也要控制好现金回收的期间，以便提高现金的使用效率，所以还要考虑如何缩短客户付款的时间、如何减少票据停留在企业的时间等问题。

2.1　任务描述

2.1.1　确定现金收入的范围

根据《现金管理暂行条例》，结合企业的实际情况，订立本公司能收取现金的范围。

2.1.2　设计现金收入的流程

设计收取现金的工作流程，减少漏洞，使日常工作规范化，避免错误。

2.2　任务分析

2.2.1　现金收入的范围

《现金管理暂行条例》对现金收入的范围有以下规定：

1）交回借支差旅费余额、归还备用金等个人的交款；

2）对个人或不能转账的单位的销售收入；

3）不足结算起点（1 000 元）的小额收款。

2.2.2　现金收入的关键环节

1）收入手续严格，先收款后开收据。

2）收入凭证的审核与签名。

3）收取现金时辨别真假钞票。

2.2.3　现金收入业务涉及的单证

1）收据（见表1－3）。

表1-3

收　据

2010年3月11日　　　　№ 0405929

今收到　华光有限公司交来包装物押金

人民币（大写）零万 零 仟 陆 佰 零 拾 零 元 零 角 零 分　　（¥600.00）

单位盖章：（海达有限公司 财务专用章）　　现金收讫

负责人　　　　会计　　　　出纳　徐晓敏　　记账

2）提取现金的支票（见表1-4）。

表1-4

中国工商银行支票存根（粤）
EC　　05666112
02
附加信息
出票日期 2010年10月5日
收款人：海达有限公司
金　额：¥5000.00
用　途：备用金
单位主管　　　会计

本支票付款期限十天

中国工商银行　支票　（粤） EC 05666112
02

出票日期（大写）贰零壹零年零壹拾月零伍日　　付款行名称：工商银行越秀支行
收款人：海达有限公司　　出票人账号：12226688576

人民币（大写）	伍仟元整	亿	千	百	十	万	千	百	十	元	角	分
						¥	5	0	0	0	0	0

用途　备用金
上列款项请从
我账户内支付
出票人签章　（海达有限公司财务专用章）（陈明伟印）
复核　　　记账

2.3 相关知识

2.3.1 现金支票

现金支票用于支取现金，它可以由存款人签发用于到银行为本单位提取现金，也可以签发给其他单位和个人用来办理结算或者委托银行代为支付现金给收款人。

现金支票收款人为本单位名称，要在支票背面的"被背书人签章"栏内加盖本单位银行预留印鉴，然后凭现金支票直接到开户银行提取现金。

现金支票收款人为个人姓名的，支票背面不盖任何印章，收款人在现金支票背面填上身份证号码和发证机关名称，凭身份证和现金支票签字领款。

2.3.2 现金业务的核算账户

为了核算企业库存现金的增减变动及结余情况，应设置"库存现金"账户。库存现金账户属于资产类账户，借方登记现金的增加，贷方登记现金的减少，期末余额在借方，表示企业实际持有的库存现金。

2.4 技能训练

2.4.1 职业能力训练

(1) 职业能力判断

1) 零星销售的货款可以收取现金。 ( )

2) 不足结算起点的款项只能通过现金结算。 ( )

3) 业务员报销差旅费，直接以当天收取的零星销售款支付。 ( )

(2) 职业能力选择

1) 下列属于现金收款业务原始凭证的有（ ）。

A. 增值税专用发票 B. 普通发票 C. 收据 D. 借款单

2) 下列经济业务可以收取现金的是（ ）。

A. 业务员出差回来报销，退回借支款余款 1 320 元。

B. 向不能转账的 T 公司销售产品一批，价款 2 340 元。

C. 向鸿达公司销售产品一批，价款 5 850 元。

D. 收取鸿达公司的包装物押金 1 200 元。

2.4.2 现金收入核算的训练

假设海达公司经广州市国家税务局认定为一般纳税人企业，增值税率为 17%（下同）。

【业务 1-1】 1 月 5 日，海达公司销售手机配件给高乐电器商店，取得现金收入 702 元。账务处理如下：

借：库存现金 702

　　贷：主营业务收入 600

　　　　应交税费——应交增值税（销项税额） 102

【业务 1-2】 1 月 10 日，海达公司出纳员从银行提取现金 8 000 元备用。账务处理如下：

借：库存现金 8 000

　　贷：银行存款 8 000

【课堂讨论】 现金收入的范围。

2.5 完成任务

2.5.1 制定《现金管理规定》

海达公司根据《现金管理暂行条例》制定了企业的管理规定，其中有关现金收入的要求如下：

1) 只能在规定的范围内收取现金，其余的业务应通过银行的各种结算方式进行结算；

2) 对销售收入或其他收入的现金，经办人员必须于收到款项后当日或次日送交财务部，财务部必须于收到款项后当日或次日送交银行，不允许从收入中坐支。

3) 出纳员在现金收入时，要严格核对现金收入凭证和原始单据是否相符，现金收款后，出纳员须盖“现金收讫”字样。

2.5.2 现金收入的流程

（1）出纳部门直接收款的程序

直接收款是指交款人直接持现金到出纳部门交款，出纳人员根据有关收款凭据办理收款事宜。其流程见图1－3。

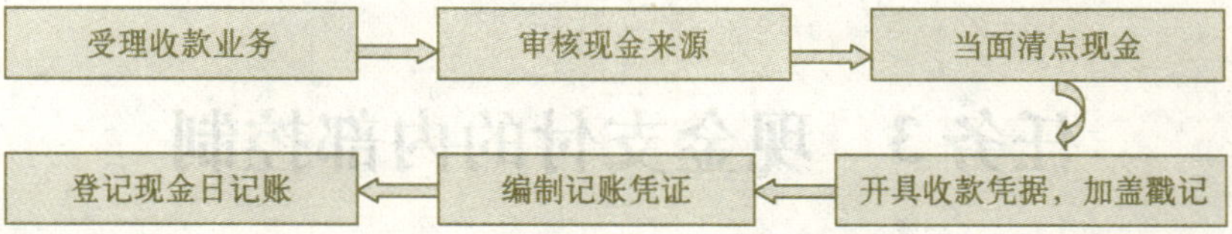

图1－3 海达公司直接收取现金的程序

（2）从银行提取现金的程序

从银行提取现金的流程如图1－4所示。

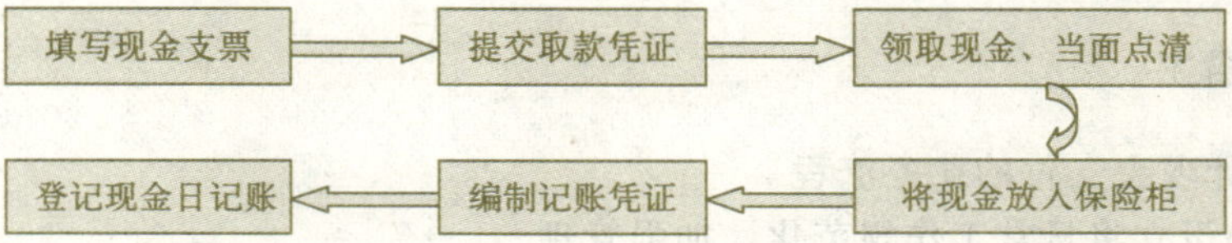

图1－4 海达公司从银行提取现金的程序

2.5.3 海达公司现金收入业务流程关键步骤的描述

（1）出纳部门直接收取现金

1）受理收款业务，查看收款原始凭证即收款依据是否齐备；

2）审核现金来源是否合理合法；

3）当面清点和检查现金真伪，做到收付两清；

4）开具收款原始凭证如收据、发票，并在收款原始凭证上加盖“现金收讫”戳记；

5）根据收款原始凭证记账联等，编制记账凭证；

6）根据审核无误的记账凭证登记现金日记账。

（2）到开户银行提取现金

1）填写现金支票，交印鉴管理员加盖预留银行印鉴；

2）向开户银行提交现金支票；

3）收取现金后，根据取款数额当场清点、确认无误后才能离开柜台；

4）取回现金后及时存入出纳专用保险柜；

5）根据现金支票存根编制记账凭证；

6）根据审核无误的记账凭证登记现金日记账。

2.6 教研活动

本任务的重点是有关现金收入的业务流程，教师可以采用“做中教”的方式，要求学生在进行学习之前先根据日常生活写出收取现金的流程，再进行点评分析。

2.7 知识拓展

[学习资源查阅] 《企业内部控制应用指引——资金》第三章之第九条、第十一条、第十二条。

任务3 现金支付的内部控制

企业在加强对现金收入控制的同时也应当严格控制现金支出，只能在规定的范围内支付。此外，也要考虑如何在不影响信誉的前提下尽可能延迟现金的支出时间。

3.1 任务描述

3.1.1 设计现金支付的业务流程

通过流程的设立将日常工作规范化，加强管理。

3.1.2 制定现金支付的内控制度

落实授权、审批制度，堵塞漏洞。

3.2 任务分析

3.2.1 现金支付的范围

根据《现金管理暂行条例》的规定，企业可以在下列范围内使用现金：

1）职工工资、津贴；
2）劳务报酬；
3）根据国家规定颁发给个人的科学技术、文化艺术、体育等各种奖金；
4）各种劳保、福利费用以及国家规定的对个人的其他支出；
5）向个人收购农副产品和其他物资的价款；
6）出差人员必须随身携带的差旅费；
7）结算起点（人民币1 000元）以下的零星支出；
8）中国人民银行确定需要支付现金的其他支出。

企业可结合本单位的实际情况，确定本单位现金的开支范围。

3.2.2 现金支付业务涉及单证

1）现金交款单（见表1－5）。

表1－5 **中国建设银行现金交款单**

账别： 2008年5月31日

交款单位	广州市海达有限公司	收款单位	广州市海达有限公司		
款项来源	超库存限额	账号	01023456	开户银行	建行岭南支行

大写金额	十	亿	千	百	十	万	千	百	十	元	角	分
（币种）人民币叁仟捌佰贰拾元整						¥	3	8	2	0	0	0

券别	佰元	伍拾	拾元											合计金额	
整把券															中国建设银行股份有限公司 广州市岭南支行 ★2008.05.31★ 现金讫 收款银行盖章 年 月 日
零张券	31	12	12											¥3 110.00	

复核 经办

第一联：银行盖章后退交款人

2）费用报销单（见表1－6）。

表1－6

费 用 报 销 单

广州市财政局监制 标准会计凭证账簿系列

2010年3月12日

单据及附件共 2 页

用 途	金额（元）		
招待客户的餐费	810.00	备 注	
		领导审批	同意报销。 李明杰
合 计	¥810.00		
金额大写：零万零仟捌佰壹拾零元零角零分		原借款：_____元	应退金额：_____元

会计主管： 复核： 出纳： 报销人签章： 领款人签章：

3.3 相关知识

现金支付的管理规定

在前面所述的现金支付范围中，除第五点向个人收购农副产品和其他物资的价款和第六点出差人员必须随身携带的差旅费外，开户单位支付给个人的款项，超过使用现金限额的部分，应当以支票或者银行本票支付；确需全额支付现金的，经开户银行审核后，予以支付现金；防止套取现金。

3.4 技能训练

3.4.1 职业能力训练

（1）职业能力判断

1）把现金送存银行的业务应该编制一张收款凭证和一张付款凭证。（ ）
2）业务员钱诚借支差旅费3 000元，以现金支付。（ ）
3）以现金2 000元对技术员李俊颁发科学技术创新奖奖金。（ ）
4）行政部门购买办公用品2 800元，以现金支付。（ ）
5）向顺丰速运公司支付产品运费600元。（ ）

（2）职业能力选择

1）下列各项中，根据《现金管理暂行条例》规定，不能用现金结算的是（ ）。

A. 职工工资和津贴　　B. 交回借支差旅费余额
C. 结算起点以上的零星支出　　D. 向个人收购农副产品和其他物资的价款

2）下列属于现金付款业务原始凭证的有（ ）。

A. 医药费收据　B. 差旅费报销单　C. 现金送款单　D. 现金支票存根

3）根据《现金管理条例》的有关规定，下列业务可使用现金结算的是（ ）。

A. 各种劳保、福利费用　　B. 职工工资、津贴
C. 个人劳务报酬　　D. 出差人员必须随身携带的差旅费

3.4.2 现金支付核算的训练

（1）发放工资

【业务1-3】 1月20日，海达公司用现金46 578元发放本月工资。账务处理如下：

借：应付职工薪酬　　46 578
　贷：库存现金　　46 578

目前，不少企业都是通过委托银行从企业基本账户直接划转工资、奖金等到各职工的个人账户，从而减少了出纳员清点、分装、发放等繁琐的工作量，也降低了每月固定时间提取大量现金的不安全性。

（2）出差人员借支差旅费

【业务1-4】 1月21日，职工周丽出差借款2 000元。账务处理如下：

借：其他应收款——周丽　　2 000
　贷：库存现金　　2 000

（3）报销差旅费、支付预借差旅费不足款

【业务1-5】 1月30日，周丽出差归来报销差旅费2 300元，不足部分以现金付讫。账务处理如下：

借：管理费用　　2 300
　贷：其他应收款——周丽　　2 000
　　　库存现金　　300

（4）把现金送存银行

【业务1-6】 1月30日，出纳人员将超过库存现金限额的6 000元送存银行。账务处理如下：

借：银行存款　　6 000
　贷：库存现金　　6 000

3.5 完成任务

3.5.1 健全制度加强控制

海达公司根据规定结合企业实际情况制定了《现金管理规定》。

1）公司仅限于以下范围内使用现金：①职工工资、津贴、补贴、提成；②个人劳务报酬；③按国家及公司相关规定支付给个人的各种奖金；④劳保、福利及国家规定对个人的其他支出；⑤向个人购买物资的价款；⑥出差人员携带的差旅费；⑦直接向货物运输单位支付的运费；⑧职工食堂日常采购支出；⑨1 000元以下的零星支出。确需使用现金的其他支出，由经办人申请，经董事长或总经理批准，财务负责人审核支出。

2）为进一步减少现金支付，对于符合本规定使用范围内的款项支付，超过1 000元的，财务部将直接汇至个人账户。

3）各部门应严格遵守现金开支范围规定，对超出现金开支范围的款项应及时申请用银行存款或汇票方式结算。

4）出纳员在支付现金时，要严格核对现金支付凭证和原始单据是否相符，所有现金付款事项必须由经办人签名。现金付款后，出纳员需在相关凭证上加盖“现金付讫”字样。

3.5.2 海达公司现金支出的业务流程

（1）直接支付现金的处理程序

1）主动支付现金的处理程序。主动支付，是指出纳部门主动将现金付给收款单位和个人，如发放工资、奖金、薪金、津贴以及福利等现金支出。

海达公司主动支付现金业务的流程是：编制付款凭据→清点现金→现金发放并签收→编制记账凭证。

2）被动支付现金的处理程序。被动支付，是指收款单位或个人持有关凭据如报销单据、借据等到出纳部门领报现金。

海达公司被动支付现金业务的业务流程是：受理付款业务→审核原始凭证→加盖付讫戳记→支付现金→编制记账凭证。

（2）向银行送存现金的程序

海达公司向银行送存现金的业务流程是：整理现金→填写送款单→送交银行→编制记账凭证。

3.5.3 海达公司现金收入业务流程关键步骤的描述

（1）主动支出现金的程序

1）根据有关的资料编制付款原始凭证，计算出付款金额，如库存现金不足即从银行提取；

2）根据付款金额清点现金，按单位或个人分装好；

3）支付现金，要求收款人当面清点并签收（如果是他人代为收款的，由代收人签收）；

4）根据付款原始凭证等资料编制记账凭证；

5）根据审核无误的记账凭证登记现金日记账。

（2）被动支付现金的程序

1）受理付款业务，查看付款原始凭证即付款依据是否齐备；

2）审核原始凭证，查看原始凭证内容是否完整，手续是否完备；

3）在审核无误的付款原始凭证上加盖“现金付讫”戳记；

4）支付已进行复点的现金，并要求收款人当面清点；

5）根据原始凭证编制记账凭证；

6）根据审核无误的记账凭证登记现金日记账。

(3) 将现金送存银行的程序

1）整理送存银行的现金；

2）填写现金解款单（送款单）；

3）向银行送交已整理好的现金和“现金解款单”；

4）根据“现金解款单”（回单联）填制编制记账凭证；

5）根据审核无误的记账凭证登记现金日记账。

3.6 教研活动

本任务的重点是现金支付的业务流程和控制，支付现金是学生容易接触到的业务，可采用“做中教”的方式。

1）要求学生在进行学习之前先根据日常生活写出支付现金的流程，再进行点评分析。

2）要求学生列出可以支付现金的业务，根据《现金管理暂行条例》及《企业内部控制应用指引》逐一分析，加深对现金支付控制的理解。

任务4 银行账户及其在现金控制中的应用

银行存款是指企事业单位存放在银行或其他金融机构中的货币资金。按照国家的有关规定，凡是独立核算的单位都必须开立银行账户，单位之间的经济往来，除按《现金管理暂行条例》规定的范围可以使用现金外，应当通过开户银行进行转账结算。

4.1 任务描述

4.1.1 开立银行结算账户

除了《现金管理暂行条例》中规定的现金收付范围的业务外，企业的结算业务都必须通过银行进行，因此企业必须在银行开立结算账户，一方面是对资金加强监督，另一方面也是为了保证资金的安全。

4.1.2 健全银行账户的管理制度

企业对资金的管理不但涉及现金，还涉及对银行存款的管理，企业必需建立健全一套行之有效的管理制度。

4.1.3 进行银行存款的清查

为了保证银行存款账目正确无误，企业应定期进行银行存款的清查。银行存款的清查是指企业对银行存款日记账账面记录与银行对账单逐笔核对，做到账实一致。

4.2 任务分析

4.2.1 开立银行存款账户

银行是全国的资金结算中心和现金出纳中心，企业可以按照规定在其所在地银行开立账户。

（1）自主选择银行

单位可以自主选择银行开立银行结算账户，一般应在注册地开立，符合规定的也可以在异地开立。海达公司根据业务需要，在附近的中国建设银行开立结算账户，在银行开立账户后，可运用所开设的账户，进行存款、取款以及各种收支转账业务的核算。

（2）一个基本户

单位只能在银行开立一个基本存款账户，其他银行结算账户的开立必须凭基本存款账户开户登记证办理开户手续，并由银行在开户登记证上进行相应登记。

4.2.2 制定企业的财务管理制度

财务部门应在详细解读银行存款账户的管理规定后，结合企业的实际情况，制定出本企业的银行存款账户的管理规定。

4.2.3 银行存款的清查制度化

银行存款的清查是企业的日常业务，要熟悉其操作流程，并阅读企业内部控制制度中有关的规定，将银行存款的清查工作列入企业的财务管理制度中。

4.3 相关知识

4.3.1 银行存款账户的管理规定

（1）银行存款账户的分类

根据《人民币银行结算账户管理办法》的规定，单位银行结算账户按用途分为基本存款账户、一般存款账户、专用存款账户、临时存款账户。

- 基本存款账户是单位因办理日常转账结算和现金收付需要开立的银行结算账户。
- 一般存款账户是单位因借款或其他结算需要，在基本存款账户开户银行以外的银行营业结构开立的银行结算账户。
- 专用存款账户是单位按照法律、行政法规和规章，对其特定用途资金进行专项管理和使用而开立的银行结算账户。
- 临时存款账户是单位因临时需要并在规定期限内使用而开立的银行结算账户。

（2）银行存款账户的使用规定

单位应按照《账户管理办法》的规定使用银行结算账户办理结算业务，不得出租、出借银行结算账户，不得利用银行结算账户套取银行信用。

- 基本存款账户是企业单位的主办账户，单位日常经营活动的资金收付及其工资、奖金和日常现金的支取，必须通过该账户办理。

- 一般存款账户用于办理单位借款转存、借款归还和其他结算的资金收付。该账户可以办理现金缴存，但不得办理现金支取。
- 专用存款账户用于办理各项专用资金的收付。
- 临时存款账户用于办理单位临时机构以及临时经营活动发生的资金收付。该账户应根据有关开户证明文件确定的期限或存款人的需要确定其有效期限，最长不得超过2年。此类账户可按照国家现金管理的规定支取现金。注册验资的临时存款账户在验资期间只收不付。

4.3.2 支付结算的知识

(1) 支付结算的概念

支付结算是指单位、个人在社会经济活动中使用票据、信用卡和汇兑、托收承付、委托收款等结算方式进行货币给付及其资金清算的行为。即是指不使用现金，通过银行将款项从付款单位直接划转到收款单位。

(2) 支付结算的原则

根据《支付结算办法》第十六条的规定，单位、个人和银行办理支付结算必须遵守下列原则：

1) 恪守信用，履约付款；

2) 谁的钱进谁的账，由谁支配；

3) 银行不垫款。

(3) 支付结算的要求

《支付结算办法》明确规定，办理支付结算有“四不准”：

1) 不准签发没有资金保证的票据或远期支票，套取银行信用；

2) 不准签发、取得和转让没有真实交易和债权债务的票据，套取银行和他人资金；

3) 不准无理拒绝付款，任意占用他人资金；

4) 不准违反规定开立和使用账户。

4.3.3 未达账项

所谓未达账项，是指企业和银行之间由于凭证传递的时间差，造成一方已登记入账，而另一方尚未入账的款项，具体有以下四种情况：

1) 企业已经收款入账，而银行尚未收款入账；如企业已送存银行的转账支票，银行尚未收妥入账。

2) 企业已经付款入账，而银行尚未付款入账；如企业开出支票，持票人尚未办理转账。

3) 银行已经收款入账，而企业尚未收款入账；如银行已收妥托收款项，企业尚未收到相关凭证入账。

4) 银行已经付款入账，而企业尚未付款入账。如银行已从企业存款账户扣除借款利息，企业尚未收到相关凭证。

当出现未达账项，由核对人员编制“银行存款余额调节表”进行调节，消除未达账项的影响。银行存款余额调节表的编制方法是：在双方余额的基础上，分别加上应收的未达账项，减去应付的未达账项，结出余额。调节后的双方余额应相等，如果不相等，表明账面记录有误，需要进一步核对账目，查找原因并更正。

4.4 技能训练

4.4.1 职业能力训练

（1）职业能力判断

1）企业在银行开设账户后，除按核定的限额保留库存现金外，超过限额的现金必须送存银行。 （　　）

2）企业在经营过程中所发生的一切货币收支业务，都必须通过银行账户结算，并遵守银行结算纪律。 （　　）

3）一个企业只能在一家银行开立一个基本账户，不得在一家银行的几个分支机构开立一般存款账户。 （　　）

4）银行存款余额调节表中调节后的存款余额是企业银行存款的实有数，也是企业可动用的银行存款实有数。 （　　）

5）企业职工的工资、奖金可通过一般存款账户办理。 （　　）

（2）职业能力选择

1）单位、个人和银行办理支付结算必须遵守（　　）原则。

A. 恪守信用，履约付款　　B. 谁的钱进谁的账，由谁支配
C. 银行不垫款　　D. 双方协商

2）根据《人民币银行结算账户管理办法》规定，企业可以根据需要在银行开立（　　）账户。

A. 基本存款　　B. 一般存款
C. 临时存款　　D. 专用存款

3）单位的基本存款账户，（　　）。

A. 只能在所在地任选一家银行开立一个账户
B. 只能在所在地指定一家银行开立一个账户
C. 可以在国内任选银行开立一个或多个账户
D. 可以在国内指定银行开立一个或多个账户

4）企业办理借款转存、归还的业务通过（　　）办理。

A. 基本存款账户　　B. 一般存款账户
C. 临时存款账户　　D. 专用存款账户

5）下列交易或事项中，可能导致企业银行存款日记账账面余额与银行记录的企业存款余额在同一日期不一致的有（　　）。

A. 银行收到企业托收的款项
B. 银行代企业支付公用事业费用
C. 企业开出转账支票，对方尚未到银行办理转账手续
D. 企业将所收到的其他单位开出的支票存入银行

4.4.2 银行存款业务的核算训练

【业务1-7】 3月20日销售商品一批，专用发票注明货款10 000元，税额1 700元，

收到支票当日送存银行。

借：银行存款　11 700
　贷：主营业务收入　10 000
　　应交税费——应交增值税（销项税额）　1 700

【业务1-8】 4月10日购进材料，专用发票注明货款30 000元，税额5 100元，开出支票支付款项。

借：原材料　30 000
　应交税费——应交增值税（进项税额）　5 100
　贷：银行存款　35 100

【业务1-9】 3月9日向淡香公司电汇18 720元归还前欠货款。

借：应付账款——淡香公司　18 720
　贷：银行存款　18 720

4.4.3 银行存款清查训练

【业务1-10】 海达公司4月30日银行存款日记账余额为372 400元，银行对账单余额为469 420元，经逐笔核对，查明有以下几笔未达账项：

1）4月28日，企业开出58 500元支票，持票人尚未向银行办理转账；

2）4月29日，银行根据委托付款协议代企业支付电话费1 680元，企业尚未收到付款通知；

3）4月30日，企业送存支票3万元，银行尚未记账；

4）4月30日，银行收到企业委托收取的货款70 200元，企业尚未收到收款通知。

根据上述资料编制"银行存款余额调节表"（如表1-7）。

表1-7　银行存款余额调节表

单位名称：海达有限公司　××年4月30日　账号：34062874666

项　目	金　额	项　目	金　额
企业银行存款日记账余额	372 400	银行对账单余额	469 420
加：企业未收账款	70 200	加：银行未收账款	30 000
减：企业未付账款	1 680	减：银行未付账款	58 500
调整后余额	440 920	调整后余额	440 920

会计主管：余洁　复核：刘初明　制证：张杰

附：未达账清单

企业未达账项					银行未达账项				
月	日	摘　要	未收	未付	月	日	摘　要	未收	未付
4	29	委托支付电话费		1 680	4	28	已开出支票对方未办理转账		58 500
4	30	委托收款	70 200		4	30	送存支票	30 000	
		合　计	70 200	1 680			合　计	30 000	58 500

注意：勾对未达账项时，企业银行存款日记账与银行对账单的借贷方向是不同的。

4.5 完成任务

4.5.1 申请开立银行结算账户的业务流程

企业可以自主选择银行开立银行结算账户，一般应在注册地开立，符合规定的也可以在异地开立。

1）申请开立银行结算账户的流程是：填写开户申请书→将开户申请书及相关的证明文件送交银行→银行核准后与银行签订协议→将签章样式留存银行→银行发出开户登记证

2）出纳作为银行与企业的沟通桥梁，应在开户前了解清楚开户需要提供的文件并将相关资料准备好。

4.5.2 健全有关银行存款账户的管理制度

海达有限公司在企业的财务管理制度中有关银行存款的账户管理有以下几点：

1）支票管理。不准出借、出租支票，原则上不得开空白支票和空头支票。属特殊情况无法填制结算金额的，由经办人填写借款单并详细说明原因，经审批、审核后支付，经办人必须自借出支票之日起3个工作日内到财务部办理报销或退票手续，如支票遗失必须于当日立即办理挂失。未及时办理报销、退票及挂失手续，对当事人处于100～500元罚款，造成损失的必须予以赔偿。

2）银行账户管理。银行账户和账号应保密，非因公需要不准外泄。不允许任何人为外单位或个人代收代支、转账套现，或利用公司账户进行不正当或违法交易。凡未经领导同意或采取隐瞒手段，出租出借银行账户的，不论金额大小，给予500元以上罚款和相应的处分。使用公司账户造成违法行为和经济损失的，由当事人承担一切法律责任并赔偿一切经济损失。

4.5.3 制定银行存款清查的制度

海达有限公司在企业的财务管理制度中有关银行存款的清查有以下几点：

1）出纳员应根据银行凭证及时登记银行日记账，并经常核对银行余额，以便于掌握公司的资金情况，防止透支。

2）每月终了出纳员要及时核对银行存款日记账和银行对账单，并做出未达账项调节表，对未达账项要逐项填列并说明原因。

4.6 教研活动

本任务的重点是对银行存款账户管理规定的理解，在完成任务的过程中逐步形成良好的职业规范。难点是银行存款余额调节表的编制。

1）用表格形式对银行存款账户的管理规定进行整理。

2）理解编制银行存款余额调节表的作用。

3）理解银行存款余额调节表调整后余额所代表的意义。

4）采用仿真的银行存款日记账和银行对账单让学生从找未达账项开始练习。

4.7 知识拓展

[学习资源查阅] 《企业内部控制应用指引——资金》第一章、第四章。

任务5 其他货币资金的核算

其他货币资金是指企业除现金和银行存款以外的各种货币资金，主要包括外埠存款、银行汇票存款、银行本票存款、信用卡存款、信用证保证金存款和存出投资款等。

5.1 任务描述

5.1.1 办理异地采购专户

海达有限公司现在准备到湖南采购一批材料，现在需要办理异地采购专户。

5.1.2 申请签发银行汇票

海达有限公司在一份购销合同中和供应商约定采用银行汇票的结算方式，需要向银行申请签发银行汇票。

5.1.3 申办公司信用卡

根据公司业务的需要，减少用现金报销，现在准备为总经理、办公室主任等人开办公司信用卡。

5.2 任务分析

5.2.1 汇兑结算

（1）汇兑结算业务流程

1）办理汇款。付款人委托银行汇款时，应填写银行印制的汇兑凭证并签章；汇兑凭证上记载收款人为个人，收款人需要到汇入银行领取汇款的，汇款人应在汇兑凭证上注明“留行待取”字样。

2）领取汇款。汇入银行对开立存款账户的收款人，将款项直接转入收款人账户，并向其发出收账通知。

3）办理退汇。汇款人对汇出银行已经汇出的款项可以申请退汇。对在汇入银行开立存款账户的收款人，由汇款人与收款人自行联系退汇；对未在汇入银行开立存款账户的收款人，汇款人应出具正式函件以及原信、电汇回单，由汇出银行通知汇入银行，经核实确未支付，并将款项汇回汇出银行方可办理退汇。

（2）汇兑结算业务的账务处理

汇款单位汇出款项时，借记有关账户，贷记“银行存款”账户。若是企业到外地进行临时或零星采购，汇往采购地银行开立采购专户时，借记“其他货币资金——外埠存款”，贷记“银行存款”。收到采购员交回发票等凭证时，借记有关账户，贷记“其他货币资金——外埠存款”；将多余的外埠存款转回当地银行时根据银行的收账通知，借记“银行存款”，贷记“其他货币资金——外埠存款”。收款单位收到汇款时，借记“银行存款”，贷记有关账户。

5.2.2 银行汇票结算

（1）银行汇票结算业务流程

1）申请办理银行汇票。企业申请使用银行汇票时，应填写“银行汇票申请书”。申请人或收款人为单位的，不得在“银行汇票申请书”上填明“现金”字样。填好后将银行汇票申请书和款项交给银行。

2）收受银行汇票。收款人收到银行汇票后，首先审查银行汇票和解讫通知的各项要素，审查无误后应在出票金额以内，根据实际需要的款项办理结算，并将实际结算金额和多余金额准确、清晰地填入银行汇票解讫通知的有关栏内，并在银行汇票背面“持票人向银行提示付款签章”处加盖预留银行印鉴，并将银行汇票、解讫通知、进账单在提示付款期限（1个月）内送交开户银行办理转账。

持票人超过提示付款期限不获付款的，需在票据权利时效内向出票银行作出说明，并提供单位证明，可持银行汇票和解讫通知向出票银行请求付款。收款人可以将银行汇票背书转让，背书转让以不超过出票金额的实际结算金额为准。未填写实际结算金额或实际结算金额超过出票金额的，银行汇票不得背书转让，填明“现金”字样的银行汇票不得背书转让。

3）办理银行汇票多余款。银行汇票的实际结算金额低于出票金额的，其多余金额由出票银行主动退交申请人账户，并将多余款的收账通知（汇票第四联）送交申请人。申请出票企业因银行汇票超过提示付款期限或其他原因要求退款时，应出具该单位的证明与银行汇票、解讫通知一并提交到出票银行，银行将款项转入原申请账户。申请人缺少解讫通知要求退款的，出票银行于提示付款期满1个月后办理。

4）银行汇票丧失。失票人可以凭人民法院出具的其享有票据权利的证明，向出票银行请求付款或退款。

（2）银行汇票结算业务的账务处理

付款单位从结算账户划款申请银行汇票时，根据银行盖章退回的申请书存根联，借记“其他货币资金——银行汇票存款”，贷记“银行存款”；用银行汇票办理结算时，根据发票等有关凭证，借记相关账户，贷记“其他货币资金——银行汇票存款”；银行退回款项时，根据开户银行转来的银行汇票第四联（多余款收账通知），借记“银行存款”，贷记“其他货币资金——银行汇票存款”。收款单位收到银行汇票时，借记“银行存款”，贷记相关账户。

5.2.3 信用卡结算

凡在中国境内金融机构开立基本存款账户的单位可申领单位卡。单位卡可申领若干张，持卡人资格由申领单位法定代表人或其委托的代理人书面指定和注销。

（1）信用卡业务流程

1）申请办理。申领信用卡，应按规定填制申请表，连同有关资料一并送交发卡银行。符合条件并按银行要求交存一定金额的备用金后，银行为申领人开立信用卡存款账户，并发给信用卡。

2）持卡消费。持卡人可持信用卡在特约单位购物、消费。单位卡不得用于10万元以上的商品交易、劳务供应款项的结算。单位卡账户的资金一律从其基本存款账户转账存入，不得交存现金，不得将销货收入的款项存入其账户。单位卡一律不得提取现金。销户时，单位卡账户余额转入其基本存款账户，不得提取现金。

（2）信用卡业务的账务处理

企业从基本存款账户转账存入信用卡账户时，根据支票存根和银行退回的进账单第一联回单，借记“其他货币资金——信用卡存款”，贷记“银行存款”。用信用卡购物或支付费用时，根据发票等凭证，借记相关账户，贷记“其他货币资金——信用卡存款”。

5.3 相关知识

5.3.1 其他货币资金的内容

1）外埠存款指企业到外地进行临时或零星采购时，采用汇兑的结算方式汇往采购地银行开立采购专户的款项。企业汇出款项时，需填写汇款委托书，加盖“采购资金”字样。汇入银行对汇入的采购款项，以汇款单位名义开立采购账户。采购资金存款不计利息，除采购员差旅费可以支取少量现金外，其余结算一律转账。采购专户只付不收，付完清户。

2）银行汇票存款指企业为取得银行汇票按规定存入银行的款项。银行汇票是由企业单位或个人将款项交存开户银行，由银行签发给其持往异地采购商品时，按照实际结算金额无条件支付给收款人或持票人的票据。银行汇票具有使用灵活、票随人到、兑现性强等特点，适用于先收款后发货或钱货两清的商品交易。填写“现金”字样的银行汇票可以用于支取现金。银行汇票的提示付款期限自出票日起 1 个月。超过付款期限提示付款不获付款的，持票人需在票据权利时效内向出票银行作出说明，并提供单位证明，持银行汇票和解讫通知向出票银行请求付款。

3）银行本票存款指企业为取得银行本票按规定存入银行的款项。银行本票是银行签发的，承诺自己在见票时无条件支付确定的金额给收款人或者持票人的票据。银行本票由银行签发并保证兑付，而且见票即付，具有信誉高、支付功能强等特点。在票面划去转账字样的，为现金本票，可以用于支取现金。银行本票的付款期限自出票日起最长不超过 2 个月。在付款期内银行本票见票即付，超过提示付款期限不获付款的，在票据权利时效内向出票银行作出说明，并提供本人身份证或单位证明，可持银行本票向出票银行请求付款。

4）信用卡存款指企业为取得信用卡按规定存入银行的款项。信用卡是一种信用支付工具，按信誉等级分为金卡和普通卡；按使用对象分为单位卡和个人卡；按是否向发卡银行交存备用金分为贷记卡和准贷记卡。

5.3.2 “其他货币资金”账户的设置

为了核算和监督企业其他货币资金的增减变动及其结存情况，企业应设置“其他货币资金”账户，借方登记其他货币资金的增加数，贷方登记其他货币资金的减少数，余额在借方，表示企业实际持有的其他货币资金。“其他货币资金”总账账户下设“外埠存款”、“银行汇票存款”、“银行本票存款”、“信用卡存款”、“信用证保证金存款”、“存出投资款”明细账户并按外埠存款的开户银行、银行汇票或本票、信用证的收款单位等设置明细账。有信用证业务的企业应当在“信用卡”明细账中按开出信用卡的银行和信用卡种类设置明细账。

5.4 技能训练

5.4.1 职业能力训练

(1) 职业能力判断

1) 单位信用卡账户的资金可从一般存款账户转入。 ( )

2) 企业到外地进行临时或零星采购时，采用汇兑的结算方式汇往采购地银行开立采购专户的款项通过“其他货币资金”账户核算。 ( )

3) 办公室主任程颐报销以单位信用卡支付的业务招待费，出纳员支付现金让其存回信用卡账户。 ( )

(2) 职业能力选择

1) 下列各项中，属于“其他货币资金”的有 ( )

A. 银行存款　B. 外埠存款　C. 银行汇票存款　D. 信用卡存款

2) 单位信用卡账户一律不得 ( )。

A. 存入现金　B. 支取现金　C. 购买商品　D. 存入销货款

3) 以下结算方式中，通过“其他货币资金”账户进行核算的有 ( )。

A. 支票　B. 委托收款　C. 银行汇票　D. 信用卡

5.4.2 其他货币资金核算的训练

【业务1-11】 4月12日，从银行结算户划款6万元申请签发银行汇票。

借：其他货币资金——银行汇票存款	60 000	
贷：银行存款		60 000

【业务1-12】 接上例，4月18日，采购员持发票回来报账，专用发票上注明货款5万元，增值税税额8 500元，材料当日已验收入库。

借：原材料	50 000	
应交税费——应交增值税（进项税额）	8 500	
贷：其他货币资金——银行汇票存款		58 500

【业务1-13】 接上例，4月20日，收到银行退回的多余款收账通知。

借：银行存款	1 500	
贷：其他货币资金——银行汇票存款		1 500

【业务1-14】 3月10日，向南宁汇款5万元设立采购专户。

借：其他货币资金——外埠存款	50 000	
贷：银行存款		50 000

【业务1-15】 接上例，3月18日，采购员购进材料，收到专用发票注明货款35 000元，税额5 950元，材料尚未运到。

借：在途材料——南宁糖业有限公司	35 000	
应交税费——应交增值税（进项税额）	5 950	
贷：其他货币资金——外埠存款		40 950

【业务1-16】 企业办公室主任持信用卡招待客户，报销费用800元。

借：管理费用	800	

贷：其他货币资金——信用卡存款　　800

5.5 完成任务

（1）办理汇款设立采购专户

海达有限公司的出纳员先填写汇兑凭证并签章，然后送到开户银行。开户银行受理汇兑凭证经审查无误后，给予办理汇款同时签发汇款回单，出纳员将汇款回单拿回公司交会计进行账务处理。汇款回单只能作为汇出银行受理汇款的依据，不能作为该笔汇款已转入收款人账户的证明。

（2）申请办理银行汇票

海达有限公司的出纳员首先填写“银行汇票申请书”，然后将银行汇票申请书和款项交给开户银行，开户银行审核后签发银行汇票，并用压数机压印出票金额，将银行汇票和解讫通知一并交给出纳员。出纳员回到公司后将银行汇票和解讫通知一并交付给业务员办理结算。

（3）开办公司信用卡

海达公司财务部门根据业务需要，经董事会同意为总经理、办公室主任、营销总监、财务总监等人申办公司信用卡。首先在财务管理制度中的费用开支标准中列明：“交际应酬费的开支必须从严掌握，公司内部人员一般不出外就餐，确因工作需要出外就餐时需事前经董事长或其授权人批准。全年业务费用总额应控制在年度销售收入指标的5‰以内。”然后出纳收集各人填写好的申请表连同相关资料一起送交银行审核，同时将备用金存入银行账户，银行审核后发出信用卡，出纳员领回信用卡后发给各相关人员。

5.6 教研活动

本任务的重点是汇兑和银行汇票的结算。

1）组织学生到银行搜集相关业务的资料。

2）要求学生到银行办理汇款业务。

5.7 知识拓展

表1-8　　支付结算方式一览表

支付结算办法		适用区域	适用范围
票据	支票	同城、异地结算	单位、个人各种款项
	银行本票	同城结算	单位、个人各种款项
	银行汇票	异地结算	单位、个人各种款项
	商业汇票	同城、异地结算	开立银行账户的法人及其他组织之间具有真实的交易关系或债权债务关系
信用卡		同城、异地结算	主要用于消费性支付
汇兑		同城、异地结算	单位、个人各种款项
托收承付		异地结算	商品交易以及因商品交易而产生的劳务供应的款项并签有购销合同
委托收款		同城、异地结算	凭付款人债务证明办理的款项

注：1）同城结算：是指在同一城镇或同一票据交换区域进行的结算。

2）异地结算：是指在全国范围内的不同城镇或票据交换区域进行的结算。

任务6　备用金的核算与管理

备用金是指企业预付给职工和单位内部有关部门如办公室、业务部等用于零星开支、零星采购和差旅费，事后需要报销的款项。备用金业务在企业日常现金收支业务中占有很大比重。备用金管理制度分为定额备用金和非定额备用金两种。

6.1　任务描述

（1）在办公室设立定额备用金制度

办公室经常涉及汽油费、路桥费、办公用品费等零星费用的报销，经财务部提出议案、董事会同意，对办公室执行定额备用金制度，每半个月集中到财务部报销一次。

（2）设计非定额备用金的业务流程

其他要借支现金的业务统一采用非定额备用金制度，为规范管理，现要设计好申请审批的流程。

6.2　任务分析

6.2.1　定额备用金制度和非定额备用金制度

（1）定额备用金制度

定额备用金管理制度是对经常使用备用金的部门或单位，分别规定一个备用金定额，长期供其使用，业务发生后，在规定时间内汇总报销时，补足原核定的备用金的差额。

（2）非定额备用金管理制度

非定额备用金管理制度是随借随用、用后报销，它主要适用于不经常使用备用金的单位和个人。职工出差预借差旅费，回来后报销，这种情况下的借款即为非定额备用金。

6.2.3　备用金涉及的单证

1）发票（见表1－9）。

2）借款申请单（见表1－10）。

6.3　相关知识

（1）定额备用金的核算

按定额拨付现金时，借记“其他应收款——备用金”账户，贷记“库存现金”账户；报销时，财会部门根据报销单据付给现金，补足用掉数额，报销的金额直接借记有关账户，贷记“库存现金”账户，不需要通过“其他应收款”账户核算。在年终或单位规定的结算期、或企业决定撤销定额备用金、或调换经办人时，由于财会部门要进行结算，用款单位或部门需将备用金余额交回财会部门，借记“库存现金”账户，贷记“其他应收款——备用

表 1－9 　　　　**广东增值税普通发票** 　　　　**№ 003817253**

4400093620 　　　　**发 票 联** 　　　　开票日期：2010 年 09 月 20 日

（全国统一发票监制章 广东 国家税务总局监制）

购货单位	名　　称：广州市美妍食品有限公司 纳税人登记号：5566778899 地 址 、电 话：440107666678888 地 址 、电 话：广州市华东路 88 号　020－87654321				密码区	略	
货物或应税劳务名称	规格型号	单位	数量	单价	金额	税率	税额
93#车用汽油	93#	升	50	7	350	17%	59.50
合　计					¥350.00		¥59.50
价税合计（大写）	⊗肆佰零玖圆伍角整					（小写）¥409.50	
购货单位	名　　称：广州联兴加油站有限公司 纳税人登记号：440185718152218 地 址 、电 话：滨江路 55 号　34060076 开户行及账号：中国银行滨江路支行 68470050126				备注	广州联兴加油站有限公司 440185718152218 发票专用章	

第二联：发票联　购货方记账凭证

填票人：何嘉惠　　　　收款人：赵敏锐　　　　开票单位：

表 1－10 　　　　**海达有限公司部门借款单**

资金性质：　　　　借款时间：××年 6 月 22 日

借款人：王金贵	借款部门：业务部	
借款理由：大连市订货会议。		
借款金额（大写）：人民币陆仟元整		¥6 000.00
本单位负责人意见：同意借款　李明杰　××.6.22		
部门负责人（签字）：	会计主管（签字）：	付款记录：
卢子安 ××.6.22	李子敬 ××.6.22	××年 6 月 22 日以第　　号支票或现金支出凭单付给

金”账户。用款后报销，财会部门以现金补足备用金以保持备用金余额不变，这就是“定额”的含义。但如果单位或部门用款情况发生变化，财会部门也可以根据实际情况调增或调减备用金水平。

（2）非定额备用金的核算

借支现金时，借记“其他应收款——借支人”账户，贷记“库存现金”账户；报销时，按核准的报销金额直接借记有关账户，贷记“其他应收款——借支人”账户。

6.4　技能训练

6.4.1　职业能力训练

（1）职业能力判断

1）采用非定额备用金制度的，业务发生后不必每笔核销，只需在规定时间内汇总报销。（　　）

2）采用定额备用金制度的，在汇总报销时应该贷记“库存现金”。（　　）

（2）职业能力选择

1）下列说法正确的是（　　）。

A. 备用金是指企业预付给职工和单位内部有关部门用于零星开支等，事后需要报销的款项

B. 定额备用金的特点是随借随用，用后报销，补足其定额

C. 职工和单位内部有关部门对非定额备用金可长期使用，业务发生后，应在规定时间内汇总报销

D. 企业财会部门对于实行定额备用金管理制度的单位，可根据其用款情况，调增或调减其备用金水平

2）销售部的业务员因业务需要长期出差，其借支差旅费的业务应采用（　　）。

A. 定额备用金制度　　B. 非定额备用金制度

C. 实地盘存制　　D. 永续盘存制

6.5 完成任务

6.5.1 定额备用金的业务流程

（1）定额备用金的流程

定额备用金业务流程如图1－5所示。

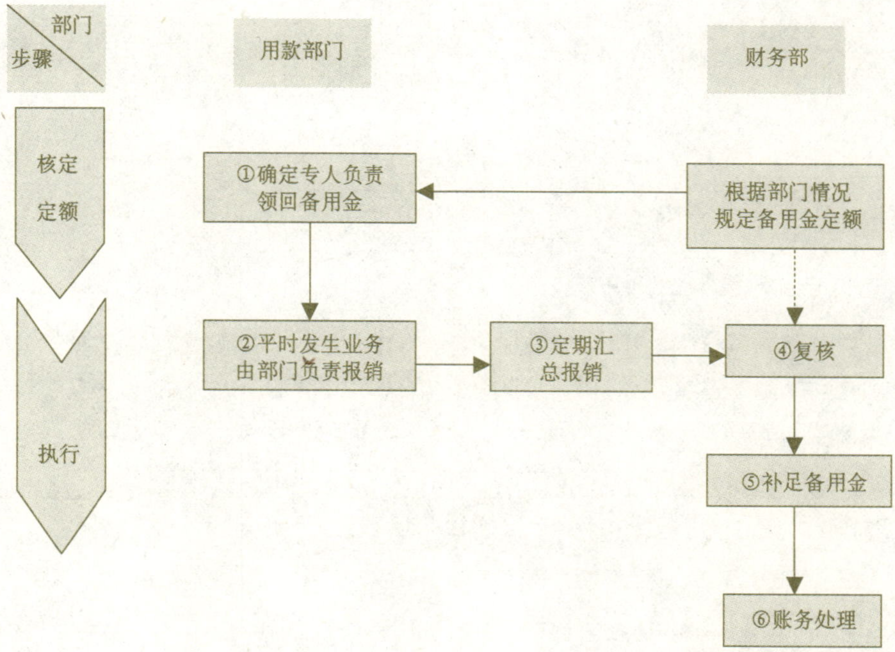

图1－5　定额备用金的业务流程图

(2) 定额备用金制度下业务流程的描述

1) 财务部门根据经常使用备用金的部门的实际情况核定一个备用金定额;

2) 相关的部门指定专人负责定额备用金的管理;

3) 部门的定额备用金的管理人到财务部门领取备用金;

4) 日常业务发生后到管理人处报销;

5) 管理人定期将本部门的单据汇总到财务部门报销。

6.5.2 非定额备用金的业务流程

(1) 非定额备用金的流程

非定额备用金的业务流程与前面所述的现金支出业务的流程一致,在此不再详述。

(2) 非定额备用金制度下业务流程的描述

1) 需要用款的单位或个人填写借支单;

2) 将借支单交由主管审批签字;

3) 出纳根据已经审批的借支单支付现金;

4) 业务结束后有关人员凭发票到财务部门报销。

6.6 教研活动

本任务的重点是定额备用金与非定额备用金的区别。

1) 采用非定额备用金方式完成一个月的班会费收支及记录。

2) 采用定额备用金方式完成一个月的班会费收支及记录。

单元 2

往来业务核算与管理

学习目标

- □ 了解并能描述往来业务工作流程及内控管理
- □ 能根据工作流程完成会计凭证的填制和审核工作
- □ 能进行相关的会计核算及账务处理
- □ 掌握坏账准备计提方法及具体账务处理
- □ 能完成与各往来单位的函证、对账

任务 1　应收账款业务的核算

应收账款是指企业因赊销商品或产品、提供劳务等，应向购买单位收取的款项。主要包括企业销售货物或提供劳务等向有关债务人收取的价款、代收的增值税以及代购货单位垫付的包装费、运杂费等。

1.1　任务描述

在往来结算岗位工作了一个月后的某一天，会计小李遇到公司销售部的小刘，小刘向小李发起了牢骚，上个月他帮公司做成了几笔大买卖，替公司赚了不少钱，但他应得的奖金却没有及时发给他。

小李笑了笑，把小刘拉到办公室对他说："你搞销售的应该知道销售有现销与赊销之分吧？"

小刘回答："当然知道，这又怎么了？"小李摆出了一副老师的模样："你知道吗？赊销必然会产生应收账款，而应收账款就像一把'双刃剑'，其对公司的影响有好的一面，也有不利的一面。好的是，应收账款意味着公司既扩大了销售，又拥有了一项对客户资产的要求权；不利的是，公司可能由于应收账款的存在而导致资金回笼的困难，甚至会发生坏账损失。你那几笔大买卖，全部是赊销，表面上销售额是上去了，但实际上我们公司还没有收到这些货款。今天正好遇上你，你去找找那几个客户，催他们把货款给付了吧。等我们收到了货款，你的奖金就不用愁了。”

小刘听了恍然大悟，高兴地说：“好的！我跟他们熟，要回货款应该没问题。”回头，小李把这事儿告诉了老张，顺便提出了许多关于应收账款的问题，得到了老张的耐心解答。

【任务要求】 熟悉海达公司往来业务工作管理流程及岗位要求，掌握往来业务核算与管理技巧，能处理会计事项。

1.2 任务分析

1.2.1 应收账款入账价值的确定

应收账款是因企业销售商品或提供劳务等产生的债权，应当按买卖双方成交实际金额记账。应收账款的入账价值，应当考虑商业折扣因素。商业折扣是指企业为了鼓励客户多购商品而在商品标价上给予的扣除，一般用百分数表示。商业折扣在销售时已发生，并不构成最终成交价格的一部分，即应按扣除商业折扣以后的实际售价确定应收账款的入账价值。

1.2.2 账务处理

为了核算企业因销售商品或产品、提供劳务等与购货单位或接受劳务单位款项结算的情况，应设置“应收账款”账户。该账户属于资产类账户，借方登记企业销售商品或产品和提供劳务而发生的债权；贷方登记收回的应收款和转销的无法收回的坏账；期末借方余额反映尚未收回的数额，期末若是贷方余额则反映预收款数额。“应收账款”账户按购货商名称设置明细账进行核算。

企业销售商品或产品、提供劳务发生应收账款时，借记“应收账款”账户，贷记“主营业务收入”、“应交税费——应交增值税（销项税额）”等账户；收回应收账款时，借记“银行存款”等账户，贷记“应收账款”账户。

企业代购货单位垫付包装费、运杂费时，借记“应收账款”账户，贷记“银行存款”账户；收回代垫费用时，借记“银行存款”账户，贷记“应收账款”账户。

【业务2-1】 海达公司向华强有限公司销售甲产品，增值税专用发票注明价款50 000元，增值税8 500元，开支票代垫运杂费1 000元。附件两张见表2-1、表2-2。海达公司应作如下账务处理：

1）销售实现时：

借：应收账款——华强有限公司	58 500	
贷：主营业务收入		50 000
应交税费——应交增值税（销项税额）		8 500

表2-1

×××增值税专用发票 No.01404013

4400041140

此联不作报销，扣税凭证使用 开票日期：××年06月08日

购货单位	名称：华强有限公司 纳税人识别号：440104661305143 地址、电话：湖南长沙蔡锷北路380号 开户行及账号：工商银行长沙市北站支行 2856784321				密码区	（略）	
货物或应税劳务名称	规格型号	单位	数量	单价	金额	税率	税额
甲产品		件	500	100.00	50 000.00	17%	8 500.00
合计					¥50 000.00		¥8 500.00
价税合计（大写）	伍万捌仟伍佰圆整						（小写）¥58 500.00
销货单位	名称：海达有限责任公司 纳税人识别号：440106868268123 地址、电话：湖南长沙蔡锷北路243号 开户行及账号：中国建设银行长沙市蔡锷路支行 3328668568				备注		

第三联：记账联 销货方记账凭证

收款人： 复核：李小玲 开票人：陈晴 销货单位：（章）

表2-2

出 仓 单
发 货 联

000041701

厂商号

仓库工场 交 ××年6月8日填发 门市收

编号	成品名称	单位	规格	数量	单价	金额 百	十	万	千	百	十	元	角	分	附注
	甲产品	件		500	100			5	0	0	0	0	0	0	
	合计						¥	5	0	0	0	0	0	0	

第三联：发货

部门主管： 会计： 记账： 保管：张平 提货人：李东 制单：吴晓

2）代垫运费时（支票存根见表2-3）：

借：应收账款——华强有限公司 1 000

贷：银行存款 1 000

3）海达有限责任公司接到银行收账通知（见表2-4），收回华强公司前欠款，应作账务处理如下：

借：银行存款 59 500

贷：应收账款——华强有限公司 59 500

表2-3

中国建设银行支票存根（湘）

EG/02 00011244

附加信息

出票日期：××年6月8日

收款人：太和运输公司

金 额：¥1 000.00

用 途：垫付运杂费

单位主管李欣 会计陈叶

表 2-4　　中国建设银行　进账单（回单）

××年 7 月 10 日

<table>
<tr><td rowspan="3">出票人</td><td>全　称</td><td>华强有限公司</td><td rowspan="3">收款人</td><td>全　称</td><td colspan="11">海达有限责任公司</td></tr>
<tr><td>账　号</td><td>2856784321</td><td>账　号</td><td colspan="11">33286688568</td></tr>
<tr><td>开户银行</td><td>工商银行长沙市北站支行</td><td>开户银行</td><td colspan="11">中国建设银行长沙市蔡锷路支行</td></tr>
<tr><td rowspan="2">金额</td><td rowspan="2">人民币
（大写）</td><td colspan="3" rowspan="2">伍万玖仟伍佰元整</td><td>亿</td><td>千</td><td>百</td><td>十</td><td>万</td><td>千</td><td>百</td><td>十</td><td>元</td><td>角</td><td>分</td></tr>
<tr><td></td><td></td><td></td><td>¥</td><td>5</td><td>9</td><td>5</td><td>0</td><td>0</td><td>0</td><td>0</td></tr>
<tr><td>票据种类</td><td>支票</td><td>票据张数</td><td>1</td><td colspan="12" rowspan="3">开户银行签章</td></tr>
<tr><td>票据张数</td><td colspan="3">12217320</td></tr>
<tr><td colspan="4">复核　　　　记账</td></tr>
</table>

此联是开户银行交给持（出）票人的回单

1.3　相关知识——应收账款的入账时间应如何确定？

对于应收账款而言，应在商品、产品的所有权或控制权转移时，以及所提供劳务完成时确认其债权成立，这也是权责发生制的具体体现。企业赊销商品或提供劳务，如果已确认收入实现而销货款尚未收到，则应根据已经取得的索取价款的凭据，确认应收账款。

在不同的销售方式和结算方式下，应收账款确认的依据是不一样的。

企业采用托收承付结算方式时，如果商品、产品已经发出，劳务已经提供，并且已将发票账单提交开户银行办妥了托收手续，就应该依据办妥托收手续后银行退回的托收承付结算凭证第一联（回单联）以及有关销售凭证，确认应收账款。

企业采用委托代销方式销售时，应以收到的代销单位报来的代销清单为依据确认应收账款。

任务 2　应收票据的核算

2.1　任务描述

应收票据是指企业因销售商品、提供劳务等而收到的商业汇票。商业汇票是一种由出票人签发的，委托付款人在指定日期无条件支付确定金额给收款人或者持票人的票据。商业汇票按承兑人的不同，可分为商业承兑汇票和银行承兑汇票；按是否计息可分为不带息商业汇票和带息商业汇票。

在我国，商业汇票的付款期限最长不超过 6 个月。《企业会计准则应用指南》规定，企业收到的商业汇票，无论是否带票，均应按应收票据的面值入账。对于带息的应收票据，应于期末（指中期期末和年度终了）按票据的面值和确定的利率计提利息，计入当期损益，同时计提的利息应增加“应收利息”的账面余额。

2.2 任务分析

2.2.1 应收票据核算的内容

为了核算应收票据的增减变动及结余情况，应设置“应收票据”账户。该账户属于资产类账户，借方登记收到开出已承兑商业汇票的票面金额，贷方登记到期收回、背书转让票据、到期前向银行贴现的应收票据的票面金额或因承兑人到期无力支付而转出的票面金额；期末借方余额反映企业持有的、尚未到期收回的应收票据的票面金额。“应收票据”应设置“应收票据备查簿”，逐笔登记每一张应收票据的种类、号数、签发日期、票面金额、交易合同号、承兑人、背书人、到期日、收款日期、收款金额等事项。

2.2.2 业务涉及单据票样

应收票据业务涉及票样见图2－1、图2－2。

商业承兑汇票 2 AA/01 00000000

出票日期（大写） 年 月 日

上海通祥印刷有限公司.2005年印刷

<table>
<tr><td rowspan="3">付款人</td><td>全 称</td><td></td><td rowspan="3">收款人</td><td>全 称</td><td colspan="2"></td></tr>
<tr><td>账 号</td><td></td><td>账 号</td><td colspan="2"></td></tr>
<tr><td>开户银行</td><td></td><td>开户银行</td><td colspan="2"></td></tr>
<tr><td colspan="2">出票(金额)</td><td colspan="4">人民币（大写）[redacted]</td><td>亿 千 百 十 万 千 百 十 元 角 分</td></tr>
<tr><td colspan="2">汇票到期日（大写）</td><td colspan="2"></td><td rowspan="2">付款人开户行</td><td>行号</td><td></td></tr>
<tr><td colspan="2">交易合同号码</td><td colspan="2"></td><td>地址</td><td></td></tr>
<tr><td colspan="4">本汇票已经承兑，到期无条件支付预款。

承兑人签章
承兑日期 年 月 日</td><td colspan="3">本汇票请予以承兑于到期日付款。

出票人签章</td></tr>
</table>

此联持票人开户行随托收凭证寄付款人开户行作借方凭证附件

（正面）

商业承兑汇票第二联背面：

被背书人	被背书人
背书人签章 年 月 日	背书人签章 年 月 日

（贴粘单处）

（背面）

图2－1

银行承兑汇票　2　$\frac{CA}{01}$00000000

出票日期(大写)　年　月　日

上海通祥印务有限公司 2005年印制

出票人全称		收款人	全称	
出票人账号			账号	
付款行全称			开户银行	
出票(金额)	人民币(大写)			亿 千 百 十 万 千 百 十 元 角 分
汇票到期日(大写)		付款行	行号	
交易合同号码			地址	
本汇票请你承兑，到期无条件付款。 出票人签章	本汇票已经承兑，到期日由本行付款。 承兑行签章 承兑日期　年　月　日 备注:			复核　记账

此联收款人开户行随托收凭证寄付款行作借方凭证附件

(正面)

商业承兑汇票第二联背面:

被背书人	被背书人
背书人签章 年　月　日	背书人签章 年　月　日

(贴粘单处)

(背面)

图 2－2

2.2.3　应收票据的账务处理

企业销售商品、提供劳务等而收到已承兑的商业汇票时，借记“应收票据”账户，贷记“主营业务收入”、“应交税费——应交增值税（销项税额）”等账户。收到债务人用以抵偿前欠货款的商业汇票时，借记“应收票据”账户，贷记“应收账款”账户。到期无法收回款项时，借记“应收账款”账户，贷记“应收票据”账户。企业将持有的商业汇票背书转让时，按取得所需物资的成本价值，借记“原材料”等账户；按专用发票上注明的增值税额，借记“应交税费——应交增值税（进项税额）”账户；按应收票据账面金额，贷记“应收票据”账户。如有差额，借记或贷记“银行存款”等账户。到期收回时，若为不带息商业汇票，按到期值借记“银行存款”账户，贷记“应收票据”账户。若为带息商业汇票，到期收回时也按照到期值借记“银行存款”，贷记“应收票据”（票据面值）、“财务费用”（票据面值×票面利率×票据期限）账户。

2.2.4 应收票据到期值的计算

不带息应收票据到期值＝票据面值

带息应收票据到期值＝票据面值＋票据面值×票面利率×票据期限

2.3 相关知识

2.3.1 应收票据贴现的计算

贴现是指商业汇票的持票人将未到期的商业汇票背书转让给开户银行，由银行扣除贴现利息后，将余款支付给贴现申请人的行为。票据贴现实质上是企业融通资金的一种方式。

应收票据贴现的计算过程可概括为以下四个步骤：

第一步：计算应收票据到期值。不带息票据的到期值就是其面值；带息票据的到期值等于其面值加应计利息。

第二步：计算贴现期。贴现期是指从贴现日至到期日的时间间隔，按实际天数计算。贴现日和到期日只能计算其中一天，即“算头不算尾”或“算尾不算头”。

第三步：计算贴现利息：

贴现利息＝到期值×贴现率÷360×贴现期

第四步：计算贴现收入：

贴现收入＝到期值－贴现利息

2.3.2 应收票据贴现的账务处理

企业将应收票据等向银行或其他金融机构申请贴现，其账务处理要区分两种情况：

1）企业与银行等金融机构签订的贴现协议中约定，在贴现的应收票据到期时，若债务人未能按期偿付时，申请贴现的企业负有连带还款责任的，申请贴现的企业应按照以应收债权作为质押取得借款进行会计处理。

【业务2－2】 4月30日，以4月15日签发、60天到期、票据面值为60万元的不带息应收票据向银行贴现，签订的贴现协议中规定，本公司在债务人未能按期偿还时，负有连带还款责任。贴现率为6%。计算过程和账务处理如下：

①票据到期值＝600 000（元）

②计算贴现期。从贴现日4月30日至到期日6月14日，共计45天，计算过程如下：

4月：30－30＋1＝1天

5月：31天

6月：13天

合计：45天

或：贴现天数＝60－(30－15)＝45（天）

③贴现利息＝600 000×6%÷360×45＝4 500（元）

④贴现收入＝600 000－4 500＝595 500（元）

- 贴现日将贴现收入收存银行时，

借：银行存款　　595 500

　贷：短期借款　　595 500

• 到期日如果债务人如数偿付了票据款给银行，则本公司的连带付款责任消失，作会计分录如下：

借：短期借款　595 500
　　财务费用　4 500
　　贷：应收票据　600 000

• 到期日如果债务人未能偿付票据款给银行，则本公司须承担连带付款责任，作会计分录如下：

借：短期借款　595 500
　　财务费用　4 500
　　贷：银行存款　600 000

同时，

借：应收账款　600 000
　　贷：应收票据　600 000

2）企业与银行等金融机构签订的贴现协议中如果约定，在贴现的应收票据到期，债务人未能按期偿付时，申请贴现的企业不负任何连带还款责任的，申请贴现的企业应按照将应收债权出售进行会计处理。

业务 2－2 中，若签订的贴现协议中规定，本公司在债务人未能按期偿还时，不负有任何连带还款责任时，本公司贴现日账务处理如下：

借：银行存款　595 500
　　财务费用　4 500
　　贷：应收票据　600 000

任务 3　预付账款的核算

3.1　任务描述

【案例分析】在新的会计岗位上，小李工作了 3 个月。经过这段期间的实践，小李对应收账款和应收票据这两项与购销活动相关的债权核算内容已经非常熟悉。但他还想知道，在往来结算业务的债权核算内容中，除了应收账款和应收票据之类的内容以外，还有哪些债权核算内容没处理过？带着这个疑问，小李走进宋经理的办公室。

宋经理听了小李的提问后，回答说：“在一些企业的生产经营过程中，会看到这么一种经济现象：那就是当企业需要购买某种物资而该物资却比较紧张，或者企业需要供货方按照要求定时定量生产某种商品时，供货方往往会通过签订购销合同的方式，要求购货企业预付部分或全部货款（即所谓的‘预交定金’），从购货企业的角度来看，这就是预付账款。除此之外，还有许多与购销活动无直接关系的其他应收款的核算。这些内容你也都想知道吗?

"当然!"勤学好问的小李答道。

3.2 任务分析

3.2.1 预付账款的核算内容

预付账款是指企业按照购货合同规定预先支付给供应单位的款项。预付账款是企业的短期债权。企业预付货款后，有权要求供应商按照购货合同条款发货。预付账款必须以购销双方签订的购货合同为条件，按照规定的程序和方法进行核算。

3.2.2 账务处理

为了核算预付账款业务，企业应设置"预付账款"会计账户。该账户属于资产类账户，借方登记企业按规定预付给供应单位的货款以及结算时应补付的货款；贷方登记收到所购货物的全部货物及供应单位退回的贷款。期末若为借方余额，反映企业向供货单位预付的货款；若为贷方余额，反映的则是企业尚未补付的货款。本账户应按供应单位的名称设置明细账户，组织明细分类核算。

企业按规定预付货款时，应借记"预付账款"账户，贷记"银行存款"账户；收到所购货物时，应根据发票账单载明的货款和增值税额，借记"材料采购"和"应交税费"账户，按价税之和贷记"预付账款"账户；补付货款时，借记"预付账款"账户，贷记"银行存款"账户，退回多余款或货款时，作相反的会计分录。

【业务2-3】 6月6日，海达公司按合同规定开出支票向广州大荣有限公司预付货款5 000元（支票存根见表2-5）。海达公司应作如下账务处理：

借：预付账款——广州大荣有限公司　　5 000

　　贷：银行存款　　5 000

表2-5

中国建设银行支票存根（湘）
EG/02 00011242
附加信息
出票日期：××年6月6日
收款人：广州大荣有限公司
金　额：¥5 000.00
用　途：预付货款
单位主管 李欣　　会计师 陈叶

【业务2-4】 承上例，收到大荣公司发来的1 000千克A材料，经验收无误，普通发票金额为30 000元。开出支票补付不足款项25 000元。相关凭证见表2-6、表2-7。

1）收到材料及发票时，公司应作如下账务处理：

借：原材料——原料及主要材料　　30 000

　　贷：预付账款——广州大荣有限公司　　30 000

2）补付货款时，海达公司应作如下账务处理（支票存根见表2-8）：

借：预付账款——广州大荣有限公司　　25 000

　　贷：银行存款　　25 000

表 2－6

湖南省长沙市商品销售统一发票

发 票 联

0000412145

№00167901

顾客名称及地址：海达有限责任公司　　××年7月8日填发

项 目	单位	数量	单价		金额							备 注
					万	千	百	十	元	角	分	
A材料	千克	1 000	30.00	超过拾万元无效	3	0	0	0	0	0	0	
合计人民币	（大写）叁万零仟零佰零拾零元零角零分				3	0	0	0	0	0	0	
说明	①本发票为剪开式，大写栏填写的万位和仟位金额必须与剪票栏剪下的金额一致，否则为无效发票。 ②发票联发生裁剪错误，应作废，并全套保存。											

第二联：发票联（顾客报销联）

开票人：余梦　　收款人：　　业户名称（盖章）

表 2－7

收 料 单

××年7月8日　　收字第××号

供应者：广州大荣有限公司		发票00167901号			××年7月8日收到											
编号	材料名称	规格	送验数量	实收数量	单位	单价	金额									
							千	百	十	万	千	百	十	元	角	分
	A材料		1 000	1 000	千克	30.00			¥	3	0	0	0	0	0	0
备注				验收人 盖 章	合计¥30 000.00											

会计　　出纳　　复核　　记账 何一　　制表 陈远

表 2－8

中国建设银行支票存根（湘）

$\frac{EG}{02}$ 00011243

附加信息

出票日期：2009年7月8日

收款人：广州大荣有限公司
金　额：¥25 000.00
用　途：补付货款

单位主管 李欣　　会计师 陈叶

任务4　其他应收款的核算

4.1　任务描述

应收、暂付款即其他应收款，它是指除应收票据、应收账款、预付账款等以外的其他各种应收、暂付款项。其主要包括应收的各种赔款和罚款、应收租金、应向职工收取的各种垫付款项、备用金、存出保证金、预付账款转入等。

4.2　任务分析

4.2.1　其他应收款的核算内容

为了核算除销售过程发生的债权以外的其他应收款的增减变动及结余情况，应设置“其他应收款”账户。该账户属于资产类账户，借方登记其他应收款的发生和转入数额；贷方登记收回数及转出数额；期末借方余额反映尚未收回的其他应收款的金额。“其他应收款”账户按应收项目及债务人名称设置明细账进行核算。

备用金是指为了满足企业内部各部门零星开支和职工临时使用，而暂时给有关部门和职工个人使用的备用现金。备用金经管人员必须在规定范围内使用。为了反映和监督备用金的领用和使用情况，应在“其他应收款”账户下设置“备用金”明细账户，或设置“备用金”总分类账户进行核算。

4.2.2　备用金的核算

根据备用金的管理制度，备用金的核算方法分为定额备用金制度和非定额备用金制度两种。

（1）定额备用金制度

定额备用金制度是指使用部门工作的实际需要，由财务部门核定其备用金定额并依此拨付一笔固定数额的现金，使用后凭单据核准报销，再拨付现金补足定额的制度。在定额备用金制度下，备用金的报销和拨付补足定额时均不再通过“其他应收款”账户核算。

【业务2－6】　海达公司核定行政管理部门办公室的备用金定额为5 000元，以现金拨付（借支单见表2－9）。账务处理如下：

借：其他应收款——备用金（办公室）　　5 000

　　贷：库存现金　　5 000

【业务2－7】　承上例，办公室报销日常办公费各项支出2 800元，相关凭证见表2－10、表2－11，账务处理如下：

借：管理费用　　2 800

　　贷：库存现金　　2 800

表 2-9

海达有限责任公司借支单

××年6月1日

借款人姓名	王瑜	借款金额※万伍仟零佰零元零角零分	
借款事由	办公室备用金	主管审批意见	同意。陈浩
还款计划	年末		批准金额¥5 000.00

签收：王瑜

表 2-10

费 用 报 销 单

报销部门：办公室　　××年6月30日　　单据及附件共3张

用　途	金额（元）	备注	
招待客户用餐	¥2 000.00		
购买办公用品	¥800.00	领导同意	同意。陈浩
	——		
合　计	¥2 800.00		
金额大写：※万贰仟捌佰零拾零元零角零分		原借款：/元	应退余款：/元

会计主管：谢咏　　复核：李小玲　　出纳：李雅　　报销人：王瑜　　领款人：王瑜

表 2-11

湖南省商品销售统一发票

发 票 联

0000312144

№12283804

顾客名称及地址：海达有限责任公司　　××年6月15日填发

项　目	单位	数量	单价		金额						备　注
					千	百	十	元	角	分	
账簿	个	5	10.00	超过拾万元无效			5	0	0	0	
墨盒	个	4	150.00			6	0	0	0	0	
打印纸	盒	10	15.00			1	5	0	0	0	
合　计 人民币	（大写）零仟捌佰零拾零元零角零分				¥	8	0	0	0	0	
说明	①本发票为剪开式，大写栏填写的万位和仟位金额必须与剪票栏剪下的金额一致，否则为无效发票。 ②发票联发生裁剪错误，应作废，并全套保存。										

第二联：发票联（顾客报销联）

开票人：陈瑜　　收款人：罗新　　业户名称（盖章）

（2）非定额备用金制度

非定额备用金制度又称为“一次报销制”，是指为了满足临时性需要而暂时借支给有关部门和个人一定数额现金，使用后实报实销的制度。

【业务2-8】 6月3日，供销科李宇出差，借支差旅费1 000元。6月8日，李宇出差归来，持单据报销896元，收回现金104元。

1）借支时账务处理如下：

借：其他应收款——备用金（李宇） 1 000

　　贷：库存现金 1 000

相关凭证见表2－12。

表2－12 **海达有限责任公司借支单**

××年6月3日

借款人姓名	李宇	借款金额零万壹仟零佰零元零角零分	
借款事由	出差	主管审批意见	同意。陈浩
还款计划	出差回来报销		批准金额￥1 000.00

2）回公司报销时账务处理如下：

借：管理费用 896

　　库存现金 104

　　贷：其他应收款——备用金（李宇） 1 000

相关凭证见表2－13、表2－14。

表2－13 **海达有限责任公司差旅费报销单**

附单据3张（另贴） ××年6月8日

摘要	百	十	万	千	百	十	元	角	分	单位领导批示：
预借款数额				1	0	0	0	0	0	同意。陈浩
各项支出	百	十	万	千	百	十	元	角	分	
1. 车船费（火车票、汽车、飞机票等）					3	1	6	0	0	审核意见：
2. 交通费（市内）（ 人 天）										同意。
3. 住宿费（1人2天）					4	6	0	0	0	陈叶
4. 途中补贴（1人4天）					1	2	0	0	0	
5. 杂支（ 人 天）										科室意见：
合计				￥	8	9	6	0	0	
各项支出合计（大写）※万※仟捌佰玖拾陆元零角零分										报销人：
应补领数（大写） 万 仟 百 拾 元 角 分										李宇
应退还数（大写） ※万※仟壹佰零拾肆元零角零分										

说明：①出差时间从6月4日20时至6月8日10时 ②出差地点：广州至怀化止，共4天。

表 2－14

收　据

××年6月8日

（不作发票及服务性收据使用）

今收到 李宇交回报销差旅费余款104元。

金额（大写）※拾※万※仟壹佰零拾肆元零角零分（¥104.00）

单位盖章：　　　　经手人盖章：李宇

第三联 记账

负责人　　　会计 陈叶　　　出纳 李雅　　　记账

如果李宇归来核准报销各项费用金额1 200元，应以现金支付其预借款不足部分，则账务处理如下：

借：管理费用　　1 200

　　贷：其他应收款——备用金（李宇）　　1 000

　　　　库存现金　　200

4.3.2　其他应收、暂付款的核算

企业发生备用金、社会保险费以外的其他应收、暂付款时，借记“其他应收款”账户，贷记“现金”、“银行存款”、“其他业务收入”等账户。收回备用金、社会保险费以外的其他应收、暂付款时，借记“现金”、“银行存款”、“应付工资”等账户，贷记“其他应收款”账户。

【业务2－9】　海达有限责任公司向湖南华辉有限公司租入包装物一批，以银行存款支付押金2 000元，相关凭证见表2－15。海达公司账务处理如下：

借：其他应收款——存出保证金（华辉有限公司）　　2 000

　　贷：银行存款　　2 000

表 2－15

中国建设银行支票存根（湘）

$\frac{EG}{02}$ 00011244

附加信息

出票日期：××年6月18日

收款人：	湖南华辉有限公司
金　额：	¥2 000.00
用　途：	支付押金

单位主管 李欣　　会计师 陈叶

【业务2－10】　海达公司如期退还租入包装物，收到出租方华辉公司退还的押金2 000元，支票已送存银行，相关凭证见表2－16。海达有限责任公司账务处理如下：

借：银行存款　　2 000

　　贷：其他应收款——存出保证金（华辉有限公司）　　2 000

表2－16　　　　　　　　　**中国建设银行　进账单（回单）**

××年6月10日

出票人	全　称	湖南华辉有限公司	收款人	全　称	海达有限责任公司
	账　号	4687432106		账　号	33286688568
	开户银行	工商银行长沙市北秀支行		开户银行	中国建设银行长沙市蔡锷路支行
金额	人民币（大写）	贰仟元整			
票据种类	支票	票据张数	1		
票据张数	07080901				
复核	记账		开户银行签章		

亿	千	百	十	万	千	百	十	元	角	分
				¥	2	0	0	0	0	0

此联是开户银行交给持（出）票人的回单

任务5　应收款项减值的核算

5.1　任务描述

应收账款等应收款项是企业拥有的金融资产。根据金融工具确认和计量会计准则的规定，企业应当在资产负债表日对以公允价值计量且其变动计入当期损益的金融资产以外的金融资产的账面价值进行检查，有客观证据表明该金融资产发生减值的，应当计提减值准备。

企业应严格将不同内容的应收款项分类加以核算，以正确反映、监督各种短期债权的发生及收回情况，保证企业这部分资产的安全完整，加速企业流动资金的周转。

5.2　任务分析

5.2.1　应收款项等金融资产发生减值的判断

表明金融资产发生减值的客观证据，是指金融资产初始确认后实际发生的、对该金融资产的预计未来现金流量有影响，且企业能够对该影响进行可靠计量的事项。金融资产发生减值的客观证据，包括下列各项：

1）发行方或债务人发生严重财务困难；

2）债务人违反了合同条款，如偿付利息或本金发生违约或逾期等；

3）债权人出于经济或法律等方面因素的考虑，对发生财务困难的债务人作出让步；

4）债务人很可能倒闭或进行其他财务重组；

5）因发行方发生重大财务困难，该金融资产无法在活跃市场继续交易；

6）无法辨认一组金融资产中的某项资产的现金流量是否已经减少，但根据公开的数据对其进行总体评价后发现，该组金融资产自初始确认以来的预计未来现金流量确已减少且可计量，如该组金融资产的债务人支付能力逐步恶化，或债务人所在国家或地区失业率提高、担保物在其所在地区的价格明显下降、所处行业不景气等；

7）债务人经营所处的技术、市场、经济或法律环境等发生重大不利变化，使权益工具投资人可能无法收回投资成本；

8）权益工具投资的公允价值发生严重或非暂时性下跌；

9）其他表明金融资产发生减值的客观证据。

金融资产发生减值时，应当将该金融资产的账面价值减记至预计未来现金流量（不包括尚未发生的未来信用损失）现值，减记的金额确认为资产减值损失，计入当期损益。

5.2.2 应收款项减值的确定

企业对应收款项进行减值测试，应根据本单位的实际情况分为单项金额重大和非重大的应收款项，分别进行减值测试，计算确定减值损失，计提坏账准备。应收款项的减值损失也称“坏账损失”。

对于单项金额重大的应收款项，应当单独进行减值测试，有客观证据表明其发生了减值的，应当根据其未来库存现金流量现值低于其账面价值的差额，确认减值损失，计提坏账准备。例如，某企业某年 12 月 31 日期末应收款项总额为 20 万元，该企业以账龄长短为信用风险特征，按照应收款项的账龄划分为表 2－17 中的 5 个组合，并根据实际情况确定实际损失率和预计减值损失。

表 2－17　　应收款项组合预计减值损失计算表

应收款项组合	应收账款余额	预计损失（%）	预计减值损失金额
未到期	100 000	0.5	500
过期 1 个月	80 000	1	800
过期 2 个月	60 000	2	1 200
过期 3 个月	40 000	3	1 200
过期 3 个月以上	20 000	5	1 000
合　计	200 000		4 700

如表 2－17 所示，该企业某年 12 月 31 日此项应收款项预计减值损失为 4 700 元。

5.2.3 应收款项减值的账务处理

为了核算企业应收款项减值的情况，应设置“坏账准备”账户，该账户属资产类备抵账户，贷方登记按期计提的坏账准备数额，借方登记已确认为坏账损失应予转销的应收账款数额。余额通常在贷方，表示已经预提尚未注销的坏账准备数，在期末资产负债表上列作各项应收款项的减项。

应收账款减值的有关账务处理的内容包括三个方面：一是期末按一定方法确定应收款项的减值损失，计提坏账准备的账务处理；二是实际发生坏账时的账务处理；三是已确认的坏账又收回的账务处理。

有关坏账准备的账务处理，下面仅对单项金额非重大的应收款项，采用应收账款余额百分比法为例加以说明：

当期应提取的坏账准备 = 当期应收款项计算应提取坏账准备金额 − “坏账准备”账户的贷方余额

当期按应收款项计算应提坏账准备金额大于“坏账准备”账户的贷方余额，应按其差额提取坏账准备；如果当期按应收款项计算应提坏账准备金额小于“坏账准备”账户的贷方余额，应按其差额冲减已计提的坏账准备；当期按应收款项计算应提坏账准备金额为零，应将“坏账准备”账户的余额全部冲回。

资产负债表日按应计提的坏账准备金额作如下账务处理：

借：资产减值损失

贷：坏账准备

本期应计提的坏账准备大于其账面余额的，应按其差额计提；应计提的金额小于其账面余额的差额，作相反的会计分录。

对于确实无法收回的应收款项，按管理权限报经批准后作为坏账损失，转销应收款项，借记“坏账准备”账户，贷记“应收账款”、“预付账款”、“应收利息”、“其他应收款”、“长期应收款”等账户。

已确认并转销的应收款项以后又收回的，应按实际收回的金额，借记“应收账款”、“预付账款”、“应收利息”、“其他应收款”、“长期应收款”等账户，贷记“坏账准备”账户；同时，借记“银行存款”账户，贷记“应收账款”、“预付账款”、“应收利息”、“其他应收款”、“长期应收款”等账户。

5.3 相关知识

如果企业采用应收账款余额百分比法核算坏账损失，在核算的时候，应该遵循下列七条原则：

1）坏账准备账户，期末的余额一定在贷方，并且，余额 = 当期期末应收账款余额 × 坏账率。

2）首次计提坏账准备时，应该根据当期期末应收账款余额 × 坏账率，借记“资产减值损失”，贷记“坏账准备”。

3）实际发生坏账时，根据实际发生坏账的金额，借记“坏账准备”，贷记“应收账款”等有关账户。

4）在期末调整前，如果“坏账准备”账户出现借方余额，那么本期期末应该计提的坏账准备等于调整前的“坏账准备”账户借方余额 + 当期期末应收账款余额 × 坏账率，借记“资产减值损失”，贷记“坏账准备”。

5）发生以前年度已经核销的坏账在本期收回，应该分为两部，首先要恢复已核销的坏账，借记“应收账款”等有关账户，贷记“坏账准备”，同时要根据实际回收的金额借记“银行存款”，贷记“应收账款”等有关账户。

6）如果期末调整前，“坏账准备”账户有贷方余额并且小于当期期末应收账款余额 × 坏账率，应该根据当期期末应收账款余额 × 坏账率和“坏账准备”账户调整前的贷方余额两者的差额，借记“资产减值损失”，贷记“坏账准备”。

7）如果期末调整前，“坏账准备”账户有贷方余额并且大于当期期末应收账款余额×坏账率，期末应该根据两者的差额作计提时的相反分录，也就是借记“坏账准备”，贷记“资产减值损失”。

5.4 技能训练

【业务2-11】 海达有限责任公司对A组应收账款采用按年末应收账款余额百分比法计提坏账准备，预计的计提百分比为3‰，对该组应收账款预计未来库存现金流量不进行折现。该企业第一年末的A组应收账款余额为250万元。第二年A组应收账款中客户X公司所欠9 000元账款已超过3年，确认为坏账；第二年末，该企业A组应收账款余额为300万元。第三年A组应收账款中客户Y公司破产，所欠2万元账款有8 500元无法收回，确认为坏账；第三年末，企业A组应收账款余额为260万元。第四年，X公司所欠9 000元账款又收回，年末A组应收账款余额为320万元。该企业各年对A组应收账款发生减值应作的会计分录如下：

• 第一年末，提取坏账准备：

借：资产减值损失　　7 500
　　贷：坏账准备　　7 500

• 第二年，冲销坏账：

借：坏账准备　　9 000
　　贷：应收账款——X公司　　9 000

• 第二年末，计提坏账准备：提取前的“坏账准备”账户余额为借方1 500元，按年末应收账款余额估计坏账损失为9 000元（3 000 000×3‰），则本年应提取坏账准备数为10 500元（9 000+1 500）。提取后“坏账准备”账户贷方余额为9 000元。

借：资产减值损失　　10 500
　　贷：坏账准备　　10 500

• 第三年，冲减坏账：

借：坏账准备　　8500
　　贷：应收账款——A公司　　8500

• 第三年末，计提坏账准备：提取前的“坏账准备”账户为贷方余额500元，按年末应收账款余额估计坏账损失为7 800元（260 000×3‰），则本年应提取坏账准备数为7 300元（7 800-500）。提取后“坏账准备”账户贷方余额为7 800元。

借：资产减值损失　　7 300
　　贷：坏账准备　　7 300

• 第四年，已确认为坏账冲销的应收X公司账款9 000元又收回：

借：应收账款——X公司　　9 000
　　贷：坏账准备　　9 000
借：银行存款　　9000
　　贷：应收账款——X公司　　9 000

• 第四年末，计提坏账准备：提取前的“坏账准备”账户为贷方余额16 800元，按年末应收账款余额估计坏账损失为9 600元（3‰×3 200 000），则本年应按其差额冲回坏账准备，冲回数为7 200元（16 800－9 600）。冲回后“坏账准备”账户贷方余额为9 600元。

借：坏账准备　　7 200

　贷：资产减值损失　　7 200

5.5 教研活动

海达有限责任公司在竞争不断加剧的情况下，调整了原有的信用政策，适当延长了信用期间、放宽了信用标准，信用政策的修订使公司销售有所增长。但是伴随着赊销收入的增长，公司应收账款也日益增加，对应收账款的日常管理工作则变得更加重要了。

2009年1月31日，按照要求，财务部门的小王编制完成了每月一次的公司账龄分析表，并将其交给了公司财务总监李先生。账龄分析表的内容见表2－18所示。

表2－18　海达公司账龄分析表

2009年1月31日

应收账款账龄	账户数量	金额（万元）	百分比（%）
信用期内	200	400	40
超过信用期1～20天	100	200	20
超过信用期21～40天	50	100	10
超过信用期41～60天	30	100	10
超过信用期61～80天	20	100	10
超过信用期81～100天	15	50	5
超过信用期100天以上	5	50	5
合　计	420	1 000	100

李总监收到账龄分析表及其相关资料后，进行了仔细阅读，发现在超过信用期100天以上的客户中，乙公司是个老大难问题，其拖欠款项时间最长，且金额比重较大（为40万元），于是李总监批示：

第一，针对不同类型客户制定相应的收账政策。

第二，进一步获取、分析乙公司的相关资料，判断该公司的具体情况，争取这个月解决这一问题。

（1）数据的采集与分析

按照李先生的指示，相关工作人员开始进行资料的搜集，并开始拟订收账政策。初步的方案为：

①对于账龄超过信用期1～20天的客户，由于拖欠时间较短，为了保存市场份额，不予催收。

②对于账龄超过信用期21～40天的客户，可以通过寄发措辞婉转的信件提示对方已经过期款项事宜。

③对于账龄超过信用期41～60天的客户，可以通过电话催询。

④对于账龄超过信用期61～100天的客户，可以委派专人与客户当面洽谈。

⑤对于账龄超过信用期100天的客户，先委派专人与客户进行措辞严厉的当面洽谈，如

果仍无效果，可请相关部门仲裁或提请诉讼。

李总监审阅了收账方案，认可了第①至第④条措施，但对于第⑤条措施，李总监认为，应先了解清楚对方客户的具体情况后方可采用强硬手段，尤其是若采取法律程序更应三思而后行，因而李总监认为应该从这类客户中问题最为严重的乙公司入手，了解其实际状况，再确定具体措施。

对于乙公司的问题，相关人员也在不断地给予关注，进行了追踪分析并相继搜集了有关资料，包括：

1）该公司的资产负债表及利润表。

2）该公司付款的历史资料。

3）有关该公司经营现状的其他信息。

通过资料的搜集，相关人员对乙公司的基本情况作出总结呈交给了李总监。

乙公司是2003年1月成立的一家中等规模的电器商城，主要经营范围是各种品牌的家用电器。海达公司生产的品牌产品在乙公司由某一专柜销售。两家公司之间从2003年以来，不断地有业务往来。从乙公司付款的历史资料上看，2003年，该公司付款状况尚可，虽然间或有拖欠现象，但是拖延欠款的时间通常不超过30天便可以结清账款。2004年以来，乙公司付款状况开始出现下滑的态势，拖延欠款的时间逐渐延长，而且每次对其采取催交政策都发现，乙公司不按期支付货款并非故意或工作疏忽所致，而是确系因为其资金周转出现问题。2009年以来，乙公司付款状况每况愈下，长时间拖欠货款。乙公司与本公司之间较大数额交易的付款历史资料见表2－19。

表2－19　　　　截至：2009年1月31日

交易发生时间	交易金额（万元）	付款时间	超过信用期天数
2003.02.10	50	2003.05.30	10
2003.06.05	20	2003.09.28	23
2003.08.10	40	2004.12.07	25
2003.11.17	20	2004.03.09	30
2004.03.15	35	2004.07.30	45
2004.05.10	30	2004.10.15	65
2004.07.01	30	2004.12.15	75
2007.10.10	25	2008.05.03	90
2007.12.25	15	2008.07.15	110
2009.03.08	15	未还	230
2009.05.10	10	未还	165
2009.07.05	15	未还	105

通过对乙公司与本公司之间较大数额交易的付款历史资料的分析，海达公司发现乙公司自成立之日起，该公司的经营状况、资金周转情况就不算良好，近期更是走下坡路。依据财务部门搜集的有关乙公司的2009年12月31日的资产负债表（见表2－20）及2009年的利润表（见表2－21），更加证明了这一点。

表2-20 资产负债表

2009年12月31日 单位：万元

资　　产	年末数	负债及所有者权益	年末数
流动资产：		流动负债：	
货币资金	10	短期借款	50
应收账款	20	应付账款	300
存货	350	其他应付款	50
预付账款	80	流动负债合计	400
流动资产合计	460	长期负债	0
固定资产净值	550	所有者权益：	
		实收资本	500
		留存收益	110
资产总计	1 010	负债及所有者权益总计	1 010

表2-21 利润表

2009年度 单位：万元

项　　目	本年累计
一、主营业务收入	600
减：主营业务成本	450
主营业务税金及附加	30
二、主营业务利润	120
加：其他业务利润	0
减：营业费用	50
管理费用	100
财务费用	3
三、营业利润	-33
加：投资收益	
营业外收入	2
减：营业外支出	1
四、利润总额	-32
减：所得税	—
五、净利润	—

海达公司利用乙公司的报表，计算了相关指标，包括：

流动比率＝1.15(460/400)

速动比率＝0.075(30/400)

存货周转率＝1.3(450/350)

销售利润率＝20%(120/600)

销售净利率＝－5.3(－32/600)

通过这些指标的计算，海达公司对乙公司的财务和经营状况大体上得出如下结论：

1）流动比率较低，说明该公司偿债能力较差，流动负债筹资数额偏高；速动比率过低，说明该公司利用速动资产偿还债务的能力更差，也说明流动资产中存货、待摊费用所占比重大，而待摊费用的主要内容是该公司的房租费用，因而偿债价值低，那么存货的周转变现情况则起到了至关重要的作用。

2）存货周转率较低，反映出存货的周转期间较长，周转速度慢，有积压现象；而存货变现速度缓慢导致了其偿债能力低下。

3）销售利润率为20%，说明该公司从主营业务中可以获刊，但净利润为负数，则反映出公司的费用支出过大，主营业务利润不足以弥补大额的费用，导致亏损。

乙公司目前状况的产生，是受多方面因素的影响，但归结起来主要有：

1）乙公司所处地理位置不佳，交通条件不甚便利。

2）公司规模不大，无法取得规模效益，因而所销售商品在价格上较之其他大型家电零售企业不具备优势。

3）公司经营场所为租赁形式取得，高额的租金费用使之无力承担。

4）家电零售市场竞争激烈，一些大规模的企业分割市场份额，会危及到诸如乙公司这样的中小企业。

经过上述分析，海达公司决定：

第一，停止对乙公司提供赊销。

第二，委派专人与其进行当面洽谈，如果仍无效果，必要时可提请有关部门仲裁或提请诉讼。

但是就在海达公司作出决定之后一周内，公司获知有一家大型家电零售企业正准备合并乙公司，双方正在洽谈相关事宜，如若合并成功，乙公司可以扩充，现在的资产、负债便由合并后的公司承担。面对这种新情况，李总监决定先暂停款项的催收，视合并结果再订方案。

（2）结论与总结

通过海达公司对乙公司进行应收账款管理的这一案例，可以得出如下启示：

1）对于已经发生的应收账款，企业应进一步强化日常管理工作，采取必要措施进行分析、控制，及时发现问题，提前采取对策，使企业在应收账款上的管理取得理想效果。

2）对于逾期付款的客户，特别是逾期时间较长的客户，应搜集相关信息，分析其发生拖欠情况的频率，发生拖欠情况的原因，对不同拖欠时间的账款及不同信用品质的客户，应采取不同的收账方法，制定出不同收账政策和方案。对尚未过期的应收账款也不能放松管理与监督，以防发生新的拖欠。

单元 3

存货业务核算与管理

学习目标
- □ 能描述存货管理流程及内部控制过程
- □ 掌握存货核算流程及计量方法的应用
- □ 能使用如下成本计算方法计量永续盘存制下的存货成本：先进先出法、加权平均法、个别计价法
- □ 掌握原材料实际成本核算方法及具体应用
- □ 掌握原材料计划成本核算方法及具体应用
- □ 掌握存货期末计量业务及具体核算
- □ 掌握存货清查业务的核算及处理

任务1　存货管理业务流程及内部控制

存货是指企业在日常活动中持有以备出售的产成品或商品、处在生产过程中的在产品、在生产过程或提供劳务过程中耗用的材料、物料等。存货区别于固定资产等非流动资产的最基本的特征是，企业持有存货的最终的目的是为了出售，包括可供直接销售的产成品、商品，以及需经过进一步加工后出售的原材料等。那么，中、小企业在实际工作中是如何对存货的业务流程进行设计、管理与核算，如何进行存货的内部控制？

1.1　任务描述

张晓红在海达公司经过3个月在采购部、仓储部等实习后，财务部经理安排她负责材料会计岗位的工作，她担心做不好此项工作。于是，在老会计精心指导下，她开始上任，她除

了了解公司基本情况后，又开始做哪些准备工作呢？

【任务要求】

1）张晓虹首先应该熟悉的海达公司存货管理基本流程有哪些？

2）海达公司如何进行存货相关的内部控制管理？

1.2 任务分析

1.2.1 存货管理业务流程

为了使存货具有合理库存，减少存货损失，提高存货质量，规范存货管理与核算，应对企业的存货管理业务流程进行科学的设计与完善。

存货管理业务流程的关键步骤包括：

1）采购部根据生产经营需要及存货库存情况，进行原材料、低值易耗品、包装物等的采购。

2）仓储部组织相关部门人员对采购物资进行验收，并做好物资入库工作。同时，仓储部对存货进行日常的保管和维护，包括合理设置各类物资和产品的明细账簿和台账，对各类库存物资定期进行检查盘点，并做到账、物、卡三者一致，进行各类存货的分类整理等。

3）生产、销售部门根据生产、管理需要填写领用单。

4）财务部组织仓储部、生产部、采购部及其他相关部门进行盘点。盘点结束后，对于账实不符的存货，应查明原因，分清责任；根据盘点结果编制盘点盈亏报告，提出处理意见，报相关领导审批。

存货管理业务流程见图 3－1。

1.2.2 存货内部控制制度的相关规定

（1）内部控制中不相容职务进行分离

为了加强对企业库存物资的内部控制，保证库存物资的验收进库、存储保管及领料出库业务的规范有序，对库存物资内部控制中的不相容职务应当分离，具体包括以下五个方面：

1）物资入库和出库经办者与审批者应分离。

2）实物的验收保管与采购应分离。

3）审批发料的计划员与存货保管员相分离。

4）存货盘点应由保管、记账及独立于这些职务的其他人员共同进行。

5）若某职位空缺或相关人员临时外出，应指定替代人员或临时人员负责，避免暂时的职务空缺。

（2）存货内控程序

存货内控的主要目标是为了保证存货的安全和真实地在财务报表中予以报告。这些内部控制或者是防御性质的，或者是调查性质的。防御性的内控是为了事前预防错误或不实列示，调查性内控是为了在错误和不实列示出现后进行调查。

公司应在采购环节开始就对其进行控制。首先，由公司仓储部门按照预先制订的存货采购计划来确定存货数目，并确定其保管责任。为了确保接收到的存货与预订相符，每份采购计划都要与原始订单核对。同时，还要对购买订单上列示的订购价格与卖方发票所列示的

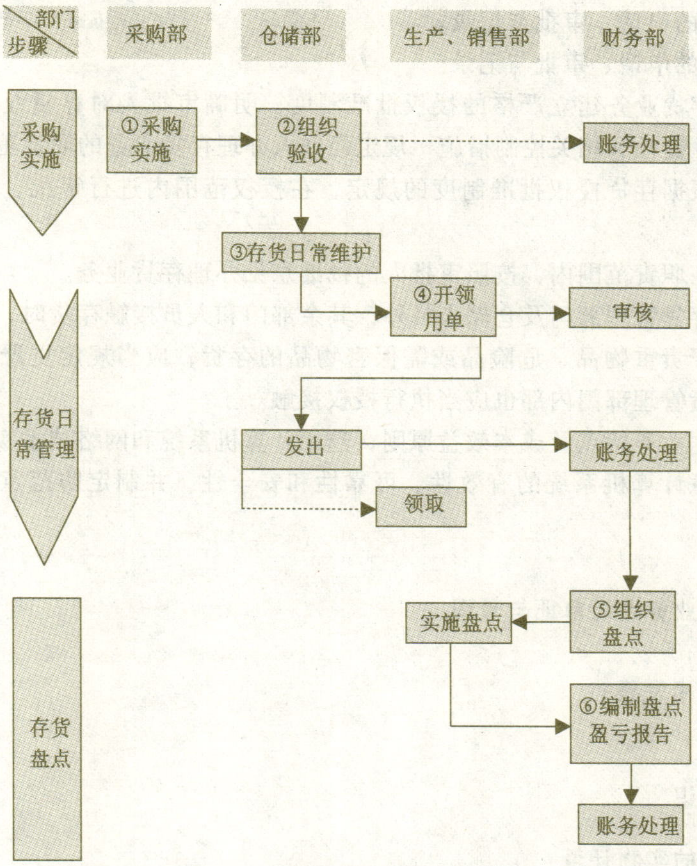

图3－1 海达公司存货管理业务流程

价格相比较，全面核对收货、订单和发票以及记录存货和有关付款账户。存货内控程序见图3－2。

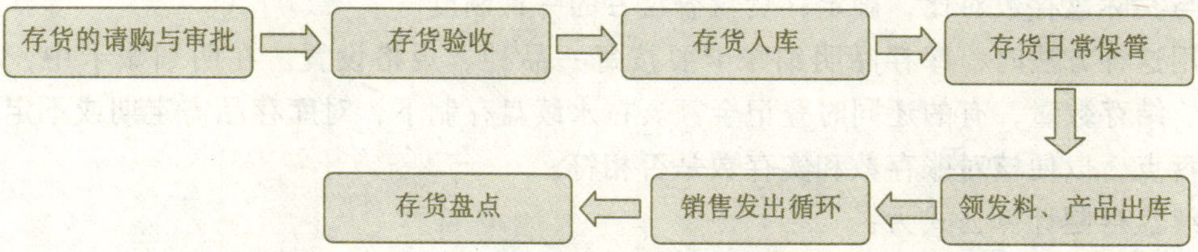

图3－2 海达公司存货内控程序

1.2.3 存货岗位分工及授权批准

企业应当建立存货业务的岗位责任制，明确内部相关部门和岗位的职责、权限，确保办理存货业务的不相容岗位相互分离、制约和监督。存货业务的不相容岗位至少包括：

1）存货的请购、审批与执行。

2）存货的采购、验收与付款。

3）存货的保管与相关记录。

4）存货发出的申请、审批与记录。

5）存货处置的申请、审批与记录。

企业应当对存货业务建立严格的授权批准制度，明确审批人对存货业务的授权批准方式、权限、程序、责任和相关控制措施，规定经办人办理存货业务的职责范围和工作要求。

审批人应当根据存货授权批准制度的规定，在授权范围内进行审批，不得超越审批权限。

经办人应当在职责范围内，按照审批人的批准意见办理存货业务。

企业内部除存货管理部门及仓储人员外，其余部门和人员接触存货时，应由相关部门特别授权。对于属于贵重物品、危险品或需保密物品的存货，应当规定更严格的接触限制条件，必要时，存货管理部门内部也应当执行授权接触。

企业可以根据业务特点及成本效益原则，选用计算机系统和网络技术实现对存货的管理和控制，但应注意计算机系统的有效性、可靠性和安全性，并制定防范意外事项的有效措施。

1.2.4 存货业务涉及单证与管理

1）买卖合同；

2）增值税专用发票；

3）运费发票。

1.3 相关知识

1.3.1 存货的实物计量

存货实物计量有永续盘存制和实地盘存制两种方法。

（1）永续盘存制

永续盘存制也称“账面盘存制”，就是通过设置存货明细账，对日常发生的存货增加或减少，都必须根据会计凭证在账簿中进行连续登记，并随时在账面上结算各项存货的结存数并定期与实际盘存数对比，确定存货盘盈盘亏的一种制度。

采用这种方法时，库存品明细账卡要按每一品种、规格设置。在明细账卡中，要登记收、发、结存数量，有的还同时登记金额。在永续盘存制下，对库存品需定期或不定期地进行实地盘点，以便核对账存数和实存数是否相符。

永续盘存制计算公式为：

期末存货结存数量 = 期初存货结存数量 + 本期增加存货数量 − 本期发出存货数量

期末存货结存金额 = 期初存货结存金额 + 本期增加存货金额 − 本期发出存货金额

永续盘存制的优点是为加强对库存品的管理。在库存品明细账卡中，可以随时反映出每种库存品的收入、发出和结存情况，并在数量和金额两方面进行控制。明细账卡的结存数量，可以通过盘点与实存数量进行核对。当发生库存溢余或短缺，可以查明原因，及时纠正。此外，明细账卡上的结存数，还可以随时与预定的最高和最低库存限额进行比较，取得库存积压或不足的资料，以便及时组织库存品的购销或处理，加速资金周转。

（2）实地盘存制

实地盘存制又称“定期盘存制”、“以存计销”（商业企业）、“以存放耗”（工业企业），是通过对期末库存存货的实物盘点，确定期末存货和当期销货成本的方法。此方法是假定除期末库存以外的产品均已出售，从而到轧出销货成本。因此，在实地盘存制下，日常经营中因销售而减少的存货不予记录，只登记增加的存货。其计算公式为：

本期减少数＝账面期初余额＋本期增加数－期末实际结存数

期初存货＋本期购货－期末存货＝销货成本

实地盘存制的优点是核算工作比较简单，工作量较小。其缺点是手续不够严密，不能通过账簿随时反映和监督各项财产物资的收、发、结存情况，反映的数字不精确，仓库管理中尚有多发少发、物资毁损、盗窃、丢失等情况，在账面上均无反映，而全部隐藏在本期的发出数内，不利于存货的管理，也不利于监督检查。因此，实地盘存制只适应数量大、价值低、收发频繁的存货。与永续盘存制比较没有安全性。因此，实地盘存制适用于核算那些价值低、数量不稳定且损耗大的鲜活商品。

从加强存货管理、提供管理所需会计信息的角度出发，除特殊情况需采用实地盘存制外，企业应尽量采用永续盘存制。

1.3.2 存货管理的目标

存货管理的目标，就是要尽力在各种存货成本与存货效益之间作出权衡，达到两者的最佳结合。

如果工业企业能在生产投料时随时购入所需的原材料，或者商业企业能在销售时随时购入该项商品，就不需要存货。但实际上，企业总有储存存货的需要，并因此占用或多或少的资金。这种存货的需要出自以下原因：

第一，保证生产或销售的经营需要。企业很少能做到随时购入生产或销售所需的各种物资，即使是市场供应量充足的物资也是如此。这不仅因为不时会出现某种材料的市场断档，还因为企业距供货点较远而需要必要的途中运输及可能出现的运输故障。一旦生产或销售所需物资短缺，生产经营将被迫停顿，造成损失。为了避免或减少出现停工待料、停业待货等现象的发生，企业需要储存存货。

第二，出自价格的考虑。零购物资的价格往往较高，而整批购买在价格上常有优惠。但是，过多的存货要占用较多的资金，并且会增加包括仓储费、保险费、维护费、管理人员工资在内的各项开支。存货占用资金是有成本的，占用过多会使利息支出增加并导致利润的损失，各项开支的增加更会直接使成本上升。

1.4 技能训练

1.4.1 识别与掌握相关专业术语训练（填空）

将下面的每个说明与其对应的专业术语配对，其中有些专业术语可能不会用到。

A. 存货概念　B. 原材料　C. 在产品　D. 半成品　E. 商品　F. 周转材料

G. 外购存货成本　H. 加工存货成本　I. 实地盘存制　J. 实地盘存制

1）__________指企业在存货采购入库后发生的储存费用。

2）__________存货是指企业在日常活动中持有以备出售的产成品或商品、处在生产过程中的在产品、在生产过程或提供劳务过程中耗用的材料和物料等。

3）__________是指商品流通企业外购或委托加工完成验收入库用于销售的各种商品。

4）__________是指企业能够多次使用、逐渐转移其价值但仍保持原有形态不确认为固定资产的材料，如包装物和低值易耗品。

5）__________是指工业企业已经完成全部生产过程并已经验收入库，可以按照合同规定的条件送交订货单位，或者可以作为商品对外销售的产品。

6）__________是指经过一定生产过程并已经检验合格交付半成品仓库保管，但尚未制造完工成为产成品，仍需进一步加工的中间产品。

7）__________是指企业在生产过程中经加工改变其形态或性质并构成产品主要实体的各种原料及主要材料、辅助材料、燃料、修理用备件（备品备件）、包装材料、外购半成品（外构件）等。

8）__________包括直接人工以及按照一定方法分配的制造费用。

9）__________包括购买价款、相关税费、运输费、装卸费、保险费以及其他可归属于存货采购成本的费用。

10）__________就是通过设置存货明细账，对日常发生的存货增加或减少，都必须根据会计凭证在账簿中进行连续登记，并随时在账面上结算各项存货的结存数并定期与实际盘存数对比，确定存货盘盈盘亏的一种制度。

1.4.2 识别应该计入存货的项目训练

海达公司确认了以下可能包括在12月31日的期末存货中的项目：

1）仓储部将客户订购的应于次年1月12日发货的价值56 000元的商品隔离出来。

2）库中有北京中飞公司委托代销的价值为965 300元的商品。

3）公司应于12月31日到货的以装船交货方式运送的货物已经于晚上11点50分交给中远运输公司。

4）交给中远运输公司的商品已经于12月25日由中远运输公司发货，但在12月31日尚未到达目的地。

5）存货中有165 400元是以前售出，但由于其维修承诺又由顾客返还待修。

6）公司将价值为48万元的商品委托给不同代销商销售。

7）12月31日公司收到由于错误发货而返还的价值120 500元的商品，新的订单规定于次年1月10日前夜装船发货。

8）12月27日，公司从供货商深圳宝源公司订货价值60万元的商品。商品于12月30日发出，但在12月31日尚未收到。

9）12月28日海达公司与北京中飞公司签订次年订货合同货值是586 000元，合同规定次年4月1日交货。

10）12月29日销售给万达公司商品46 000元，付款手续已经办理完毕，采用当天提货方式，因临近新年运输车辆紧张，故在次年1月4日来提货。

要求：指出上述各项哪些项目应该包括在存货中，哪些不应该列入存货项目。

1.4.3 永续盘存制和实地盘存制的具体应用训练

（1）永续盘存制账户的设置与应用

1）企业设置的存货，应该通过“原材料”、“库存商品”等账户的借方反映。

2）凡与购货有关的运输及其他费用等附加成本，都直接借记“原材料”、“库存商品”账户。

3）购货退回、购货折让等都直接贷记“原材料”、“库存商品”账户。

4）对于每次售出或发出存货都需编制会计分录，按不同方法计算的发出存货成本反映存货的减少；

5）设置存货的辅助分类账，按每次存货分户记录，反映存货的收、发、结存情况。

（2）实地盘存制账户的设置与应用

1）购置存货设置“材料采购”等账户来反映购货价格；

2）对购货后出现的退还及折让、运费等存货减少及附加成本需要单独设置“购货退还及折让”、“购货运费”、“购货折扣”等账户进行核算；

3）日常的销货及存货发出不进行会计处理；

4）本期已销商品成本和已耗存货成本通过期末对存货实地盘点进行倒扎，其公式为：

已销商品成本（已耗存货成本）＝期初存货成本＋当期购货净额的全部成本－期末盘存的存货成本

购货净额的全部成本＝购货＋购货运费－购货退回及折让－购货折扣

（3）永续盘存制和实地盘存制下存货购销的会计处理

永续盘存制和实地盘存制下存货购销会计处理问题，可以通过下面的例子来说明。

【业务3－1】 海达公司1月份铝板商品收入、发出情况及采用永续盘存制确定的各日结存数（件），如表3－1所示。

表3－1　　海达公司铝板收、发及结存情况表（永续盘存制）

××年1月　　单位：件

日期	摘要	收入	发出	结存
1日	月初结存			2 000
1日	销售		200	1 800
3日	完工	500		2 300
8日	销售		1 000	1 300
12日	完工及销售	600	800	1 100
19日	完工	700		1 800
23日	销售		1 200	600
27日	完工	300		900
30日	销售		400	500
30日	月末结存			500

【业务3－2】 海达公司以煤为燃料，该企业1月份燃煤的月初结存及购入情况见表3－2。由于煤的耗用情况平时难以准确计量，故采用定期盘存制进行核算。月末通过实地盘点结余燃煤，确定的期末结存数为200吨。

表 3－2　　海达公司燃煤收入、发出及结存情况表（定期盘存制）

××年 1 月　　单位：吨

日期	摘要	收入	发出	结存
1 日	月初结存			150
1 日	购入	100		
5 日	购入	80		
11 日	购入	120		
15 日	购入	90		
21 日	购入	130		
26 日	购入	120		
30 日	本月耗用		590	
30 日	月末结存			200

注意：表 4－2 中的“本月耗用数”于月末倒挤求出：150＋（100＋80＋120＋90＋130＋120）－200＝590（吨）

【课堂讨论】　永续盘存制与定期盘存制之比较

永续盘存制要求全面、详细地记录每一种存货的收入、发出和结存情况，因而，其核算工作量大，相应会增加会计核算成本。特别是存货品种复杂繁多的企业单位，如果采用月终一次结转耗用（或销售）成本的办法，则期末持有存货的成本和当期耗用（或销售）存货的成本计算工作就比较集中，增大了核算工作量。而在定期盘存制下，平时不记录存货的发出情况，月终在确定结存数后一次计算耗用（或销售）存货的成本，其核算工作大为简省。

永续盘存制可以提供系统的存货收发存情况，便于及时核对存货的账面数和实有数，对存货的变动进行有效监控。而定期盘存制不能随时反映存货收发存动态，从而削弱了对存货的控制和监督作用，并且，由于以存计耗（或销），倒算耗用成本或销售成本，这就会把非耗用或非销售的存货损耗、短缺或差错事故等全部“挤入”耗用或销售成本之中，从而影响了成本计算的正确性。

由于永续盘存制具有控制和保护存货安全的显著优点，因此，在实际工作中，除了那些价值低廉、在管理上使用永续盘存制确有困难的存货外，一般都采用永续盘存制。定期盘存制一般适用于价值低、品种杂、交易极其频繁的存货和损耗大、数量不稳定的鲜活商品。

1.5　教研活动

1.5.1　讨论顺丰公司存货内部控制

【业务 3－3】　顺丰公司有一个坐落在一家百货中心的小零售商店。该商店对存货项目执行如下过程：

1）由于展示面积有限，所以只将每件皮箱的样品摆放出来。当顾客选中某种皮箱的时候售货员就从库中取出相应的皮箱。库房是不加锁的，而且紧挨着员工休息室。

2）由于商店的皮箱都是质量上乘、做工精良的，所以每一个存货都做了标识，一旦被标识的皮箱被拿出商店，就会引发报警器。

3）该商店每收到一批货，都会直接入库。该商店的会计人员以卖方的发票来核对收到存货的数量。

要求：按照存货内部控制的要求，说明每一个过程是否恰当。如果不恰当，指出违背了哪一条要求。

1.5.2 到中小企业实际中去，观察存货内部控制（学习目标1）

【业务3-4】 在你的周围选择一家中小商贸企业，观察其存货内部控制。以3~4人为一个小组，确认和讨论每一家企业存货控制的相似和不同，并提交一个总结。

要求：提交总结后，各小组准备汇报。

1.6 课后讨论

【业务3-5】 小张和小李合办的家具加工厂注册成立后，承接的第一个订单是为某工商银行的储蓄所加工办公用桌椅。为此，他们购买了木工机械1台，价值5 000元，木工工具一批，价值1 000元，各种板材价值8 000元，钉子价值1 000元，刷子价值20元，油漆价值500元等。请您分析一下，他们所购买的这些物资哪些不属于存货范畴，哪些属于存货范畴；如果属于存货范畴，按其用途不同，它们又分别属于哪一类？

【业务3-6】 红光厂购买材料一批，取得增值税专用发票，注明货款20万元，增值税额34 000元，材料已验收入库，货款已经支付。该企业材料会计小王是这样进行会计处理的：

借：原材料 23 400

　　贷：银行存款 23 400

试分析一下这样处理对吗？如果不对，错在哪里？你认为应该怎样处理？

任务2 存货核算流程及计量方法应用

存货在企业流动资产中占有比重很大，通常在40%~60%。存货利用程度的好坏，直接影响到企业财务状况和经营成果。因此，企业对存货除了加强管理和内部控制外，还必须加强对存货核算流程的合理设计及掌握《企业会计准则——存货》中对发出存货应选择计量方法的理论及应用。

2.1 任务描述

张晓虹在熟悉了海达公司存货管理业务流程及存货内部控制后，基本掌握了存货相关理论知识。她又开始熟悉存货核算流程工作目标及熟悉财务相关规定，熟悉存货日常核算中常涉及的原始单据，这些原始单据应该如何去审核和编制呢？

【任务要求】

1）存货核算流程关键控制点有哪几个步骤？

2）存货发出应选择的计价方法有哪些？如何应用？

2.2 任务分析

2.2.1 企业存货核算流程

海达有限责任公司为了保持合理库存，减少存货损失，提高存货质量，规范存货管理与核算，对本公司的存货核算采用了如图 3－3 所示的存货核算流程。

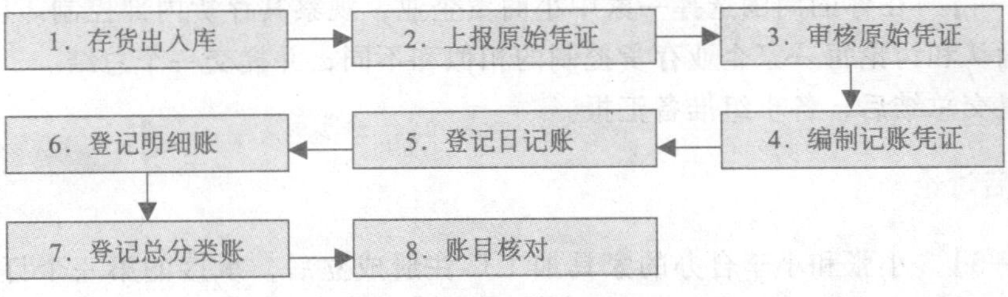

图 3－3 存货核算流程

2.2.2 存货核算流程工作目标

1）加强存货的管理和核算；

2）确保存货成本费用核算正确；

3）保证会计核算的顺利进行。

2.2.3 存货核算关键点控制

1）存货出入库。

①采购部门进行原材料、物料的采购，生产部门进行原材料等的领用，产成品出入库等，都必须由相关责任部门填写相应的单据，交仓库保管人员。

②仓库保管人员根据相关业务部门交来的单据办理存货出入库，并登记仓库出入库保管台账，办理出入库手续。

2）上报原始凭证。采购、生产和仓库等部门定期整理并上报相关原始凭证（即各种出入库单据、发票、验收单等)，原始凭证一定要整齐、有序、无遗漏。

3）审核原始凭证。

4）编制记账凭证。

5）登记日记账。

6）登记明细账。

7）登记总分类账。

8）账目核对。

定期盘点存货，将会计账簿记录与实物、余额款项及有关资料相互核对，保证账证相符、账账相符、账实相符。

2.2.4 识别存货业务涉及的原始单证（票据）

中小企业存货业务核算过程中，涉及大量对内、对外原始单据，如材料入库单、产品入库单、材料库存日报表等，具体见表 3－3 至表 3－14。

表3-3　　　　**材料入库单**

仓库名称：

编号：　　　　　　　　　　　　　　　　　　　　年　月　日

材料编号	材料名称	规格型号	计量单位	数　量	计划单价	金　额

填写说明：1. 本单一式两联，第一联为仓库记账联，第二联交采购员办理付款并作为财务记账联；2. 本单适用于成品以外的物品入库。

表3-4　　　　**产品入库单**

编号：　　　　　　　　　　　　　　　　　　　　年　月　日

品　名	型　号	包装规格	数　量	生产日期	批　号	检验单号

入库人：　　　　复核人：　　　　库管员：

填写说明：本单一式三联，一联成品库存根，一联交生产部，一联交财务部。

表3-5　　　　**材料领料单**

领料单位：　　　　　　　　　　　　　　　　凭证编号：

用途：　　　　　　年　月　日　　　　　　　发料仓库：

材料类别	材料编号	材料名称及规格	计量单位	数量		单　价	金额（元）
				请　领	实　发		
备注						合　计	

主管（签章）　　　记账（签章）　　　发料人（签章）　　　领料人（签章）

填写说明：本单一式三联，一联留领料部门备查；一联留仓库，据以登记材料物资明细账和材料卡片；一联转财务部或月末经汇总后转财务部据以进行总分类核算。

表3-6　　　　**商品领用单**

领用部门：　　　　　　　　　　　　　　　　年　月　日

品　名	规格型号	数　量	单　价	金　额	用　途	备　注

领用部门经理：　　　批准人：　　　领用人：　　　库管员：

填写说明：1. 本单一式三联，一联仓库存根，一联报财务部核算，一联领用部门存查；2. 此单为通用单，适用于领用除原材料以外的物品。

表 3－7 **商品转售登记表**

年　月　日

<table>
<tr><td>物品名称</td><td></td><td>数　量</td><td></td><td>物品类别</td><td colspan="2">□产品　□材料　□呆料　□废料
□机具　□用品　□杂物</td></tr>
<tr><td>申请单位</td><td></td><td>转售原因</td><td colspan="4"></td></tr>
<tr><td rowspan="5">转售
物品
明细</td><td>物品名称规格</td><td>数　量</td><td>转售单价</td><td>总　价</td><td colspan="2">售予厂家</td></tr>
<tr><td></td><td></td><td></td><td></td><td colspan="2"></td></tr>
<tr><td></td><td></td><td></td><td></td><td colspan="2"></td></tr>
<tr><td></td><td></td><td></td><td></td><td colspan="2"></td></tr>
<tr><td>合计</td><td></td><td></td><td></td><td colspan="2"></td></tr>
<tr><td>核准</td><td colspan="6">总经理：　会计：　主管：　经办：</td></tr>
</table>

表 3－8 **材料库存日报表**

仓库名称：　日期：

材料编号	材料名称及规格	单位	昨日结存	本日进库	本日出库	本日结存	备　注

表 3－9 **材料收发存月报表**

年　月　单位：元

类别　品名　规格	期初结存			本期入库			本期出库			本期结存		
	单价	数量	金额	单价	数量	金额	单价	数量	金额	单价	数量	金额

审核：　制表：

表 3－10 **原材料库存月报表**

年　月　单位：元

材料编号	材料名称	单　位	上月结存		本月进库		本月发出		本月结存		备注
			数量	金额	数量	金额	数量	金额	数量	金额	

表3－11　　**商品进销存月报**

年　　月　　　　单位：元

商品名称	期初结存		本期进货		本期销货		期末结存		毛利率	毛利润额	备注
	数量	金额	数量	金额	数量	金额	数量	金额			
合计											

表3－12　　**材料耗用月度报表**

年　　月

材料类别	计量单位	本月发生数				年累计数			
		实际用量	标准用量	差异数	差异率	实际用量	标准用量	差异数	差异率
1. 原料及主要材料 (1) (2) (3)									
2. 辅助材料 (1) (2) (3)									
3. 燃料									
4. 低值易耗品									
5. 修理配件									
6. 包装物									
合计									

制表人：　　　　审核：

表3－13　　**存货分类汇总表**

项目	行次	年初金额			期末余额				其中存放超过三年的存货
		金额	跌价准备	净额	金额	期末可变现净值	跌价准备	净额	
1. 原材料	1								
2. 包装物	2								
3. 低值易耗品	3								
4. 材料成本差异	4								
5. 库存商品	5								
6. 产品成本差异	6								
7. 委托加工物资	7								

续表

项目	行次	年初金额			期末余额				其中存放超过三年的存货
		金额	跌价准备	净额	金额	期末可变现净值	跌价准备	净额	
8. 委托代销商品	8								
9. 受托代销商品	9								
减：代销商品款	10								
10. 在产品及自制半成品	11								
（1）自制半成品	12								
（2）生产成本	13								
（3）劳务成本	14								
11. 在途物资	15								
12. 物资采购	16								
13. 发出商品	17								
14. 分期收款发出商品	18								
15. 其他	19								
合　计	20								

表 3－14　　存货核算明细表

货号：　　单位：　　存放地点：

年		单号	摘要	单价	进　货		出　货		结　存	
月	日				数量	金额	数量	金额	数量	金额

2.3　技能训练

1）根据业务 3－5 提供的资料练习存货收入、发出相关单据的填制。

2）讨论存货核算流程关键点控制及单证传递审核、编制具体要求。

2.4　教研活动

1）讨论如何对存货取得和发出进行核算。

2）讨论存货计价方法适用性。

任务3　原材料核算方法及具体应用

原材料核算的重要性不仅仅在于它是劳动对象的主要组成部分，还在于原材料是存货最主要的组成部分，且由于其品种规格繁多，收、发、存的情况复杂，因此搞好原材料的核算不是一件容易的事情。要想在实际中做好原材料的核算工作，不仅需要熟练技能，而且应当掌握一定的技巧。

3.1　任务描述

海达公司为了生产产品购入材料一批，张晓红负责存货收发存的核算，对于原材料是应该以实际成本法核算，还是以计划成本法核算呢？为此张晓虹查阅了存货准则及其他相关资料，根据海达公司存货的特点，为企业原材料核算选用恰当的会计核算方法。

【任务要求】

1）实际成本法和计划成本法的基本核算程序有哪些？

2）如何进行账户开设及应用？

3）两种方法在一般纳税人企业取得原材料业务的核算及应用；

4）两种方法在一般纳税人企业发出原材料业务的核算及应用；

5）实际成本法在原材料核算中应注意的技巧？

3.2　任务分析

原材料，指企业在生产过程中经加工改变其形态或性质并构成产品主要实体的各种原料及主要材料、辅助材料、外购半成品（外购件）、修理用备件（备品备件）、包装材料、燃料等。为建造固定资产等各项工程而储备的各种材料，虽然同属于材料，但由于是用于建造固定资产等各项工程，不符合存货的定义，因此不能作为企业存货。原材料的日常收发及结存，可以采用实际成本核算，也可以采用计划成本核算。

3.2.1　采用实际成本法核算

（1）实际成本法核算程序

实际成本法是指从存货的收发凭证到明细分类账和总分类账均按其实际成本计价。实际成本法一般适用于规模较小、存货品种简单、采购业务不多的企业。我们不难看出，实际成本法所强调的是“实际”，即要求在每批存货的收发存中实际成本都应形影不离地相随。当然由此而带来的记录和计量的繁重也是显而易见的，尤其是在实际发出存货时。为了解决存货的采购成本在销售成本与期末成本之间的分配问题，《企业会计准则——存货》规定可以采用的计价方法包括：个别计价法、先进先出法、加权平均法、移动平均法。这几种计价方法的选择对企业损益的计算、资产负债表中有关项目的计算以及所要缴纳所得税数额的计算都有直接的影响，也增加了财务部门工作的复杂性和不稳定性。所以选择一种稳健而准确的成本核算方法仍是企业不懈的追求。

(2) 账户设置及应用

1)“原材料”账户，本账户核算企业库存的各种材料，包括原料及主要材料、辅助材料、外购半成品（外构件）、修理用备件（备品备件）、包装材料、燃料等的计划成本或实际成本。在原材料按实际成本计价核算时，本账户的借方登记入库材料的实际成本，贷方登记发出材料的实际成本，期末余额在借方，反映企业库存材料的实际成本。本账户可按材料的保管地点（仓库）、材料的类别、品种和规格等进行明细核算。

2)“在途物资”账户，本账户核算采用实际成本（或进价）进行材料、商品等物资的日常核算、货款已付尚未验收入库的在途物资的采购成本。本账户可按供应单位和物资品种进行明细核算，借方登记企业购入的在途物资的实际成本，贷方登记验收入库的在途物资的实际成本，余额在借方，反映企业在途物资的实际成本。

3)“应付账款”账户，本账户核算企业因购买材料、商品和接受劳务等经营活动应支付的款项。本账户的贷方登记企业因购入材料、商品和接受劳务等尚未支付的款项，借方登记偿还的应付账款，期末余额一般在贷方，反映企业尚未支付的应付账款。

4)“预付账款”账户，本账户核算企业按照合同规定预付的款项。本账户的借方登记预付的款项及补付的款项，贷方登记收到所购物资时根据有关发票账单记入“原材料”等账户的金额及收回多付款项的金额，期末余额在借方，反映企业实际预付的款项；期末余额在贷方，反映企业尚未支付的款项。预付款项不多的企业，可以不设置“预付账款”账户，而将此业务在“应付账款”账户中核算。

3.2.2 采用计划成本法核算

计划成本计价法是根据计划期内平均消耗定额所预计的一种目标成本进行存货核算的计价方法。由于计划成本是一种以计划期内平均消耗定额作为基础而给各种实际支出规定了应当达到的标准，所以以计划成本对存货计价能够在存货核算中发挥重要的作用。在实务工作中，对于材料收发业务较多并且计划成本资料较为健全、准确的企业，一般可以采用计划成本进行材料收发的核算。

(1) 计划成本法基本核算程序

1) 企业应当先制定各种材料的计划成本目录，规定材料的分类、各种材料的名称、规格、编号、计量单位和计划单位成本。计划单位成本除有特殊情况应当调整外，在年度内一般不作变动。

2) 平时收到材料时，应按计划单位成本计算出收入材料的计划成本填入收料单内，并按实际成本与计划成本的差额，作为“材料成本差异”分类登记。

3) 平时领用、发出的材料，均按计划成本计算，月末再将本月发出材料应负担的成本差异进行分摊，随同本月发出材料的计划成本记入有关账户，将发出材料的计划成本调整为实际成本。发出材料应负担的成本差异，应当按月分摊，不得在季末或年末一次分摊。

(2) 账户设置及应用

1)“原材料”账户，在原材料按计划成本核算时，本账户的借方登记入库材料的计划成本，贷方登记发出材料的计划成本，期末余额在借方，反映企业库存材料的计划成本。本账户可按材料的保管地点（仓库）、材料的类别、品种和规格等进行明细核算。

2）“材料采购”账户，本账户核算企业采用计划成本进行材料日常核算而购入材料的采购成本。本账户借方登记采购材料的实际成本，贷方登记入库材料的计划成本。借方大于贷方表示超支，从本账户贷方转入“材料成本差异”账户的借方；贷方大于借方表示节约，从本账户借方转入“材料成本差异”账户的贷方；期末为借方余额反映企业未入库材料的实际成本。本账户可按供应单位和材料的品种进行明细核算。

3）“材料成本差异”账户，本账户核算企业采用计划成本进行日常核算的材料实际成本与计划成本的差额。借方登记入库材料的超支差异及发出材料应负担的节约差异，贷方登记入库材料的节约差异及发出材料应负担的超支差异。期末如为借方余额，反映企业库存材料的实际成本大于计划成本的差异（即超支差异）；如为贷方余额，反映企业库存材料的实际成本小于计划成本的差异（即节约差异）。本账户可以分别“原材料”、“周转材料”等，按照类别或品种进行明细核算。

3.2.3 发出存货的计价

实务中，企业发出的存货，可以按实际成本核算，也可以按计划成本核算。如采用计划成本核算，会计期末应调整为实际成本。企业应当根据各类存货的实物流转方式、企业管理的要求、存货的性质等实际情况，合理地确定发出存货成本的计算方法，以及当期发出存货的实际成本。对于性质和用途相同的存货，应当采用相同的成本计算方法确定发出存货的成本。在实际成本核算方式下，企业可以采用的发出存货成本的计价方法包括个别计价法、先进先出法、月末一次加权平均法和移动加权平均法等。

3.3 相关知识

原材料采用实际成本法计价核算的主要步骤如下：

3.3.1 原材料取得的核算

企业购入材料的实际成本由买价、运杂费（包括运输费、装卸费、保险费、包装费、仓储费等）、运输途中的合理损耗、入库前的挑选整理费用（包括挑选整理中发生的职工薪酬、费用支出和必要的损耗，并减去回收的下脚废料价值）、购入物资负担的税金（如关税等）和其他费用组成。除材料的买价应当直接计入各种材料的实际成本，其余各项支出，凡能分清的，可以直接计入各种材料的实际成本；不能分清的，应按材料的重量或买价等比例，合理分摊计入各种材料的实际成本。

税法规定，一般纳税人外购存货所支付的运输费用，可按7%的扣除率计算进项税额。但随同运费支付的装卸费、保险费等其他杂费不得计算扣除进项税额。

由于支付方式不同，原材料入库的时间与付款的时间可能一致，也可能不一致，在会计核算上也有所不同。

（1）外购的原材料

1）货款已经支付或已开出、承兑商业汇票，同时材料已验收入库。对于发票账单与材料同时到达企业的采购业务，企业在支付货款或开出、承兑商业汇票，材料验收入库后，应根据发票账单等结算凭证确定的材料成本，借记“原材料”账户，根据取得的增值税专用发票上注明的增值税额，借记“应交税费——应交增值税（进项税额）”（一般纳税人，下同）账户，按照实际支付的款项或应付票据面值，贷记“银行存款”或“应付票据”等账户。

2）货款已经支付或开出、承兑商业汇票，材料尚未到达或尚未验收入库对于已经付款或已开出、承兑商业汇票，但材料尚未到达或尚未验收入库的采购业务，应根据发票账单等结算凭证，借记“在途物资”、“应交税费——应交增值税（进项税额）”账户，贷记“银行存款”或“应付票据”等账户；待材料到达、验收入库后，再根据收料单，借记“原材料”账户，贷记“在途物资”账户。

3）货款尚未支付，材料已经验收入库。企业在采购材料过程中，发生材料已到，未付款，如所收的材料确属企业订购的材料，可先办理入库手续，并分别下列两种情况作账务处理：

第一种情况是材料已到，发票账单也已到达，但由于企业资金不足而暂未付款。在这种情况下，企业因购入材料而占用了供应单位的资金形成了应付而未付供应单位的款项，通过“应付账款”核算，该账户应按供应单位设置明细账。

第二种情况是材料已到，发票账单未到达，因各种金额尚未明确而暂未付款。这种情况往往是由于凭证传递时间多于材料运输时间造成的。在正常情况下，很短时间内，发票账单便可能到达，因此，材料到达时一般不作账务处理，待实际付款时，再作付款、收料的会计分录。如果月末还未收到发票账单，应按暂估价值记账，借记“原材料”账户，贷记“应付账款——暂估应付账款”账户。下月初作相反的会计分录予以冲回，以便收到发票账单后再按正常程序记账。

4）货款已经部分预付，材料尚未验收入库。采用预付货款的方式采购材料，应在预付材料价款时，按照实际预付的金额，借记“预付账款”账户，贷记“银行存款”账户；已经预付货款的材料验收入库，根据发票账单等所列的价款、税额等，借记“原材料”账户和“应交税费——应交增值税（进项税额）”账户，贷记“预付账款”账户；预付款项不足，补付货款时，按补付的金额，借记“预付账款”账户，贷记“银行存款”账户；退回多付的款项，借记“银行存款”账户，贷记“预付账款”账户。

5）购入材料短缺和损毁的处理。企业购入材料验收入库时，如发现短缺或损毁，应及时查明原因，分清责任，区别不同情况进行处理：

- 在货款尚未支付的情况下，如果材料的短缺是由供货单位造成的，则应按短缺部分的金额填写“拒付理由书”，向银行办理拒付手续。经银行同意后即可根据收料单、发票账单、拒付理由书和银行结算凭证按实际承付金额，借记“原材料”等账户，贷记“银行存款”账户。

- 在货款已经支付，并已记入“在途材料”账户的情况下，当材料运达企业验收入库发现短缺和损毁时，在未查明原因前，先将短缺金额记入“待处理财产损溢”账户，待查明原因时，再根据短缺的不同原因作出不同的处理：

①若属于运输途中的合理损耗，则仍按原采购成本作为入库材料的实际成本，按实际验收数量作为入库材料的数量，不再考虑损耗的数量。即调整所购材料的数量和单价而不调整总金额，损耗存货的价值由未损耗的存货分担。

②若短缺属于运输部门的责任，则按规定应由其赔偿，将短缺部分的金额从“待处理

财产损溢”账户转入“其他应收款”账户。

③若短缺属于供货单位的责任，则可与对方协商或退款或补发货。借记“应付账款”、“原材料”等账户，贷记“待处理财产损溢”账户。

④若短缺属于自然灾害损失，则应将短缺金额计入“营业外支出”，假如有保险公司的赔偿，则应将扣除赔偿额后的净损失计入“营业外支出”账户。借记“其他应收款”、“营业外支出”账户，贷记“待处理财产损溢”账户。需要说明的是，购进货物发生这种非常损失，其进项税额不得从销项税额中抵扣，而应与进货成本一起转入“营业外支出”等有关账户。

（2）自制的原材料

自制并已验收入库的原材料，按实际成本借记“原材料”账户，贷记“生产成本”账户。

（3）投资者投入的原材料

投资者投入并已验收入库的原材料，按实际成本法借记“原材料”账户，按专用发票上注明增值税额借记“应交税费——应交增值税（进项税额）”账户，按投资各方确定的价值贷记“实收资本（或股本）”等账户。

（4）接受捐赠的原材料

接受捐赠的原材料，按专用发票上注明售价借记“原材料”账户，增值税额借记“应交税费——应交增值税（进项税额）”账户，贷记“营业外收入”账户。

3.3.2 原材料发出的核算

原材料的发出主要分为生产经营领用、基建工程领用、福利部门领用和出售等几种情况。会计人员应当根据原材料取得方式和采用核算方法的不同，按照《企业会计准则第1号——存货》规定要求分别进行核算。

1）生产经营领用原材料，按照实际成本借记“生产成本”、“制造费用”、“销售费用”、“管理费用”等账户，贷记“原材料”账户。

如果企业发出的是委托外单位加工的原材料，则借记“委托加工物资”账户，贷记“原材料”账户。

2）基建工程领用原材料，按照实际成本加上不予抵扣的增值税额等借记“在建工程”账户，按实际成本贷记“原材料”账户，按不予抵扣的增值税额贷记“应交税费——应交增值税（进项税额转出）”账户。

3）福利部门领用原材料，按照实际成本加上不予抵扣的增值税额等借记“应付职工薪酬”账户，按实际成本贷记“原材料”账户，按不予抵扣的增值税额贷记“应交税费——应交增值税（进项税额转出）”账户。

4）出售原材料，按已收或应收的价款借记“银行存款”或“应收账款”等账户，按实现的营业收入贷记“其他业务收入”等账户，按应交的增值税额贷记“应交税费——应交增值税（销项税额）”账户。

3.3.3 实际成本法在原材料发出核算中应注意技巧

1）严格区分生产经营领用、委托外单位加工领用、基建工程领用、福利部门领用以及出售等发出原材料的不同情况，发出原材料的情况不同，其账务处理的方法也不一样。

2）应当熟悉不同情况发出原材料的增值税是否准予抵扣的规定。在一般情况下基建工程领用和福利部门领用原材料的增值税是不允许抵扣的。

3.4 技能训练

3.4.1 实际成本法具体应用

【业务3－7】 海达公司为增值税一般纳税人，该公司原材料业务采用实际成本核算，原材料发出采用月末一次加权平均法计价，运输费不考虑增值税。12月份公司发生如下几笔原材料收发业务：

1日，“原材料——不锈钢材料（铝锭）”账户余额2万元（共2 000公斤，其中含11月末验收入库但因发票账单未到而以2 000元暂估入账的不锈钢材料（铝锭）材料200公斤）。

5日，收到11月末以暂估价入库不锈钢材料（铝锭）的发票账单，货款1 800元，增值税额306元，对方代垫运输费400元，全部款项已用转账支票付讫。

8日，以汇兑结算方式购入不锈钢材料（铝锭）3 000公斤，发票账单已收到，货款36 000元，增值税额6 120元，运输费用1 000元。材料尚未到达，款项已由银行存款支付。

11日，收到8日采购的不锈钢材料（铝锭），验收时发现只有2 950公斤。经检查，短缺的50公斤确定为运输途中的合理损耗，不锈钢材料（铝锭）验收入库。

18日，持银行汇票8万元购入不锈钢材料（铝锭）5 000公斤，增值税专用发票上注明的货款为49 500元，增值税额为8 415元，另支付运输费用2 000元，材料已验收入库，剩余票款退回并存入银行。

21日，基本生产车间自制不锈钢材料（铝锭）50公斤验收入库，总成本为600元。

30日，根据“发料凭证汇总表”的记录，12月份基本生产车间为生产产品领用不锈钢材料（铝锭）6 000公斤，车间管理部门领用不锈钢材料（铝锭）1 000公斤，企业管理部门领用不锈钢材料（铝锭）1 000公斤。

要求：

1）计算海达公司12月份发出不锈钢材料（铝锭）的单位成本。

2）根据上述资料，编制海达公司12月份与不锈钢材料（铝锭）有关的会计凭证（“应交税费”账户要求写出明细账户和专栏名称，答案中的金额单位用元表示）。

3.4.2 计划成本法的具体应用

【业务3－8】 海达公司从本地某工厂购入一批甲材料，增值税专用发票上注明的甲材料价款5万元，增值税额8 500元，材料已验收入库，发票账单等结算凭证已收到，该批材料运杂费1 000元。全部款项已用转账支票付讫，该批材料的计划成本为5万元。

1）12月1日，财务人员根据专用发票、运费结算单和支票存根等作会计分录如下：

借：材料采购	51 000	
应交税费——应交增值税（进项税额）	8 500	
贷：银行存款		59 500

2）12月4日，海达公司持银行汇票50万元从外地购入甲材料一批，专用发票上记载

的货款为40万元，增值税6.8万元，对方代垫运杂费2 000元，材料已验收入库，剩余票款退回并存入银行。该批材料计划成本为40.5万元。根据有关单证作会计分录如下：

借：材料采购　402 000

　　应交税费——应交增值税（进项税额）　68 000

　　银行存款　30 000

　贷：其他货币资金　500 000

3）12月10日，海达公司从外地采购甲材料一批，发票账单已到，增值税专用发票上注明的甲材料价款20万元，增值税额3.4万元，供货单位代垫运费5 000元、其他杂费2 000元，按协议签发一张期限3个月的商业承兑汇票，面值241 000元。材料尚未验收入库。该批材料的计划成本为21万元。根据发票、运单等单证作会计分录如下：

可抵扣的增值税进项税额 $=34\ 000+5\ 000\times 7\% =34\ 350$（元）

借：材料采购　206 650

　　应交税费——应交增值税（进项税额）　34 350

　贷：应付票据　241 000

4）12月20日，海达公司从外地某厂购入乙材料一批，增值税专用发票上注明的乙材料价款10万元，增值税额1.7万元，供货单位代垫运杂费3 000元，由于企业账上资金不足，尚未付款，材料已验收入库。该批材料的计划成本为10万元。根据专用发票等凭证作会计分录如下：

借：材料采购——乙材料　103 000

　　应交税费——应交增值税（进项税额）　17 000

　贷：应付账款——某厂　120 000

企业实际付款时，再根据有关付款单据，作如下会计分录：

借：应付账款——某厂　120 000

　贷：银行存款　120 000

5）12月31日，海达公司采用托收承付结算方式购入丙材料一批，材料已验收入库，发票账单未到，月末按照计划成本5万元估价入账。作会计分录如下：

借：原材料——丙材料　50 000

　贷：应付账款——暂估应付账款　50 000

下月初作相反的会计分录冲回：

借：应付账款——暂估应付账款　50 000

　贷：原材料——丙材料　50 000

6）12月31日，月末汇总本月已付款或已开出并承兑商业汇票的入库材料的计划成本甲材料66.5万元、乙材料10万元。作会计分录如下：

借：原材料——甲材料　665 000

　　　　　——乙材料　100 000

　贷：材料采购——甲材料　665 000

　　　　　　——乙材料　100 000

上述入库甲材料的实际成本为659 650元，成本差异为节约5 350元；入库乙材料的实际成本为103 000元，成本差异为超支3 000元。结转入库材料的成本差异。作会计分录如下：

借：材料采购——甲材料　　5 350
　贷：材料成本差异——甲材料　　5 350
借：材料成本差异——乙材料　　3 000
　贷：材料采购——乙材料　　3 000

7）12 月 31 日，海达公司根据“发料凭证汇总表”的记录，甲材料的消耗（计划成本）为：基本生产车间领用 50 万元，车间管理部门领用 3 万元，企业行政管理部门领用 6 000元；基本生产车间领用乙材料 8 万元。作会计分录如下：

借：生产成本——基本生产成本　　580 000
　制造费用　　30 000
　管理费用　　6 000
　贷：原材料——甲材料　　536 000
　　　　——乙材料　　80 000

8）12 月 31 日，海达公司月初结存甲材料的计划成本为 35 000 元，成本差异为超支 450 元，入库材料的计划成本 665 000 元，成本差异为节约 5 350 元。则：

材料成本差异率 =（450 − 5 350）÷（35 000 + 665 000）×100% = −0.7%

结转发出甲材料的成本差异的会计分录为：

借：材料成本差异——甲材料　　3 752
　贷：生产成本——基本生产成本　　3 500
　　　制造费用　　210
　　　管理费用　　42

3.4.3 先进先出法与加权平均法的具体应用

【业务 3－9】 海达公司 9 月 1 日结存 B 材料 3 000 公斤，每公斤实际成本为 10 元；9 月 5 日和 9 月 20 日分别购入该材料 9 000 公斤和 6 000 公斤，每公斤实际成本分别为 11 元和 12 元；9 月 10 日和 9 月 25 日分别发出该材料 10 500 公斤和 6 000 公斤。按先进先出法核算时，发出和结存材料的成本如表 3－15 所示。

表 3－15　　金额单位：元

××年		凭证号	摘要	收入			发出			结存		
月	日			数量	单价	金额	数量	单价	金额	数量	单价	金额
9	1	略	期初结存							3 000	10	3 000
	5		购入	9 000	11	99 000				3 000 9 000	10 11	30 000 99 000
	10		发出				3 000 7 500	10 11	30 000 82 500	1 500	11	16 500
	20		购入	6 000	12	72 000				1 500 6 000	11 12	16 500 72 000
	25		发出				1 500 4 500	11 12	16 500 54 000	1 500	12	18 000
	30		合计							1 500	12	18 000

【业务3－10】 承业务3－9，采用月末一次加权平均法计算B材料的成本如下：

$$B材料平均单位成本=\frac{30\ 000+171\ 000}{3\ 000+15\ 000}=11.17（元）$$

本月发出存货的成本＝16 500×11.17＝184 305（元）

月末库存存货的成本＝30 000＋171 000－184 305＝16 695（元）

3.5 教研活动

3.5.1 选择题

1）下列各项，不会引起企业期末存货账面价值变动的是（　　）。

A. 已发出商品但尚未确认销售收入　　B. 已确认销售收入但尚未发出商品

C. 已收到材料但尚未收到发票账单　　D. 已收到发票账单并付款但尚未收到材料

2）某企业采用先进先出法计算发出材料的成本。3月1日结存A材料200吨，每吨实际成本为200元；3月4日和3月17日分别购进A材料300吨和400吨，每吨实际成本分别为180元和220元；3月10日和3月27日分别发出A材料400吨和350吨。A材料月末账面余额为（　　）元。

A. 30 000　　B. 30 333　　C. 32 040　　D. 33 000

3）某企业采用月末一次加权平均计算发出原材料的成本。2月1日，甲材料结存200公斤，每公斤实际成本为100元；2月10日购入甲材料300公斤，每公斤实际成本为110元；2月25日发出甲材料400公斤。2月末，甲材料的库存余额为（　　）元。

A. 10 000　　B. 10 500　　C. 10 600　　D. 11 000

4）某企业为增值税一般纳税人，购入材料一批，增值税专用发票上标明的价款为25万元，增值税为4.25万元，另支付材料的保险费2万元、包装物押金2万元。该批材料的采购成本为（　　）万元。

A. 27　　B. 29　　C. 29.25　　D. 31.25

3.5.2 课堂讨论

1）实际成本法与计划成本法的异同？

2）计论在通货膨胀时，计划成本法是否适用？

任务4 其他存货的核算方法及具体应用

4.1 任务描述

海达公司除了原材料以外还有库存商品、委托加工物资以及周转材料等存货，张晓虹应该如何对上述存货进行核算呢？

4.2 任务分析

4.2.1 库存商品的核算

库存商品是指企业已完成全部生产过程并已验收入库、合乎标准规格和技术条件，可以按照合同规定的条件送交订货单位，或可以作为商品对外销售的产品以及外购或委托加工完成验收入库用于销售的各种商品。库存商品具体包括库存产成品、外购商品、存放在门市部准备出售的商品、发出展览的商品、寄存在外的商品、接受来料加工制造的代制品和为外单位加工修理的代修品等。已完成销售手续、但购买单位在月末未提取的产品，不应作为企业的库存商品，而应作为代管商品处理，单独设置代管商品备查簿进行登记。库存商品可以采用实际成本核算，也可以采用计划成本核算，其方法与原材料相似。采用计划成本核算时，库存商品实际成本与计划成本的差异，可单独设置“产品成本差异”账户核算。

为了反映和监督库存商品的增减变动及其结存情况，企业应当设置“库存商品”账户，借方登记验收入库的库存商品成本，贷方登记发出的库存商品成本，期末余额在借方，反映各种库存商品的实际成本或计划成本。

（1）验收入库商品

对于库存商品采用实际成本核算的企业，当库存商品生产完成并验收入库时，应按实际成本，借记“库存商品”账户，贷记“生产成本——基本生产成本”账户。

（2）销售商品

企业销售商品、确认收入时，应结转其销售成本，借记“主营业务成本”等账户，贷记“库存商品”账户。

4.2.2 委托加工物资的核算

委托加工物资是指企业委托外单位加工的各种材料、商品等物资。

企业委托外单位加工物资的成本包括加工中实际耗用物资的成本、支付的加工费用及应负担的运杂费等，支付的税金，包括委托加工物资所应负担的消费税（指属于消费税应税范围的加工物资）等。

为了反映和监督委托加工物资增减变动及其结存情况，企业应当设置“委托加工物资”账户，借方登记委托加工物资的实际成本，贷方登记加工完成验收入库的物资的实际成本和剩余物资的实际成本。期末余额在借方，反映企业尚未完工的委托加工物资的实际成本和发出加工物资的运杂费等。委托加工物资也可以采用计划成本或售价进行核算，其方法与库存商品相似。

需要注意的是，需要缴纳消费税的委托加工物资，由受托方代收代缴的消费税，收回后用于直接销售的，记入“委托加工物资”账户；收回后用于继续加工的，记入“应交税费——应交消费税”账户。

4.2.3 周转材料的核算

周转材料，指企业能够多次使用、但不符合固定资产定义的材料，如为了包装本企业商品而储备的各种包装物，各种工具、管理用具、玻璃器皿、劳动保护用品以及在经营过程中周转使用的容器等低值易耗品和建造承包商的钢模板、木模板、脚手架等其他周转材料。但是，周转材料符合固定资产定义的，应当作为固定资产处理。

（1）包装物的核算

包装物是指为了包装本企业商品而储备的各种包装容器，如桶、箱、瓶、坛、袋等。为了反映和监督包装物的增减变动及其价值损耗、结存等情况，企业应当设置“周转材料——包装物”账户进行核算。对于生产领用包装物，应根据领用包装物的实际成本或计划成本，借记“生产成本”账户，贷记“周转材料——包装物”、“材料成本差异”等账户。随同商品出售而不单独计价的包装物，应于包装物发出时，按其实际成本计入销售费用。随同商品出售且单独计价的包装物，一方面应反映其销售收入，计入其他业务收入；另一方面应反映其实际销售成本，计入其他业务成本。包装物应当根据使用次数分次进行摊销，其核算内容包括：

1）生产过程中用于包装产品作为产品组成部分的包装物。生产领用包装物，应按照领用包装物的实际成本，借记“生产成本”账户，按照领用包装物的计划成本，贷记“周转材料——包装物”账户，按照其差额，借记或贷记“材料成本差异”账户。

2）随同商品出售而不单独计价的包装物。随同商品出售而不单独计价的包装物，应按其实际成本计入销售费用，借记“销售费用”账户，按其计划成本，贷记“周转材料——包装物”账户，按其差额，借记或贷记“材料成本差异”账户。

3）随同商品出售而单独计价的包装物。随同商品出售且单独计价的包装物，一方面应反映其销售收入，计入其他业务收入；另一方面应反映其实际销售成本，计入其他业务成本。

4）出租或出借给购买单位使用的包装物。

（2）低值易耗品的核算

低值易耗品通常被视同存货，作为流动资产进行核算和管理，一般划分为一般工具、专用工具、替换设备、管理用具、劳动保护用品、其他用具等。

为了反映和监督低值易耗品的增减变动及其结存情况，企业应当设置“周转材料——低值易耗品”账户，借方登记低值易耗品的增加，贷方登记低值易耗品的减少，期末余额在借方，通常反映企业期末结存低值易耗品的金额。

4.3 相关知识

商品流通企业存货的核算

企业购入的商品可以采用进价或售价核算。采用售价核算的，商品售价和进价的差额，可通过“商品进销差价”账户核算。月末，应分摊已销商品的进销差价，将已销商品的销售成本调整为实际成本，借记“商品进销差价”账户，贷记“主营业务成本”账户。

商品流通企业的库存商品还可以采用毛利率法和售价金额核算法进行日常核算。

4.3.1 毛利率法

毛利率法是指根据本期销售净额乘以上期实际（或本期计划）毛利率匡算本期销售毛利，并据以计算发出存货和期末存货成本的一种方法。计算公式如下：

毛利率＝销售毛利/销售净额×100%

销售净额＝商品销售收入－销售退回与折让

销售毛利＝销售净额×毛利率

销售成本＝销售净额－销售毛利

期末存货成本＝期初存货成本＋本期购货成本－本期销售成本

这一方法是商品流通企业尤其是商业批发企业常用的计算本期商品销售成本和期末库存商品成本的方法。商品流通企业由于经营的商品品种繁多，如果分品种计算商品成本，工作量将大大增加，而且，一般来讲，商品流通企业同类商品的毛利率大致相同，采用这种存货计价方法既能减轻工作量，也能满足对存货管理的需要。

4.3.2 售价金额核算法

售价金额核算法是指平时商品的购入、加工收回、销售均按售价记账，售价与进价的差额通过“商品进销差价”账户核算，期末计算进销差价率和本期已销商品应分摊的进销差价，并据以调整本期销售成本的一种方法。计算公式如下：

$$商品进销差价率=\frac{期初库存商品进销差价+本期购入商品进销差价}{期初库存商品售价+本期购入商品售价}\times 100\%$$

本期销售商品应分摊的商品进销差价＝本期商品销售收入×商品进销差价率

本期销售商品的成本＝本期商品销售收入－本期销售商品应分摊的商品进销差价

期末结存商品的成本＝期初库存商品的进价成本＋本期购进商品的进价成本－本期销售商品的成本

企业的商品进销差价率各期之间是比较均衡的，因此，也可以采用上期商品进销差价率计算分摊本期的商品进销差价。年度终了，应对商品进销差价进行核实调整。

对于从事商业零售业务的企业（如百货公司、超市等），由于经营商品种类、品种、规格等繁多，而且要求按商品零售价格标价，采用其他成本计算结转方法均较困难，因此广泛采用这一方法。

4.4 技能训练

4.4.1 练习委托加工物资的核算

（1）发出物资时的核算

【业务3－11】 甲公司委托某量具厂加工一批模具，发出材料一批，计划成本70万元，材料成本差异率4%，以转账支票支付运杂费2 000元。作会计分录如下：

• 发出材料时：

借：委托加工物资　　728 000

　　贷：原材料　　700 000

　　　　材料成本差异　　28 000

• 支付运杂费时：

借：委托加工物资　　2 000

　　贷：银行存款　　2 000

（2）支付加工费的核算

需要说明的是，企业发给外单位加工物资时，如果采用计划成本或售价核算的，还应同时结转材料成本差异或商品进销差价，贷记或借记“材料成本差异”账户，或借记“商品进销差价”账户。

【业务3－12】 接上例，甲公司以转账支票支付上述模具的加工费用25 000元。

借：委托加工物资 25 000
　　贷：银行存款 25 000

(3) 委托加工物资加工完成验收入库的核算

【业务3－13】 接上例，甲公司收回由某模具厂代加工的模具，该模具已验收入库，其计划成本为76万元。应作如下会计处理：

借：周转材料——低值易耗品 760 000
　　贷：委托加工物资 753 000
　　　　材料成本差异 7 000

【业务3－14】 海达公司委托甲公司加工商品一批（属于应税消费品）1 000件，消费税税率10%，增值税税率17%，该商品收回后用于连续生产应税消费品。

- 1月22日，发出材料一批，实际成本为60 000元，材料成本差异率为－2%。

借：委托加工物资 58 800
　　材料成本差异 1 200
　　贷：原材料 60 000

- 2月10日，以转账支票支付商品加工费13 200元及相关税费。

计算准予抵扣的消费税：(58 800＋12 200) ÷ (1－10%) ×10%

借：委托加工物资 13 200
　　应交税费——应交消费税 8 000
　　　　　　——应交增值税（进项税额） 2 244
　　贷：银行存款 23 444

- 2月20日，用银行存款支付往返运杂费1 000元。

借：委托加工物资 1 000
　　贷：银行存款 1 000

- 2月28日，上述商品1 000件（每件计划成本为75元）加工完毕，公司已办理验收入库手续。

借：库存商品 75 000
　　贷：委托加工物资 73 000
　　　　材料成本差异 2 000

4.4.2 练习商品流通企业存货的核算

(1) 练习毛利率法核算商品流通企业库存商品成本

【业务3－15】 某商场4月1日针织品存货1 800万元，本月购进3 000万元，本月销售收入3 400万元，上季度该类商品毛利率为25%。

本月已销商品和月末库存商品的成本计算如下：

本月销售收入＝3 400（万元）

销售毛利＝3 400×25%＝850（万元）

本月销售成本 =3 400 - 850 =2 550（万元）

库存商品成本 =1 800 +3 000 -2 550 =2 250（万元）

(2) 练习售价金额核算法

【业务3 -16】 某商场7月期初库存商品的进价成本为100万元，售价总额为110万元，本月购进该商品的进价成本为75万元，售价总额为90万元，本月销售收入为120万元。有关计算如下：

商品进销差价率 =(10 +15)/(110 +90) ×100% =12.5%

已销商品应分摊的商品进销差价 =120 ×12.5% =15(万元)

4.4.3 练习周转材料的核算

【业务3 -17】 甲公司某基本生产车间领用一般工具一批，实际成本为3 000元，全部计入当期制造费用。应作如下会计处理：

借：制造费用　　3 000

　　贷：周转材料——低值易耗品　　3 000

【业务3 -18】 甲公司的基本生产车间领用专用工具一批，实际成本为10万元，不符合固定资产定义，采用分次摊销法进行摊销。该专用工具的估计使用次数为2次。应作如下会计处理：

- 领用专用工具：

借：周转材料——低值易耗品——在用　　100 000

　　贷：周转材料——低值易耗品——在库　　100 000

- 第一次领用时摊销其价值的一半：

借：制造费用　　50 000

　　贷：周转材料——低值易耗品——摊销　　50 000

- 第二次领用时摊销其价值的一半：

借：制造费用　　50 000

　　贷：周转材料——低值易耗品——摊销　　50 000

同时：

借：周转材料——低值易耗品——摊销　　100 000

　　贷：周转材料——低值易耗品——在用　　100 000

【业务3 -19】 海达公司"库存商品入库汇总表"记载，某月已验收入库Y产品100台，实际单位成本500元，计5万元；Z产品200台，实际单位成本1 000元，计20万元。甲公司应作如下会计处理：

借：库存商品——Y产品　　50 000

　　　　　　——Z产品　　200 000

　　贷：生产成本——基本生产成本（Y产品）　　50 000

　　　　　　　　——基本生产成本（Z产品）　　200 000

【业务3 -20】 海达公司月末汇总的发出商品中，当月已实现销售的Y产品有50台，Z产品有200台。该月Y产品实际单位成本500元，Z产品实际单位成本1 000元。在结转其销售成本时，应作如下会计处理：

借：主营业务成本　　225 000
　贷：库存商品——Y产品　　25 000
　　　　　　　——Z产品　　200 000

【业务3－21】 甲公司对包装物采用计划成本核算，某月生产产品领用包装物的计划成本为10万元，材料成本差异率为－3%。应作如下会计分录：

借：生产成本　　97 000
　材料成本差异　　3 000
　贷：周转材料——包装物　　100 000

【业务3－22】 甲公司某月销售商品领用不单独计价包装物的计划成本为5万元，材料成本差异率为－3%。应作如下会计分录：

借：销售费用　　48 500
　材料成本差异　　1 500
　贷：周转材料——包装物　　50 000

【业务3－23】 甲公司某月销售商品领用单独计价包装物的计划成本为8万元，销售收入为10万元，增值税额为17 000元，款项已存入银行。该包装物的材料成本差异率为3%。应作如下会计分录：

- 出售单独计价包装物：

借：银行存款　　117 000
　贷：其他业务收入　　100 000
　　　应交税费——应交增值税（销项税额）　　17 000

- 结转所售单独计价包装物的成本：

借：其他业务成本　　82 400
　贷：周转材料——包装物　　80 000
　　　材料成本差异　　2 400

4.5 教研活动

【课堂讨论】

1）请描述海达公司在计划成本法下，一般纳税人原材料取得和发出如何核算？小规模企业原材料取得和发出如何核算？比较核算差异并加以说明。

2）将学员分成两组，分别设计出一般纳税人原材料取得和发出核算案例和小规模企业原材料取得和发出如何核算的案例。

任务5 存货期末计量及业务核算

企业库存的原材料、商品等存货由于市场供求变化、毁损等方面的原因，会经常发生价值降低的情况，如果价值的损失情况比较严重且损失的数额比较大时，就会对企业销售期间的损益产生较大的影响，进而影响到企业经营的持续和稳定。为了避免集中在销售期间由于市场供求变化和毁损等原因造成存货成本不可收回的部分，企业应当遵循谨慎性原则提取存货跌价准备。

存货跌价准备应按单个存货项目的成本与可变现净值计量。所谓**可变现净值**是指企业在正常生产经营过程中售价减去估计完工成本以及销售所必需的估计费用后的价值。需要注意的是，在估计可变现价值时应当考虑持有存货的其他因素，例如有合同约定的存货通常是以合同价作为计算基础的。如果企业持有存货的数量多于销售合同的订购数量时，则存货超出部分的可变现净值应以一般销售价格作为计算的基础。

存货跌价准备原则上应按单个存货项目的成本与可变现净值计量。但是，如果某些存货具有类似用途并与在同一地区生产和销售的产品系列相关，而且售价上又难以将其与该产品系列的其他项目区别开来进行单独估价的存货，也可以合并计量成本与可变现净值；对于数量繁多、单位价值又比较低的存货，同样可以按照存货的类别计量成本与可变现净值。

5.1 任务描述

海达公司是一家生产销售台式电脑的企业。本年 11 月份与力凡公司签订 200 台某型号电脑的销售合同，合同约定次年 1 月 25 日以每台 5 300 元的价格向力凡公司供货，海达公司承担 3 000 元销售费用。12 月 31 日，海达公司该型号电脑库存为 240 台，成本为每台 4 900元。由于市场的竞争，该型号电脑 12 月份的市场售价降为 5 000 元。

张晓红身为海达公司的会计，她在本年末该如何确认该批台式电脑存货计量价值？如何进行财务报表的编制及披露？

5.2 任务分析

海达公司会计期末为了客观、真实、准确地反映期末存货的实际价值，公司在编制资产负债表时，要确定“存货”项目金额，即要确定期末存货的价值。按照《企业会计准则第 1 号——存货》的规定，企业的存货应当在期末时按成本与可变现净值孰低计量，对可变现净值低于存货成本的差额，计提存货跌价准备。

5.2.1 存货减值迹象的职业判断

1）当存货存在下列情况之一的，表明存货的可变现净值低于成本：

①该存货的市场价格持续下跌，并且在可预见的未来无回升的希望；

②企业使用该项原材料生产的产品的成本大于产品的销售价格；

③企业因产品更新换代，原有库存原材料已不适应新产品的需要，而该原材料的市场价格又低于其账面成本；

④因企业所提供的商品或劳务过时或消费者偏好改变而使市场的需求发生变化，导致市场价格逐渐下跌；

⑤其他足以证明该项存货实质上已经发生减值的情形。

2）存货存在下列情况之一的，表明存货的可变现净值为零：

①已霉烂变质的存货；

②已过期且无转让价值的存货；

③生产中已不再需要，并且已无使用价值和转让价值的存货；

④其他足以证明已无使用价值和转让价值的存货。

5.2.2 可变现净值的确定

（1）企业确定存货的可变现净值时应考虑的因素

企业确定存货的可变现净值，应当以取得的确凿证据为基础，并且考虑持有存货的目的、资产负债表日后事项的影响等因素。

1）存货可变现净值的确凿证据。是指对确定存货的可变现净值有直接影响的客观证明，如产成品或商品的市场销售价格、与产成品或商品相同或类似商品的市场销售价格、销售方提供的有关资料和生产成本资料等。

2）持有存货的目的。由于企业持有存货的目的不同，确定存货可变现净值的计算方法也不同。如用于出售的存货和用于继续加工的存货，其可变现净值的计算方法就不同。因此，企业在确定存货可变现净值时，应考虑持有存货的目的。一般来讲，企业持有存货的目的，一是持有以备出售，如商品、产成品，其中又分为有合同约定的存货和没有合同约定的存货；二是将在生产过程或提供劳务过程中耗用，如材料等。

3）资产负债表日后事项等的影响。在确定资产负债表日存货的可变现净值时，不仅要考虑资产负债表日与该存货相关的价格与成本波动，而且还应考虑未来的相关事项。也就是说，不仅限于财务报告批准报出日之前发生的相关价格与成本波动，还应考虑以后期间发生的相关事项。

（2）存货可变现净值的确定

1）产成品、商品和用于出售的材料等直接用于出售的商品存货，在正常生产经营过程中，应当以该存货的估计售价减去估计的销售费用和相关税费后的金额，确定其可变现净值。

2）需要经过加工的材料存货，在正常生产经营过程中，应当以所生产的产成品的估计售价减去至完工时估计将要发生的成本、估计的销售费用和相关税费后的金额，确定其可变现净值。

3）企业持有该材料的目的是用于生产产成品，而不是出售，该材料的价值将体现在用其生产的产成品上。用其生产的产成品的可变现净值高于成本的，该材料仍然应当按照成本计量；材料价格的下降表明产成品的可变现净值低于成本的该材料应当按照可变现净值计量。直接用于出售的材料等通常以市场价格作为其可变现净值的计算基础。这里的市场价格是指材料等的市场销售价格。如果用于出售的材料存在销售合同约定，应按合同价格作为其可变现净值的计算基础。

4）为执行销售合同或者劳务合同而持有的存货，其可变现净值应当以合同价格为基础计算。企业持有存货的数量多于销售合同订购数量的，超出部分的存货的可变现净值应当以一般销售价格为基础计算。如果企业持有存货的数量少于销售合同订购数量，实际持有与该销售合同相关的存货应以销售合同所规定的价格作为可变现净值的计算基础。如果该合同为亏损合同，还应同时按照《企业会计准则——或有事项》的规定确认预计负债。

5.3 相关知识

5.3.1 存货跌价准备的核算

（1）存货跌价准备的计提方法

《企业会计准则——存货》第十八条规定：企业通常应当按照单个存货项目计提存货跌价准备。对于数量繁多、单价较低的存货，可以按照存货类别计提存货跌价准备。与在同一地区生产和销售的产品系列相关，具有相同或类似最终用途或目的，且难以与其他项目分开计量的存货，可以合并计提存货跌价准备。

可见，企业按成本与可变现净值孰低法对存货计价时，有三种不同的比较标准可选：

1）单项比较法，是指对存货中的每一种存货的成本和可变现净值逐项进行比较，每项存货均取较低者来确定存货的成本。

2）分类比较法，是指按存货类别的成本与可变现净值进行比较，每类存货取较低者来确定存货的期末成本。

3）总额比较法，是指按全部存货的总成本与可变现净值进行比较，以较低者作为存货的期末成本。

（2）存货跌价准备的计提方法及会计处理

企业在选定某种比较法并确定存货的期末价值后，需要进行账务处理。当成本低于可变现净值时，不需要进行账务处理，资产负债表中的存货仍按期末账面价值列示；当可变现净值低于成本时需在当期确认存货跌价损失，但不直接冲减有关存货账户，而是设置“存货跌价准备”账户。该账户属于资产类账户，期末企业计算出存货可变现净值低于成本的差额，借记：“资产减值损失——计提的存货跌价准备”账户，贷记“存货跌价准备”账户；如已计提的存货跌价准备的存货价值以后又得以恢复，应按恢复增加的数额，冲减的存货跌价准备金额（应以“存货跌价准备”账户的余额冲减至零为限），借记“存货跌价准备”账户，贷记“资产减值损失——计提的存货跌价准备”账户。

（3）存货跌价准备的转回

当以前减记存货价值的影响因素已经消失，减记的金额应当予以恢复，并在原以计提的存货跌价准备金额内转回，转回的金额计入当期损益（资产减值损失）。

需要注意的是：在核算存货跌价准备的转回时，转回的存货跌价准备于计提该准备的存货项目或类别应当存在直接对应关系。在原已计提的存货跌价准备金额内转回，意味着转回的金额以存货跌价准备的余额冲减至零为限。

（4）存货跌价准备的结转

企业计提了存货跌价准备，如果其中有部分存货已经销售，则企业在结转销售成本时，应同时结转对其已计提的存货跌价准备。

对于因债务重组、非货币性交易转出的存货，应同时结转已计提的存货跌价准备，并按债务重组准则和非货币性资产交换的要求进行处理。

5.4 技能训练

5.4.1 练习计提存货跌价准备的核算

【业务 3 - 24】 某企业期末采用单项比较法计提存货跌价准备，12 月 31 日，A、B 两种存货的成本分别为20万元、30万元，可变现净值分别为25万元、26万元。存货跌价准备无期初余额。

A存货成本20万元低于可变现净值25万元，不需计提存货跌价准备。

B存货成本30万元高于可变现净值26万元，应计提存货跌价准备4万元。

借：资产减值损失　　40 000

　　贷：存货跌价准备　　40 000

若存货跌价准备有余额2万元，则本期应计提数＝4－2＝2（万元）。

借：资产减值损失　　20 000

　　贷：存货跌价准备　　20 000

5.4.2　练习存货跌价准备转回的核算

【业务3－25】　承业务3－24，存货的种类、数量、账面成本和已计提的存货跌价准备均未发生变化，但次年B存货市场价格持续上升，市场前景明显好转，至次年末B存货的可变现净值为29万元。则：

B存货应有存货跌价准备贷方＝30－29＝1（万元），已有贷方余额4万元，应计提数＝1－4＝－3（万元）即应转回3万元。作会计分录为：

借：存货跌价准备　　30 000

　　贷：资产减值损失　　30 000

5.5　教研活动

1）如何进行企业存货减值迹象的职业判断？

2）如何运用可变现净值孰低对存货进行期末计量？

任务6　存货清查的核算

6.1　任务描述

12月31日，海达公司财务部与仓库管理部门对公司存货进行盘点，并编制了存货盘点报告单，对发生的盘盈、盘亏毁损及时报告有管理权限的相关部批准。

6.2　任务分析

6.2.1　存货清查的概述

存货清查是指通过对存货的实地盘点，确定存货的实有数量，并与账面结存数核对，从而确定存货实存数与账面数是否相符的一种方法。由于存货种类繁多、收发频繁，在日常收发、保管过程中，可能发生计量错误、计算错误、自然损耗，还可能发生损坏变质以及贪污、盗窃等情况，造成账实不符。企业必须对存货进行定期或不定期的清查，将存货的实际库存量与账面记录核对。对于存货的盘盈盘亏，应认真填写存货盘点报告单（如实存账存对比表，见表3－16），并要由清查人员和仓库保管人员签字，及时查明原因，按规定程序报批处理。

表3－16 **实存账存对比表**

单位名称： 年 月 日

编号	类别及名称	计量单位	单价	实存		账存		对比结果				备注
				数量	金额	数量	金额	盘盈		盘亏		
								数量	金额	数量	金额	

会计人员签章 稽核人签章

6.2.2 账户设置及应用

为了反映企业在财产清查中查明的各种存货的盘盈、盘亏和损毁情况，企业应当设置“待处理财产损溢”账户，借方登记存货的盘亏、损毁金额及盘盈的转销金额，贷方登记存货的盘盈金额及盘亏的转销金额。企业清查的各种存货损溢，应在期末结账前处理完毕。如果期末结账前尚未经批准的，在对外提供财务会计报告时先进行处理，并在会计报表附注中说明；其后批准处理的金额与已处理的金额不一致的，调整会计报表相关项目的年初数。期末处理后，本账户应无余额。

存货清查结果的处理，在核算上应分两步：一是对存货的盘盈、盘亏在未查明原因或未报经批准前，要先调整存货的账面记录，做到账实相符。即将盘盈盘亏的数额先记入“待处理财产损溢”账户；二是查明原因并按管理权限报经批准后，再将记入“待处理财产损溢”账户的金额转入相应的账户。

6.2.3 存货盘盈的核算

发生存货盘盈主要是由于存货的收发计量或核算上的误差造成的，应及时调整账面记录，借记“原材料”、“库存商品”等账户，贷记“待处理财产损溢”账户；按管理权限报经批准后，借记“待处理财产损溢”账户，贷记“管理费用”账户。

6.2.4 存货盘亏及损毁的核算

企业发生存货盘亏及损毁时，借记“待处理财产损溢”账户，贷记“原材料”、“库存商品”等账户。在按管理权限报经批准后应作如下会计处理：对于入库的残料价值，记入“原材料”等账户；对于应由保险公司和过失人的赔款，记入“其他应收款”账户；扣除残料价值和应由保险公司、过失人赔款后的净损失，属于计量收发差错和管理不善等一般经营原因造成的损失部分，记入“管理费用”账户；属于自然灾害等非常原因造成的损失部分，记入“营业外支出”账户。

6.3 相关知识

6.3.1 存货盘点计划

根据存货的特点、盘存制度和存货内部控制的有效性等情况，制订存货盘点计划，对存货盘点时间、范围等作出合理安排。

存货盘点计划的主要内容包括以下：

1）存货盘点的目标、范围及时间安排。存货盘点的目标是获取资产负债表日有关存货数量和状况，检查存货的数量是否真实完整，有无毁损、陈旧、过时、残次和短缺等状况。

2）存货盘点的要点及关注事项。重点关注的事项包括盘点期间的存货移动、存货的状况、存货的截至确认、存货的各个存放地点及金额等。

3）参加存货盘点人员的分工。根据参加存货盘点人员分工、分组情况、存货盘点工作量的大小和人员素质情况，确定参加存货盘点的人员组成，各组成人员的职责和具体的分工情况，并加强督导。

4）检查存货的范围。观察盘点现场，确定应纳入盘点范围的存货是否已经适当整理和排列，并附有盘点标识，防止遗漏或重复盘点。对所有权不属于本单位的存货，应当取得其规格、数量等有关资料。确定是否已分别存放、标明，且未被纳入盘点范围。

6.3.2 特殊类型存货的盘点方法

特殊类型存货的盘点方法见表3－17。

表3－17

存货类型	盘点方法与潜在问题
木材、钢筋盘条、管子	• 通常无标签，但在盘点时会做上标记或用粉笔标识 • 难以确定存货的数量或等级
堆积型存货（比如糖、煤、钢废料）	• 通常既无标签也不做标记，在估计存货数量时存在困难 • 运用工程估测、几何计算、高空勘测，并依赖详细的存货记录
使用磅秤测量的存货	• 在估计存货数量时存在困难 • 盘点前和盘点过程中均应检验磅秤的精准度，并留意磅秤的位置移动与重新调校程序 • 检查秤量尺度的换算问题
散装物品（如贮窖存货、使用桶、箱、罐、槽等容器储存的液、气体、谷类粮食、流体存货等）	• 在估计存货数量和质量时存在困难 • 使用容器进行盘点或通过预先编号的清单列表加以确定 • 使用浸蘸、测量棒、工程报告以及依赖永续存货记录 • 选择样品进行化验与分析，或利用专家的工作
贵金属、石器、艺术品与收藏品	• 在存货辨认与质量确定方面存在困难 • 选择样品进行化验与分析，或利用专家的估测
生产纸浆用木材、牲畜	• 在存货辨认与数量确定方面存在困难 • 可能无法对此类存货的移动实施控制 • 通过高空摄影以确定其存在性，对不同时点的数量进行比较，并依赖永续存货记录

6.3.3 非正常损失进项税额转出

非正常损失，是指生产经营过程中正常损耗外的损失，包括：

1）自然灾害损失；

2）因管理不善造成货物被盗窃、发生霉烂变质等损失；

3）其他非正常损失。

税法对非正常损失的购进货物的进项税额和非正常损失的在产品、产成品所耗用的购进货物或应税劳务的进项税额规定不准予从销项税额中抵扣，是考虑到纳税人的这部分损失与其生产经营活动没有直接的关系，这部分非正常损失中的进项税额不应由国家承担。

6.4 技能训练

6.4.1 练习存货盘盈的核算

【业务3-26】 海达公司年终对存货进行清查，盘盈A材料20件，实际单位成本10元。经查材料盘盈属于收发计量方面的错误。有关会计分录如下：

1）批准处理前：

借：原材料　　200

　　贷：待处理财产损溢　　200

2）批准处理后：

借：待处理财产损溢　　200

　　贷：管理费用　　200

6.4.2 练习存货盘亏的核算

【业务3-27】 某企业在存货清查时，盘亏甲材料20公斤，实际单位成本50元，经查属于一般经营损失。有关会计分录如下：

1）批准处理前：

借：待处理财产损溢　　1 170

　　贷：原材料——甲材料　　1 000

　　　　应交税费——应交增值税（进项税额转出）　　170

2）批准处理后：

借：管理费用　　1 170

　　贷：待处理财产损溢　　1 170

【业务3-28】 某企业在存货清查时，发现损毁乙材料150公斤，实际单位成本60元，经查属于材料保管人员的过失造成的，按规定由其个人赔偿60%，残料已办理入库手续，价值500元。有关分录如下：

1）批准处理前：

借：待处理财产损溢　　10 530

　　贷：原材料——乙材料　　9 000

　　　　应交税费——应交增值税（进项税额转出）　　1 530

2）批准处理后：

- 由过失人赔偿的部分：

借：其他应收款　　5 400

　　贷：待处理财产损溢　　5 400

- 残料入库：

借：原材料　　500

　　贷：待处理财产损溢　　500

- 材料损毁净损失：

借：管理费用　　4 630

　　贷：待处理财产损溢　　4 630

【业务3-29】 某企业因雷击损毁库存材料一批，实际成本2万元，经核实应由保险公司理赔1.5万元。有关会计分录如下：

1）批准处理前：

借：待处理财产损溢　　23 400

　　贷：原材料　　20 000

　　　　应交税费——应交增值税（进项税额转出）　　3 400

2）批准处理后：

借：其他应收款　　15 000

　　营业外支出　　8 400

　　贷：待处理财产损溢　　23 400

6.5 教研活动

1）讨论如何对特殊类型存货进行盘点；

2）讨论如何对存货盘盈盘亏进行账务处理。

单元4

投资业务核算与管理

学习目标

- □ 了解企业对外投资相关的内部控制
- □ 了解企业合并的类型及方式
- □ 熟悉金融资产减值迹象的判断
- □ 掌握交易性金融资产、持有至到期投资、可供出售金融资产、长期股权投资的初始计量、后续计量和期末计量的核算
- □ 掌握长期股权投资核算方法的转换

任务1　交易性金融资产的核算

1.1　任务描述

海达公司以闲置资金通过二级市场购入A上市公司股票60 000股，每股价格10元，支付手续费1 800元。

1.2　任务分析

张丹在分析了管理层对该项股票投资的意图后，按照《企业会计准则第22号——金融工具确认和计量》的规定将其确认为交易性金融资产。那么，她应该如何对该项股票投资进行核算呢？

1.2.1　账户设置及应用

交易性金融资产主要是指企业为了近期内出售而持有的金融资产，如企业以赚取差价为

目的从二级市场购入的股票、债券、基金等。为了核算交易性金融资产的初始计量、后续计量、处置等业务，企业应当设置“交易性金融资产”、“公允价值变动损益”、“投资收益”等账户。

“交易性金融资产”账户核算企业为交易目的所持有的债券投资、股票投资、基金投资等交易性金融资产的公允价值。企业持有的直接指定为以公允价值计量且其变动计入当期损益的金融资产也在“交易性金融资产”账户核算。“交易性金融资产”账户的借方登记交易性金融资产的取得成本、资产负债表日其公允价值高于账面余额的差额等；贷方登记资产负债表日其公允价值低于账面余额的差额，以及企业出售交易性金融资产时结转的成本和公允价值变动损益。企业应当按照交易性金融资产的类别和品种，分别设置“成本”、“公允价值变动”等明细账户进行核算。

“公允价值变动损益”账户核算企业交易性金融资产等公允价值变动而形成的应计入当期损益的利得或损失，贷方登记资产负债表日企业持有的交易性金融资产等的公允价值高于账面余额的差额；借方登记资产负债表日企业持有的交易性金融资产等的公允价值低于账面余额的差额。

“投资收益”账户核算企业持有交易性金融资产等期间取得的投资收益以及处置交易性金融资产等实现的投资收益或投资损失，贷方登记企业出售交易性金融资产等实现的投资收益；借方登记企业出售交易性金融资产等发生的投资损失。

1.2.2 交易性金融资产的初始计量

企业取得交易性金融资产时，应当按照该金融资产取得时的公允价值作为其初始确认金额，记入“交易性金融资产——成本”账户。取得交易性金融资产所支付价款中包含了已宣告但尚未发放的现金股利或已到付息期但尚未领取的债券利息的，应当单独确认为应收项目，记入“应收股利”或“应收利息”账户。取得交易性金融资产所发生的相关交易费用应当在发生时计入投资收益。

在持有期间取得的利息或现金股利，应当确认为投资收益。交易费用是指可直接归属于购买、发行或处置金融工具新增的外部费用，包括支付给代理机构、咨询公司、券商等的手续费和佣金及其他必要支出。

1.2.3 交易性金融资产的后续计量

企业持有交易性金融资产期间对于被投资单位宣告发放的现金股利或企业在资产负债表日按分期付息、一次还本债券投资的票面利率计算的利息收入，应当确认为应收项目，记入“应收股利”或“应收利息”账户，并计入投资收益。

1.2.4 交易性金融资产的期末计量

资产负债表日，交易性金融资产应当按照公允价值计量，公允价值与账面余额之间的差额计入当期损益。企业应当在资产负债表日按照交易性金融资产公允价值与其账面余额的差额，借记或贷记“交易性金融资产——公允价值变动”账户，贷记或借记“公允价值变动损益”账户。

1.2.5 交易性金融资产的处置

处置该金融资产时，其公允价值与初始入账金额之间的差额应确认为投资收益，同时调整公允价值变动损益。

企业应按实际收到的金额，借记“银行存款”等账户，按该金融资产的账面余额，贷记“交易性金融资产”账户，按其差额，贷记或借记“投资收益”账户。同时，将原计入该金融资产的公允价值变动转出，借记或贷记“公允价值变动损益”账户，贷记或借记“投资收益”账户。

1.3 相关知识

1.3.1 交易性金融资产确认

金融资产满足下列条件之一的，应当划分为交易性金融资产：

1）取得该金融资产主要是为了近期内出售或回购，如企业以赚取差价为目的从二级市场购入的股票、债券、基金等。

2）属于进行集中管理的可辨认金融工具组合的一部分，且有客观证据表明企业近期采用短期获利方式对该组合进行管理，如企业基于其投资策略和风险管理的需要，将某些金融资产进行组合从事短期获利活动，对于组合中的金融资产，应采用公允价值计量，并将其相关公允价值变动计入当期损益。在这种情况下，即使组合中有某个组成项目持有的期限稍长也不受影响。

3）属于衍生工具，如国债期货、远期合同、股指期货等，其公允价值变动大于零时，应将其相关变动金额确认为交易性金融资产，同时计入当期损益。但是，如果衍生工具被企业指定为有效套期关系中的套期工具，那么该衍生工具初始确认后的公允价值变动应根据其对应的套期关系（即公允价值套期、现金流量套期或境外经营净投资套期）不同，采用相应的方法进行处理。

1.3.2 指定为以公允价值计量且其变动计入当期损益的金融资产

企业将某项金融资产指定为以公允价值计量且其变动计入当期损益的金融资产，通常是指该金融资产不满足确认为交易性金融资产条件的，企业仍可在符合某些特定条件时将其按公允价值计量，并将其公允价值变动计入当期损益。

通常情况下，只有符合下列条件之一的金融资产，才可以在初始确认时指定为以公允价值计量且其变动计入当期损益的金融资产：

1）该指定可以消除或明显减少由于该金融资产的计量基础不同所导致的相关利得或损失在确认或计量方面不一致的情况。

企业拥有某金融资产且承担某金融负债，该金融资产和金融负债承担某种相同的风险（如利率风险），且各自的公允价值变动方向相反、趋于相互抵消。但是，其中只有部分金融资产和金融负债将以公允价值计量且其变动计入当期损益。套期保值有效性难以达到套期保值准则要求时，也会出现类似问题。在这种情况下，如果将所有这些资产和负债均进行公允价值指定，也可以消除“会计不配比”现象。

2）企业风险管理或投资策略的正式书面文件已载明，该金融资产组合或该金融资产和金融负债组合，以公允价值为基础进行管理、评价并向关键管理人员报告。

此项条件着重企业日常管理和评价业绩的方式，而不是关注金融工具组合中各组成部分的性质。例如，风险投资机构、证券投资基金或类似会计主体，其经营活动的主要目的是从投资工具的公允价值变动中获取回报，它们在风险管理或投资策略的正式书面文件中对此也有清楚的说明。在这种情况下，应将该组合进行指定。

在活跃市场没有报价、公允价值不能可靠计量的权益工具投资，不得指定为以公允价值计量且其变动计入当期损益的金融资产。

1.4 技能训练

1.4.1 练习交易性金融资产取得的核算

【业务4－1】 3月27日，海达公司以每股4.80元的价格购入每股面值1元的华瑞公司股票2万股，并支付相关税费500元，股票买价中包含每股0.20元已宣告而尚未发放的现金股利；根据投资目的，公司将其划分为交易性金融资产。

初始投资成本＝20 000×（4.80－0.20）＝92 000（元）

应收现金股利＝20 000×0.20＝4 000（元）

借：交易性金融资产——华瑞公司股票（成本）	92 000	
投资收益	500	
应收股利	4 000	
贷：银行存款		96 500

【业务4－2】 4月1日，海达公司又以225 000元的价格购买B公司同日发行的债券，该债券面值20万元、期限3年、票面利率6%，到期一次还本付息，并支付交易税费600元，公司将其作为交易性金融资产核算。

初始投资成本＝225 000（元），即购买时的公允价值。作会计分录如下：

借：交易性金融资产——B公司债券（成本）	225 000	
投资收益	600	
贷：银行存款		225 600

1.4.2 练习交易性金融资产后续计量的核算

【业务4－3】 4月10日，海达公司收到华瑞公司发放的现金股利4 000元。作会计分录如下：

借：银行存款	4 000	
贷：应收股利		4 000

1.4.3 练习交易性金融资产期末计量的核算

【业务4－4】 12月31日，华瑞公司股票期末公允价值118 000元（20 000×5.90），高于海达公司账面余额92 000元。

公允价值变动收益＝118 000－92 000＝26 000（元）

借：交易性金融资产——华瑞公司股票（公允价值变动）	26 000	
贷：公允价值变动损益		26 000

1.4.4 练习交易性金融资产处置业务的核算

【业务4-5】 12月15日，海达公司将购买的B公司债券转让，收到转让价款245 000元。作会计分录如下：

借：银行存款　　245 000
　贷：交易性金融资产——B公司债券（成本）　　225 000
　　投资收益　　20 000

【业务4-6】 第二年3月17日，海达公司将华瑞公司股票转让，收到转让价款148 000元。

交易性金融资产的账面余额 = 92 000 + 26 000 = 118 000（元）
处置损益 = 148 000 - 118 000 = 30 000（元）

借：银行存款　　148 000
　贷：交易性金融资产——华瑞公司股票（成本）　　92 000
　　　　　　　　　——华瑞公司股票（公允价值变动）　　26 000
　　投资收益　　30 000
借：公允价值变动损益　　26 000
　贷：投资收益　　26 000

1.5 教研活动

1）讨论交易性金融资产的特征。

2）讨论交易性金融资产确认应该注意哪些问题。

任务2 持有至到期投资的核算

2.1 任务描述

海达公司于2009年1月1日购入华鑫公司2009年1月1日发行的5年期债券，并准备持有至到期，该债券票面年利率为10%，面值为1 000元。海达公司按1 050元的价格购入900张，另支付相关税费900元。该债券每半年付息一次，最后一年还本并支付最后一次利息。

2.2 任务分析

张丹对海达公司购入的华鑫公司债券应该如何确定取得成本，对取得的利息应该如何进行计量呢？

2.2.1 账户设置及应用

持有至到期投资，是指到期日固定、回收金额固定或可确定，且企业有明确意图和能力持有至到期的非衍生金融资产。

1）“持有至到期投资”账户核算企业持有至到期投资的价值。企业委托银行或其他金融机构向其他单位贷出的款项，也在本账户核算。企业应当按照持有至到期投资的类别和品种，分别“投资成本”、“溢折价”、“应计利息”进行明细核算。

企业对持有至到期投资的会计处理，应着重于该金融资产的持有者打算“持有至到期”，未到期前通常不会出售或重分类，主要应解决该金融资产实际利率的计算、摊余成本的确定、持有期间的收益确认以及将其处置时损益的处理。

本账户期末借方余额，反映企业持有至到期投资的摊余成本。

2）持有至到期投资减值准备核算企业持有至到期投资发生减值时计提的减值准备。企业应当按照持有至到期投资类别和品种进行明细核算。本账户期末贷方余额，反映企业已计提但尚未转销的持有至到期投资减值准备。

2.2.2 持有至到期投资的初始计量

持有至到期投资初始确认时，应当按照公允价值计量和相关交易费用之和作为初始入账金额。实际支付的价款中包括的已到付息期但尚未领取的债券利息，应单独确认为应收项目。

持有至到期投资初始确认时，应当计算确定其实际利率，并在该持有至到期投资预期存续期间或适用的更短期间内保持不变。

实际利率是指将金融资产或金融负债在预期存续期间或适用的更短期间内的未来现金流量，折现为该金融资产或金融负债当前账面价值所使用的利率。企业在确定实际利率时，应当在考虑金融资产或金融负债所有合同条款（包括提前还款权、看涨期权、类似期权等）的基础上预计未来现金流量，但不应考虑未来信用损失。

金融资产合同各方之间支付或收取的、属于实际利率组成部分的各项收费、交易费用及溢价或折价等，应当在确定实际利率时予以考虑。金融资产的未来现金流量或存续期间无法可靠预计时，应当采用该金融资产在整个合同期内的合同现金流量。

企业取得的持有至到期投资，应按取得该投资的公允价值与交易费用之和，借记本账户（投资成本、溢折价），贷记“银行存款”、“存放中央银行款项”、“应交税费”等账户。

购入的分期付息、到期还本的持有至到期投资，已到付息期按面值和票面利率计算确定的应收未收的利息，借记“应收利息”账户，按摊余成本和实际利率计算确定的利息收入的金额，贷记“投资收益”账户，按其差额，借记或贷记本账户（溢折价）。

2.2.3 持有至到期投资的后续计量

企业应当采用实际利率法，按摊余成本对持有至到期投资进行后续计量。其中，实际利率法是指按照金融资产或金融负债（含一组金融资产或金融负债）的实际利率计算其摊余成本及各期利息收入或利息费用的方法。摊余成本，是指该金融资产的初始确认金额经下列调整后的结果：①扣除已偿还的本金；②加上或减去采用实际利率法将该初始确认金额与到期日金额之间的差额进行摊销形成的累计摊销额；③扣除已发生的减值损失。

企业应在持有至到期投资持有期间，采用实际利率法，按照摊余成本和实际利率计算确认利息收入，计入投资收益。实际利率应当在取得持有至到期投资时确定，实际利率与票面利率差别较小的，也可按票面利率计算利息收入，计入投资收益。

到期一次还本付息的债券等持有至到期投资，在持有期间内按摊余成本和实际利率计算确定的利息收入的金额，借记本账户（应计利息），贷记“投资收益”账户。

收到持有至到期投资按合同支付的利息时，借记“银行存款”、“存放中央银行款项”等账户，贷记“应收利息”账户或本账户（应计利息）。

收到取得持有至到期投资支付的价款中包含的已宣告发放债券利息，借记“银行存款”账户，贷记本账户（投资成本）。

持有至到期投资在持有期间按采用实际利率法计算确定的折价摊销额，借记本账户（溢折价），贷记“投资收益”账户；溢价摊销额，做相反的会计分录。

2.2.4 持有至到期投资的期末计量

资产负债表日，企业根据金融工具确认和计量准则确定持有至到期投资发生减值的，按应减记的金额，借记“资产减值损失”账户，贷记“持有至到期投资减值准备”账户。已计提减值准备的持有至到期投资价值以后又得以恢复，应在原已计提的减值准备金额内，按恢复增加的金额，借记“持有至到期投资减值准备”账户，贷记“资产减值损失”账户。

2.2.5 持有至到期投资的处置

处置持有至到期投资时，应将所取得价款与持有至到期投资账面价值之间的差额，计入当期损益。

出售持有至到期投资时，应按收到的金额，借记“银行存款”、“存放中央银行款项”等账户，已计提减值准备的，贷记“持有至到期投资减值准备”账户，按其账面余额，贷记本账户（投资成本、溢折价、应计利息），按其差额，贷记或借记“投资收益”账户。

2.2.6 持有至到期投资的转换

企业根据金融工具确认和计量准则将持有至到期投资重分类为可供出售金融资产的，应在重分类日按该项持有至到期投资的公允价值，借记“可供出售金融资产”账户，已计提减值准备的，借记“持有至到期投资减值准备”账户，按其账面余额，贷记本账户（投资成本、溢折价、应计利息），按其差额，贷记或借记“资本公积——其他资本公积”账户。

根据金融工具确认和计量准则将可供出售金融资产重分类为采用成本或摊余成本计量的金融资产，应在重分类日按可供出售金融资产的公允价值，借记本账户等账户，贷记“可供出售金融资产”账户。

2.3 技能训练

2.3.1 练习持有至到期投资的核算

【业务4－7】 华瑞公司于2002年1月1日购入长虹公司2002年1月1日发行的5年期债券并准备持有至到期，该债券票面年利率为12%，面值为1 000元。华瑞公司按1 050元的价格购入80张，另支付相关税费400元。该债券每年付息一次，最后一年还本并支付最后一次利息。

1）2002年1月1日，购入债券。

借：持有至到期投资——长虹公司（成本） 80 000

——长虹公司（利息调整） 4 400

贷：银行存款 84 400

2）年度终了计算利息并摊销利息调整。

- 计算实际利率。

每年应收利息 $=1\,000\times80\times12\%=9\,600$（元）

$9\,600\times(1+i)^{-1}+9\,600\times(1+i)^{-2}+9\,600\times(1+i)^{-3}+9\,600\times(1+i)^{-4}+89\,600\times(1+i)^{-5}=84\,400$

采用插值法，求出实际利率 $i=10.53\%$。

- 用实际利率法计算利息（见表4－1）。

表4－1

计息日期	利息收入	应收利息	利息调整	摊余成本
	1＝上一期4×实际利率	2＝面值×票面利率	3＝1－2	4＝上一期4－3
2002年1月				84 400
2002年12月	8 887	9 600	－713	83 687
2003年12月	8 812	9 600	－788	82 899
2004年12月	8 729	9 600	－871	82 028
2005年12月	8 637	9 600	－963	81 065
2006年12月	8 535	9 600	－1 065	80 000
合　计	43 600	48 000	－4 400	—

说明：四舍五入造成的误差1元计入最后1年的利息中。

3）编制会计分录。

- 2002年12月31日计算利息时：

借：应收利息——长虹公司 9 600

贷：持有至到期投资——长虹公司（利息调整） 713

投资收益 8 887

- 实际收到利息时：

借：银行存款 9 600

贷：应收利息——长虹公司 9 600

- 2003年12月31日计算利息时：

借：应收利息——长虹公司 9 600

贷：持有至到期投资——长虹公司（利息调整） 788

投资收益 8 812

• 实际收到利息时：

借：银行存款　　9 600

　贷：应收利息——长虹公司　　9 600

• 2004 年 12 月 31 日计算利息时：

借：应收利息——长虹公司　　9 600

　贷：持有至到期投资——长虹公司（利息调整）　　871

　　投资收益　　8 729

• 实际收到利息时：

借：银行存款　　9 600

　贷：应收利息——长虹公司　　9 600

• 2005 年 12 月 31 日计算利息时：

借：应收利息——长虹公司　　9 600

　贷：持有至到期投资——长虹公司（利息调整）　　963

　　投资收益　　8 637

• 实际收到利息时：

借：银行存款　　9 600

　贷：应收利息——长虹公司　　9 600

• 2006 年 12 月 31 日计算利息时：

借：应收利息——长虹公司　　9 600

　贷：持有至到期投资——长虹公司（利息调整）　　1 065

　　投资收益　　8 535

• 实际收到利息时：

借：银行存款　　9 600

　贷：应收利息——长虹公司　　9 600

• 2007 年 1 月 1 日到期收回本金时：

借：银行存款　　80 000

　贷：持有至到期投资——长虹公司（成本）　　80 000

2.4.2 练习 2006 年 12 月 31 日上述持有至到期投资在财务报表上的披露

2.4 教研活动

1）讨论持有至到期投资的特征。

2）讨论持有至到期投资采用实际利率法确认投资损益的原理。

任务3 可供出售金融资产的核算

3.1 任务描述

2009年5月19日，海达公司以700万元购买航运公司普通股，占其有表决权资本比例5%。公司将此股票投资划分为可供出售金融资产。

3.2 任务分析

针对海达公司上述业务，张丹如何对可供出售金融资产的购入、持有期间收益的确认、期末公允价值的变动、可供出售金融资产减值以及处置等相关内容进行核算呢？

3.2.1 账户设置及运用

可供出售金融资产，是指初始确认时即被指定为可供出售的非衍生金融资产，以及除下列各类资产以外的金融资产：①贷款和应收款项；②持有至到期投资；③以公允价值计量且其变动计入当期损益的金融资产。例如，企业购入的在活跃市场上有报价的股票、债券和基金等，没有划分为以公允价值计量且其变动计入当期损益的金融资产或持有至到期投资等金融资产的，可归为此类。

企业应当设置“可供出售金融资产”账户，核算企业持有的可供出售金融资产的价值，包括划分为可供出售的股票投资、债券投资等金融资产。企业（证券、银行）接受委托采用全额承销方式承销的股票和债券等有价证券属于可供出售金融资产的，在本账户核算。并按照可供出售金融资产的类别和品种，分别“成本”、“利息调整”、“应计利息”、“公允价值变动”等账户进行明细核算。可供出售金融资产发生减值的，应在本账户设置“减值准备”明细账户进行核算，也可以单独设置“可供出售金融资产减值准备”账户进行核算。本账户期末借方余额，反映企业可供出售金融资产的公允价值。

3.2.2 可供出售金融资产的初始计量

企业取得可供出售金融资产时，应按可供出售金融资产的公允价值与交易费用之和，借记“可供出售金融资产（成本）”账户，贷记“银行存款”、“存放中央银行款项”、“结算备付金”、“应交税费”等账户。

3.2.3 可供出售金融资产的后续计量

在持有可供出售金融资产期间收到被投资单位宣告发放的债券利息或现金股利，借记“银行存款”账户，贷记“可供出售金融资产（公允价值变动）”账户。

对于收到的属于取得可供出售金融资产支付价款中包含的已宣告发放的债券利息或现金

股利，借记“银行存款”账户，贷记“可供出售金融资产（成本）”账户。

3.2.4 可供出售金融资产的期末计量

资产负债表日，可供出售金融资产的公允价值高于其账面余额的差额，借记“可供出售金融资产”账户，贷记“资本公积——其他资本公积”账户；公允价值低于其账面余额的差额，作相反的会计分录。

通常情况下，可供出售金融资产不计提减值准备，公允价值的变动计入资本公积。但如果可供出售金融资产的公允价值发生了较大幅度的下降，或在综合考虑各种相关因素后，预期这种下降趋势属于非暂时性的，可以认定该可供出售金融资产发生了减值，应当确认减值损失。

根据金融工具确认和计量准则确定可供出售金融资产发生减值的，按应减记的金额，借记“资产减值损失”账户，贷记“可供出售金融资产（减值准备）”账户。同时，按应从所有者权益中转出的累计损失，借记“资产减值损失”账户，贷记“资本公积——其他资本公积”账户。

已确认减值损失的可供出售债务工具在随后的会计期间公允价值上升的，应在原已计提的减值准备金额内，按恢复增加的金额，借记“可供出售金融资产”账户，贷记“资产减值损失”账户。已确认减值损失的可供出售权益工具在随后的会计期间公允价值上升的，应在原已计提的减值准备金额内，按恢复增加的金额，借记“可供出售金融资产”账户，贷记“资本公积——其他资本公积”账户。

3.2.5 可供出售金融资产的转换

企业根据金融工具确认和计量准则将持有至到期投资重分类为可供出售金融资产的，应在重分类日按该项持有至到期投资的公允价值，借记“可供出售金融资产”账户，已计提减值准备的，借记“持有至到期投资减值准备”账户，按其账面余额，贷记“持有至到期投资——投资成本、溢折价、应计利息”账户，按其差额，贷记或借记“资本公积——其他资本公积”账户。

根据金融工具确认和计量准则将可供出售金融资产重分类为采用成本或摊余成本计量的金融资产，应在重分类日按可供出售金融资产的公允价值，借记“持有至到期投资”等账户，贷记“可供出售金融资产”账户。

3.2.6 可供出售金融资产的处置

出售可供出售金融资产时，应按实际收到的金额，借记“银行存款”、“存放中央银行款项”等账户，按可供出售金融资产的账面余额，贷记“可供出售金融资产”账户，按其差额，贷记或借记“投资收益”账户。按原记入“资本公积——其他资本公积”账户的金额，借记或贷记“资本公积——其他资本公积”账户，贷记或借记“投资收益”账户。

3.3 相关知识

3.3.1 可供出售金融资产的确认条件

对于在活跃市场上有报价的金融资产，既可划分为以公允价值计量且其变动计入当期损益的金融资产，也可划分为可供出售金融资产；如果该金融资产属于有固定到期日、回收金额固定或可确定的金融资产，则该金融资产还可能划分为持有至到期投资。某项金融资产具体应划分为哪一类，主要取决于企业管理层的风险管理、投资决策等因素。金融资产的分类应是管理层意图的如实表达。

企业持有上市公司限售股权且对上市公司不具有控制、共同控制或重大影响的，应当按照金融工具确认和计量准则规定，将该限售股权划分为可供出售金融资产，除非满足该准则规定条件划分为以公允价值计量且其变动计入当期损益的金融资产。

3.3.2 可供出售金融资产的会计处理应关注的问题

可供出售金融资产的会计处理，与以公允价值计量且其变动计入当期损益的金融资产的会计处理有类似之处，但也有不同，具体而言：①初始确认时，都应按公允价值计量，但对于可供出售金融资产，相关交易费用应计入初始入账金额；②资产负债表日，都应按公允价值计量，但对于可供出售金融资产，公允价值变动不是计入当期损益，而通常应计入所有者权益。

3.4 技能训练

3.4.1 根据本任务提供的案例练习可供出售金融资产的核算

【业务4-8】 华瑞公司2006年2月12日，以400万元购买长虹公司普通股，占其有表决权资本比例5%，华瑞公司将此股票投资划分为可供出售金融资产，2006年4月28日，长虹公司宣告分派现金股利，华瑞公司将获得4万元股利。2006年12月31日，长虹公司股票的公允价值为395万元，虽然整个市场的股价下跌，但长虹公司的财务状况良好，华瑞公司判断该股票投资没有发生减值，打算继续持有，而未实现的公允价值变动损失将计入资本公积。2007年12月31日，长虹公司因经营不善，宣布无法支付2007年的股利，华瑞公司判断该股票发生了减值，此时股票的公允价值为370万元。2008年1月12日，华瑞公司将持有的长虹公司股票出售，获得净收入420万元。作会计分录如下：

1）2006年2月12日，购入股票。

借：可供出售金融资产——长虹公司（成本）　　4 000 000
　　贷：银行存款　　4 000 000

2）2006年4月28日，确认应收股利。

借：应收股利——长虹公司　　40 000
　　贷：投资收益　　40 000

3）2006年12月31日，确认股票价格变动。

借：资本公积——其他资本公积　　50 000
　　贷：可供出售金融资产——长虹公司（公允价值变动）　　50 000

4）2007年12月31日，确认减值损失。

借：资产减值损失　　300 000
　　贷：资本公积——其他资本公积　　50 000
　　　　可供出售金融资产——长虹公司（公允价值变动）　　250 000

5）2008年1月12日，出售股票。

借：银行存款　　4 200 000
　　可供出售金融资产——长虹公司（公允价值变动）　　300 000
　　贷：可供出售金融资产——长虹公司（成本）　　4 000 000
　　　　投资收益　　500 000

3.5 教研活动

1）交易性金融资产、持有至到期投资、可供出售金融资产确认条件有哪些异同？

2）可供出售金融资产公允价值变动与交易性金融资产的相关处理有何不同？

任务4　长期股权投资的核算

长期股权投资，是指企业准备长期持有的权益性投资，包括：①企业持有的能够对被投资单位实施控制的权益性投资，即对子公司投资；②企业持有的能够与其他合营方一同对被投资单位实施共同控制的权益性投资，即对合营企业投资；③企业持有的能够对被投资单位施加重大影响的权益性投资，即对联营企业投资；④企业对被投资单位不具有控制、共同控制或重大影响，且在活跃市场中没有报价、公允价值不能可靠计量的权益性投资。

4.1 任务描述

华瑞公司于2009年3月31日取得联华公司70%的股权。为核实联华公司的资产价值，华瑞公司聘请专业资产评估机构对联华公司的资产进行评估，支付评估费用300万元。合并中，华瑞公司支付的有关资产在购买日的账面价值与公允价值如表4－2所示。

表4－2　　2009年3月31日　　单位：万元

项　目	账面价值	公允价值
土地使用权（自用）	6 000	9 600
专利技术	2 400	3 000
银行存款	2 400	2 400
合　计	10 800	15 000

合并前华瑞公司与联华公司不存在任何关联方关系，华瑞公司用作合并对价的土地使用权和专利技术原价为9 600万元，至企业合并发生时已累计摊销1 200万元。

4.2 任务分析

张丹应当如何对华瑞公司取得的联华公司70%股权进行账务处理呢？

4.2.1 设置的账户

企业应当设置“长期股权投资”账户，核算长期股权投资的初始投资成本，并按照长期股权投资的类别和单位，分别“成本”、“损益调整”等明细账户进行核算。

4.2.2 账户的应用

1）“长期股权投资”账户核算企业持有的采用成本法和权益法核算的长期股权投资。可按被投资单位进行明细核算，采用权益法核算的，还应当分别“成本”、“损益调整”、“其他权益变动”等明细账户进行核算。本账户期末借方余额，反映企业长期股权投资的价值。

2）“长期股权投资减值准备”账户核算企业长期股权投资的减值准备。可按被投资单位进行明细核算。资产负债表日，长期股权投资发生减值的，按应减记的金额，借记“资产减值损失”账户，贷记本账户。处置长期股权投资时，应同时结转已计提的长期股权投资减值准备。本账户期末贷方余额，反映企业已计提但尚未转销的长期股权投资减值准备。

4.2.3 长期股权投资的初始计量

长期股权投资在取得时，应按初始投资成本入账。长期股权投资的初始投资成本应分别企业合并和非企业合并两种情况确定。

（1）企业合并形成的长期股权投资的初始计量

企业合并形成的长期股权投资，初始投资成本的确定应区分企业合并的类型，分别同一控制下控股合并与非同一控制下控股合并确定形成长期股权投资的初始投资成本。

1）同一控制下企业合并形成的长期股权投资。对于同一控制下的企业合并，从能够对参与合并各方在合并前及合并后均实施最终控制的一方来看，最终控制方在企业合并前及合并后能够控制的资产并没有发生变化。合并方通过企业合并形成的对被合并方的长期股权投资，其成本代表的是在被合并方账面所有者权益中享有的份额。

①合并方以支付现金、转让非现金资产或承担债务方式作为合并对价的，应当在合并日按照取得被合并方所有者权益账面价值的份额作为长期股权投资的初始投资成本。长期股权投资的初始投资成本与支付的现金、转让的非现金资产及所承担债务账面价值之间的差额，应当调整资本公积（资本溢价或股本溢价）；资本公积（资本溢价或股本溢价）的余额不足冲减的，调整留存收益。

合并方为企业合并发行的债券或承担其他债务支付的手续费、佣金等，应当计入所发行债券及其他债务的初始计量金额；为进行企业合并发生的各项直接相关费用如为进行企业合并而支付的审计费用、评估费用、法律服务费用等，应当于发生时计入当期管理费用。

具体进行会计处理时，合并方在合并日按取得被合并方所有者权益账面价值的份额，借记“长期股权投资”账户。按应享有被投资单位已宣告但尚未发放的现金股利或利润，借记“应收股利”账户，按支付的合并对价的账面价值，贷记有关资产或借记有关负债账户，按其差额，贷记“资本公积——资本溢价或股本溢价”账户；如为借方差额，应借记“资本公积——资本溢价或股本溢价”账户，资本公积（资本溢价或股本溢价）不足冲减的，借记“盈余公积”、“利润分配——未分配利润”账户。

②合并方以发行权益性证券作为合并对价的，应按发行股份的面值总额作为股本。长期股权投资初始投资成本与所发行股份面值总额之间的差额，应当调整资本公积（资本溢价或股本溢价）；资本公积（资本溢价或股本溢价）不足冲减的，调整留存收益。

合并方为进行企业合并发行的权益性证券发生的手续费、佣金等费用，应当抵减权益性证券溢价收入，溢价收入不足冲减的，冲减留存收益。

具体进行会计处理时，在合并日应按取得被合并方所有者权益账面价值的份额，借记“长期股权投资”账户，按应享有被投资单位已宣告但尚未发放的现金股利或利润，借记“应收股利”账户，按发行权益性证券的面值贷记“股本”账户，按其差额，贷记“资本公积——资本溢价或股本溢价”账户：如为借方差额，应借记“资本公积——资本溢价或股本溢价”账户，资本公积（资本溢价或股本溢价）不足冲减的，借记“盈余公积”、“利润分配——未分配利润”账户。

上述在按照合并日应享有被合并方账面所有者权益的份额确定长期股权投资的初始投资成本时，前提是合并前合并方与被合并方采用的会计政策应当一致。企业合并前合并方与被合并方采用的会计政策不同的，应首先按照合并方的会计政策对被合并方资产、负债的账面价值进行调整，在此基础上计算确定形成长期股权投资的初始投资成本。

2）非同一控制下企业合并形成的长期股权投资。

①非同一控制下的控股合并中，购买方应当按照确定的企业合并成本作为长期股权投资的初始投资成本。企业合并成本包括购买方付出的资产、发生或承担的负债、发行的权益性证券的公允价值以及为进行企业合并发生的各项直接相关费用之和。

合并成本应当区别下列情况确定：第一，一次交换交易实现的企业合并，合并成本为购买方在购买日为取得对被购买方的控制权而付出的资产、发生或负担的负债以及发行的权益性证券的公允价值。第二，通过多次交换交易分步实现的企业合并，合并成本为每一单项交易成本之和。第三，购买方为进行企业合并发生的各项直接相关费用也应当计入企业合并成本。第四，在合并合同或协议中对可能影响合并成本的未来事项作出约定的，购买日如果估计未来事项很可能发生且对合并成本的影响金额能够可靠计量的，购买方应当将其计入合并成本。

具体进行会计处理时，对于非同一控制下企业合并形成的长期股权投资应在购买日按企业合并成本（不含应自被投资单位收取的现金股利或利润），借记“长期股权投资”账户，按享有被投资单位已宣告但尚未发放的现金股利或利润，借记“应收股利”账户，按支付合并对价的账面价值，贷记有关资产或借记有关负债账户，按发生的直接相关费用，贷记“银行存款”等账户。按其差额，贷记“营业外收入”账户或借记“营业外支出”等账户。

非同一控制下企业合并涉及以库存商品等作为合并对价的，应按库存商品的公允价值，贷记“主营业务收入”账户，同时结转相关的成本。

②通过多次交换交易，分步取得股权最终形成企业合并的，企业合并成本为每一单项交换交易的成本之和，其中：达到企业合并前对持有的长期股权投资采用成本法核算的，长期股权投资在购买日的成本应为原账面余额加上购买日为取得进一步的股份新支付对价的公允价值之和；达到企业合并前对长期股权投资采用权益法等方法核算的，购买日应对权益法下长期股权投资的账面余额进行调整，将有关长期股权投资的账面余额调整至最初取得成本，在此基础上加上购买日新支付对价的公允价值作为购买日长期股权投资的成本。

（2）企业合并以外其他方式取得的长期股权投资初始计量

1）以支付现金取得的长期股权投资。以支付现金取得的长期股权投资，应当按照实际支付的购买价款作为长期股权投资的初始投资成本，包括购买过程中支付的手续费、税金及其他与取得该投资直接相关的费用等必要支出。但所支付价款中包含的被投资单位已宣告但尚未发放的现金股利或利润应作为应收项目核算，不构成取得长期股权投资的成本。

2）以发行权益性证券取得的长期股权投资。以发行权益性证券取得的长期股权投资，应当按照所发行权益性证券的公允价值作为初始投资成本，但不包括应自被投资单位收取的已宣告但尚未发放的现金股利或利润。

为发行权益性证券支付给有关证券承销机构等的手续费、佣金等与权益性证券发行直接相关的费用，不构成取得长期股权投资的成本。该部分费用按照《企业会计准则第37号——金融工具列报》的规定，应自权益性证券的溢价发行收入中扣除，权益性证券的溢价收入不足冲减的，应冲减盈余公积和未分配利润。

3）投资者投入的长期股权投资。投资者投入的长期股权投资，是指投资者将其持有的对第三方的投资作为出资投入企业所形成的长期股权投资。投资者投入的长期股权投资，应当按照投资合同或协议约定的价值作为初始投资成本，但合同或协议约定的价值不公允的除外。

在确定投资者投入的长期股权投资的公允价值时，有关权益性投资存在活跃市场的，应当参照活跃市场中的市价确定其公允价值；不存在活跃市场，无法按照市场信息确定其公允价值的情况下，应当将按照一定的估值技术等合理的方法确定的价值作为其公允价值。

4）通过非货币性资产交换取得的长期股权投资。

①企业通过非货币性资产交换取得的长期股权投资，如果该项交换具有商业实质，并且换出资产或换入长期股权投资的公允价值能够可靠地计量，应当以公允价值为基础进行初始计量。

以公允价值为基础对长期股权投资进行初始计量，应当以换出资产的公允价值（或者换入长期股权投资的公允价值）加上应支付的相关税费，作为换入长期股权投资的初始投资成本。如果非货币性资产交换还发生了补价，则应按下列方法确定换入长期股权投资的初始投资成本：第一，支付补价的，应当以换出资产的公允价值加上应支付的相关税费和补价，作为换入长期股权投资的初始投资成本；或者以换入长期股权投资的公允价值加上应支付的相关税费，作为换入长期股权投资的初始投资成本。第二，收到补价的，应当以换入长期股权投资的公允价值加上应支付的相关税费，作为换入长期股权投资的初始投资成本；或者以换出资产的公允价值加上应支付的相关税费，减去收取的补价，作为换入长期股权投资的初始投资成本。

换出资产公允价值与换出资产账面价值之间的差额，应当作为处置资产的损益，计入当期有关损益。其中，换出资产为存货的，应当作为销售处理，以其公允价值确认收入，同时结转相应的成本，涉及增值税的，还应进行相应的处理；换出资产为固定资产、无形资产的，其公允价值与账面价值的差额，计入营业外收入或营业外支出；换出资产为长期股权投资的，其公允价值与账面价值的差额，应当计入投资收益。换出资产已计提减值准备的，应同时结转相应的资产减值准备。

②企业通过非货币性资产交换取得的长期股权投资，如果该项交换不具有商业实质，并

且换出资产和换入长期股权投资的公允价值均不能够可靠地计量，应当以历史成本为基础进行初始计量。

以历史成本为基础对长期股权投资进行初始计量时，应当以换出资产的账面价值加上应支付的相关税费，作为换入长期股权投资的初始投资成本，不确认损益。如果非货币性资产交换还发生了补价，则应按下列方法确定换入长期股权投资的初始投资成本：第一，支付补价的，应当以换出资产的账面价值加上应支付的相关税费和支付的补价，作为换入长期股权投资的初始投资成本，不确认损益。第二，收到补价的，应当以换出资产的账面价值加上应支付的相关税费，减去收取的补价，作为换入长期股权投资的初始投资成本，不确认损益。换出资产已计提减值准备的，应同时结转相应的资产减值准备。

5）通过债务重组取得的长期股权投资。企业通过债务重组取得的长期股权投资，应当按照所受让长期股权投资的公允价值作为初始投资成本。受让的长期股权投资公允价值与重组债权账面余额之间的差额，作为债务重组损失，计入营业外支出。重组债权已计提减值准备的，应当先将上述差额冲减已计提的减值准备，冲减后仍有损失的，作为债务重组损失，计入营业外支出；冲减后减值准备仍有余额的，应予转回并抵减当期资产减值损失。

4.2.4 长期股权投资的后续计量

长期股权投资在持有期间，根据投资企业对被投资单位的影响程度及是否存在活跃市场、公允价值能否可靠取得等进行划分，应当分别采用成本法及权益法进行核算。

（1）成本法的核算

采用成本法核算的长期股权投资，核算方法如下：

1）初始投资或追加投资时，按照初始投资或追加投资时的成本增加长期股权投资的账面价值。

2）被投资单位宣告分派的现金股利或利润中，投资企业按应享有的部分，确认为当期投资收益。

企业按照上述规定确认自被投资单位应分得的现金股利或利润后，应当考虑长期股权投资是否发生减值。在判断该类长期股权投资是否存在减值迹象时，应当关注长期股权投资的账面价值是否大于享有被投资单位净资产（包括相关商誉）账面价值的份额等类似情况。出现类似情况时，企业应当按照《企业会计准则第8号——资产减值》对长期股权投资进行减值测试，可收回金额低于长期股权投资账面价值的，应当计提减值准备。

3）被投资单位宣告分派股票股利，投资企业只作备忘记录；被投资单位未分派股利，投资企业不作任何会计处理。

（2）权益法的核算

1）初始投资成本的调整。投资企业取得对联营企业或合营企业的投资以后，对于取得投资时投资成本与应享有被投资单位可辨认净资产公允价值份额之间的差额，应区别情况分别处理。

①初始投资成本大于取得投资时应享有被投资单位可辨认净资产公允价值份额的，该部分差额从本质上是投资企业在取得投资过程中通过购买作价体现出的与所取得股权份额相对应的商誉及不符合确认条件的资产价值。初始投资成本大于投资时应享有被投资单位可辨认净资产公允价值的份额，两者之间的差额不要求对长期股权投资的成本进行调整。

②初始投资成本小于取得投资时应享有被投资单位可辨认净资产公允价值份额的，两者之间的差额体现为双方在交易作价过程中转让方的让步，该部分经济利益流入应作为收益处理，计入取得投资当期的营业外收入，同时调整增加长期股权投资的账面价值。

2）投资损益的确认。采用权益法核算的长期股权投资，在确认应享有或应分担被投资单位的净利润或净亏损时，在被投资单位账面净利润的基础上，应考虑以下因素的影响进行适当调整：

①被投资单位采用的会计政策及会计期间与投资企业不一致的，应按投资企业的会计政策及会计期间对被投资单位的财务报表进行调整，在此基础上确定被投资单位的损益。

权益法下，是将投资企业与被投资单位作为一个整体对待，作为一个整体其所产生的损益，应当在一致的会计政策基础上确定，被投资企业采用的会计政策与投资企业不同的，投资企业应当基于重要性原则，按照本企业的会计政策对被投资单位的损益进行调整。

②以取得投资时被投资单位固定资产、无形资产的公允价值为基础计提的折旧额或摊销额，以及有关资产减值准备金额等对被投资单位净利润的影响。

被投资单位个别利润表中的净利润是以其持有的资产、负债账面价值为基础持续计算的，而投资企业在取得投资时，是以被投资单位有关资产、负债的公允价值为基础确定投资成本，取得投资后应确认的投资收益代表的是被投资单位资产、负债在公允价值计量的情况下在未来期间通过经营产生的损益中归属于投资企业的部分。投资企业取得投资时被投资单位有关资产、负债的公允价值与其账面价值不同的，未来期间，在计算归属于投资企业应享有的净利润或应承担的净亏损时，应考虑被投资单位计提的折旧额、摊销额以及资产减值准备金额等进行调整。

投资企业在对被投资单位的净利润进行调整时，应考虑重要性原则，不具有重要性的项目可不予调整。符合下列条件之一的，投资企业可以被投资单位的账面净利润为基础，经调整未实现内部交易损益后，计算确认投资损益，同时应在附注中说明因下列情况不能调整的事实及其原因：

• 投资企业无法合理确定取得投资时被投资单位各项可辨认资产等的公允价值。某些情况下，投资的作价可能因为受到一些因素的影响，不是完全以被投资单位可辨认净资产的公允价值为基础，或者因为被投资单位持有的可辨认资产相对比较特殊，无法取得其公允价值。这种情况下，因被投资单位可辨认资产的公允价值无法取得，则无法以公允价值为基础对被投资单位的净损益进行调整。

• 投资时被投资单位可辨认资产的公允价值与其账面价值相比，两者之间的差额不具重要性的。这种情况下，因为被投资单位可辨认资产的公允价值与其账面价值差额不大，要求进行调整不符合重要性原则及成本效益原则。

• 其他原因导致无法取得被投资单位的有关资料，不能按照准则中规定的原则对被投资单位的净损益进行调整的。例如，要对被投资单位的净利润按照准则规定进行调整，需要了解被投资单位的会计政策以及对有关资产价值量的判断等信息，在无法获得被投资单位相关信息的情况下，则无法对净利润进行调整。

③在确认投资收益时，除考虑公允价值的调整外，对于投资企业与其联营企业及合营企业之间发生的未实现内部交易损益应予抵消，即投资企业与联营企业及合营企业之间发生的未实现内部交易损益按照持股比例计算归属于投资企业的部分，应当予以抵消，在此基础上

确认投资损益。投资企业与被投资单位发生的内部交易损失，按照《企业会计准则第 8 号——资产减值》等规定属于资产减值损失的，应当全额确认。

投资企业与其联营企业及合营企业之间的未实现内部交易损益抵消与投资企业与子公司之间的未实现内部交易损益抵消有所不同，母子公司之间的未实现内部交易损益在合并财务报表中是全额抵消的，而投资企业与其联营企业及合营企业之间的未实现内部交易损益抵消仅仅是投资企业或是纳入投资企业合并财务报表范围的子公司享有联营企业或合营企业的权益份额。

应当注意的是，该未实现内部交易损益的抵消既包括顺流交易也包括逆流交易，其中，顺流交易是指投资企业向其联营企业或合营企业出售资产，逆流交易是指联营企业或合营企业向投资企业出售资产。当该未实现内部交易损益体现在投资企业或其联营企业、合营企业持有的资产账面价值中时，相关的损益在计算确认投资损益时应予抵消。

- 对于投资企业向联营企业或合营企业出售资产的顺流交易，在该交易存在未实现内部交易损益的情况下（即有关资产未对外部独立第三方出售），投资企业在采用权益法计算确认应享有联营企业或合营企业的投资损益时，应抵消该未实现内部交易损益的影响，同时调整对联营企业或合营企业长期股权投资的账面价值。当投资方向联营企业或合营企业出资或是将资产出售给联营企业或合营企业，同时有关资产由联营企业或合营企业持有时，投资方对于投出或出售资产产生的损益确认仅限于归属于联营企业或合营企业其他投资者的部分。即在顺流交易中，投资方投出资产或出售资产给其联营企业或合营企业产生的损益中，按照持股比例计算确定归属于本企业的部分不予确认。

- 对于联营企业或合营企业向投资企业出售资产的逆流交易，在该交易存在未实现内部交易损益的情况下（即有关资产未对外部独立第三方出售），投资企业在采用权益法计算确认应享有联营企业或合营企业的投资损益时，应抵消该未实现内部交易损益的影响。当投资企业自其联营企业或合营企业购买资产时，在将该资产出售给外部独立第三方之前，不应确认联营企业或合营企业因该交易产生的损益中本企业应享有的部分。

因逆流交易产生的未实现内部交易损益，在未对外部独立第三方出售之前，体现在投资企业持有资产的账面价值当中。投资企业对外编制合并财务报表的，应在合并财务报表中对长期股权投资及包含未实现内部交易损益的资产账面价值进行调整，抵消有关资产账面价值中包含的未实现内部交易损益，并相应调整对联营企业或合营企业的长期股权投资。

应当说明的是，投资企业与其联营企业及合营企业之间发生的无论是顺流交易还是逆流交易产生的未实现内部交易损失，属于所转让资产发生减值损失的，有关的未实现内部交易损失不应予以抵消。

3）取得现金股利或利润的处理。按照权益法核算的长期股权投资，投资企业自被投资单位取得的现金股利或利润，应抵减长期股权投资的账面价值。在被投资单位宣告分派现金股利或利润时，借记“应收股利”账户，贷记“长期股权投资——损益调整”账户；自被投资单位取得的现金股利或利润超过已确认损益调整的部分应视同投资成本的收回，冲减长期股权投资的成本。

4）超额亏损的确认。投资企业确认应分担被投资单位发生的损失，原则上应以长期股权投资及其他实质上构成对被投资单位净投资的长期权益减记至零为限，投资企业负有承担额外损失义务的除外。

这里所讲“其他实质上构成对被投资单位净投资的长期权益”，通常是指长期应收项目。比如，企业对被投资单位的长期债权，该债权没有明确的清收计划、且在可预见的未来期间不准备收回的，实质上构成对被投资单位的净投资。应予说明的是，该类长期权益不包括投资企业与被投资单位之间因销售商品、提供劳务等日常活动所产生的长期债权。

按照《企业会计准则第2号——长期股权投资》的规定，投资企业在确认应分担被投资单位发生的亏损时，应将长期股权投资及其他实质上构成对被投资单位净投资的长期权益项目的账面价值综合起来考虑，在长期股权投资的账面价值减记至零的情况下，如果仍有未确认的投资损失，应以其他长期权益的账面价值为基础继续确认。另外，投资企业在确认应分担被投资单位的净损失时，除应考虑长期股权投资及其他长期权益的账面价值以外，如果在投资合同或协议中约定将履行其他额外的损失补偿义务，还应按《企业会计准则第13号——或有事项》的规定，确认预计将承担的损失金额。

企业在实务操作过程中，在发生投资损失时，应借记“投资收益”账户，贷记“长期股权投资（损益调整）”账户。在长期股权投资的账面价值减记至零以后，考虑其他实质上构成对被投资单位净投资的长期权益，继续确认的投资损失应借记“投资收益”账户，贷记“长期应收款”账户；因投资合同或协议约定导致投资企业需要承担额外义务的，按照或有事项准则的规定，对于符合确认条件的义务，应确认为当期损失，同时确认预计负债，借记“投资收益”账户，贷记“预计负债”账户。除上述情况仍未确认的应分担被投资单位的损失，应在账外备查登记，在确认有关的投资损失后，被投资单位于以后期间实现盈利的，应按以上相反顺序分别减记已确认的预计负债，恢复其他长期权益及长期股权投资的账面价值，同时确认投资收益，即应当按顺序分别借记“预计负债”、“长期应收款”、“长期股权投资”账户，贷记“投资收益”账户。

5）被投资单位除净损益以外所有者权益的其他变动。采用权益法核算时，投资企业对于被投资单位除净损益以外所有者权益的其他变动，在持股比例不变的情况下，应按照持股比例与被投资单位除净损益以外所有者权益的其他变动中归属于本企业的部分，相应调整长期股权投资的账面价值，同时增加或减少资本公积。

6）股票股利的处理。被投资单位分派的股票股利，投资企业不作账务处理，但应于除权日注明所增加的股数，以反映股份的变化情况。

7）合营方向合营企业投出非货币性资产产生损益的处理。合营方向合营企业投出或出售非货币性资产的相关损益，应当按照以下原则处理：

①符合下列情况之一的，合营方不应确认该类交易的损益：与投出非货币性资产所有权有关的重大风险和报酬没有转移给合营企业；投出非货币性资产的损益无法可靠计量；投出非货币性资产交易不具有商业实质。

②合营方转移了与投出非货币性资产所有权有关的重大风险和报酬并且投出资产留给合营企业使用，应在该项交易中确认归属于合营企业其他合营方的利得和损失。交易表明投出或出售的非货币性资产发生减值损失的，合营方应当全额确认该部分损失。

③在投出非货币性资产的过程中，合营方除了取得合营企业长期股权投资外还取得了其他货币性资产或非货币性资产，应当确认该项交易中与所取得其他货币性、非货币性资产相关的损益。

4.2.5 长期股权投资的减值

长期股权投资减值，是指长期股权投资预期可收回金额低于其账面价值的情形。企业应当在资产负债表日对长期股权投资进行逐项检查，判断长期股权投资是否存在可能发生减值的迹象。如果长期股权投资存在减值迹象的，应当比较投资的成本与市价情况，了解投资的可变现价值，并通过对被投资单位财务状况、经营成果以及现金流量等方面的综合分析评价，估计投资的可收回金额。

可收回金额应当根据长期股权投资的公允价值减去处置费用后的净额与长期股权投资预计未来现金流量的现值两者之间较高者确定。长期股权投资的公允价值减去处置费用后的净额与长期股权投资预计未来现金流量的现值，只要有一项超过了长期股权投资的账面价值，就表明长期股权投资没有发生减值，不需再估计另一项金额。

可收回金额的计量结果表明，长期股权投资的可收回金额低于其账面价值的，应当将长期股权投资的账面价值减记至可收回金额，减记的金额确认为资产减值损失，计入当期损益，同时计提长期股权投资减值准备。资产减值损失一经确认，在以后会计期间不得转回。

资产负债表日，长期股权投资发生减值的，按应减记的金额，确认资产减值损失。

4.2.6 长期股权投资的处置

企业持有长期股权投资的过程中，出于各方面的考虑，决定将所持有的对被投资单位的股权全部或部分对外出售时，应相应结转与所售股权相对应的长期股权投资的账面价值，出售所得价款与处置长期股权投资账面价值之间的差额，应确认为处置损益。处置长期股权投资时，应同时结转已计提的长期股权投资减值准备。

采用权益法核算的长期股权投资，原记入资本公积中的金额，在处置时亦应进行结转，将与所出售股权相对应的部分在处置时自资本公积转入当期损益。

4.3 相关知识

4.3.1 企业合并的类型

近几年来，随着我国经济市场化和国际化的发展，国际竞争力的不断增强，跨国经营不断增多，企业的收购兼并日趋复杂，客观上需要拓宽生产经营渠道，开辟新的投资领域或市场等。

企业合并准则中将企业合并划分为两大基本类型——同一控制下的企业合并与非同一控制下的企业合并。

（1）同一控制下的企业合并

同一控制下的企业合并，是指参与合并的企业在合并前后均受同一方或相同的多方最终控制且该控制并非暂时性的。

判断某一企业合并是否属于同一控制下的企业合并，应当把握以下要点：

1）能够对参与合并各方在合并前后均实施最终控制的一方通常指企业集团的母公司。同一控制下的企业合并一般发生于企业集团内部，如集团内母子公司之间、子公司与子公司之间等。因为该类合并从本质上是集团内部企业之间的资产或权益的转移，能够对参与合并企业在合并前后均实施最终控制的一方为集团的母公司。

2）能够对参与合并的企业在合并前后均实施最终控制的相同多方，是指根据合同或协议的约定，拥有最终决定参与合并企业的财务和经营政策，并从中获取利益的投资者群体。

3）实施控制的时间性要求，是指参与合并各方在合并前后较长时间内为最终控制方所控制。具体是指在企业合并之前（即合并日之前），参与合并各方在最终控制方的控制时间一般在1年以上（含1年），企业合并后所形成的报告主体在最终控制方的控制时间也应达到1年以上（含1年）。

4）企业之间的合并是否属于同一控制下的企业合并，应综合构成企业合并交易的各方面情况，按照实质重于形式的原则进行判断。通常情况下，同一控制下的企业合并是指发生在同一企业集团内部企业之间的合并。同受国家控制的企业之间发生的合并，不应仅仅因为参与合并各方在合并前后均受国家控制而将其作为同一控制下的企业合并。

（2）非同一控制下的企业合并

非同一控制下的企业合并，是指参与合并各方在合并前后不受同一方或相同的多方最终控制的合并交易，即同一控制下企业合并以外的其他企业合并。

4.3.2 企业合并的方式

企业合并从合并方式划分，包括控股合并、吸收合并和新设合并。

（1）控股合并

合并方（或购买方，下同）通过企业合并交易或事项取得对被合并方（或被购买方，下同）的控制权，企业合并后能够通过所取得的股权等主导被合并方的生产经营决策并自被合并方的生产经营活动中获益，被合并方在企业合并后仍维持其独立法人资格继续经营的，为控股合并。

该类企业合并中，因合并方通过企业合并交易或事项取得了对被合并方的控制权，被合并方成为其子公司，在企业合并发生后，被合并方应当纳入合并方合并财务报表的编制范围，从合并财务报表角度，形成报告主体的变化。

（2）吸收合并

合并方在企业合并中取得被合并方的全部净资产，并将有关资产、负债并入合并方自身的账簿和报表进行核算。企业合并后，注销被合并方的法人资格，由合并方持有合并中取得的被合并方的资产、负债，在新的基础上继续经营，该类合并为吸收合并。

吸收合并中因被合并方（或被购买方）在合并发生以后被注销，从合并方（或购买方）的角度需要解决的问题是，其在合并日（或购买日）取得的被合并方有关资产、负债入账价值的确定，以及为了进行企业合并支付的对价与所取得被合并方资产、负债的入账价值之间存在差额的处理。

企业合并继后期间，合并方应将合并中取得的资产、负债作为本企业的资产、负债核算。

（3）新设合并

参与合并的各方在企业合并后法人资格均被注销，重新注册成立一家新的企业，由新注册成立的企业持有参与合并企业的资产、负债在新的基础上经营，为新设合并。

4.3.3 长期股权投资核算方法的转换

长期股权投资在持有期间，因各方面情况的变化，可能导致其核算需要由一种方法转换为另外的方法。

(1) 成本法转换为权益法

长期股权投资的核算由成本法转为权益法时，应以成本法下长期股权投资的账面价值作为按照权益法核算的初始投资成本，并在此基础上比较该初始投资成本与应享有被投资单位可辨认净资产公允价值的份额，确定是否需要对长期股权投资的账面价值进行调整。应区别形成该转换的不同情况进行处理。

1) 原持有的对被投资单位不具有控制、共同控制或重大影响、在活跃市场中没有报价、公允价值不能可靠计量的长期股权投资，因追加投资导致持股比例上升，能够对被投资单位施加重大影响或是实施共同控制的，在自成本法转为权益法时，应区分原持有的长期股权投资以及新增长期股权投资两部分分别处理：

首先，原持有长期股权投资的账面余额与按照原持股比例计算确定应享有原取得投资时被投资单位可辨认净资产公允价值份额之间的差额，前者大于后者的，不调整长期股权投资的账面价值；前者小于后者的，根据其差额分别调整长期股权投资的账面价值和留存收益。其次，对于新取得的股权部分，应比较追加投资的成本与取得该部分投资时应享有被投资单位可辨认净资产公允价值的份额，前者大于后者的，不调整长期股权投资的成本；前者小于后者的，根据其差额分别调整长期股权投资的投资成本和当期的营业外收入。进行上述调整时，应当综合考虑与原持有投资和追加投资相关商誉或计入损益金额。

对于原取得投资后至追加投资的交易日之间被投资单位可辨认净资产公允价值的变动相对于原持股比例的部分，属于在此期间被投资单位实现净损益中应享有份额的，一方面应调整长期股权投资的账面价值，同时对于原取得投资时至追加投资当期期初按照原持股比例应享有被投资单位实现的净损益，应调整留存收益，对于追加投资当期期初至追加投资交易日之间应享有被投资单位的净损益，应计入当期损益；属于其他原因导致的被投资单位可辨认净资产公允价值变动中应享有的份额，在调整长期股权投资账面价值的同时，应当记入“资本公积——其他资本公积”账户。

2) 因处置投资导致对被投资单位的影响能力由控制转为具有重大影响或者与其他投资方一起实施共同控制的情况下，首先应按处置或收回投资的比例结转应终止确认的长期股权投资成本。在此基础上，应当比较剩余的长期股权投资成本与按照剩余持股比例计算原投资时应享有被投资单位可辨认净资产公允价值的份额，属于投资作价中体现的商誉部分，不调整长期股权投资的账面价值；属于投资成本小于原投资时应享有被投资单位可辨认净资产公允价值份额的，在调整长期股权投资成本的同时，应调整留存收益。

对于原取得投资后至因处置投资导致转变为权益法核算之间被投资单位实现净损益中应享有的份额，一方面应当调整长期股权投资的账面价值，同时对于原取得投资时至处置投资当期期初被投资单位实现的净损益（扣除已发放及已宣告发放的现金股利和利润）中应享有的份额，调整留存收益，对于处置投资当期期初至处置投资之日被投资单位实现的净损益中享有的份额，调整当期损益；其他原因导致被投资单位所有者权益变动中应享有的份额，在调整长期股权投资账面价值的同时，应当记入“资本公积——其他资本公积”账户。

长期股权投资自成本法转为权益法后，未来期间应当按照准则规定计算确认应享有被投资单位实现的净损益及所有者权益其他变动的份额。

(2) 权益法转换为成本法

因追加投资原因导致原持有的对联营企业或合营企业的投资转变为对子公司投资的，长期股权投资账面价值的调整应当按照本章的有关规定处理。除此之外，因减少投资导致长期股权投资的核算由权益法转换为成本法（投资企业对被投资单位不具有共同控制或重大影响，并且在活跃市场中没有报价，公允价值不能可靠计量的长期股权投资）的，应以转换时长期股权投资的账面价值作为按照成本法核算的基础。继后期间，自被投资单位分得的现金股利或利润未超过转换时被投资单位可供分配利润中本企业享有份额的，分得的现金股利或利润应冲减长期股权投资的成本，不作为投资收益。自被投资单位取得的现金股利或利润超过转换时被投资单位可供分配利润中本企业享有份额的部分，确认为当期损益。

4.4 技能训练

4.4.1 练习采用成本法对长期股权投资进行核算

【业务4-9】 华瑞公司于2004年4月4日购入300万股华联公司股票，每股成交价15.30元，另支付相关税费36.72万元，占有表决权资本的1%，由于该股票在活跃市场中没有报价，华瑞公司将该项投资划分为长期股权投资。华联公司2003年度每股收益0.503元，2004年6月10日宣告分派2003年度的现金股利，每10股派发现金红利4元（含税），扣税后，公众股每10股实际派发现金红利3.2元，股权登记日为2004年6月16日。

华联公司2004年度每股收益0.284元，2005年6月12日宣告分派2004年度的现金股利，每10股派发现金股利2元（含税），扣税后每10股实际派发现金股利1.6元，股权登记日为2005年6月19日，股息到账日为2005年6月21日。

华联公司2005年度每股收益0.340元，2006年6月19日宣告分派2005年度的现金股利，每10股派发现金股利3元（含税），扣税后每10股实际派发现金股利2.4元，股权登记日为2006年6月26日，股息到账日为2005年6月27日。

华联公司2006年度每股收益-0.480元，分红方案为期末不分配不转增，公布日期为2007年5月29日。

要求：请针对于上述华瑞公司持有华联公司股票的案例给华瑞公司作会计处理。

4.4.2 练习采用权益法对长期股权资的核算

【业务4-10】 华瑞公司2006—2007年对大显股份有限公司（以下简称“大显公司”）投资业务的有关资料如下：

1）2006年3月1日，华瑞公司以银行存款2 000万元购入大显公司股份，另支付相关税费10万元。华瑞公司持有的股份占大显公司有表决权股份的20%，对大显公司的财务和经营决策具有重大影响，华瑞公司将该项投资划分为长期股权投资。2006年3月1日，大显公司的股东权益总额为9 150万元，其中股本为5 000万元，资本公积为1 800万元，盈余公积为1 200万元，未分配利润为1 150万元（其中100万元为2006年1至2月份实现的净利润）。2006年5月1日，大显公司宣告分派2005年度的现金股利100万元。2006年6月10日，华瑞公司收到大显公司分派的2005年度现金股利。2006年11月1日，大显公司因可供出售金融资产公允价值变动而使企业资本公积增加134万元。2006年度，大显公司实现净利润400万元。

2）2007年5月2日，大显公司召开股东大会，审议董事会于2007年4月1日提出的2006年度利润分配方案为：按净利润的10%提取法定盈余公积；分配现金股利100万元。该利润分配方案于当日对外公布。大显公司董事会原提交股东大会审议的利润分配方案为：按净利润的10%提取法定盈余公积；不分配现金股利。2007年，大显公司发生净亏损500万元。2007年12月31日，由于大显公司当年发生亏损，华瑞公司对大显公司投资的预计可收回金额降至1 856.8万元。

要求：请作出华瑞公司的会计处理。

【业务4-11】 2009年6月30日，华瑞公司向同一集团内华鑫公司的原股东定向增发1 500万股普通（每股面值为1元，市价为13.02元），取得S公司100%的股权，并于当日起能够对S公司实施控制。合并后S公司仍维持其独立法人资格继续经营。两公司在企业合并前采用的会计政策相同。合并日，S公司的账面所有者权益总额为6 606万元。作会计分录如下：

借：长期股权投资	66 060 000	
贷：股本		15 000 000
资本公积——股权溢价		51 060 000

【业务4-12】 本业务会计处理如下：

借：长期股权投资	153 000 000	
累计摊销	12 000 000	
贷：无形资产		96 000 000
银行存款		27 000 000
营业外收入		42 000 000

4.5 教研交流

1）讨论长期股权投资核算的成本法与权益法的适用范围。

2）讨论成本法转换成权益法与权益法转换成本法核算的区别。

单元 5

长期资产核算与管理

学习目标
- □ 能描述固定资产、无形资产的特征，识别固定资产、无形资产
- □ 能掌握固定资产、无形资产的确认条件
- □ 了解固定资产、无形资产管理制度
- □ 了解固定资产、无形资产管理会计岗位职责
- □ 能对各种固定资产、无形资产单据进行审核，填制记账凭证
- □ 学会正确填制固定资产卡片，设置固定资产登记簿
- □ 掌握固定资产、无形资产的账务处理

任务1 固定资产管理的业务流程及内部控制

1.1 任务描述

1.1.1 固定资产管理业务流程

海达有限责任公司为了强化对固定资产的管理与控制，充分挖掘固定资产效能，减少固定资产损失，提高固定资产管理具体绩效，规范固定资产的管理与核算，对本公司固定资产业务管理结构进行了规划，建立了固定资产管理业务流程（见图5－1）。

1.1.2 固定资产管理内部控制制度

1）内部控制制度要求，企业应当配备合格的人员办理固定资产业务。在采购、调出、修理、报废等固定资产业务环节中，负责的业务人员应与负责审批、保管、付款或收款、记

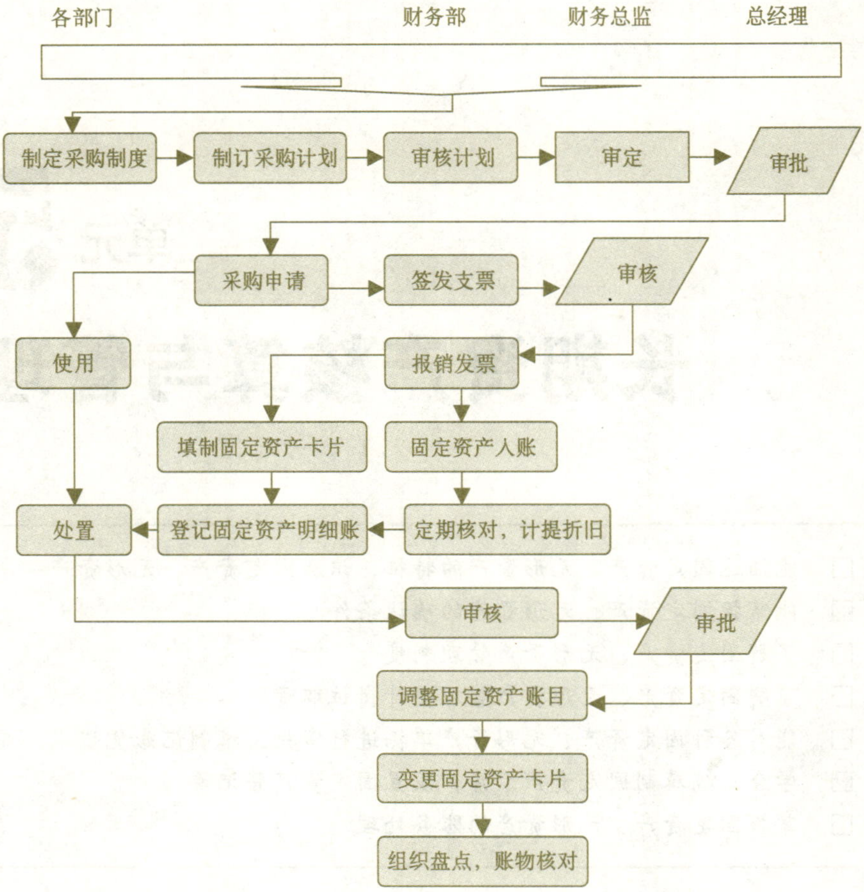

图 5－1　海达公司固定资产管理业务流程

账的人员相分离，并明确其相关职责。

2）企业应当对固定资产业务建立严格的授权批准制度，明确授权批准的方式、权限、程序、责任和相关控制措施，规定经办人的职责范围和工作要求，严禁未经授权的机构或人员办理固定资产业务。

3）审批人应当根据固定资产业务授权批准制度的规定，在授权范围内进行审批，不得超越审批权限。

4）经办人在职责范围内，按照审批人的批准意见办理固定资产业务。对于审批人超越授权范围审批的固定资产业务，经办人员有权拒绝办理，并应及时向上级部门报告。固定资产购置业务控制的关键点是“审批”与“验收”环节。

5）固定资产的账簿记录必须完整、合理，要对固定资产的购进、使用、保管和增减变化及其结存情况进行准确核算，账账相符。

6）固定资产使用要分部门归口管理，固定资产使用业务控制的关键点是“保管”环节，其在固定资产使用环节中至关重要。

7）固定资产的取得，记录，保管，使用，维修和处置等，均应明确划分责任。

8）固定资产的处置应有完整的申请报批程序，“审核”环节构成了固定资产退出业务处理流程中的关键控制点。

9）定期对固定资产进行盘点，对闲置或使用不当的固定资产应及时提出处理措施；对清理报废的固定资产残值应及时入账，实物要妥善保管和统一处理；对盘盈和盘亏按规定及时上报，及时调整固定资产的有关账目，做到账、卡、物相符。

1.2 任务分析

企业固定资产要实行编号管理，编号步骤如下：

1）固定资产配备使用部门前，由财务部分类别设置相应会计科目，设备管理部根据采购申请单及发票将相关的信息填入卡片，予以分类编号。

2）使用部门领取卡片时，核对设备的型号、厂家是否一致，仪器设备要做到一物一卡一标签。

3）分保管部门要保存好卡片并及时将标签贴在该设备上。

4）设备管理部要经常检查分保管部门设备，已完成的粘贴标签。

1.3 相关知识

1.3.1 固定资产的定义及确认条件

（1）固定资产的定义

固定资产，一般是指使用期限较长，单位价值较高，能在若干个生产周期中发挥作用，并保持其原有实物形态的劳动资料，包括房屋、建筑物、机器设备、运输设备，工具器具等。

（2）固定资产的确认条件

1）与该固定资产有关的经济利益很可能流入企业。

2）该固定资产的成本能够可靠地计量。

企业对符合固定资产特征和确认条件的有形资产，应当确认为固定资产；不符合条件的确认为存货。备品备件和维修设备通常确认为存货，但符合固定资产定义和确认条件的，如企业（民用航空运输）的高价周转件等，应当确认为固定资产。

1.3.2 固定资产特征

《企业会计准则——固定资产》指出，固定资产同时具有如下两个特征：

1）为生产商品、提供劳务、出租或经营管理而持有的有形资产；

2）使用寿命超过一个会计年度。

1.3.3 消费型增值税

从2009年1月1日起，我国增值税由生产型增值税开始转型为实行消费型增值税，主要特征是增值税一般纳税人购进固定资产、接受捐赠、实物投资、用于自制固定资产的购进货物或应税劳务（包括改扩建、安装）的进项税额准予抵扣，根据《增值税暂行条例》和《增值税暂行条例实施细则》有关规定，增值税扣税凭证，是指取得固定资产增值税专用发票、海关进口增值税专用缴款书以及运输费用结算单据（运费可按费用总额的7%予以抵扣），应交税费其抵扣进项税额应当记入“应交税费——应交增值税（进项税额）”

账户借方。

1.4 技能训练

1.4.1 识别与掌握固定资产业务相关术语训练

将下面的每个说明与其对应的专业术语配对（填空）。

A. 固定资产概念　　B. 长期资产　　C. 固定资产卡片

D. 外购固定资产成本　　E. 投入固定资产成本　　F. 自行建造固定资产成本

G. 盘盈固定资产成本　　H. 消费型增值税　　I. 低值易耗品

1）________是指同时具备以下特征的有形资产：为生产商品、提供劳务、出租或经营管理而持有的，使用期限超过一个会计年度的劳动工具。

2）________是指在一年或者超过一年的一个营业周期以上变现或耗用的资产。包括长期投资、固定资产、无形资产、其他长期资产等。

3）________包括买价加上支付的运输费、保险费、包装费、安装成本和缴纳的相关税费等支出。

4）________是按照投资合同或协议约定的价值作为入账价值。如果合同或协议约定的价值不公允，则按公允价值作为入账价值。

5）________是由建造该项资产达到预定可使用状态前所发生的必要支出构成。包括直接人工费、直接材料费、施工机械费、其他直接费、施工管理费等。

6）________是指在固定资产日常业务处理中，固定资产增加及减少时，需填制该资产卡片，输入固定资产相关信息。制作固定资产卡片，就相当于设置了固定资产明细账。

7）________按照同类固定资产的重置完全价值计价。

8）________是指增值税一般纳税人购进固定资产、接受捐赠、实物投资、用于自制固定资产的购进货物或应税劳务（包括改扩建、安装）的进项税额准予抵扣。

9）________是指劳动资料中单位价值在规定限额以下或使用年限比较短（一般在一年以内）的物品。它跟固定资产有相似的地方，在生产过程中可以多次使用不改变其实物形态，但由于它价值低，使用期限短，所以采用简便的方法，将其价值摊入产品成本。

1.4.2 案例分析

购入办公保险柜，应作为固定资产处理，还是低值易耗品处理？

12 月 8 日，公司办公室购入一个保险柜 2 100 元，取得增值税专用发票。请问保险柜是作为低值易耗品还是作为固定资产处理，进项税额可以抵扣吗？

1.4.3 固定资产与存货入账价值区别的具体应用训练

(1) 固定资产与存货概念的区别

固定资产是使用期限超过一年的房屋、建筑物等资产，是企业的劳动手段，持有目的是企业使用，而非出售。

存货是指在一年内或一个营业周期内可以出售或被生产耗用，是流动资产。

(2) 不同来源固定资产账户的设置与应用

1）企业固定资产的入账价值最终应该通过“固定资产”账户的借方反映。

2）不能直接使用，需要经过一定步骤安装的固定资产，如新建、改建、扩建固定资产有关运输及安装、测试费用等附加成本，都先借记“在建工程”账户核算。

3）按不同方法反映固定资产的处置、固定资产的减少：出售、报废，都先借记“固定资产清理”账户，然后再将“固定资产清理”账户的余额转出；盘亏固定资产是按其账面价值，借记“待处理财产损溢——待处理固定资产损溢”账户。

4）固定资产的损耗用“累计折旧”来核算。

5）设置固定资产的明细分类账、卡片，按每项固定资产分类记录，反映固定资产的增加、减少情况。

（3）企业不同来源存货的账户设置与应用

1）企业不同来源的存货，应通过“原材料”、“低值易耗品”等账户借方反映。

2）与购货有关的运输及其他费用等附加成本，都直接借记“原材料”、“ 低值易耗品”账户。

3）购货退回、购货折让等都直接贷记“原材料”、“库存商品”账户。

4）按不同方法计算的发出存货成本反映存货的减少，对于每次售出或发出存货都需作会计分录。盘亏存货是按其账面价值，借记“待处理财产损溢——待处理流动资产损溢”账户。

5）设置存货的明细分类账，按存货分户记录，反映存货的收、发、结存情况。

6）领用的存货成本直接转移到生产的产品中去，构成产品价值的一部分，用“生产成本”等账户来核算。

任务2　固定资产取得的核算

2009年3月6日，为了扩大生产规模，海达公司购入不需要安装的设备气动整经机一台，取得增值税专用发票，发票注明设备价款26 000元，增值税额4 420元，支付运输费用500元，款项通过建行账户电汇一次性支付，设备已交付使用。由于生产需要，3月10日，海达公司新购入管材生产线一套，设备使用前需要安装，取得增值税专用发票，发票注明设备价款14万元，进项税额23 800元，支付运输费用1 900元，合同规定采用托收承付方式支付设备公司的货款。银行转来设备公司托收承付结算凭证、运单，通知海达公司承付货款。3月15日，销货方将设备提货单交与海达公司提货，3月15日，海达公司开出转账支票，支付设备安装费用2 000元，该设备安装完毕交付使用。

试问：假如你是海达公司财务部固定资产会计，怎样确认固定资产的原始价值，应如何进行账务处理？

2.1　任务描述

企业不论以何种方式取得固定资产，均应按取得时的实际成本作为入账价值。取得时的成本包括买价、进口关税、运输费和保险费等相关费用，以及为使固定资产达到预定可使用状态前所发生的必要支出。由于固定资产的来源不同，其取得的成本构成内容也有所差异。

2.2 任务分析

2.2.1 核算购入不需要安装固定资产

（1）购入不需要安装的固定资产会计处理流程

公司购入不需要安装的设备，购入后即处于可使用状态，应按照购入不需要安装的固定资产核算进行账务处理，直接记入“固定资产”账户借方。具体处理流程见图 5－2。

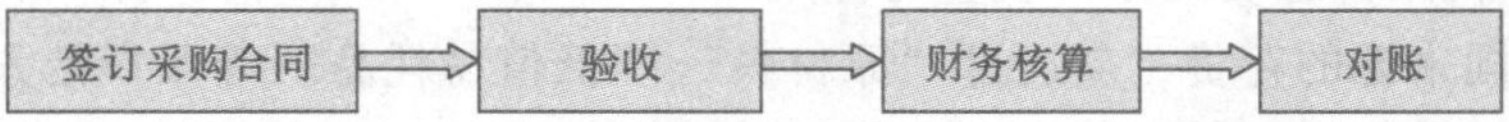

图 5－2 海达公司不需要安装的固定资产会计处理流程

（2）会计处理流程的规定

1）企业相关部门根据工作需要，提出固定资产购置申请，会计人员参与签订固定资产采购合同，对合同价款、支付方式等条款进行重点审核。

2）固定资产到货，采购等有关部门组织进行验收，质检人员进行质检，并填写验收单，仓库人员开具入库单。

3）会计人员结合采购合同，审核入库单无误后，进行有关固定资产到货账务处理，固定资产卡片应注明固定资产的所属部门、资产编号、资产名称、数量等内容。

4）依据采购合同，审核付款审批单、购货发票等，办理货款支付后入账。

5）会计人员与采购人员定期核对采购相关的应付账款和预付账款往来账，如果不一致，应及时查找原因。

购置的不需要经过建造过程即可使用的固定资产，按实际支付的买价、包装费、运输费、安装成本、缴纳的有关税金等，作为入账价值。

（3）固定资产业务涉及的单证

1）购销合同；

2）增值税专用发票；

3）运费发票；

4）入库单；

5）固定资产验收单；

6）银行支付凭证（回单）。

（4）核算步骤

3 月 6 日，购入不需要安装设备的会计处理：

步骤 1：审核原始凭证。会计人员结合采购合同，审核固定资产有关原始凭证：银行支付凭证（回单）、增值税专用发票、运费发票、固定资产验收单、入库单。

步骤 2：填制并审核凭证。会计人员在记账凭证“摘要”栏填写“购入设备”，在“科目”和“金额”栏分别按总账科目和明细账科目、借方和贷方填写会计分录，即借记“固定资产——××设备”，“应交税费——应交增值税（进项税额）”，贷记“银行存款——×

×行存款”。

编制支付货款会计分录如下：

借：固定资产——××设备

　　应交税费——应交增值税（进项税额）

　　贷：银行存款

步骤 3：将购货专用发票、运费发票、银行支付凭证、固定资产验收单等单证贴在记账凭证后面入账。

步骤 4：登记卡片与账簿。会计根据原始凭证和记账凭证填写“固定资产”卡片，登记“固定资产”明细账，汇总登记“固定资产”总账记录。

2.2.2 核算购入需要安装的固定资产

（1）需要安装的固定资产的会计处理流程

公司购入需要安装的设备，在安装完工前尚未处于预定可使用状态，不能作为固定资产入账。应按照购入需要安装的固定资产核算进行账务处理，发生的买价、运杂费、包装费等应通过“在建工程”账户核算，待固定资产安装完工后，再作固定资产入账。

具体会计处理流程见图 5－3。

图 5－3　海达公司需要安装的固定资产会计处理流程

（2）会计处理流程说明

1）会计人员参与签订固定资产采购合同，对合同价款、支付方式等条款进行重点审核。

2）固定资产到货，安装部门进行安装，质检人员进行验收并填写验收单，仓库人员开具入库单。

3）会计人员根据采购合同，审核入库单无误后，进行有关固定资产验收账务处理。

4）根据采购合同，审核付款业务联系单、购货发票、安装费发票等，办理货款支付，支付后入账。

5）会计人员与采购人员定期核对与采购相关的应付账款和预付账款往来账，如果不一致，应及时查找原因。

（3）固定资产业务涉及单证

1）购销合同；

2）增值税专用发票；

3）运费发票；

4）付款业务联系单；

5）费用分配表；

6）设备竣工验收单；

7）银行支付凭证（回单）。

(4) 核算步骤

• 3月10日，购入需要安装设备会计处理：

步骤1：审核原始凭证。根据采购合同，审核有关原始凭证：增值税专用发票、运费发票、付款业务联系单。

步骤2：根据银行托收承付凭证第五联付款通知，海达公司到期承付货款。

步骤3：填制并审核凭证。会计人员接到托收承付凭证第五联付款通知，审核无误后，编制记账凭证，在凭证“摘要”栏填写“购入需要安装设备”，在“科目”和“金额”栏分别按总账科目和明细账科目、借方和贷方填写会计分录，即借记“在建工程——××设备”，“应交税费——应交增值税（进项税额）”，贷记“银行存款——××行存款”。

编制支付买价、增值税会计分录如下：

借：在建工程——××设备

　　应交税费——应交增值税（进项税额）

　　贷：银行存款

步骤4：将购货专用发票、运费发票、付款业务联系单、托收承付凭证第五联付款通知等单证贴在记账凭证后面入账。

• 3月15日，固定资产移交安装会计处理：

步骤1：审核原始凭证。审核有关原始凭证：转账支票（存根）、固定资产移交安装报告单、安装费发票。

步骤2：填制并审核凭证，支付安装费用，进行设备安装。支付安装费用时，填制记账凭证：在记账凭证“摘要”栏填写“支付安装费用”，在“科目”和“金额”栏分别按总账科目和明细账科目、借方和贷方填写会计分录，即借记“在建工程——××设备”，“应交税费——应交增值税（进项税额）”，贷记“银行存款——××行存款”。

支付安装费用时编制会计分录如下：

借：在建工程

　　应交税费——应交增值税（进项税额）

　　贷：银行存款

步骤3：将安装费用发票、付款审批单、转账支票（存根）、固定资产移交安装报告单等单证贴在记账凭证后面入账。

步骤4：安装完毕交付使用时，填制记账凭证：借记“固定资产——××设备”，贷记“在建工程——××设备”。

该设备安装完毕交付使用时：

借：固定资产

　　贷：在建工程

将固定资产验收单等单证贴在记账凭证后面入账。

步骤5：登记卡片与账簿。根据记账凭证填写“固定资产”卡片，登记“固定资产”明细账，汇总登记“固定资产”总账记录。

2.2.3 核算自行建造完工的固定资产

3月1日，海达公司自建一幢仓库，开出转账支票一张购入为工程准备的材料物资47

万元，支付增值税79 900元，物资全部到货入库，当天物资被工程领用。3月19日，工程建设发生应付工资费用145 000元，3月31日，工程完工达到预定可使用状态，并交付使用。

要求：针对该业务进行相关账务处理。

（1）自行建造完工的固定资产会计处理流程（以自营工程为例）

各单位所需固定资产，除了外购之外，还可以利用自有人力、物力自行建造。建造工程特点是时间较长，工程复杂，企业建造的工程，有自营和出包两种形式。不论哪种方式，都应通过“在建工程”账户核算，工程完工交付使用时，再将其实际成本转入“固定资产”账户。本任务以自营工程为例介绍。

自行建造完工的固定资产会计处理流程见图5－4。

图5－4 海达公司自行建造完工的固定资产会计处理流程

（2）会计处理流程说明

1）企业购入为工程准备的材料物资，支付物资费用。

2）为建造固定资产工程，自制材料、组织人员进行施工建设、安装设备领用材料、工程应负担的各项费用核算等，在组织和核算等方面都比外购复杂。

3）企业自营建造的工程项目完工，根据账簿核算资料，估计各项已完工固定资产的成本价值，结转在建工程成本。

4）按估计价值将已经完工并交付使用的固定资产入账核算。

5）固定资产经竣工验收后，按竣工验收结果确定固定资产的成本价值，并依据验收结果调整固定资产账面已入账的成本价值。

（3）固定资产业务涉及单证

1）购销合同；

2）增值税专用发票；

3）运费发票；

4）付款业务联系单；

5）费用分配表；

6）设备竣工验收单；

7）银行支付凭证（回单）。

（4）核算步骤

• 3月1日，采购工程物资的会计处理：

步骤1：审核原始凭证。审核有关原始凭证：转账支票（存根）、增值税专用发票、入库单、领料单、付款业务联系单等。

步骤2：根据银行转账支票（存根），支付采购物资款，填制记账凭证。采购工程物资时，在记账凭证“摘要”栏填写“购入工程物资”，在“科目”和“金额”栏分别按总账科目和明细账科目、借方和贷方填写会计分录，借记“工程物资——××物资”，贷记“银行存款——××行存款”。

编制会计分录如下：

借：工程物资——××物资

　　贷：银行存款

【提示】 仓库属于不动产，采购用于不动产建设的工程物资的进项税额不得抵扣。

步骤3：将转账支票（存根）、增值税专用发票、入库单、付款业务联系单等单证贴在记账凭证后面入账。

步骤4：根据领料单，建造仓库工程领用物资。领用工程物资时，填制记账凭证：在记账凭证“摘要”栏填写“领用工程物资”，在“科目”和“金额”栏分别按总账科目和明细账科目、借方和贷方填写会计分录，借记“在建工程——仓库”，贷记“工程物资——××物资”。

编制会计分录如下：

借：在建工程——仓库

　　贷：工程物资——××物资

【提示】 自行建造的固定资产，应计入工程成本的有工程耗用材料物资、为工程提供的水电费、工程应付工资支出等。

步骤5：将领料单单证贴在记账凭证后面入账。

• 3月19日，支付工程工资费用的会计处理如下：

步骤1：根据工程发生应付工资支出凭证金额，填制并审核凭证。在记账凭证“摘要”栏填写“应付在建工程工资”，在“科目”和“金额”栏分别按总账科目和明细账科目、借方和贷方填写会计分录，即借记“在建工程——仓库”，贷记“应付职工薪酬”。

编制会计分录如下：

借：在建工程——仓库

　　贷：应付职工薪酬

步骤2：将应付工资凭证单证贴在记账凭证后面入账。

• 3月31日，固定资产交付使用的会计处理：

步骤1：审核有关原始凭证：交付使用的固定资产明细表。工程完工并交付使用，在记账凭证“摘要”栏填写“结转完工工程成本”，在“科目”和“金额”栏分别按总账科目和明细账科目、借方和贷方填写会计分录，即借记“固定资产——××仓库”，贷记“在建工程——××仓库”。

编制会计分录如下：

借：固定资产——仓库

　　贷：在建工程——仓库

步骤2：将交付使用的固定资产明细表单证贴在记账凭证后面入账。

步骤3：登记卡片与账簿。根据记账凭证填写“固定资产”卡片，登记“固定资产”明细账，汇总登记“固定资产”总账记录。

2.2.4 核算接受投资者投入的固定资产

3月12日，海达公司接受飞翔公司投资转入卷材机器设备一台，该设备的账面原价为

60万元，已提折旧4万元；聘请资产评估师对该设备进行评估，经评估后双方同意确认价值为608 400元。收到飞翔公司开出增值税专用发票，该机器设备的价值为52万元，增值税进项税额为88 400元，合计价值为608 400元，不考虑其他因素。

海达公司会计如何完成这些任务？

（1）接受投资者投入的固定资产会计处理流程

企业接受投资时，可能是固定资产，也可能是存货。接受投入固定资产是企业获得投资的重要途径，对投入的固定资产，企业一般聘请资产评估师对该设备进行评估，一方面作为投资者投入的资本额，另一方面作为固定资产入账，该任务属于接受投资者投入的固定资产业务，以评估净值确认投资额进行核算。

具体会计处理流程见图5－5。

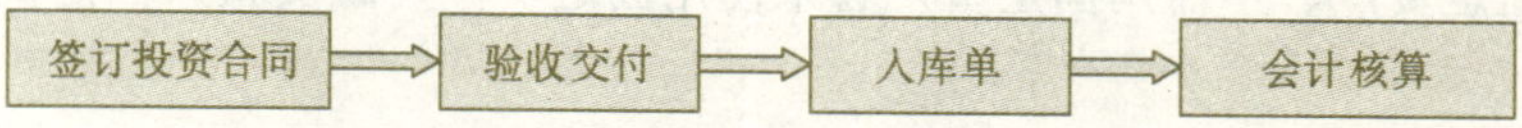

图5－5 海达公司接受投资者投入的固定资产会计处理流程

（2）会计处理流程说明

1）会计人员参与固定资产投资合同签订。

2）固定资产到货，有关部门或人员进行验收；质检人员进行质检，并填写验收和质检单证。

3）固定资产入库时，仓库及其工作人员开具入库单。

4）会计根据投资合同和资产评估报告，审核入库单，无误后，进行有关固定资产到货账务处理。

（3）固定资产业务涉及单证

1）投资合同；

2）资产评估报告；

3）入库单。

（4）核算步骤

3月12日，接受投资者投入固定资产的会计处理：

步骤1： 审核原始凭证：投资合同和资产评估报告、入库单等。

步骤2： 根据资产评估报告、入库单，填制并审核凭证。会计按投资各方确认的价值，填制记账凭证，在记账凭证“摘要”栏填写“接受投资者投入的设备”，在“科目”和“金额”栏分别按总账科目和明细账科目、借方和贷方填写会计分录，借记“固定资产——××固定资产”，贷记“实收资本（或股本）——××投资方”等。

编制会计分录如下：

借：固定资产——生产经营用固定资产　　520 000

　　应交税费——应交增值税（进项税额）　　88 400

　　贷：实收资本——飞翔公司　　608 400

【提示】 增值税一般纳税人接受实物投资的货物的进项税额准予抵扣。

步骤3： 将资产评估报告复印件，入库单等单证贴在记账凭证后面入账。

步骤4：登记卡片与账簿。根据记账凭证填写“固定资产”卡片，登记“固定资产”明细账，汇总登记“固定资产”总账记录。

2.3 相关知识

2.3.1 固定资产的分类

1）按经济用途不同可分为：生产用固定资产和非生产用固定资产。

2）按使用情况不同可分为：使用中的固定资产、未使用的固定资产和不需用的固定资产。

3）按所有权的不同可分为：自有固定资产和融资租入固定资产。

4）按经济用途和使用情况进行综合分类：生产经营用固定资产、非生产经营用固定资产、经营租出固定资产、不需用固定资产、未使用固定资产、融资租入固定资产、土地七大类。

【提示】 企业取得的土地使用权不是固定资产。

2.3.2 “在建工程”账户

需要安装的固定资产，是指需要通过安装过程才能交付使用的固定资产。在安装过程中所发生的实际支出，是通过“在建工程”账户进行核算的。企业的自建、自制和购入需要安装的设备工程，都是通过“在建工程”账户进行核算的。“在建工程”账户的借方登记各项工程进行建设所发生的实际支出；贷方登记工程完工交付使用的实际成本，其借方余额表示尚未完工的工程支出，以及尚未使用工程物资的实际成本。该账户应按工程项目和工程物资设置明细账。安装完毕交付使用时，再将固定资产的原始价值从“在建工程”账户的贷方转入“固定资产”账户的借方。

2.3.3 自营工程核算

企业建造的工程，有自营和出包两种形式。自营建造的工程需自行备料，自行负担职工工资，自营施工建造。出包建造的工程交由工程建筑公司承包，包工、包料，其核算方法有所不同。

（1）自营工程核算

自营建造工程时，企业购入的为工程准备的物资等，按购入物资的实际成本，借记“在建工程——工程物资”账户，贷记“银行存款”等账户。企业自营工程领用的工程物资等，按领用物资的实际成本，借记“在建工程——××工程”账户，贷记“在建工程——工程物资”等账户。自营工程发生的其他费用，按实际发生额，借记“在建工程——××工程”账户，贷记“银行存款”或“应付职工薪酬”等账户。自营工程完工交付使用时，按实际发生的全部支出，借记“固定资产”账户，贷记“在建工程 ——××工程”账户。

（2）出包工程的核算

公司在出包方式下建造固定资产，是将工程出包给施工单位，工程的实际支出在承包单位核算，出包单位不负责工程各项实际支出的核算，待工程竣工后出包单位与承包单位进行竣工结算，按照合同规定公司与承包单位结算的工程价款就是工程成本。在这种方式下，“在建工程”账户实际成为公司与承包单位的结算账户，公司将与承包单位结算的工程价款作为工程成本，通过“在建工程”账户核算。

2.3.4 确定投资转入固定资产价值

（1）入账价值

我国《公司法》规定，股东可以用货币出资，也可以用实物、知识产权、土地使用权等可以用货币估价并可以转让的非货币财产作价出资。企业接受投资者作价投入的房屋、建筑物、机器设备等固定资产按《企业会计准则——固定资产》规定，应按投资合同或协议约定价值确定固定资产价值（但投资合同或协议约定价值不公允的除外）或在注册资本中应享有的份额计算。

（2）设置账户

为了核算企业实际收到的投资者投入的资本，除股份公司对股东投入资本应设置“股本”账户外，其余均设置“实收资本”账户。“实收资本”账户属于所有者权益类账户，为了反映企业各个所有者投资在企业权益中的构成及其变动情况，“实收资本”账户还必须按所有者设置明细账户，进行明细分类核算。

2.4 技能训练

2.4.1 识别与掌握固定资产业务相关术语训练

将下面的每个说明与其对应的专业术语配对（填空）。

A. 自营工程　　B. 出包工程　　C. “在建工程”账户

D. 需要安装的固定资产　　E. 融资租入固定资产　　F. 经营租出固定资产

1）________是指自行建造工程，自营建造的工程需企业自行备料，自行负担职工工资，自己组织施工建造。

2）________是将工程出包给施工单位，工程的实际支出在承包单位核算，出包单位不负责工程各项实际支出的核算，待工程竣工后出包单位与承包单位进行竣工结算，按照合同规定公司与承包单位结算的工程价款就是工程成本。

3）________包括买价加上支付的运输费、保险费、包装费、安装成本和缴纳的相关税费等。

4）________是核算企业的自建、自制和购入需要安装的固定资产在建设安装过程中所发生的实际支出。

5）________从融资者的角度来看，是一项特殊的债权性融资活动，其租金是以年金的方式来分期支付，是一系列等额支付的款项。另外，它所形成的是负债而不是权益，租赁期内，租赁企业有法定义务按合同约定在规定的时间内向对方支付利息和本金；租赁期满，企业的还款义务解除。融资租入固定资产就是企业在一定期间占用了对方一笔定期偿还的负债。

6）________是指企业以临时租赁方式租出的固定资产，只涉及实物的转移，所有权并不转移，仍属于企业自有固定资产。

2.4.2 案例题

海达有限责任公司从上海川大公司购入叉车一台，收到后由车间使用，3 月 15 日取得增值税专用发票上注明的叉车价款74 000元，增值税12 580元，开出一张转账支票支付运输费2 600元，取得运输部门发票，叉车款以银行汇票支付。

要求：完成海达公司购置设备时的会计分录。

2.4.3 案例题

3月6日，海达公司自行建造卷材生产线，购入生产线工程用材料物资10万元，支付增值税17 000元，物资全部被工程领用，开出转账支票一张支付。3月31日，支付工程人员工资费用33 000元，其他费用6 900元。3月31日，设备建造工程完工达到预定可使用状态，并交付使用。

要求：针对该业务进行相关账务处理。

【提示】设备属于动产，采购用于动产建设的工程物资的进项税额可以抵扣。纳税人允许抵扣的固定资产进项税额，是指2009年1月1日以后实际发生的，并取得增值税专用发票上注明的增值税额。

任务3 固定资产折旧和后续支出的核算

3.1 任务描述

固定资产是企业进行生产经营活动的主要劳动资料，固定资产折旧就是固定资产价值的损耗，损耗的价值应转移到生产的产品中去，构成产品价值的一部分，通过产品的销售实现，损耗的价值得以回归，相当于该部分费用的数额包含在获得的收入中，用“累计折旧”科目来核算其磨损价值。

后续支出一般指企业固定资产投入使用后，由于磨损，可能导致各组成部分局部损坏等，为使固定资产正常运转和使用，发挥其使用效能而进行必要的维护。固定资产后续支出分为可资本化的后续支出和费用化的后续支出。本任务是了解固定资产的折旧范围、折旧计算方法，怎样计提固定资产折旧，固定资产折旧的核算与固定资产后续支出的核算。解决的主要问题是采用何种方法将应提折旧转到各期营业成本或费用中去。

3.2 任务分析

3.2.1 核算固定资产折旧

固定资产折旧，是对固定资产由于磨损和损耗而转移到产品中去的那一部分价值补偿。

(1) 计提固定资产折旧处理流程

具体处理流程见图5－6。

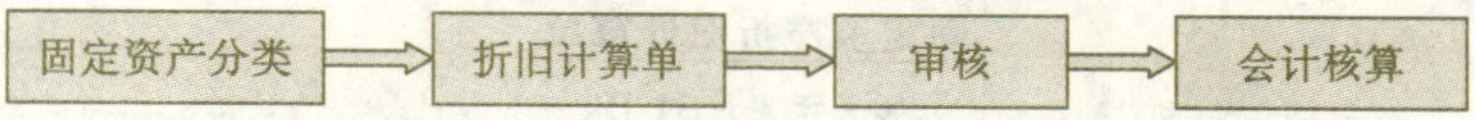

图5-6 海达公司计提固定资产折旧会计处理流程

（2）会计处理流程说明

1）计算固定资产折旧，编制折旧计算单。

2）财务负责人对折旧计算单进行审核。

3）财务负责人审核无误后，会计依据折旧计算单按月提取固定资产折旧，应根据固定资产的用途分别记入当月的“制造费用”、“管理费用”、“其他业务支出”等账户。

海达公司的固定资产采用平均年限法计提折旧，根据固定资产折旧明细表计算固定资产的折旧额，编制3月份折旧计算单。3月份固定资产折旧明细如表5-1所示。

表5-1　　**固定资产折旧明细表**

××年3月31日　　单位：元

编号	资产名称	使用部门	上月折旧额	上月增加固定资产		上月减少固定资产		本期折旧额
				原值	折旧额	原值	折旧额	
01-101	房屋建筑物	小计	10 434					
01-101-01	厂房	第一生产车间	4 520					
01-101-02	厂房	第二生产车间	3 016					
01-102-01	办公楼	厂部	2 898					
02-101	机器设备	小计	7 550					
02-101-01	机器设备	第一生产车间	3 700	70 600	700			
02-101-02	机器设备	第二生产车间	3 850	20 230	200			
03-101	运输设备	小计	16 190					
03-101-01	运输设备	第一生产车间	7 650			120 000	1 900	
03-101-02	运输设备	厂部	8 540					
折旧额合计			34 174	90 830	900	120 000	1 900	

（3）计算固定资产折旧额

在实际工作中，企业是在上月折旧额的基础上，对上月固定资产的增减情况进行调整后计算本月折旧额的。在会计实务中，各月折旧额的计算工作一般是通过编制“固定资产折旧计算表”来完成的，计算公式如下：

$$本月折旧额=上月折旧额+\frac{上月增加固定资}{产应计提折旧额}-\frac{上月减少固定资}{产应计提折旧额}$$

（4）编制“固定资产折旧计算单”

企业对固定资产计提折旧时，应以月初可提取折旧的固定资产账面价值为依据，在上月计提折旧的基础上，对上月固定资产的增减情况进行调整后计算当月应计提的折旧额。计提折旧时，会计处理为借记“制造费用”、“管理费用”、“销售费用”、“其他业务支出”账户，贷记“累计折旧”账户。根据上述资料编制“固定资产折旧计算单”（见表5-2）。

表 5－2　　　　固定资产折旧计算单

××年 3 月 31 日　　　　单位：元

资产名称	用途	会计科目	本期折旧额
房屋建筑物、机器设备、运输设备	第一生产车间	制造费用	14 670
房屋建筑物、机器设备	第二生产车间	制造费用	7 066
房屋建筑物、运输设备	厂部	管理费用	11 438
本期折旧额合计			33 174

(5) 固定资产折旧业务涉及单证

1）固定资产折旧明细表；

2）固定资产折旧计算表。

(6) 固定资产折旧核算

计提折旧时，编制会计分录如下：

借：制造费用——折旧（一车间）　　14 670
　　　　　　——折旧（二车间）　　7 066
　　管理费用——折旧（厂部）　　11 438
　　贷：累计折旧——办公楼　　10 434
　　　　　　　　——机器设备　　8 450
　　　　　　　　——运输设备　　14 290

3.2.2 核算固定资产日常维修支出

(1) 固定资产的后续支出

固定资产的后续支出通常是指固定资产在使用过程中为了维持固定资产正常运转和使用发生的修理费，包括日常修理费、更新改造支出、房屋的装修费用等改良支出。

(2) 固定资产日常维修支出

固定资产日常维修支出是指保持固定资产处于正常运行状态的行为，如添加润滑油、清洗机器、更换小部件、喷漆等。《企业会计准则》规定，对于不符合固定资产确认条件的后续支出，应当计入当期费用。

(3) 核算固定资产日常维修支出

海达公司因车间生产用的气动整经机设备出现小故障，需要进行局部维修，维修时领用修理用备件 660 元，以银行存款支付其他劳务费用 200 元。海达公司对该业务会计处理如下：

步骤 1： 审核原始凭证，固定资产日常修理实际发生时，会计审核付款业务联系单、转账支票（存根）、领料单等。

步骤 2： 填制并审核凭证。在记账凭证“摘要”栏填写“维修设备领用备件”，在“科目”和“金额”栏分别按总账科目和明细科目、借方和贷方填写分录，即借记“管理费用——维修费”，贷记“银行存款——××银行”、“原材料”等。

【提示】 按《企业会计准则第 4 号——固定资产》规定，固定资产日常修理不采用预提或待摊方式处理，应当计入当期费用。编制会计分录如下：

借：管理费用——维修费　660

　贷：原材料——配件　200

　　银行存款　860

步骤3：将领料单、转账支票（存根）等单证贴在记账凭证后面入账。

步骤4：登记账簿。根据记账凭证登记“管理费用”、“原材料”等相关明细账，汇总登记总账。

3.2.3 核算固定资产后续支出

（1）固定资产的后续支出

固定资产从投入使用后到报废之前，企业为了适应新技术发展的需要、提高固定资产的使用效能，对固定资产进行改建、扩建、改良、维修，为此所发生的支出就是固定资产的后续支出。其核算内容包括在原有固定资产基础上进行的改建扩建、改良支出以及修理、装修支出。会计准则规定，对于符合固定资产确认条件的后续支出，应当计入固定资产成本，发生后续支出的固定资产照常计提折旧。

（2）核算固定资产后续支出

3月1日，海达公司一车间已使用3年整的复合管生产线需要改扩建修理，决定采用出包方式对该设备进行改良修理，该设备于当日停止使用，开始进行改良。生产线账面原价54万元，原预计使用寿命6年，采用平均年限法计提折旧，预计净残值率为5%。4月30日，一车间生产线大修理结束，改良工程验收合格后支付工程价款30万元。预计使用寿命8年，仍采用直线法计提折旧，预计净残值率为5%。为简化计算过程，整个过程不考虑其他相关税费，按年度计算折旧，该设备未发生减值。

问：企业设备进行改良修理，如何核算？改良后使用，设备成本如何结转？

海达公司对该业务会计处理如下：

- 3月1日，后续支出会计处理：

步骤1：审核原始凭证结合改良修理合同，固定资产维修申请单，审核有关原始凭证：转账支票（存根）。

步骤2：填制并审核凭证。支付大修理费用制作记账凭证时，会计在记账凭证“摘要”栏填写“大修理费用”，在“科目”和“金额”栏分别按总账科目和明细科目、借方和贷方填写分录，即借记“在建工程——××工程”，贷记“银行存款——××银行”。

【提示】《企业会计准则》规定，对于符合固定资产确认条件的后续支出应当计入固定资产成本，同时将被替换部分的账面价值扣除。

固定资产平均年限法的计算公式如下：

年折旧率＝(1－预计净残值率)÷折旧年限×100%

年折旧额＝原值×年折旧率

年折旧＝540 000×(1－5%)/6＝85 500（元）

3月1日生产线账面价值＝540 000－85 500×3＝283 500元。

生产线转入大修理时，编制会计分录如下：

借：在建工程——××工程　283 500

　　累计折旧　256 500

贷：固定资产——××固定资产　　540 000

3月1日支付大修理费用时，填制并审核凭证，编制会计分录如下：

借：在建工程——××工程　　300 000

贷：银行存款——××银行　　300 000

步骤3：将转账支票（存根）贴在支付大修理费用记账凭证后面入账。

• 4月30日办理固定资产交付使用手续及会计处理：

步骤1：填制并审核凭证。在固定资产改建投资达到预定使用状态交付使用时，相关使用单位办理固定资产转移移交单。按照移交单上的结转固定资产金额，办理结转固定资产的会计处理。编制会计分录如下：

借：固定资产　　583 500

贷：在建工程——××工程　　583 500

步骤2：将固定资产验收单、固定资产转移移交单贴在记账凭证后面入账。

步骤3：登记卡片与账簿。会计根据原始凭证和记账凭证填写“固定资产”卡片，登记“固定资产”明细账，汇总登记“固定资产”总账记录。

3.3 相关知识

3.3.1 固定资产折旧范围

按《企业会计准则第4号——固定资产》规定，企业应当对所有固定资产计提折旧。但已提足折旧仍继续使用的固定资产和单独计价入账的土地除外。在会计实务中，提示以下几点：

1）只有达到预定可使用状态的固定资产才计提折旧，未达到预定可使用状态的固定资产不提折旧，未达到预定可使用状态的是在建工程。

2）固定资产应当按月计提折旧，当月增加的固定资产，当月不计提折旧，从下月起计提折旧；当月减少的固定资产，当月仍计提折旧，从下月起不计提折旧。

3）固定资产提足折旧后，不论能否继续使用，均不再计提折旧；提前报废的固定资产，也不再补提折旧。持有待售的固定资产从划归为持有待售之日起停止计提折旧和减值准备。

4）已达到预定可使用状态但尚未办理竣工决算的固定资产，应当按照估计价值确定其成本，并计提折旧；待办理竣工决算后，再按实际成本调整原来的暂估价值，但不需要调整原已计提的折旧额。

3.3.2 计提固定资产折旧的方法

固定资产折旧计提的方法指确定各个会计期间的固定资产折旧额的计算方法。按《企业会计准则第4号——固定资产》的规定，企业应当根据与固定资产有关的经济利益的预期实现方式合理选择固定资产折旧方法。可选用的折旧方法包括年限平均法、工作量法、双倍余额递减法和年数总和法等。本教材只介绍平均年限法和双倍余额递减法。固定资产的折旧方法一经确定，不得随意变更。

（1）平均年限法

平均年限法又称“直线法”，是将固定资产的折旧均衡地分摊到各期的一种方法。采用这种方法计算的每期折旧额均是等额的。计算公式如下：

$$年折旧率=\frac{1-预计净残值率}{预计使用年限}\times 100\%$$

$$月折旧率=年折旧率\div 12$$

$$月折旧额=固定资产原价\times 月折旧率$$

（2）双倍余额递减法

双倍余额递减法是在不考虑固定资产残值的情况下，根据每期期初固定资产账面余额和双倍的直线法折旧率计算固定资产折旧的一种方法。计算公式为：

$$年折旧率=\frac{2}{预计折旧年限}\times 100\%$$

$$月折旧率=年折旧率\div 12$$

$$月折旧额=固定资产账面净值\times 月折旧率$$

【提示】 双倍余额递减法是常用的加速折旧方法。其特点是固定资产使用前期提取折旧多，使用后期提取折旧逐年减少。其中，采用双倍余额递减法时的折旧率是固定不变的，而计提折旧的基数为固定资产的净值，是逐年变小的，因此，计提折旧额逐年递减。

3.3.3 维修固定资产管理制度

1）设备使用部门按照制度要求对固定资产进行养护、定期检测，专人负责建立固定资产台账并加强对设备的日常维护。

2）财务部门参与编制固定资产更新改造计划。

3）固定资产的维修由资产使用部门提出，固定资产使用部门需填写“固定资产维修申请单”，提出申请设备维修，交由企业主管经理批准处理。

4）企业主管部门接到申请单应先查询固定资产明细账，确定其维修价值，联系售后服务商。

5）维修后企业主管部门应将“固定资产维修申请单”原件交财务部；并更新“收货领用单”。

6）财务部门应及时调整固定资产账目，变更固定资产卡片和台账，专人负责每月更新财务软件中的固定资产模块数据。

3.3.4 固定资产后续支出的核算原则

《企业会计准则第4号——固定资产》第四条和第六条规定，固定资产后续支出分为资本性后续支出和收益性后续支出两类。后续支出一般指企业固定资产投入使用后，由于磨损，可能导致各组成部分局部损坏等，为使固定资产正常运转和使用，发挥其使用效能进行必要的维护而支付的费用。

准则规定：与固定资产有关的后续支出，如果使可能流入企业的经济利益超过了原先的估计（如延长了使用寿命或使产品质量实质性提高或产品成本实质性降低），即满足固定资产确认条件的后续支出就是资本性后续支出，应计入固定资产的账面价值，会计处理通过“在建工程”科目核算。如为延长固定资产的使用寿命，或提高固定资产生产效率和生产能力，降低产品生产成本，而对厂房等进行改建或扩建，对机器设备、生产线等进行改建或改良等的支出。不能满足固定资产确认条件的后续支出就是收益性后续支出，如为保持固定资产价值不下降，并按照正常的功能状态运转，从而使得资产为企业带来的经济利益不下降而进行的固定资产日常维修等支出，应在发生时一次性直接计入当期费用。

因此，如果固定资产的后续支出能增强固定资产获取未来经济利益的能力，能延长固定资产使用寿命，能使产品质量有实质性提高或者能使产品成本有实质性的降低，应当资本化，叫做“资本化的后续支出”。发生固定资产维护支出只是确保固定资产的正常工作状态，它并不导致固定资产性能的改变或固定资产未来经济利益的增加，应当费用化。

3.4 技能训练

3.4.1 识别与掌握固定资产折旧业务相关术语训练

将下面的每个说明与其对应的专业术语配对（填空）。

A. 折旧　　B. 双倍余额递减法　　C. 年数总和法

D. 固定资产后续支出　　E. 资本性后续支出　　F. 固定资产日常维修支出

1）________是指固定资产在使用过程中为了维持固定资产正常运转和使用发生的修理费，包括日常修理费、更新改造支出、房屋的装修费用等改良支出。

2）________是对固定资产由于磨损和损耗而转移到产品中去的那一部分价值补偿。固定资产折旧是固定资产价值的损耗，损耗的价值应转移到生产的产品中去，构成产品价值的一部分，通过产品的销售实现，损耗的价值得以回归。

3）________又称折旧年限积数法或级数递减法，是固定资产加速折旧法的一种。它是将固定资产的原值减去残值后的净额乘以一个逐年递减的分数计算确定固定资产折旧额的一种方法。

4）________是指企业的固定资产投入使用后，为延长固定资产的使用寿命，或提高固定资产生产效率和生产能力，降低产品生产成本，而对厂房等进行改建或扩建，对机器设备、生产线等进行改建或改良等的支出。

5）________不能满足固定资产确认条件的后续支出，如为保持固定资产价值不下降，并按照正常的功能状态运转，从而使得资产为企业带来的经济利益不下降而进行的固定资产日常维修或大修理等支出。

6）________是用直线法折旧率的两倍作为固定的折旧率乘以逐年递减的固定资产期初净值，得出各年应提折旧额的方法。

3.4.2 案例题

海达公司购入车间使用织带机设备一台，原价 10 万元，该设备预计使用 5 年，预计净残值为 4 000 元。

要求：采用按双倍余额递减法计算出折旧，完成固定资产折旧计算表。

分析：企业在选用双倍余额递减法计提折旧时，残值不能从固定资产价值中抵减。因此，每年计提的固定资产折旧额是用两倍于直线法的折旧率去乘以固定资产的账面净值。由于只要该项固定资产仍使用，则其账面净值就不可能被冲销完毕，因此，在固定资产使用后期，如果发现使用双倍余额递减法计算的折旧额小于采用直线法计算的折旧额时，就可以改用直线法计提折旧。为了操作方便，实行双倍余额递减法计提折旧的固定资产，应当在其折旧年限到期前两年内，将固定资产账面净值扣除残值后的净额平均摊销。

解答：

根据上述资料编制“双倍余额递减法”固定资产折旧计算表（见表5－3）。

表5－3 “双倍余额递减法”固定资产折旧计算表 单位：元

年份	尚可使用的年限	账面余额	年折旧率	年折旧额	累计折旧	月折旧额
1	5	100 000	40%	40 000	40 000	3 333.33
2	4	60 000	40%	24 000	64 000	2 000
3	3	36 000	40%	14 400	78 400	1 200
4	2	21 600	—	8 800	87 200	733.33
5	1	12 800	—	8 800	96 000	733.33

计提第一年折旧，编制会计分录如下：

借：制造费用——折旧　　40 000

　贷：累计折旧——机器设备　　40 000

3.4.3 案例题

3月1日，海达公司因生产规模扩大，原有两年前开始使用的缠绕管生产线难以满足生产发展需要，决定采用出包方式对该生产线进行改良，该设备于当日停止使用，开始进行改良。生产线原值68万元，原预计使用寿命5年，采用平均年限法计提折旧，预计净残值率为3%，已提折旧263 840元。

5月30日，经过3个月改良，完成对生产线进行改良工程，共发生支出23万元，以银行存款支付工程价款。

5月30日，改良后的设备投入使用，预计尚可使用年限8年，预计净残值率为3%，采用直线法计提折旧，该设备未发生减值。为简化计算过程，整个过程不考虑其他相关税费，按年度计算折旧。

要求：编制海达公司固定资产后续支出的相关会计分录。

解答：

1）生产线平均年限法折旧的计算：

年折旧＝680 000×(1－3%)/5 ＝131 920（元）

已提折旧＝131 920×2＝263 840（元）

3月1日，生产线账面价值＝680 000－263 840＝416 160元。

2）生产线转入改良时，编制会计分录如下：

借：在建工程——生产线改良工程　　416 160

　　累计折旧　　263 840

　贷：固定资产——××固定资产　　680 000

3）5月30日，支付大修理费用时，进行填制并审核凭证，编制会计分录如下：

借：在建工程——生产线改良工程　　230 000

　贷：银行存款——××银行　　230 000

4）按照移交单上的结转固定资产金额，办理结转固定资产的会计处理。编制会计分录如下：

借：固定资产——生产线　　646 160

　贷：在建工程——生产线改良工程　　646 160

任务4　固定资产处置的核算

4.1　任务描述

企业对于不需用的固定资产应积极处理，如出售固定资产；对于已超过使用年限而不能继续使用和技术进步等原因而遭淘汰的固定资产应予以报废；处置固定资产种类包括固定资产的出售、转让、报废和毁损、对外投资、非货币性资产交换、债务重组等。

4.2　任务分析

4.2.1　报废固定资产会计处理流程

具体报废固定资产会计处理流程见图5－7。

图5－7　海达公司报废固定资产会计处理流程

4.2.2　会计处理流程说明

1）有关部门制作固定资产报废处置申请材料，落实设备报废责任，报本部门负责人审核。

2）本部门负责人审核通过后，报企业领导人审批（重大资产处置行为还需报企业董事会或上级主管单审批）。

3）有关部门依据企业领导批示办理固定资产出售报废事宜。

4）会计人员审核固定资产报废处置申请材料、有关处置业务单证，无误后，入账核算。财务部每月更新财务软件中固定资产模块。

4.2.3　固定资产业务涉及单证

1）出库单；

2）固定资产报废（或毁损）审批单；

3）固定资产卡片。

4.2.4 核算步骤

海达公司固定资产报废的账务处理程序如下：

步骤1：审核原始凭证：固定资产报废（或毁损）审批单、出库单，固定资产卡片，经有关人员签字。

步骤2：填制并审核凭证。结转固定资产账面价值，会计在记账凭证“摘要”栏填写“设备报废”，借记“固定资产清理”账户，按账面已提折旧，借记“累计折旧——××固定资产”账户，按固定资产账面原价，贷记“固定资产——××固定资产”账户。

固定资产转入清理时，编制会计分录如下：

借：固定资产清理

　　累计折旧

　　贷：固定资产——××固定资产

将固定资产报废审批单等单证贴在记账凭证后面入账。

步骤3：会计审核付款审批单、付款凭证等，支付发生的固定资产清理费用。发生清理费用时，会计在记账凭证“摘要”栏填写“支付固定资产清理费”，借记“固定资产清理”账户，贷记“银行存款——××银行”、“库存现金”等账户。

支付清理费用时，编制会计分录如下：

借：固定资产清理

　　贷：银行存款

将付款凭证等单证贴在记账凭证后面入账。

步骤4：会计审核发生的固定资产处置收入，审核收款单证等，确认入账收入。发生的固定资产处置收入，会计在记账凭证“摘要”栏填写“固定资产处置收入”，借记“银行存款——××银行”账户，贷记“固定资产清理”账户。

该设备出售收入时，编制会计分录如下：

借：银行存款

　　贷：固定资产清理

将收款凭证等单证贴在记账凭证后面入账。

步骤5：会计审核固定资产清理损益计算单等，确认入账。如果固定资产清理存在收益，在记账凭证“摘要”栏填写“结转设备清理净损益”，借记“固定资产清理”账户，贷记“营业外收入——处置非流动资产利得”账户；如果固定资产清理发生亏损，借记“营业外支出——处置非流动资产损失”账户，贷记“固定资产清理”账户。将固定资产清理损益计算单等单证贴在记账凭证后面入账。

清理净损益，如为借方余额处理时，编制会计分录如下：

固定资产清理完毕，结转净损失800元（2 600－2 500－900＝－800）。

借：营业外支出——处置非流动资产损失

　　贷：固定资产清理

如为贷方余额的收益时，编制会计分录如下：

借：固定资产清理

　　贷：营业外收入——处置非流动资产利得

步骤 6：登记账簿。根据固定资产报废（或毁损）审批单，注销“固定资产”卡片，登记“固定资产”明细账账户，汇总登记“固定资产”总账记录。

4.3 相关知识

4.3.1 固定资产处置的含义

在生产经营过程中，可能将不使用或不需用的固定资产对外出售转让，对因磨损、技术进步等原因对固定资产予以报废，对遭受自然灾害而毁损对固定资产的处理，这就是常说的固定资产处置。

固定资产处置包括固定资产的出售、报废和毁损内容等，通过“固定资产清理”账户核算。

4.3.2 固定资产处置制度

1）固定资产的正常报废：要确保报废的固定资产得到及时处置，残值得到充分的回收。财务部依据报废固定资产的原始凭证复印件、鉴定资料和有关证明进行记账。

2）固定资产的毁损：若属自然灾害造成的固定资产毁损，事前已向保险公司投保，要核算来自保险公司的赔款；若属人为造成固定资产毁损，要追查责任人的经济责任，责令其赔偿部分损失，财务部根据赔偿款如实记账。

3）对外捐赠的固定资产：通常财务部根据固定资产原有价值进行记账处理。

4）出售固定资产：财务部根据评估后的拍卖交易价记账。

5）向其他单位投资的固定资产：财务部根据评估价或合同、协议价、账面价记账。

4.3.3 固定资产处置的核算

企业应设置“固定资产清理”账户核算固定资产的处置损益。需要处置的固定资产账面价值、发生的清理费用及应缴纳的税金等，记入该账户借方；取得的固定资产出售价款等收入，记入该账户的贷方；借方与贷方的差额即为固定资产处置净损益，作为处置非流动资产利得或损失转入营业外收入或营业外支出。

4.4 技能训练

4.4.1 识别与掌握固定资产处置业务相关术语

将下面的每个说明与其对应的专业术语配对（填空）。

A. 处置非流动资产利得　　B. 固定资产处置　　C.“固定资产清理”科目

D. 非货币性资产交换　　E. 债务重组

1）________是指企业对于不使用或不需用的固定资产积极处理，将固定资产转为持有待售、出售、转让、报废和毁损、对外投资、非货币性资产交换、债务重组等。

2）________除固定资产盘亏外，包括出售、报废、投资、捐赠、抵债、调拨等固定资产处置的核算。

3）________是直接计入当期利润的利得。该利得是指应当计入当期损益、会导致所有者权益发生增减变动的、与所有者投入资本无关的利得，直接计入当期利润的利得主要包括非流动资产处置利得、非货币性资产交换利得、债务重组利得、政府补助、盘盈利得、捐赠利得等，计入“营业外收入”账户。

4）________是指交易双方主要以存货、固定资产、无形资产和长期股权投资等非货币性资产进行的交换，该交换不涉及或只涉及少量（通常25%）的货币性资产（即补价)。

5）________又称“债务重整”，是指在债务人发生财务困难情况下，债权人按照其与债务人达成的协议或者法院的裁定作出让步的事项。

4.4.2 案例题

3月10日，海达公司购入一台新设备，将原有一台不需用的机械设备出售，其账面原价8万元，已提折旧25 000元，现售价38 000元，该固定资产未计提减值准备。发生清理费用2 000元，有关款项均通过银行办理完毕。

试问：海达公司怎样报废固定资产，应如何进行账务处理?

解答：

1）固定资产转入清理时，编制会计分录如下：

借：固定资产清理　　55 000
　　累计折旧　　25 000
　　贷：固定资产——××固定资产　　80 000

2）支付清理费用时，编制会计分录如下：

借：固定资产清理　　2 000
　　贷：银行存款　　2 000

3）该设备出售收入时，编制会计分录如下：

借：银行存款　　38 000
　　贷：固定资产清理　　37 269.23
　　　　应交税费——应交增值税（销项税）——××机械厂　　730.77

4）固定资产清理完毕，结转净损失19 730.77元（55 000+2 000－37 269.23)：

借：营业外支出——处置非流动资产损失　　19 730.77
　　贷：固定资产清理　　19 730.77

任务5　固定资产清查

5.1 任务描述

固定资产在使用过程中，由于客观的或人为的原因，有可能会出现账实不符的情况。为了保护企业的固定资产安全完整，充分挖掘现有固定资产的生产潜力，有必要从实物管理的角度对单位实际拥有的固定资产进行实物清查，并与固定资产进行账务核对，确定盘盈、盘亏资产。操作时间可以定期或不定期进行，但每年应清查一次。

5.2 任务分析

5.2.1 清查固定资产的工作程序

固定资产全面盘点工作程序如图5－8所示。

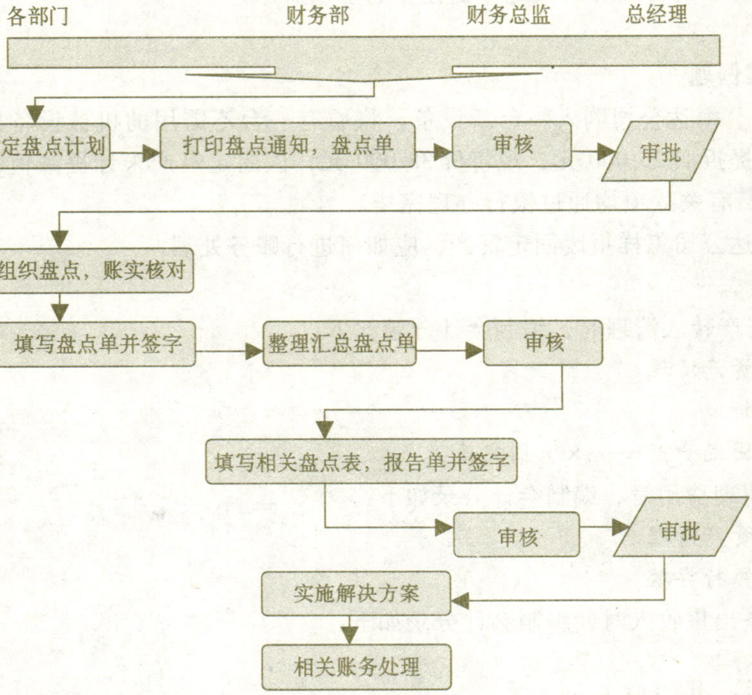

图5－8 固定资产全面盘点工作程序

5.2.2 清查工作职责

1）成立资产清查盘点工作小组，企业分管领导为组长，职能部门负责人为副组长，有关部门人员为组员，其职责如下：

①盘点工作小组制订全面盘点计划。在盘点前，应准备好固定资产分类及明细盘点表、固定资产卡片、已盘点资产粘贴标识、产权证明材料、使用方向证明资料，规划好盘点的时间、路线、先后顺序、分组情况。

②各部门按要求进行账、物核对，仔细核对固定资产编号及名称、结构或规格型号。

③建立和完善部门仪器设备、固定资产账、卡等档案资料。

2）准备资产清查工作文件，打印仪器设备台账，制作资产清查相关表格，对参加资产清查工作的相关人员进行业务培训。

3）各部门制订资产清查工作方案，对照公司下发的固定资产台账逐一进行核查，对账物相符的设备要标明用途分类、存放地点、领用人等，对有账无物和有物无账的情况要如实填写并说明情况。

4）汇总实物盘点结果，统计盘盈、盘亏情况，出具盘点报告单，填写相关盘点表并签字，按要求完成资产清查结果的上报工作。

5）财务部门根据批准的盘点报告单，作财产清查结果的账务处理时，要注意审批后做到账实相符，审批后按有关规定处理。

5.2.3 固定资产清查的账务处理

1）将企业各项财产的清查数量登记到“盘点记录单”上，与账簿记录相互核对一下，确保登记结果正确。将录入的实存数与账存数对比，计算其差异数，填制“实存账存对比表”。

差异数 = 实存数 - 账存数

实存数 > 账存数是盘盈

实存数 < 账存数是盘亏

2）在清查时发现固定资产毁损和盘盈、盘亏，要查明原因，按规定程序报批处理。

3）固定资产清查的账务处理。

第一，盘亏固定资产的核算。根据“实存账存对比表”，应先调整账面记录，做到账实相符。

步骤1：审核原始凭证：审核盘点记录单和固定资产盘亏报告单，固定资产卡片，经有关人员签字。

步骤2：填制并审核凭证，确认盘亏。填制记账凭证：会计审核盘点记录单等，在记账凭证“摘要”栏填写“盘亏固定资产”，按固定资产原价，贷记“固定资产——××固定资产”，按已提折旧价值，借记“累计折旧——××固定资产”账户，借记“待处理财产损溢——待处理固定资产损溢”账户。将盘点记录单、固定资产卡片复印件贴在记账凭证后面入账。

盘亏固定资产时编制会计分录如下：

借：待处理财产损溢——待处理固定资产损溢

　　累计折旧

　　贷：固定资产——B设备

第二，月末结转盘亏固定资产的核算。

步骤1：审核单证：审核固定资产盘亏报告单，确认入账。

步骤2：填制记账凭证：按管理权限报经批准处理时，根据批准的固定资产盘亏报告单，在记账凭证“摘要”栏填写“盘亏固定资产”，在“科目”和“金额”栏分别按总账科目和明细账科目、借方和贷方填写会计分录，借记“营业外支出——固定资产盘亏”、贷记“待处理财产损溢——待处理固定资产损溢”账户，将固定资产盘亏报告单等单证贴在记账凭证后面入账。

批准后处理时编制会计分录如下：

借：营业外支出——固定资产盘亏

　　贷：待处理财产损溢——待处理固定资产损溢

步骤3：登记账簿。根据固定资产盘亏报告单，注销“固定资产”卡片，登记明细账科目，汇总登记“固定资产”总账记录。

5.3 相关知识

5.3.1 固定资产清查的作用

为了全面、准确地掌握企业固定资产投入及使用的现状，进一步提高资产的科学管理水平，有效地进行资源整合，企业应当定期或者至少于每年年末对固定资产进行一次全面清查盘点，以保证固定资产核算的真实性。在清查过程中，如果发现盘盈或盘亏固定资产，应填制固定资产盘盈盘亏报告，及时查明原因，按规定程序报批处理。

5.3.2 固定资产清查的方法

实物财产物资清查的方法通常有两种：实地盘点法和技术测算盘点法。

1）实地盘点即到实物保管现场，通过逐一清点或用计量器具具体衡量出实物的实际结存数量，这种方法计量准确、直观，适用范围较广。固定资产清查一般都采用这种方法。

2）技术测算盘点是通过量方、计尺，测量出体积，结合有关数据，测算出实物财产的实际结存数量。这种方法计量的结果不是十分准确，有一定的误差，适用于大量、分散、成堆、笨重、难以逐一清点的财产物资。

5.3.3 固定资产清查的账务处理

对固定资产清查的核算应通过“待处理财产损溢——待处理固定资产损溢”账户进行明细核算。

1）盘亏固定资产的处理。盘亏固定资产的价值通过“待处理财产损溢——待处理固定资产损溢”账户核算，在报经批准处理后盘亏固定资产的净损失一般应转入“营业外支出”账户。

2）盘盈固定资产的处理。盘盈固定资产作为前期差错处理，在报经批准处理前先通过“以前年度损益调整”账户核算，按规定确定入账价值。如果同类或类似固定资产存在活跃市场的，按同类或类似固定资产的市场价格，减去按该项资产的新旧程度估计的价值损耗后的余额，作为入账价值；如果同类或类似固定资产不存在活跃市场的，按该项固定资产的预计未来现金流量的现值作为入账价值。借记“固定资产——待处理固定资产损溢”账户，贷记“以前年度损益调整”账户。将固定资产盘盈作为前期差错进行会计处理，是因为固定资产出现由于企业无法控制的因素而造成盘盈的可能性极小甚至是不可能的，企业出现了固定资产的盘盈多数是企业自制设备交付使用后，未能及时入账，企业以前会计期间少计、漏计而产生的，应当作为会计差错进行更正处理，能在一定程度上控制人为的调解利润的可能性。

3）前期差错的概念。前期差错，是指由于没有运用或错误运用下列两种信息，而对前期财务报表造成省略或错报：

①编报前期财务报表时预期能够取得并加以考虑的可靠信息；

②前期财务报告批准报出时能够取得的可靠信息。

前期差错通常包括计算错误、应用会计政策错误、疏忽或曲解事实、舞弊产生的影响以及固定资产盘盈等。

5.4 技能训练

5.4.1 识别与掌握固定资产清查业务相关术语训练

将下面的每个说明与其对应的专业术语配对（填空）。

A. 前期差错概念　　B. “以前年度损益调整”账户　　C. 待处理财产损溢

D. 盘亏的固定资产　　E. 盘盈的固定资产

1）________是指在清查财产过程中查明的各种盘盈、盘亏、毁损的价值。一般设置两个明细账户，即“待处理固定资产损溢”与“待处理流动资产损溢”。

2）________是指由于没有运用或错误运用下列两种信息，而对前期财务报表造成省略或错报。编报前期财务报表时预期能够取得并加以考虑的可靠信息；前期财务报告批准报出时能够取得的可靠信息。

3）________是核算上年度损益类账户的调整事宜，从账户的性质上说，“以前年度损益调整”账户属于损益类账户，调整以后，同时要把它结转到‘利润分配——未分配利润’里边去，所以没有余额。

4）________是企业在财产清查盘点中，实际固定资产数量和价值低于固定资产账面数量和价值而发生的固定资产损失。

5）________就是指企业在进行财产清查盘点中，发生的固定资产的实存数量超过账面数量而出现的盈余，即实物多于账面。

5.4.2 案例题

3月26日，海达公司要对公司财产物资进行清查。进行实物盘点时，发现未入账模具设备一台。

发现固定资产盘盈时，先根据“实存账存对比表”调整账簿记录。3月30日，经查明盘盈模具设备属企业所有，为记账错误，按现行《企业会计准则第4号——固定资产》的规定，参照同类固定资产的市场价格，其同类设备市场价值为5万元，估计八成新。海达公司按平均年限法计提折旧，预计净残值为3%。

要求：进行固定资产盘盈的核算。

解答：

1）盘盈固定资产批准前处理，编制会计分录如下：

借：固定资产——模具设备

　　贷：待处理财产损溢——待处理固定资产损溢

2）3月30日，经批准后处理，月末结转固定资产盘盈，编制会计分录如下：

借：待处理财产损溢——待处理固定资产损溢

　　贷：以前年度损益调整

任务6　固定资产减值的核算

6.1　任务描述

企业的固定资产在使用过程中，由于存在有形损耗和无形损耗以及其他原因，有可能导致其可收回金额低于其账面价值，这种情况称为“固定资产减值”。

2008年12月3日，海达有限责任公司购入一套卷材生产线，其入账价值为100万元，预计使用年限为5年，预计净残值为0元，假设采用平均年限法按年计提折旧。2009年12月31日，由于市场需求发生不利变化，估计其可收回金额为68万元，致使该项固定资产发生减值。固定资产减值的确认，实质上是对固定资产价值的再确认，它将影响到固定资产期末计价，海达公司在实际工作中应怎样进行固定资产减值的确认？

6.2　任务分析

企业在资产负债表日，应合理地确定固定资产的期末价值。要客观、真实、准确地反映期末固定资产的实际价值，应了解固定资产减值及其本质，固定资产减值本质是资产的现时经济利益预期低于原记账时对未来经济利益的确认值，表现为资产的可收回金额低于其账面价值。本任务将说明固定资产减值是怎样进行核算的。

6.2.1　固定资产减值准备流程

具体固定资产减值准备流程见图5-9。

图5-9　固定资产减值准备会计处理流程

6.2.2　会计处理流程说明

1）期末会计根据固定资产价值涨跌情况表，计算减值准备，并根据上期已经计提的减值准备情况，确定当期计提或冲回减值准备的金额；

2）会计根据减值准备计算表，办理当期计提或冲回减值准备账务处理。

6.2.3　固定资产减值准备账务处理

分析：本案例中的海达有限责任公司购入该台生产设备到2009年12月31日已使用了1年，已计提折旧20万元（100÷5），尚有账面价值80万元（100-20-0），此时估计其可收回金额为68万元，说明该项固定资产发生减值，应计提固定资产减值准备12万元（80-

68）。具体账务处理如下：

1）2008 年 12 月 3 日购入设备时作会计分录如下：

借：固定资产——生产经营用固定资产（设备）　　1 000 000

　　贷：银行存款　　1 000 000

2）2009 年 12 月 31 日计提折旧时作会计分录如下：

借：制造费用　　200 000

　　贷：累计折旧　　200 000

2009 年 12 月 31 日具体账务处理如下：

步骤 1：审核原始凭证。审核固定资产减值准备计算单等，计提固定资产减值准备。

步骤 2：填制并审核凭证。制作记账凭证：企业发生固定资产减值时，会计在记账凭证“摘要”栏填写“计提固定资产减值准备”，在“科目”和“金额”栏分别按总账科目和明细科目、借方和贷方填写分录，会计借记“资产减值损失——固定资产减值损失”，贷记“固定资产减值准备——××固定资产”。

计提固定资产减值准备会计分录如下：

借：资产减值损失——固定资产减值损失　　120 000

　　贷：固定资产减值准备　　120 000

将固定资产减值准备计算单等单证贴在记账凭证后面入账。

6.3 相关知识

6.3.1 固定资产减值的含义

固定资产减值是指因外部因素、内部使用方式或使用范围发生变化而对资产造成不利影响，导致固定资产使用价值降低，致使资产未来可流入企业的全部经济利益低于其现有的账面价值。

一般情况下，如果固定资产的可收回金额低于其账面价值，则表明固定资产发生了减值。

6.3.2 可收回金额

可收回金额是指固定资产的销售净价与预期从该固定资产的持续使用和使用寿命结束时的处置中形成的现金流量现值相对比，两者之中的较高者就称为“可收回金额”。**销售净价**是指固定资产的销售价格减去处置该固定资产所发生的相关税费后的余额。

6.3.3 固定资产减值的确定

在我国，判断一项固定资产是否发生减值，需要根据固定资产所处的环境和固定资产本身条件所发生的变化作出职业判断。通常情况下，可能表明固定资产发生减值的迹象包括：

1）固定资产市价大幅度下跌，其跌幅大大高于因时间推移或正常使用而预计的下跌，预计在近期不可能恢复。

2）企业经营所处的经济、技术或者法律等环境以及资产所处的市场在当期或者将在近期发生重大变化，从而对企业产生不利影响。

3）同期市场利率或者其他市场投资报酬率已经大幅度提高，从而影响企业计算资产预计未来现金流量现值的折现率，导致资产可回收金额大幅度降低。

4）有证据表明资产已经陈旧过时或者其实体已经损坏。

5）资产已经或者将被闲置、终止使用或者计划提前处置。

6）其他表明资产可能已经发生减值的迹象。

6.3.4 固定资产可收回金额计算

固定资产可回收金额应该按固定资产的公允价值减去处置费用与固定资产预计未来现金流量的现值两者之间的较高者确定。即固定资产现在的销售净值与未来现金流量现值两者的高者就是其可收回金额。

固定资产的预计未来现金流量包括三项：现金流入；现金流出；资产使用寿命结束的净现金流量。

海达有限公司2009年12月31日发现3年前购入的一项利用专利技术的专用设备，原价350万元，已经计提折旧100万元，以前年度已提减值10万元。由于类似的专利技术在市场上已经出现，该项设备可能减值。有关资料如下：

1）如果该企业准备出售，市场上有厂商愿意以220万元的价格收购该设备，为出售该设备，公司预计将发生相关税费5万元；

2）尚可使用5年，未来5年的现金流量预计为50万元、48万元、46万元、44万元、42万元，第6年现金流量及使用寿命结束时预计处置带来现金流量为38万元。

3）公司期望的投资回报率为5%，采用的折现率即为5%。

根据以上资料计算该项设备的可回收金额和资产减值额如下：

1）账面价值＝原值－折旧－已计提资产减值＝350－100－10＝240（万元）

2）销售净值＝220－5＝215（万元）

3）未来现金流量现值＝50×(P/F,5%,1)＋48(P/F,5%,2)＋46×(P/F,5%,3)＋44×(P/F,5%,4)＋42×(P/F,5%,5)＋38×(P/F,5%,6)＝228.3651（万元）

4）可回收金额：228.3651＞215

所以可回收金额＝228.3651（万元）

5）资产减值额＝240－228.3561＝11.6439（万元）

借：资产减值损失——固定资产减值损失　　116 439

　贷：固定资产减值准备　　116 439

6.3.5 固定资产减值的核算

按照《企业会计准则第8号——资产减值》规定，为了客观、真实地反映期末固定资产的实际价值，企业在资产负债表日，应合理地确定固定资产的期末价值。

企业应当在资产负债表日判断资产是否存在可能发生减值的迹象。如果由于市价持续下跌或者技术陈旧、损坏、长期闲置等原因而导致固定资产可收回金额低于账面价值的，企业应当按可收回金额低于账面价值的差额计提固定资产减值准备，并计入当期损益。企业发生固定资产减值时，应按计算出的计提额，借记“资产减值损失——固定资产减值损失”账户，贷记“固定资产减值准备”账户。

当期应计提固定资产减值准备＝当期固定资产账面价值－当期固定资产估计可收回金额

当期固定资产账面价值＝固定资产原值－已提折旧－当期“固定资产减值准备”账户余额

由于企业的固定资产所处经营环境的变化，原有的固定资产发生减值的迹象可能发生有利于企业的变化，此时，已计提减值准备的固定资产价值可能已经得以恢复。但是，按照《企业会计准则第 8 号——资产减值》的规定，资产减值损失一经确认，在以后会计期间不得转回。因此，即使已计提减值准备的固定资产价值已经得以恢复，会计上也不能作出价值转回的处理。

6.4 技能训练

6.4.1 识别与掌握固定资产减值业务相关术语训练

将下面的每个说明与其对应的专业术语配对（填空）。

A. 固定资产减值　　B. 未来现金流量现值　　C. 固定资产减值准备

D. 弃置费用　　E. 固定资产可收回金额　　F. 资产减值

1）________是指因外部因素、内部使用方式或使用范围发生变化而对资产造成不利影响，导致固定资产使用价值降低，致使资产未来可流入企业的全部经济利益低于其现有的账面价值。

2）如果固定资产的可收回金额低于其账面价值，应当按可收回金额低于其账面价值的差额计提减值准备，并计入当期损益，这就是________。

3）________是指企业在正常的生产经营活动过程中，以估计的未来现金流入和扣除未来现金流出后的余额，用恰当的折现率予以折现而得到的价值。

4）________通常是指根据国家法律和行政法规、国际公约等规定，企业承担的环境保护和生态恢复等义务所确定的支出，如核电站核设施等的弃置和恢复环境义务等。

5）________是指根据企业会计准则体系的有关规定，资产存在减值迹象的，应当估计其可收回金额。可收回金额应当根据资产的公允价值减去处置费用后的净额与资产预计未来现金流量的现值两者之间较高者确定。

6）________是指资产的可收回金额低于其账面价值。除特别说明外，包括单项资产和资产组。资产可收回金额低于账面价值的，应当计提减值准备，确认减值损失。

6.4.2 案例题

承上例，2009 年 12 月 31 日，由于海达公司固定资产减值后估计可收回金额为 68 万元，预计尚可使用年限为 4 年，预计净残值为零。

问：此时已计提固定资产减值准备的资产应怎样计提固定资产折旧？

解答：

已计提减值准备的固定资产，应当按照该固定资产的账面价值（即估计可收回金额）、估计净残值以及尚可使用寿命重新计算折旧额。其计算公式如下：

$$\text{计提减值准备后重新计算的年折旧额}=\left(\text{固定资产减值后估计可收回金额}-\text{预计净残值}\right)\div\text{预计尚可使用年限}$$

分析：本案例中的海达有限责任公司该台生产设备 2009 年 12 月 31 日减值后估计可收回金额为 68 万元（或账面价值＝1 000 000－200 000－120 000＝680 000 元）。预计尚可使用年限为 4 年，采用年限平均法按年计提折旧，2010 年折旧额应调整为 17 万元，即（680 000 －0）÷4＝170 000 元。

2010 年 12 月 31 日，计提该项固定资产折旧的账务处理为：

借：制造费用　　170 000

　贷：累计折旧　　170 000

6.4.3 课堂讨论

结合实际，谈谈对为何资产减值损失一经确认，在以后会计期间不得转回问题的认识。

任务 7 无形资产的核算

7.1 任务描述

海达公司为了打开市场，从外部某单位购入一套管理软件，价款 24 万元，用银行存款付讫。

试问：海达公司应怎样管理无形资产，如何进行无形资产账务处理？

7.2 任务分析

7.2.1 无形资产管理业务流程

无形资产是企业生存的必备资源，经营无形资产能获取巨大的经济利益。海达有限责任公司为了对无形资产经济业务进行准确的确认、计量、管理与核算，对本公司无形资产管理业务流程（见图 5－10）进行了规划与设计。

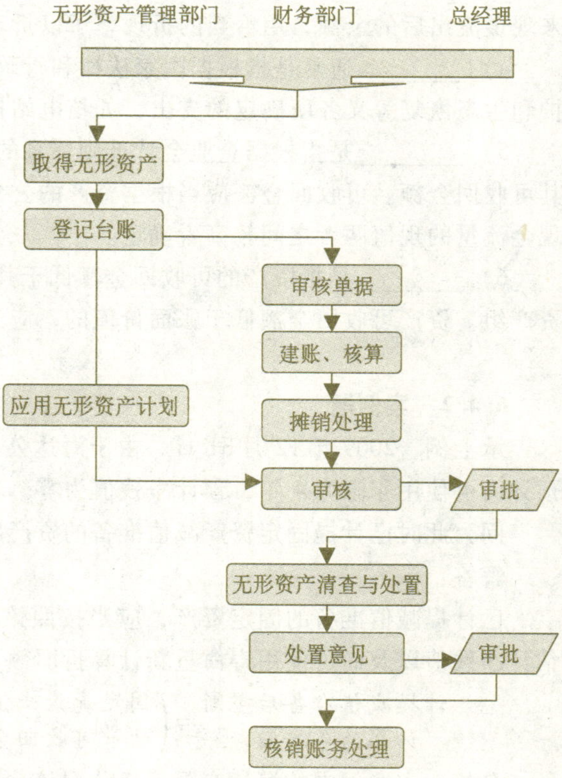

图 5－10 海达公司无形资产管理业务流程

7.2.2 无形资产使用的相关规定

1）无形资产使用单位将要使用的无形资产名称报至财务部资产管理科，提出使用申请。

2）财务部资产管理科接到无形资产的使用申请后，应立即着手查证使用情况是否属实，并在提出审核意见后交财务部经理审批。

3）财务部经理将查证结果及审核意见提交分管领导审批，若同意使用，则通知使用单位相关事宜，如签订协议、需缴纳的费用等；若不同意使用，则将申请资料发还无形资产使用单位。

4）财务部在与技术部协商及市场调查的基础上，向使用单位收取一定的费用。

5）资产管理科应对企业无形资产的使用情况进行建账，建立无形资产档案。

6）资产管理科应跟踪、监督无形资产的使用情况，发现问题及时上报相关人员，并及时做好处理工作。

7.2.3 无形资产购入账务处理

3月12日，购入无形资产的账务处理：

步骤1：审核原始凭证：银行支付凭证（回单）、购买发票、无形资产移交单、付款业务联系单。

步骤2：填制并审核凭证。在记账凭证“摘要”栏填写“购入无形资产”，在“科目”和“金额”栏分别按总账科目和明细账科目、借方和贷方填写会计分录，即借记“无形资产——××非专利技术”，贷记“银行存款——××行存款”。

编制支付货款会计分录如下：

借：无形资产——非专利技术	240 000	
贷：银行存款		240 000

步骤3：将银行支付凭证（回单）、购买发票、无形资产移交单、付款业务联系单等单证贴在记账凭证后面入账。

步骤4：登记台账与账簿。根据原始凭证和记账凭证填写“无形资产”台账，登记“无形资产”明细账，汇总登记“无形资产”总账记录。

7.3 相关知识

7.3.1 无形资产特征及其计量

（1）无形资产的特征

无形资产是指企业拥有或者控制的没有实物形态的可辨认非货币性资产。根据财政部颁布的《企业会计准则——无形资产》，无形资产一般具有以下四个方面的特征：

1）无形资产不具有实物形态；

2）有偿取得、持有目的是为使用而非出售；

3）创造未来经济效益方面的不确定性；

4）可以在一个以上会计期间为企业提供经济利益。

无形资产所代表的权力一般可以在较长的时间内存在，不会很快丧失，企业可以长期使用并获得收益。从这点来看，它与固定资产具有相似性，作为企业的长期资产管理。

（2）无形资产的内容

无形资产包括专利权、非专利技术、商标权、土地使用权、特许经营权、著作权等。

（3）无形资产的确认

无形资产的可辨认标准：

1）是能够从企业中分离或者划分出来，并能单独或者与相关合同、资产或负债一起，用于出售、转移、授予许可、租赁或者交换。

2）是源自合同性权利或其他法定权利，无论这些权利是否可以从企业或其他权利和义务中转移或者分离。

无形资产确认需要同时满足下列两个条件：①与该无形资产有关的经济利益很可能流入企业；②该无形资产的成本能够可靠地计量。

7.3.2 无形资产价值的核算

1）企业购入的无形资产，按实际支付的价款作为实际成本。

2）投资者投入的无形资产，应按投资合同或协议约定的价值作为无形资产的价值入账。

3）企业接受债务人以非现金资产抵偿债务方式取得的无形资产，或以应收债权换入的无形资产，应当对接受的无形资产按其公允价值入账，重组债权的账面价值与接受的无形资产公允价值之间的差额，确认为债务重组损失，计入当期损益。

4）以非货币性交易换入的无形资产，不涉及补价换入的无形资产，其入账价值按换出资产的公允价值加上应支付的相关税费，作为实际成本；涉及补价的，以换出资产的账面价值加上支付补价和应支付的相关税费作为换入无形资产的实际成本。

5）接受捐赠的无形资产，应按以下规定确定其实际成本：

①捐赠方提供了有关凭据的，按凭据上标明的金额加上应支付的相关税费，作为实际成本。

②捐赠方没有提供有关凭据的，按如下顺序确定其实际成本：

- 同类或类似无形资产存在活跃市场的，按同类或类似无形资产的市场价格估计的金额，加上应支付的相关税费，作为实际成本。
- 同类或类似无形资产不存在活跃市场的，按该接受捐赠的无形资产的预计未来现金流量现值，作为实际成本。

6）自行开发按法律程序申请取得的无形资产，按依法取得时发生的注册费、聘请律师费等费用与开发阶段的支出作为无形资产的实际成本。依法申请取得之前发生的在研究过程中发生的材料费用、参与人员的工资及福利费等，直接计入当期损益，不作为无形资产的成本。已经计入各期费用的研究与开发费用，在该项无形资产获得成功并依法申请取得权利，不得将原已计入费用的研究与开发费用资本化。

7.3.3 无形资产的摊销

（1）判断使用寿命

企业摊销某项无形资产时，首先应于取得该项无形资产时判断其使用寿命。无形资产的使用寿命为有限的，应当估计该使用寿命的年限或者构成使用寿命的产量等类似计量单位数量；无法预见无形资产为企业带来经济利益期限的，应当视为使用寿命不确定的无形资产。使用寿命有限的无形资产，其应摊销金额应当在使用寿命内系统合理地摊销；使用寿命不确定的无形资产不应摊销。

（2）摊销的起止时间及摊销方法

摊销期限应当自无形资产可供使用时起，至不再作为无形资产确认时止。

企业选择的无形资产摊销方法，应当反映与该项无形资产有关的经济利益的预期实现方式。无法可靠确定预期实现方式的，应当采用直线法摊销。

7.3.4 无形资产的减值准备处理

企业无形资产应当按照账面价值与可收回金额孰低计量，对可收回金额低于账面价值的差额，应当计提无形资产减值准备。当存在下列一项或若干项情况时，应当计提无形资产的减值准备：

1）某项无形资产已被其他新技术等所替代，使其为企业创造经济利益的能力受到重大不利影响。

2）某项无形资产的市价在当期大幅下跌，在剩余摊销年限内预期不会恢复。

3）某项无形资产已超过法律保护期限，但仍然具有部分使用价值。

4）其他足以证明某项无形资产实质上已经发生了减值的情形。

5）无形资产的账面价值超过可收回金额，应计提减值准备。

在资产负债表日无形资产存在可能发生减值的迹象时，其可收回金额低于账面价值的，企业应当将该无形资产的账面价值减记至可收回金额，减记的金额确认为减值损失，计入当期损益，同时计提相应的资产减值准备，按应减记的金额，借记“资产减值损失——无形资产减值损失”账户，贷记“无形资产减值准备”账户。无形资产减值损失一经确认，在以后会计期间不得转回。

当期应计提无形资产减值准备＝当期无形资产账面价值－当期无形资产估计可收回金额

7.4 技能训练

7.4.1 识别与掌握无形资产业务相关术语训练

将下面的每个说明与其对应的专业术语配对（填空）。

A. 无形资产　　B. 专利权概念　　C. 土地使用权
D. 无形资产减值准备　　E. 特许经营权　　F. 商标权
G. 著作权

1）________是指企业拥有或者控制的没有实物形态的可辨认非货币性资产。包括专利权、非专利技术、商标权、土地使用权、特许经营权、著作权等几个方面内容。

2）________简称“专利”，是发明创造人或其权利受让人对特定的发明创造在一定期限内依法享有的独占实施权，是知识产权的一种。

3）________商标权是商标专用权的简称，是指商标主管机关依法授予商标所有人对其注册商标受国家法律保护的专有权。商标注册人依法支配其注册商标并禁止他人侵害的权利，包括商标注册人对其注册商标的排他使用权、收益权、处分权、续展权和禁止他人侵害的权利。商标是用以区别商品和服务不同来源的商业性标志，由文字、图形、字母、数字、三维标志、颜色组合或者上述要素的组合构成。

4）________分为著作人格权与著作财产权。其中著作人格权的内涵包括了公开发表权、姓名表示权及禁止他人以扭曲、变更方式，利用著作损害著作人名誉的权利。著作财产权是无形的财产权，是基于人类智识所产生之权利，故属知识产权之一种，包括重制权、公开口述权、公开播送权、公开上映权、公开演出权、公开传输权、公开展示权、改作权、散布权、出租权等。

5）________是指以合同约定的形式，允许被特许经营者有偿使用其名称、商标、专有技术、产品及运作管理经验等从事经营活动的商业经营模式。

6）________是指无形资产的账面价值超过其可收回金额。判断资产是否减值，应根据无形资产可能已经发生减损的迹象，如果存在任何一种迹象，企业应对其可收回金额进行正式估计。

7）________是依照法律规定或合同约定对一定面积的土地进行利用的权利。是土地所有权的一项重要权能，可以同土地所有权分离而独立存在。

7.4.2 案例题

3月18日，海达公司从外部某单位购入一项专利技术，入账价值28万元，用银行存款付讫，合同规定收益年限7年，相关的法律对所涉及的专利权有效年限规定为10年。根据该业务作无形资产摊销的账务处理。

解答：

合同规定收益年限短于法律规定有效年限，因此该无形资产成本在7年内按月摊销，采用直线法摊销，月摊销 =280 000 ÷ 7 ÷ 12 =3 333.33 元。作会计分录如下：

借：管理费用——无形资产摊销　　3 333.33

　　贷：累计摊销　　3 333.33

单元6 负债与所有者权益的核算与管理

学习目标
- □ 总结并举例说明企业有关的筹资渠道
- □ 了解与筹资相关的内部控制制度
- □ 了解企业办理银行借款、吸收投资的程序
- □ 能完成银行借款、职工薪酬、所有者权益的会计核算

任务1 筹资管理流程及内部控制

上面案例中谈到的其实是一个涉及企业筹资的问题。企业进行生产经营活动，必须拥有一定数量的资金，因而设立企业面临的第一个基本问题就是筹资问题。在企业以后的经营过程中，资金短缺时也需要进行筹资。企业筹资是指企业根据其生产经营、对外投资以及调整资本结构等需要，通过一定的渠道，采取适当的方式，获取所需资金的一种行为。企业筹集资金主要有两大渠道：吸收投资和借入资金。所有者投资为企业的资本金，借入资金为企业的负债。

1.1 任务描述

企业最初的启动资金是由投资人投入的，在以后的经营中如果资金不足，可以通过向银行等金融机构借款等负债方式解决资金问题。本任务主要了解企业对筹资业务的管理流程、筹资内部控制的相关规定、投入资本业务的相关流程，银行借款将在本单元其他任务模块完成。

1.2 任务分析

1.2.1 筹资内部控制制度的相关规定

为了加强对筹资业务的内部控制，控制筹资风险，降低筹资成本，防止筹资过程中的差错与舞弊，对筹资业务应建立严格的授权批准制度，并进行不相容职务分离控制，具体包括以下内容：

1）筹资方案的拟订者与决策者分离。

2）筹资合同或协议的审批者与订立者分离。

3）与筹资有关的各种款项偿付的审批者与执行者分离。

4）筹资业务的执行者与相关会计记录者分离。

1.2.2 筹资管理业务流程

海达有限责任公司为了合理筹资，减少筹资风险，规范筹资管理与核算，对本公司筹资管理业务流程进行科学设计与完善。

具体筹资管理业务流程如图6－1所示。

图6－1 海达公司筹资管理业务流程

1.2.3 海达公司投入资本的业务流程

投资人对企业的投资，是企业设立的必备条件，也是企业从事正常生产经营活动必需的基本资金。我国实行的是注册资本制度，要求企业的实收资本与注册资本相一致。注册资本是企业在设立时由投资者出资的、并向工商行政管理部门登记注册的资本总额，是企业的法定资本，也是企业承担法律责任的财力保证。

海达公司投入资本业务流程如图6－2所示。

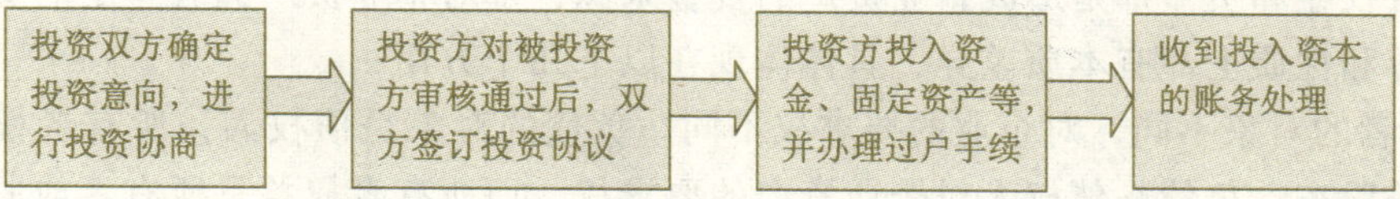

图6－2 海达公司投入资本的业务流程

1.2.4 投入资本涉及单证与管理

1）投资协议书（票样）。

2）出资证明书（票样）。

3）银行对账单（票样）。

4）固定资产调拨单（票样）。

1.3 相关知识

1.3.1 负债的概念及确认

（1）负债的概念

一个持续经营的企业都会存在合理的负债，负债是指企业过去的交易或者事项形成的、预期会导致经济利益流出企业的现时义务。现时义务是指企业在现行条件下已承担的义务。未来发生的交易或者事项形成的义务，不属于现时义务，不应当确认为负债。负债按其流动性可划分为流动负债和非流动负债。流动负债主要包括短期借款、应付票据、应付账款、预收账款、应付职工薪酬、应交税费、应付股利等。负债中的应付及预收款项、应交税费等在相关单元述及，本单元主要以中小企业常见的银行借款和职工薪酬为例加以说明。

（2）负债的确认

负债只有在符合定义，而且同时满足以下条件时，确认为负债：

1）与该义务有关的经济利益很可能流出企业；

2）未来流出的经济利益的金额能够可靠地计量。

1.3.2 所有者权益的概念及构成

（1）所有者权益的概念

所有者权益是指企业资产扣除负债后由所有者享有的剩余权益。公司的所有者权益又称为股东权益。所有者权益金额取决于资产和负债的计量。

（2）所有者权益的构成

所有者权益的来源包括所有者投入的资本、直接计入所有者权益的利得和损失、留存收益等。直接计入所有者权益的利得和损失，是指不应计入当期损益、会导致所有者权益发生增减变动的、与所有者投入资本或者向所有者分配利润无关的利得或者损失。利得是指由企业非日常活动所形成的、会导致所有者权益增加的、与所有者投入资本无关的经济利益的流入。损失是指由企业非日常活动所发生的、会导致所有者权益减少的、与向所有者分配利润无关的经济利益的流出。

1.3.3 所有者权益与负债的区别

所有者权益和负债都是形成企业资产的资金来源，都对企业资产拥有一定的要求权，但二者在内容和性质上却有本质差异，具体体现在以下几个方面：

1）二者的对象不同，对企业的要求权不同。负债的对象是债权人，所有者权益的对象是所有者或股东；负债是债权人对企业资产的要求权，而所有者权益是所有者或股东对企业净资产的要求权。债权和所有权满足的先后次序不同，债权优先于所有权，是第一要求权，当企业清算时，只有在归还债务之后还有剩余财产时，所有者才能按出资比例获得偿还。即所有者位于债权人之后。

2）二者体现的经济关系不同，享有的权利也不同。负债体现的是企业与债权人之间的债权债务关系；而所有者权益体现的是企业与所有者或股东之间的产权关系。正因为如此，负债和所有者权益所拥有的权利不同。债权人只是将资产有偿地借给企业周转使用，因而没有参与企业经营管理和决策的权利，也没有参与企业盈利分配的权利；而所有者或股东将资产投入企业，是企业的主人，因而就具有参与企业经营管理和决策的权利，即具有法定的管理企业和委托他人经营企业的权利，同时还具有参与企业盈利分配的权利。

3）二者的偿还期限不同。负债需要偿还，所有者权益不需偿还，除非发生减值、清算。这是二者区别的核心。所有者权益与企业共存，在规定的经营期内，企业无需向所有者偿还其投入的资本，所有者也不得要求企业返还资本，即使是对利润分配的时间也是由董事会或企业决策机构根据企业的生产经营情况决定的；而负债则有规定的偿还期限，必须按期还本付息。

4）二者承担的风险不同，获得的利益不同。一般情况下，企业的债权人虽不能参与企业的利润分配，但可以按事先约定取得固定的利息收入，并在债务到期时获得返还的本金，其预期收入的金额较为固定，与企业的经营结果关系不大，承担的风险相对较小；而所有者应获得的投资收益要视企业的经营状况而定，并按其投资比例享有利润分配权，有时会获得较高的投资报酬，有时不但得不到收益，反而要承担企业的亏损，所有者或股东要承担较大的风险。

1.4 技能训练

以下题目的选项中包括一个或一个以上的正确选项：

（1）下列各项中，导致负债总额变化的是（　　）。

A. 赊销商品　　B. 赊购商品

C. 开出银行汇票　　D. 用盈余公积转增资本

（2）下列各项中，能引起资产与负债同减的有（　　）。

A. 支付现金股利　　B. 取得短期借款

C. 盈余公积补亏　　D. 以现金支付职工工资

（3）下列经济业务或事项，可以引起资产与所有者权益总额同时发生增减变化的有（ ）。

A. 按照净利润的 10% 计提盈余公积

B. 收到现金股利

C. 收到投资者投入的固定资产

D. 按照大于账面价值的价格转让交易性金融资产

（4）下列各项，能够引起负债和所有者权益项目同时发生变动的有（ ）。

A. 用盈余公积分配现金股利

B. 资本公积转增资本

C. 用长期借款自建固定资产

D. 外商投资企业从税后利润中提取职工奖励基金

（5）下列经济业务中引起资产和负债同时增加的有（ ）。

A. 赊购材料　　B. 支付现金股利

C. 用银行存款购入工程物资　　D. 发行公司债券

1.5 教研活动

参与一个正在设立中的新公司，对公司设立的整个过程进行跟踪，理解《公司法》关于公司设立的条件，并对公司办理营业执照、办理税务登记证要求提供的资料进行特别关注。

【课后讨论】 完成了本任务，小明说：“公司资产的来源有所有者投资和举借负债两条渠道，我觉得一个公司最理想的状况就是没有负债。”你认为他的说法是否正确？为什么？

任务 2 银行借款的核算

从银行或其他的金融机构取得借款是中小企业一种主要的融资方式，银行借款是企业为弥补自有资金的不足，在预期能够按时足额偿还的前提下，向银行或其他的金融机构借入款项的行为。企业借款按期限长短可划分为短期借款、中期借款和长期借款。短期借款是指借款期限在 1 年以内（含 1 年）的各种借款；中期借款是指借款期限在 1 年以上（不含 1 年）5 年以下（含 5 年）的各种借款；长期借款是指借款期限在 5 年以上（不含 5 年）的各种借款。

2.1 任务描述

海达公司由于客户订货量增加需购入一大批材料，现公司资金紧缺，就考虑到中国工商银行办理期限为 9 个月的借款 12 万元。本项任务就是完成海达公司办理借款业务的相关手续，对借款业务进行会计核算。

2.2 任务分析

2.2.1 办理银行借款的程序

企业向银行借款时，必须按照银行的程序办理相关手续，一般包括以下步骤：

(1) 借款人提出贷款申请

借款人若需要银行贷款，应当向银行或其经办机构直接提出书面申请，填写“贷款申请书”。申请书的内容应当包括贷款金额、贷款用途、偿还能力及还款方式，同时还需向银行提交以下材料：

1) 借款人及保证人基本情况；

2) 财务部门或会计师事务所核准的上年度财务报告，以及申请贷款前一期财务报告；

3) 原有不合理占用贷款的纠正情况；

4) 抵押物、质物清单和有处分权人的同意抵押、质押的证明及保证人拟同意保证的有关证明文件；

5) 项目建议书和可行性报告；

6) 银行认为需要提供的其他有关材料；

7) 固定资金贷款要在申请时附可行性研究报告、技术改造方案或经批准的计划任务书、初步设计和总概算。

(2) 银行的审批

银行经过立项、对借款人进行信用等级评估、可行性分析等，经过综合判断，确定能否给予贷款。

(3) 签订借款合同

若银行对借款申请进行审查后，认为各项均符合规定，并同意贷款，便与借款人签订“借款合同”。在“借款合同”中约定贷款种类、贷款用途、贷款金额、利率、贷款期限、还款方式、借贷双方的权利和义务、违约责任、纠纷处理及双方认为需要约定的其他事项。“借款合同”自签订之日起即发生效力。

(4) 贷款的发放

借款合同签订后，双方即可按合同规定核实贷款。借款人可以根据借款合同办理提款手续，按合同计划一次或多次提款。借款人提款时，由借款人填写银行统一制定的提款凭证，然后到银行办理提款手续。

(5) 银行贷后检查

贷后检查是指银行在借款人提取贷款后，对其贷款提取情况和有关生产、经营情况，财务活动进行监督和跟踪调查。

(6) 贷款的收回与延期

贷款到期时，借款人应按借款合同按期足额归还贷款本息。通常，银行在短期贷款到期前1个星期、中长期贷款到期前1个月，向借款人发送还本付息通知单。借款人应及时筹备资金，贷款到期时，一般由借款人主动开出结算凭证，交银行办理还款手续。对于贷款到期而借款人未主动还款的，银行可采取主动扣款的办法，从借款人的存款账户中收回贷款本息。借款人如因客观原因不能按期归还贷款，应按规定提前的天数向银行申请展期，填写展期金额及展期日期，交由银行审核办理。

借款基本程序如图 6－3 所示。

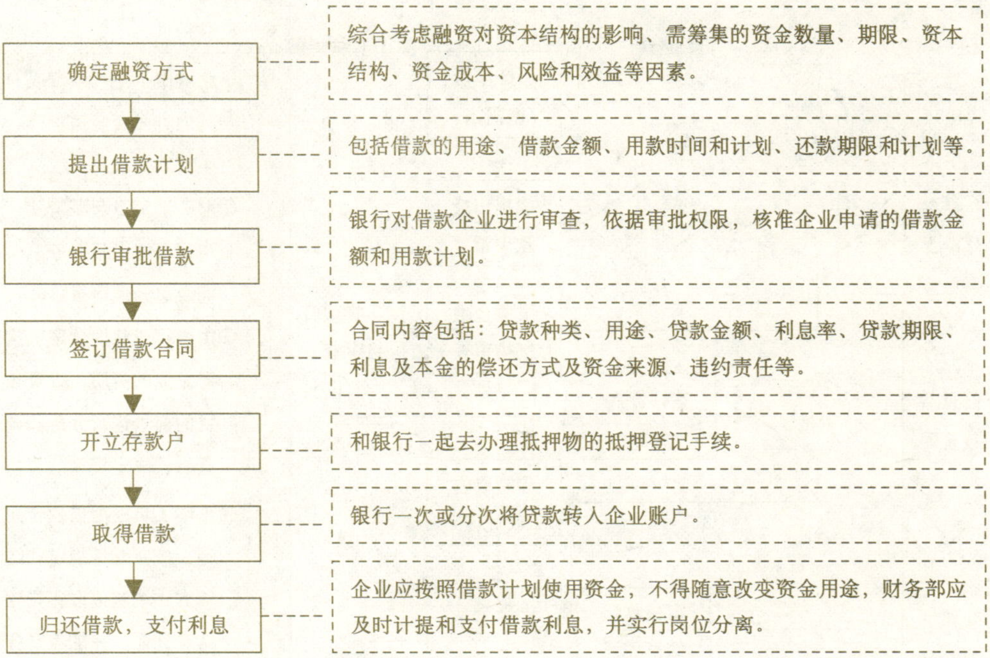

图 6－3　借款基本程序图

2.2.2　借款业务结算流程

海达公司结合本单位实际情况，对借款业务要求按以下流程办理：

1）由主管会计填写申请借款书，并送公司领导审批；

2）公司领导审批通过签字后，送交制单会计；

3）由制单会计办理借款，填写贷款合同，并送会计主管进行审批、核对；

4）会计主管审批无误后，再送公司领导进行审批；

5）公司领导审批无误并签字确认后，由出纳进行贷款合同审批；

6）审批通过后，再由制单会计根据借款合同进行制单，形成记账凭证。

借款结算工作程序如图 6－4 所示。

2.2.3　借款业务涉及单证与管理

1）借款申请书。

2）借款合同。

3）银行借款借据。

4）银行进账单。

5）银行（计算）利息清单。

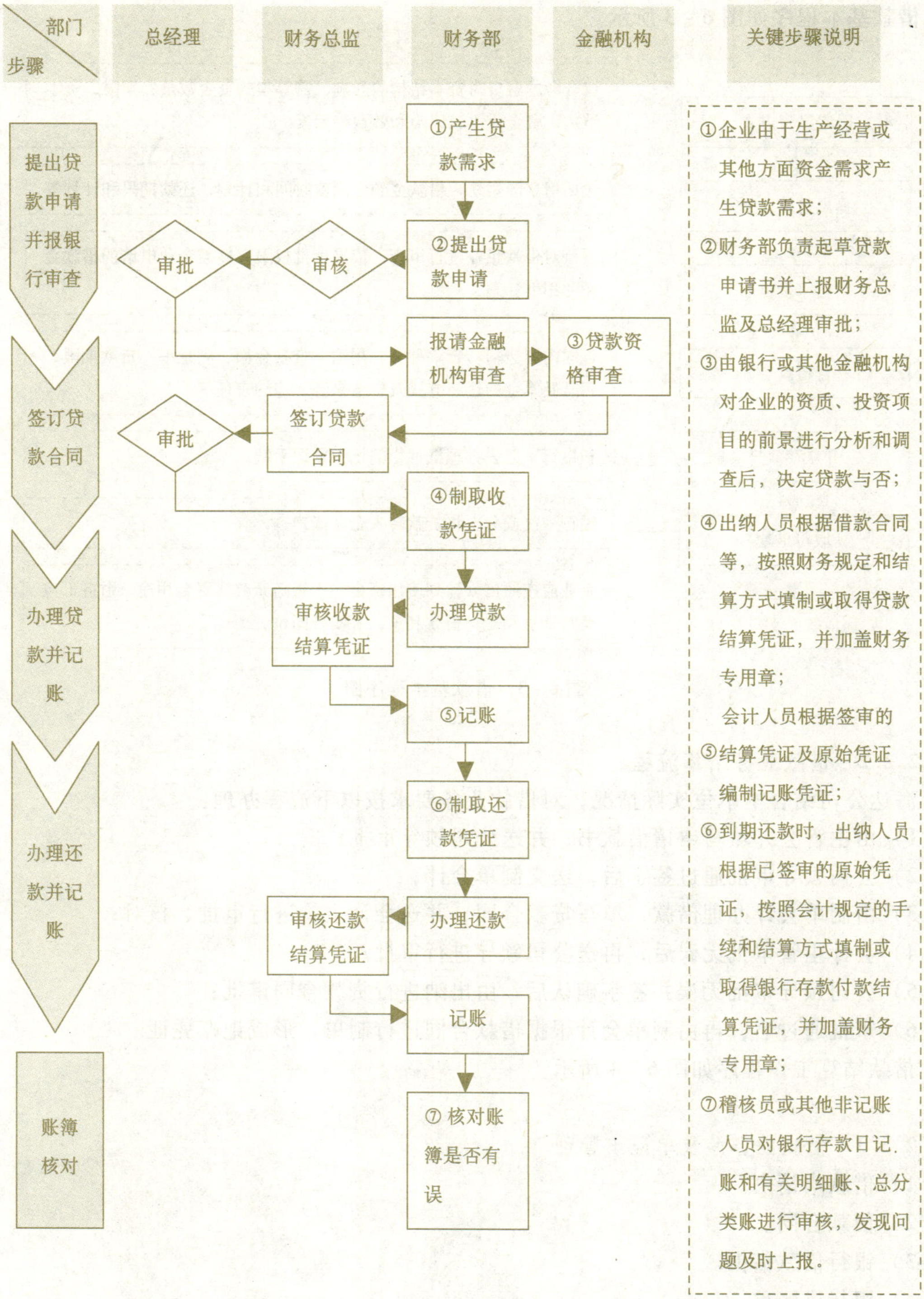

图 6－4　借款结算工作程序图

2.3 相关知识

2.3.1 短期借款的核算

企业设置“短期借款”账户核算从银行或其他金融机构等借入的期限在 1 年以下（含 1 年）的各种借款。短期借款的核算主要包括取得、计提并支付利息和到期偿还三个方面。

（1）取得和偿还

企业从银行或其他金融机构取得短期借款时，借记“银行存款”账户，贷记“短期借款”。企业短期借款到期偿还本金时，借记“短期借款”账户，贷记“银行存款”账户。

（2）计息和付息

1）银行一般于每季度末收取短期借款利息，因此，企业的短期借款利息一般采用月末预提的方式进行核算。短期借款利息属于筹资费用，应记入“财务费用”科目。企业在资产负债表日按计算确定的短期借款利息费用，借记“财务费用”，贷记“应付利息”科目。

2）实际支付利息时，根据已经预提的利息，借记“应付利息”科目，根据应计利息，借记“财务费用”科目，根据应付利息总额，贷记“银行存款”科目。

【业务 6－1】 海达公司于 2009 年 1 月 1 日向银行借入一笔生产经营用短期借款，共计 12 万元，期限为 9 个月，年利率为 8%。根据与银行签署的借款协议，该项借款的本金到期后一次归还；利息分月预提，按季支付。海达公司的有关会计处理如下：

① 1 月 1 日借入短期借款时：

借：银行存款　　120 000

　　贷：短期借款　　120 000

② 1 月末，计提 1 月份应计利息时：

借：财务费用　　800

　　贷：应付利息　　800

　　本月应计提的利息金额 = 120 000 × 8% ÷ 12 = 800（元）

本例中，短期借款利息 800 元属于企业的筹资费用，应记入“财务费用”账户。

2 月末计提 2 月份利息费用的处理与 1 月份相同。

③ 3 月末支付第一季度银行借款利息时：

借：财务费用　　800

　　应付利息　　1 600

　　贷：银行存款　　2 400

本例中，1 月至 2 月已经计提的利息为 1 600 元，应借记“应付利息”账户，3 月份发生的利息费用也为 800 元，直接借记“财务费用”账户；实际支付利息 2 400 元，贷记“银行存款”账户。

第二、第三季度的会计处理同上。

④ 10 月 1 日偿还银行借款本金时：

借：短期借款　　120 000

　　贷：银行存款　　120 000

如果上述借款期限是 8 个月，则到期日为 9 月 1 日，8 月末之前的会计处理与上述相同。9 月 1 日偿还银行借款本金，同时支付 7 月和 8 月已提的未付利息：

借：短期借款　　120 000
　　应付利息　　1 600
　　贷：银行存款　　121 600

2.3.2 长期借款的核算

企业设置"长期借款"账户核算从银行或其他金融机构等借入的期限在1年以上（不含1年）的各种借款，并分别设置本金、应计利息、利息调整等进行明细核算。

（1）本金的会计处理

企业借入银行借款时，应借记"银行存款"账户，贷记"长期借款"账户；企业归还长期借款时，应借记"长期借款"账户，贷记"银行存款"账户。

（2）利息的会计处理

长期借款利息费用应当在资产负债表日按照实际利率法计算确定，实际利率与合同利率差别不大的，也可按合同利率计算确定。利息费用应按以下原则计入有关成本、费用：属于筹建期间的，计入管理费用；属于生产经营期间的，计入财务费用。如果长期借款用于购建固定资产的，在固定资产尚未达到预定可使用状态前所发生的应当资本化的利息支出数，计入在建工程成本。长期借款的应付利息按合同利率计算确定。

【业务6-2】 海达公司于2009年11月30日从银行借入资金400万元，借款期限为3年，年利率为8.4%（到期一次还本付息，不计复利）。所借款项已存入银行。海达公司用该借款于当日购买不需安装的设备一台，价款330万元，增值税56.1万元，另支付运杂费及保险等费用13.9万元，设备已于当日投入使用。海达公司有关会计处理如下：

①取得借款时。

借：银行存款　　4 000 000
　　贷：长期借款——本金　　4 000 000

②支付设备款和运杂费、保险费时。

借：固定资产　　3 439 000
　　应交税费——应交增值税（进项税额）　　561 000
　　贷：银行存款　　4 000 000

【业务6-3】 承【业务6-2】海达公司于2009年12月31日计提长期借款利息。有关会计分录如下：

借：账务费用　　28 000
　　贷：长期借款——应计利息　　28 000

2009年12月31日计提的长期借款利息 = 4 000 000 × 8.4% ÷ 12

= 28 000（元）

2010年1月至2012年10月每月末预提利息分录同上。

【业务6-4】 承【业务6-3】2012年11月30日，A企业偿还该笔银行借款本息。A企业的有关会计分录如下：

借：账务费用　　28 000
　　长期借款——本金　　4 000 000
　　　　　　——应计利息　　980 000

贷：银行存款　　5 008 000

2.4 技能训练

2.4.1 东海公司2009年1月1日向银行借入80万元，用于补充流动资金的不足，期限1年，年利率10%，按季度支付利息。

要求：编制2009年取得借款和计提借款利息的会计分录。

2.4.2 东海公司2009年1月1日向银行借入80万元，用于某项工程，期限5年，年利率10%（实际利率与合同利率一致），合同规定到期一次还本，按年支付利息，该企业每半年计算利息费用，假设工程建设期间计提的利息全部符合资本化条件。该工程于2009年6月完工。

要求：编制东海公司取得借款、计提借款利息和归还借款本金及利息的相关会计分录。

2.5 教研活动

到中小企业实际中去，了解办理借款业务的过程。

在你的周围选择一家需要办理借款业务的中小企业，跟随相关人员办理借款业务，熟悉办理借款的业务流程，特别注意办理借款过程中企业需要准备的资料。以3~4人为一个小组，并提交一个总结。

【课后讨论】 企业的银行借款包括短期借款和长期借款，分别从借款的取得、利息的核算、借款的归还三个方面对短期借款和长期借款的核算进行对比分析。

任务3 应付职工薪酬核算

企业作为市场竞争的主体，其产品成本高低、质量好坏、在市场上是否有竞争力，是企业能否生存和发展的关键所在。人工成本是企业在生产经营过程中发生的各种耗费支出的主要组成部分，明确企业使用各种人力资源所付出的全部代价，以及产品成本中人工成本所占比重，有利于监督和控制生产经营过程中的人工费用支出，改善费用支出结构，节约成本，降低产品价格，提高企业的市场竞争力。

3.1 任务描述

薪酬直接关系到每位职工的切身利益，也直接关系到产品成本和产品价格的高低，影响企业生产经营的成果。准确核算薪酬是财务人员一项重要工作。那么，下面就带你完成对企业薪酬的控制和管理制度的了解，掌握薪酬涉及的相关会计核算。

3.2 任务分析

3.2.1 职工薪酬内部控制的相关规定

1）企业应在董事会下设薪酬委员会，负责制定本单位的薪酬制度，并监督实施。

2）企业应当制定与人力资源考核相挂钩的薪酬制度，规范分配行为，调动员工积极性和创造性，促进企业及员工自身的发展。薪酬制度应当能保持和吸引优秀人才，并符合国家有关法律法规的要求，薪酬发放标准和程序应当规范。

3）企业应当根据有关法律法规、国家统一的会计准则制度的规定，准确确认、计量并发放员工薪酬，并对薪酬发放的真实性、合规性和准确性进行严格的审核，以防虚报冒领等行为。在发放薪酬的同时，企业应当向员工提供薪酬清单，供员工核对确认。

4）企业应当制定薪酬制度评价机制，及时对薪酬制度的合理性及其执行效果进行评价，并根据评价结果修订完善。

3.2.2 职工薪酬岗位职责

职工薪酬岗位是重要会计岗位之一。为了做好职工薪酬的核算工作，企业单位的会计机构可以按照岗位责任制的要求设置职工薪酬会计岗位。若企业职工人数较多，可以配置专门核算人员，也可由其他人员兼任此项工作，但必须遵守不相容职务分离的原则。

1）严格按照本单位工资、奖金核算办法支付工资和各种奖金，定期组织工资发放。

2）每月根据考勤表或记件工资统计表，依据出勤天数、岗位标准、各种补贴和奖金分配方案等有关内容，正确编制工资结算表，并办理代扣各种款项。

3）依据国家规定正确提取职工福利费、职工教育经费、工会经费等有关费用，并进行账务处理。

4）按照工资支付对象和成本核算的要求，编制工资费用分配表，向有关部门提供工资分配的明细资料，并进行工资分配账务处理。

5）完成领导交办的其他工作。

3.2.3 海达公司薪酬管理制度

结合内控制度要求和本单位的实际情况，海达公司在薪酬方面主要管理制度如下：

1）海达公司对薪酬采用预算控制。

2）员工的岗位工资按月发放，发放日定为次月5日，遇节假日提前。

3）个人所得税，依法应当由员工个人承担的劳动保险、医疗保险、公积金等费用，从员工当月工资中代为扣除，统一代为缴纳。

4）在发放薪酬的同时，企业应当向员工提供薪酬清单，供员工核对确认。

职工薪酬核算程序如图6－5所示。

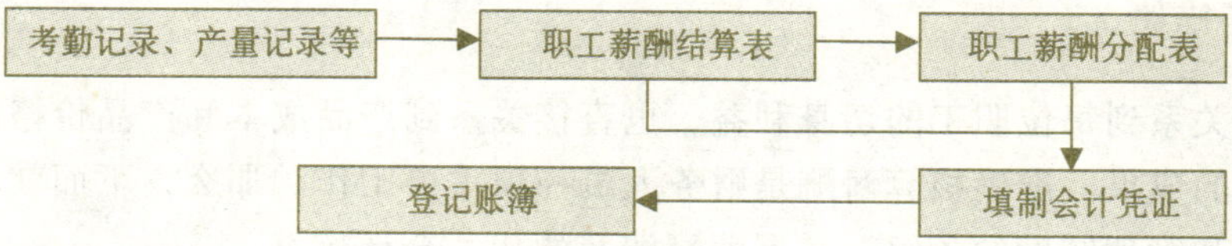

图6－5 职工薪酬核算程序图

3.2.4 薪酬业务涉及单证与管理

1）考勤记录。

2）产量记录。

3）工资结算表。

4）工资费用分配表。

3.3 相关知识

3.3.1 职工薪酬的范围

职工薪酬是企业因职工提供服务而支付或放弃的所有对价，职工薪酬准则规定的职工薪酬主要包括以下内容：

1）职工工资、奖金、津贴和补贴。

2）职工福利费。

3）社会保险费。主要包括养老保险费、医疗保险费、失业保险费、工伤保险费、生育保险费等。

4）住房公积金。

5）工会经费和职工教育经费。

6）非货币性福利。

7）因解除与职工的劳动关系给予的补偿。

8）其他与获得职工提供服务相关的支出。

3.3.2 职工薪酬的确认

职工薪酬准则规定，企业应当在职工为其提供服务的会计期间，将应付的职工薪酬确认为负债，除因解除与职工的劳动关系给予的补偿外，应当根据职工提供服务的受益对象，分别下列情况处理：

1）应由生产产品、提供劳务负担的职工薪酬，计入产品成本或劳务成本。

2）应由在建工程、无形资产负担的职工薪酬，计入固定资产或无形资产成本。

3）除直接生产人员、直接提供劳务人员、建造固定资产人员、开发无形资产人员以外的职工，包括公司总部管理人员、董事会成员、监事会成员等人员相关的职工薪酬，因难以确定直接对应的受益对象，均应当在发生时计入当期损益。

3.3.3 职工薪酬的计量

企业一般设置“应付职工薪酬”账户，核算应付给职工的各项薪酬，该账户属于负债类账户，借方表示支付或减少的职工薪酬，贷方表示企业计提的职工薪酬，期末余额一般在贷方，表示尚未支付的职工薪酬。该账户可以根据应付职工薪酬的内容分别设置明细账。

（1）货币性薪酬

对于货币性薪酬，企业应当根据职工提供服务情况和工资标准计算应计入职工薪酬的工资总额，按照受益对象计入相关资产的成本或当期费用，借记“生产成本”、“管理费用”等科目，贷记“应付职工薪酬”科目。发放时，借记“应付职工薪酬”，贷记“银行存款”等科目。对于职工福利费，企业应当根据历史经验数据和当期福利计划，预计当期应计入职工薪酬的福利费金额；每一资产负债表日，企业应当对实际发生的福利费金额和预计金额进行调整。

对于国务院有关部门、省、自治区、直辖市人民政府或经批准的企业年金计划规定了计提基础和计提比例的职工薪酬项目，企业应当按照规定的计提标准，计量企业承担的职工薪酬义务和计入成本费用的职工薪酬。包括：①“五险一金”，即医疗保险费、养老保险费、失业保险费、工伤保险费、生育保险费和住房公积金。企业应当按照国务院、所在地政府或企业年金计划规定的标准，计量应付职工薪酬义务和相应计入成本费用的薪酬金额。②工会经费和职工教育经费。企业应当按照财务规则等相关规定，分别按照职工工资总额的2%和1.5%的计提标准，计量应付职工薪酬（工会经费、职工教育经费）义务金额和相应计入成本费用的薪酬金额；从业人员技术要求高、培训任务重、经济效益好的企业，可根据国家相关规定，按照职工工资总额的2.5%计量应计入成本费用的职工教育经费。按照明确标准计算确定应承担的职工薪酬义务后，再根据受益对象计入相关资产的成本或当期费用。

【业务6－5】 2009年6月，丙公司当月应发工资1 000万元，其中：生产部门直接生产人员工资500万元；生产部门管理人员工资100万元；公司管理部门人员工资180万元；公司专设产品销售机构人员工资50万元；建造厂房人员工资110万元；内部开发存货管理系统人员工资60万元。

根据所在地政府规定，公司分别按照职工工资总额的10%、12%、2%和10.5%计提医疗保险费、养老保险费、失业保险费和住房公积金，缴纳给当地社会保险经办机构和住房公积金管理机构。根据2008年实际发生的职工福利费情况，公司预计2009年应承担的职工福利费义务金额为职工工资总额的2%，职工福利的受益对象为上述所有人员。公司分别按照职工工资总额的2%和1.5%计提工会经费和职工教育经费。

假定公司存货管理系统已处于开发阶段，并符合《企业会计准则第6号——无形资产》资本化为无形资产的条件。不考虑所得税影响。

应计入生产成本的职工薪酬金额＝500＋500×(10%＋12%＋2%＋10.5%＋2%＋2%＋1.5%)
＝700（万元）

应计入制造费用的职工薪酬金额＝100＋100×(10%＋12%＋2%＋10.5%＋2%＋2%＋1.5%)
＝140（万元）

应计入管理费用的职工薪酬金额＝180＋180×(10%＋12%＋2%＋10.5%＋2%＋2%＋1.5%)
＝252（万元）

应计入销售费用的职工薪酬金额＝50＋50×(10%＋12%＋2%＋10.5%＋2%＋2%＋1.5%)
＝70（万元）

应计入在建工程成本的职工薪酬金额＝110＋110×(10%＋12%＋2%＋10.5%＋2%＋2%＋1.5%)
＝154（万元）

应计入无形资产成本的职工薪酬金额＝60＋60×(10%＋12%＋2%＋10.5%＋2%＋2%＋1.5%)
＝84（万元）

公司在分配工资、职工福利费、各种社会保险费、住房公积金、工会经费和职工教育经费等职工薪酬时，应做如下账务处理：

借：生产成本	7 000 000
制造费用	1 400 000
管理费用	2 520 000

销售费用 700 000
在建工程 1 540 000
研发支出——资本化支出 840 000
贷：应付职工薪酬——工资 10 000 000
——职工福利 200 000
——社会保险费 2 400 000
——住房公积金 1 050 000
——工会经费 200 000
——职工教育经费 150 000

企业按照有关规定向职工支付工资、奖金、津贴等，借记“应付职工薪酬——工资”科目，贷记“银行存款”、“库存现金”等科目；企业从应付职工薪酬中扣还的各种款项（代垫的家属药费、个人所得税等），借记“应付职工薪酬”科目，贷记“银行存款”、“库存现金”、“其他应收款”、“应交税费——应交个人所得税”等科目。

企业向职工食堂、职工医院、生活困难职工等支付职工福利费时，借记“应付职工薪酬——职工福利”科目，贷记“银行存款”、“库存现金”等科目。

企业向社会保险经办机构缴纳职工基本养老保险费，借记“应付职工薪酬——社会保险费”科目，贷记“银行存款”科目。

（2）非货币性职工薪酬

企业向职工提供的非货币性职工薪酬，应当分别情况处理：

1）以自产产品或外购商品发放给职工作为福利。企业以其生产的产品作为非货币性福利提供给职工的，应当按照该产品的公允价值和相关税费，计量应计入成本费用的职工薪酬金额，相关收入的确认、销售成本的结转和相关税费的处理，与正常商品销售相同。以外购商品作为非货币性福利提供给职工的，应当按照该商品的公允价值和相关税费计入成本费用。

需要注意的是，在以自产产品或外购商品发放给职工作为福利的情况下，企业在进行账务处理时，应当先通过“应付职工薪酬”科目归集当期应计入成本费用的非货币性薪酬金额，以确定完整准确的企业人工成本金额。

【业务6-6】 乙公司为一家生产彩电的企业，共有职工200名，2009年2月，公司以其生产的成本为10 000元的液晶彩电和外购的每台不含税价格为1 000元的电暖气作为春节福利发放给公司每名职工。该型号液晶彩电的售价为每台14 000元，乙公司适用的增值税率为17%，已开具了增值税专用发票；乙公司以银行存款支付了购买电暖气的价款和增值税进项税额，已取得增值税专用发票，适用的增值税率为17%。假定200名职工中170名为直接参加生产的职工，30名为总部管理人员。

彩电的售价总额 = 14 000 × 170 + 14 000 × 30 = 2 380 000 + 420 000 = 2 800 000（元）

彩电的增值税销项税额 = 170 × 14 000 × 17% + 30 × 14 000 × 17% = 404 600 + 71 400 = 476 000（元）

公司决定发放非货币性福利时，应做如下账务处理：

借：生产成本 2 784 600
管理费用 491 400

贷：应付职工薪酬——非货币性福利　　3 276 000

借：应付职工薪酬——非货币性福利　　3 276 000

贷：主营业务收入　　2 800 000

应交税费——应交增值税（销项税额）　　476 000

实际发放彩电时，应做如下账务处理：

借：主营业务成本　　2 000 000

贷：库存商品　　2 000 000

电暖气的售价总额 = 170 × 1 000 + 30 × 1 000 = 170 000 + 30 000 = 200 000（元）

电暖气的进项税额 = 170 × 1 000 × 17% + 30 × 1 000 × 17% = 28 900 + 5 100

= 34 000（元）

公司决定发放非货币性福利时，应做如下账务处理：

借：生产成本　　198 900

管理费用　　35 100

贷：应付职工薪酬——非货币性福利　　234 000

购买电暖气时，公司应做如下账务处理：

借：应付职工薪酬——非货币性福利　　234 000

贷：银行存款　　234 000

2）将拥有的房屋等资产无偿提供给职工使用或租赁住房等资产供职工无偿使用。企业将拥有的房屋等资产无偿提供给职工使用的，应当根据受益对象，将住房每期应计提的折旧计入相关资产成本或当期损益，同时确认应付职工薪酬。租赁住房等资产供职工无偿使用的，应当根据受益对象，将每期应付的租金计入相关资产成本或当期损益，并确认应付职工薪酬。难以认定受益对象的，直接计入当期损益，并确认应付职工薪酬。

【业务 6-7】　丙公司为总部各部门经理级别以上职工提供汽车免费使用，同时为副总裁以上高级管理人员每人租赁一套住房。该公司总部共有部门经理以上职工 50 名，每人提供一辆桑塔纳汽车免费使用，假定每辆桑塔纳汽车每月计提折旧 1 000 元；该公司共有副总裁以上高级管理人员 10 名，公司为其每人租赁一套月租金为 8 000 元的公寓。该公司每月应做如下账务处理：

借：管理费用　　130 000

贷：应付职工薪酬——非货币性福利　　130 000

借：应付职工薪酬——非货币性福利　　130 000

贷：累计折旧　　50 000

其他应付款　　80 000

3.4　技能训练

1）A 公司 2009 年 11 月有关职工薪酬业务如下：

①按照工资总额的标准分配工资费用，其中生产工人工资为 100 万元，车间管理人员工资 20 万元，总部管理人员工资为 30 万元，专设销售部门人员工资为 10 万元，在建工程人员工资为 5 万元，内部开发人员工资为 35 万元（符合资本化条件）。

②按照所在地政府规定，按照工资总额的 10%、12%、2% 和 10.5% 计提医疗保险费、

养老保险费、失业保险费和住房公积金。

③根据2008年实际发放的职工福利情况，公司预计2009年应承担职工福利费义务金额为工资总额的4%。

④按照工资总额的2%和2.5%计提工会经费和职工教育经费。

要求：①计算各项职工薪酬。

②编制会计分录。

2）甲上市公司为增值税一般纳税人，适用的增值税税率为17%。2009年3月发生与职工薪酬有关的交易或事项如下：

①对行政管理部门使用的设备进行日常维修，应付企业内部维修人员工资1.2万元。

②对以经营租赁方式租入的生产线进行改良，应付企业内部改良工程人员工资3万元。

③为公司总部下属25位部门经理每人配备汽车一辆免费使用，假定每辆汽车每月折旧0.08万元。

④将50台自产的V型厨房清洁器作为福利分配给本公司行政管理人员。该厨房清洁器每台生产成本为1.2万元，市场售价为1.5万元（不含增值税）。

⑤月末，分配职工工资150万元，其中直接生产产品人员工资105万元，车间管理人员工资15万元，企业行政管理人员工资20万元，专设销售机构人员工资10万元。

⑥以银行存款缴纳职工医疗保险费5万元。

⑦按规定计算代扣代交职工个人所得税0.8万元。

⑧以现金支付职工李某生活困难补助0.1万元。

⑨从应付张经理的工资中，扣回上月代垫的应由其本人负担的医疗费0.8万元。

要求：编制甲上市公司2009年3月上述交易或事项的会计分录。

（注："应交税费"科目要求写出明细科目和专栏名称，答案中的金额单位用万元表示）

3.5 教研活动

到中小企业实际中去，了解当地工资水平，观察薪酬的内部控制。

在你的周围选择几家中小企业，了解其有关薪酬业务的内部控制，以3~4人为一个小组，根据调查结果，讨论不同行业工资水平的差异、不同企业工资制度特点，并提交一个总结。

【课后讨论】

1）又到了发工资的日期，小张高兴地拿着自己的工资本到银行取工资，碰到了邻居张阿姨，张阿姨问他："小张你现在的工作怎么样，一个月能拿多少工资？"小张看了一眼工资本告诉张阿姨："还不错，我们采用计件工资制，我这个月工资是2 300元。"请问企业本月为小张负担的薪金是2 300元吗？为什么？

2）信达公司为经理人员提供汽车免费使用，本月汽车应计提折旧50 000元，该企业会计小王在进行会计处理时是这样做的：

借：管理费用　　50 000

　　贷：累计折旧　　50 000

试分析一下这样处理对吗？如果不对，错在哪里？你认为应该怎样处理？

任务4 所有者权益的核算

所有者权益是指企业资产扣除负债后由所有者享有的剩余权益。公司的所有者权益又称为股东权益。所有者权益的来源包括所有者投入的资本、直接计入所有者权益的利得和损失、留存收益等。直接计入所有者权益的利得和损失，是指不应计入当期损益、会导致所有者权益发生增减变动的、与所有者投入资本或者向所有者分配利润无关的利得或者损失。利得是指由企业非日常活动所形成的、会导致所有者权益增加的、与所有者投入资本无关的经济利益的流入。损失是指由企业非日常活动所发生的、会导致所有者权益减少的、与向所有者分配利润无关的经济利益的流出。

4.1 任务描述

所有者权益涉及项目发生额不多，企业一般不单独设置这一会计岗位，可由相关资金核算人员兼任本部分会计核算工作。本项任务主要是了解所有者权益包括的内容及涉及的会计核算。

4.2 任务分析

所有者权益各项目的核算流程如图6－6至图6－9所示。

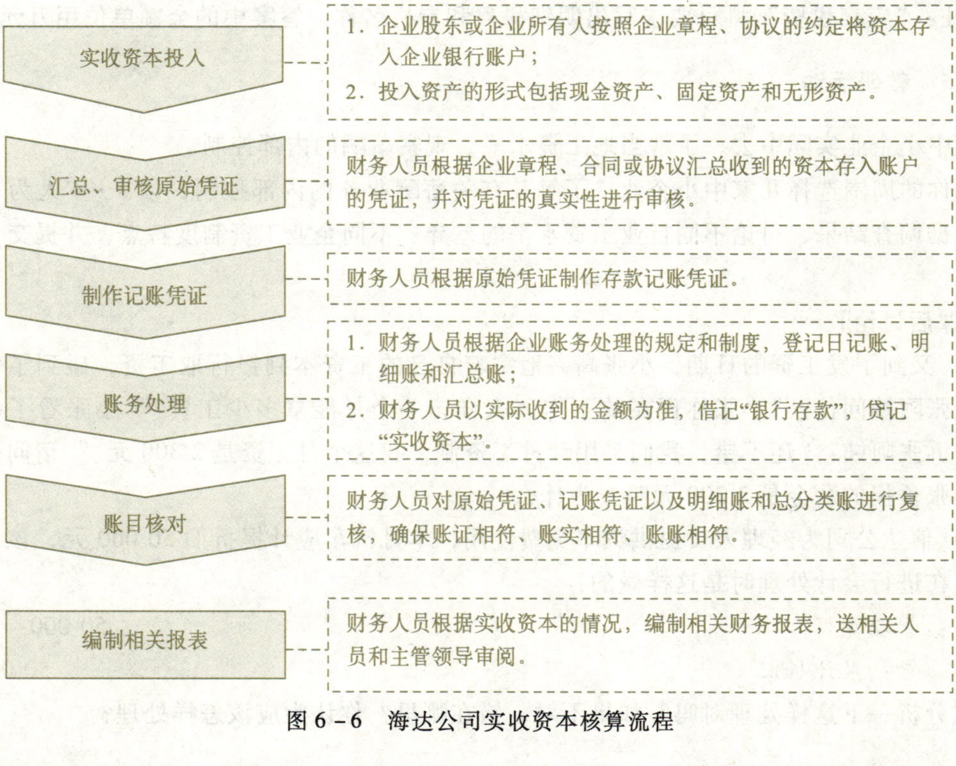

图6－6 海达公司实收资本核算流程

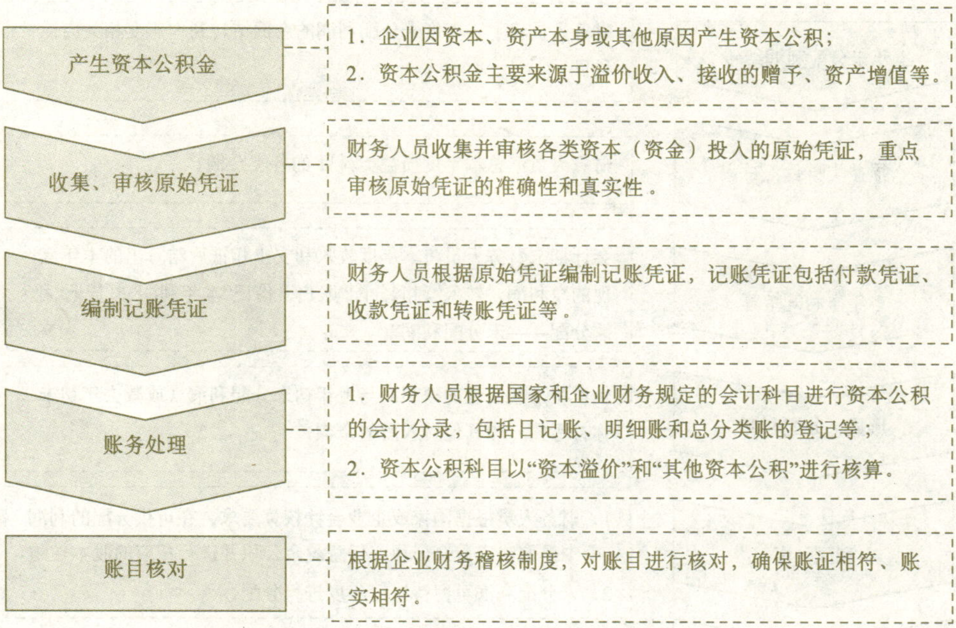

图6－7　海达公司资本公积核算流程

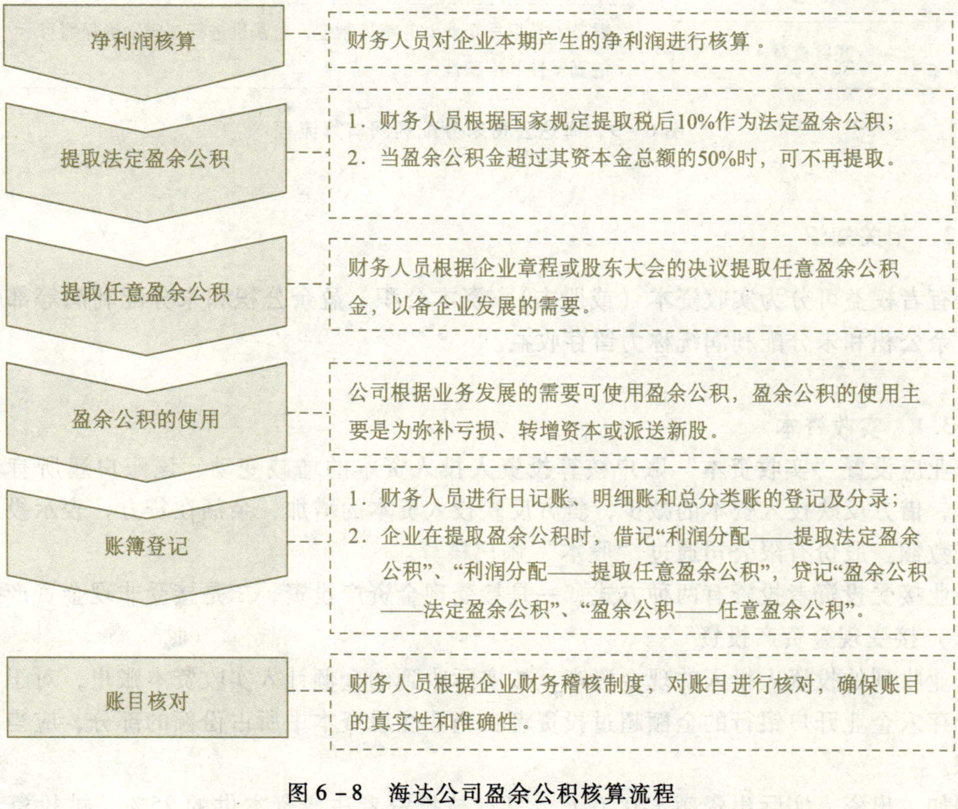

图6－8　海达公司盈余公积核算流程

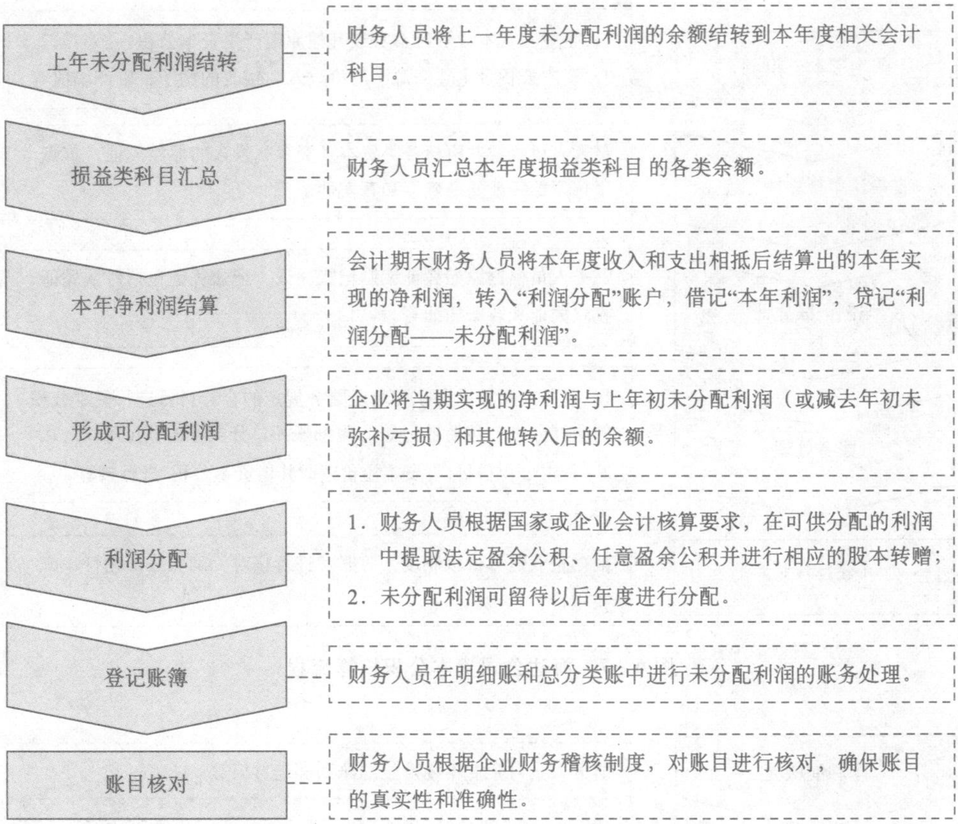

图6－9　海达公司未分配利润核算流程

4.3　相关知识

所有者权益可分为实收资本（或股本）、资本公积、盈余公积和未分配利润等部分。其中，盈余公积和未分配利润统称为留存收益。

4.3.1　实收资本

企业应设置“实收资本”账户核算投资人投入资本的增减变动，该账户属所有者权益类账户，借方反映投入资本的减少，贷方反映投入资本的增加，余额在贷方，表示投入资本的实有数额。股份有限公司通过“股本”账户核算。

企业接受投资者投资有两种方式，一是接受现金资产投资，二是接受非现金资产投资。

（1）接受现金资产投资

企业收到的投资人投入的现金资产，按实际收到的金额计入实收资本账户，对于实际收到或者存入企业开户银行的金额超过投资者在企业注册资本中所占份额的部分，应当计入资本公积。

例如，出资人实际出资额120万元，享有被投资者注册资本供的25%，被投资者注册资本的总额为400万元，则会计处理如下（分录中的金额单位为万元）：

借：银行存款　　120

贷：实收资本　　　　　　　　　　　　　　　　100（400×25%）

　　资本公积　　　　　　　　　　　　　　　　　　　　　　20

【业务6-8】 甲、乙、丙共同投资设立A有限责任公司，注册资本为200万元，甲、乙、丙持股比例分别为60%，25%和15%。按照章程规定。甲、乙、丙投入资本分别为120万元、50万元和30万元。A公司已如期收到各投资者一次缴足的款项。

A有限责任公司在进行会计处理时，应编制会计分录如下：

借：银行存款　　　　　　　　　　　　　　2 000 000

　贷：实收资本——甲　　　　　　　　　　　　　1 200 000

　　　　　　——乙　　　　　　　　　　　　　　500 000

　　　　　　——丙　　　　　　　　　　　　　　300 000

（2）企业接受非现金资产投资

我国法律规定，股东可以用货币出资，也可以用实物、知识产权、土地使用权等可以用货币估价并可以依法转让的非货币财产作价出资，如以固定资产、存货、无形资产（注意：不包括长期待摊费用）出资。

接受投资的非现金资产应该按照投资合同或协议约定的价值（不公允的除外）作为入账价值确认，同时按照投资者在注册资本中所占的部分确认实收资本。对于投资合同或协议约定的价值（不公允的除外）超过其在注册资本中所占份额的部分，应当计入资本公积。

【业务6-9】 甲有限责任公司于设立时收到乙公司作为资本投入的不需要安装的机器设备一台，合同约定该机器设备的价值为200万元，增值税进项税额为34万元（假设不允许抵扣）。合同约定的固定资产价值与公允价值相符，不考虑其他因素。

甲有限责任公司进行会计处理如下：

借：固定资产　　　　　　　　　　　　　　2 340 000

　贷：实收资本——乙公司　　　　　　　　　　　2 340 000

【业务6-10】 乙有限责任公司于设立时收到B公司作为资本投入的原材料一批，该批原材料投资合同或协议约定价值（不含可抵扣的增值税进项税额部分）为10万元，增值税进项税额为1.7万元。B公司已开具了增值税专用发票。假设合同约定的价值与公允价值相符，该进项税额允许抵扣。不考虑其他因素。

乙有限责任公司在进行会计处理如下：

借：原材料　　　　　　　　　　　　　　　100 000

　　应交税费——应交增值税（进项税额）　　　17 000

　贷：实收资本——B公司　　　　　　　　　　　　117 000

本例中，原材料的合同约定价值与公允价值相符，因此，可按照10万元的金额借记“原材料”账户；同时，该进项税额允许抵扣，因此，增值税专用发票上注明的增值税税额1.7万元，应借记“应交税费——应交增值税（进项税额）”账户。乙公司接受的B公司投入的原材料按合同约定全额作为实收资本，因此可按11.7万的金额贷记“实收资本”账户。

【业务6-11】 丙有限责任公司于设立时收到A公司作为资本投入的非专利技术一项，该非专利技术投资合同约定价值为6万元，同时收到B公司作为资本投入的土地使用权一项，投资合同约定价值为8万元。假设丙公司接受该非专利技术和土地使用权符合国家注册资本管理的有关规定，可按合同约定作实收资本入账，合同约定的价值与公允价值相符，不考虑其他因素。

丙有限责任公司在进行会计处理如下：

借：无形资产——非专利技术　　60 000

　　　　　　——土地使用权　　80 000

　贷：实收资本——A 公司　　60 000

　　　　　　　——B 公司　　80 000

4.3.2　资本公积

资本公积是企业收到投资者的超出其在企业注册资本（或股本）中所占份额的投资，以及直接计入所有者权益的利得和损失等。资本公积包括资本溢价（或股本溢价）和直接计入所有者权益的利得和损失等。

资本溢价（或股本溢价）是企业收到投资者的超出其在企业注册资本（或股本）中所占份额的投资。形成资本溢价（或股本溢价）的原因有溢价发行股票、投资者超额缴入资本等。

直接计入所有者权益的利得和损失是指不应计入当期损益、会导致所有者权益发生增减变动的、与所有者投入资本或者向所有者分配利润无关的利得或者损失。

企业应设置“资本公积”总账科目，并设置“资本溢价”、“股本溢价”、“其他资本公积”明细科目，对资本公积金进行会计核算。

（1）资本溢价的核算

【业务 6－12】　A 有限责任公司由两位投资者投资 20 万元设立，每人各出资 10 万元。一年后，为扩大经营规模，经批准，A 有限责任公司注册资本增加到 30 万元，并引入第三位投资者加入。按照投资协议，新投资者需缴入现金 11 万元，同时享有该公司 1/3 的股份。A 有限责任公司已收到该现金投资。假定不考虑其他因素，A 有限责任公司的会计分录如下：

借：银行存款　　110 000

　贷：实收资本　　100 000

　　　资本公积——资本溢价　　10 000

本例中，A 有限责任公司收到第三位投资者的现金投资 11 万元中，10 万元属于第三位投资者在注册资本中所享有的份额，应记入“实收资本”账户，1 万元属于资本溢价，应记入“资本公积——资本溢价”账户。

【业务 6－13】　B 股份有限公司首次公开发行了普遍股 5 000 万股，每股面值 1 元，每股发行价格为 4 元。B 公司以银行存款支付发行手续费、咨询费等费用共计 600 万元。假定发行收入已全部收到，发行费用已全部支付，不考虑其他因素，B 公司的会计处理如下：

①收到发行收入时：

借：银行存款　　200 000 000

　贷：股本　　50 000 000

　　　资本公积——股本溢价　　150 000 000

应增加的资本公积 $=50\,000\,000\times(4-1)=150\,000\,000$（元）

本例中，B股份有限公司溢价发行普通股，发行收入中等于股票面值的部分5 000万元应记入“股本”账户，发行收入超出股票面值的部分15 000万元记入“资本公积——股本溢价”账户。

②支付发行费用时：

借：资本公积——股本溢价　　　　　　6 000 000

　　贷：银行存款　　　　　　　　　　　　6 000 000

本例中，B股份有限公司的股本溢价15 000万元高于发行中发生的交易费用600万元，因此，交易费用可从股本溢价中扣除，作为冲减资本公积处理。

（2）其他资本公积的核算

主要是直接计入所有者权益的利得和损失。如长期股权投资权益法下，被投资方其他权益的变动导致的投资方长期股权投资——其他权益变动的核算，产生的资本公积就属于直接计入当期所有者权益的利得或损失。在处置长期股权投资时，应按处置比例转销与该笔投资相关的其他资本公积。

（3）资本公积转增资本的核算

经股东大会或类似机构决议，用资本公积转增资本时，应冲减资本公积。借记“资本公积”，贷记“实收资本（或股本）”。

4.3.3 留存收益

企业的留存收益包括盈余公积和未分配利润两个部分。

（1）利润分配的顺序

利润分配是指企业根据国家有关规定和企业章程、投资者的决议等，对企业当年可供分配的利润所进行的分配。

企业本年实现的净利润加上年初未分配利润（或减年初未弥补亏损）和其他转入后的余额，为可供分配的利润。可供分配的利润，按下列顺序分配：

1）提取法定盈余公积。按照《公司法》有关规定，公司制企业应当按照净利润（减弥补以前年度亏损，下同）的10%提取法定盈余公积，非公司制企业法定盈余公积的提取比例可超过净利润的10%，法定盈余公积累计额已达注册资本的50%时可以不再提取。值得注意的是，在计算提取法定盈余公积的基数时，不应包括企业年初未分配利润。

2）提取任意盈余公积。公司制企业可根据股东大会的决议提取任意盈余公积，非公司制企业经类似权力机构批准，也可提取任意盈余公积。法定盈余公积和任意盈余公积的区别在于其各自计提的依据不同，前者以国家的法律法规为依据，后者由企业的权力机构自行决定。

3）向投资者分配利润或股利。公司弥补亏损和提取公积金后所余税后利润，有限责任公司股东按照实缴的出资比例分取红利，但是，全体股东约定不按照出资比例分取红利的除外；股份有限公司按照股东持有的股份比例分配，但股份有限公司章程规定不按持股比例分配的除外。

未分配利润是指企业实现的净利润经过弥补亏损、提取盈余公积和向投资者分配利润后留存在企业的、历年结存的利润。

（2）盈余公积的核算

盈余公积是指企业按照规定从净利润中提取的积累资金，包括法定盈余公积、任意盈余公积。企业提取的盈余公积经批准可用于弥补亏损、转增资本、发放现金股利或利润等。企业应该设置“盈余公积”总账科目，同时再设置“盈余公积——法定盈余公积”、“盈余公积——任意盈余公积”明细科目。

盈余公积核算内容包括：提取盈余公积、盈余公积补亏、盈余公积转增资本、用盈余公积发放现金股利或利润。

1）提取盈余公积。

借：利润分配——法定盈余公积、任意盈余公积

　　贷：盈余公积——法定盈余公积、任意盈余公积

2）盈余公积补亏。

借：盈余公积

　　贷：利润分配——盈余公积补亏

借：利润分配——盈余公积补亏

　　贷：利润分配——未分配利润

3）盈余公积转增资本。

借：盈余公积

　　贷：股本或实收资本

4）用盈余公积发放现金股利或利润。

借：盈余公积

　　贷：应付股利或应付利润

（3）未分配利润的核算

未分配利润是企业留待以后年度进行分配的结存利润，也是企业所有者权益的组成部分。相对于所有者权益的其他部分来讲，企业对于未分配利润的使用分配有较大的自主权。从数量上来讲，未分配利润是期初未分配利润，加上本期实现的净利润，减去提取的各种盈余公积和分出利润后的余额。

在会计处理上，未分配利润是通过“利润分配”账户进行核算的，“利润分配”账户应当分别“提取法定盈余公积”、“提供任意盈余公积”、“应付现金股利或利润”、“转作股本的股利”、“盈余公积补亏”和“未分配利润”等进行明细核算。

1）分配股利或利润的会计处理。经股东大会或类似机构决议，分配给股东或投资者的现金股利或利润，借记“利润分配——应付现金股利或利润”账户，贷记“应付股利”账户。经股东大会或类似机构决议，分配给股东的股票股利，应在办理增资手续后，借记“利润分配——转作股本的股利”账户，贷记“股本”账户。

2）期末结转的会计处理。企业期末结转利润时，应将各损益类账户的余额转入“本年利润”账户，结平各损益类账户。结转后“本年利润”的贷方余额为当期实现的净利润，借方余额为当期发生的净亏损。年度终了，应将本年收入和支出相抵后结出的本年实现的净利润或净亏损，转入“利润分配——未分配利润”账户。同时，将“利润分配”账户所属的其他明细账户的余额，转入“未分配利润”明细账户。结转后，“未分配利润”明细账户的贷方余额，就是未分配利润的金额；如出现借方余额，则表示未弥补亏损的金额。“利润分配”账户所属的其他明细账户应无余额。

3）弥补亏损的会计处理。企业在生产经营过程中既有可能发生盈利，也有可能出现亏损。企业在当年发生亏损的情况下，与实现利润的情况相同，应当将本年发生的亏损自“本年利润”账户，转入“利润分配——未分配利润”账户，借记“利润分配——未分配利润”账户，贷记“本年利润”账户，结转后“利润分配”账户的借方余额，即为未弥补亏损的数额。然后通过“利润分配”账户核算有关亏损的弥补情况。

由于未弥补亏损形成的时间长短不同等原因，以前年度未弥补亏损有的可以当年实现的税前利润弥补，有的则需用税后利润弥补。以当年实现的利润弥补以前年度结转的未弥补亏损，不需要进行专门的账务处理。企业应将当年实现的利润自“本年利润”账户，转入“利润分配——未分配利润”账户的贷方，其贷方发生额与“利润分配——未分配利润”的借方余额自然抵补。无论是以税前利润还是以税后利润弥补亏损，其会计处理方法均相同。但是，两者在计算缴纳所得税时的处理是不同的。在以税前利润弥补亏损的情况下，其弥补的数额可以抵减当期企业应纳税所得额，而以税后利润弥补的数额，则不能作为纳税所得扣除处理。

【业务 6－14】 D 股份有限公司年初未分配利润为 0，本年实现净利润 200 万元，本年提取法定盈余公积 20 万元，宣告发放现金股利 80 万元。假定不考虑其他因素，D 股份有限公司会计处理如下：

①结转本年利润。

借：本年利润	2 000 000	
贷：利润分配——未分配利润		2 000 000

如企业当年发生亏损，则应借记“利润分配——未分配利润”账户，贷记“本年利润”账户。

②提取法定盈余公积、宣告发放现金股利。

借：利润分配——提取法定盈余公积	200 000	
——应付现金股利	800 000	
贷：盈余公积——法定盈余公积		200 000
应付股利		800 000

同时，

借：利润分配——未分配利润	1 000 000	
贷：利润分配——提取法定盈余公积		200 000
——应付现金股利		800 000

结转后，如果“未分配利润”明细账户的余额在贷方，表示累计未分配的利润；如果余额在借方，则表示累积未弥补的亏损。本例中，“利润分配——未分配利润”明细账户的余额在贷方，此贷方余额 100 万元（本年利润 200－提取法定盈余公积 20－支付现金股利 80 万）即为 D 股份有限公司本年年末的累计未分配利润。

4.4 技能训练

4.4.1 请认真思考以下问题

1）按净利润的 10% 计提法定盈余公积，属于所有者权益内部一增一减，总额不变；留存收益总额不变。

2）资本公积转增资本，所有者权益内部一增一减，所有者权益总额不变；留存收益不受影响，总额不变。

3）盈余公积转增资本，所有者权益总额不变，留存收益总额减少。

4）企业用盈余公积弥补亏损，所有者权益总额不变，留存收益不变。

5）宣告发放现金股利，所有者权益总额减少，留存收益减少。

6）实际发放现金股利，所有者权益总额不变，留存收益不变。

7）实际发放股票股利，所有者权益总额不变，留存收益减少。

8）盈余公积发放现金股利，所有者权益总额减少，留存收益减少。

4.4.2 练习投入资本与资本公积的核算

甲公司属于工业企业，为增值税一般纳税人，由A、B、C三位股东于2007年12月31日共同出资设立，注册资本800万元。出资协议规定，A、B、C三位股东的出资比例分别为40%、35%和25%。有关资料如下：

1）2007年12月31日三位股东的出资方式及出资额如表6－1所示（各位股东的出资已全部到位，并经中国注册会计师验证，有关法律手续已经办妥）。

表6－1

单位：万元

出资者	货币资金	实物资产	无形资产	合　计
A	270		50（无形资产）	320
B	130	150（固定资产）		280
C	170	30（固定资产）		200
合　计	570	180	50	800

2）2008年甲公司实现净利润400万元，决定分配现金股利100万元，计划在2009年2月10日支付。

3）2009年12月31日，吸收D股东加入本公司，将甲公司注册资本由原800万元增加到1 000万元。D股东以银行存款100万元、原材料58.5万元（增值税专用发票中注明材料计税价格为50万元，增值税8.5万元）出资，占增资后注册资本10%的股份；其余的100万元增资由A、B、C三位股东按原持股比例以银行存款出资。2009年12月31日，四位股东的出资已全部到位，并取得D股东开出的增值税专用发票，有关的法律手续已经办妥。

要求：（1）编制甲公司2007年12月31日收到出资者投入资本的会计分录（“实收资本”科目要求写出明细科目）。

（2）编制甲公司2008年决定分配现金股利的会计分录（“应收股利”科目要求写出明细科目）。

（3）计算甲公司2009年12月31日吸收D股东出资时产生的资本公积。

（4）编制甲公司2009年12月31日收到A、B、C股东追加投资和D股东出资的会计分录。

（5）计算甲公司2009年12月31日增资扩股后各股东的持股比例。

（注：答案中的金额用万元表示）

4.4.3 练习留存收益的核算

东方公司 2008 年年初未分配利润 30 万元，任意盈余公积 20 万元，当年实现税后利润为 180 万元，公司股东大会决定按 10% 提取法定盈余公积，25% 提取任意盈余公积，分派现金股利 50 万元。

东方公司现有股东情况如下：A 公司占 25%，B 公司占 30%，C 公司占 10%，D 公司占 5%，其他占 30%。2009 年 5 月，经公司股东大会决议，以任意盈余公积 50 万元转增资本，并已办妥转增手续。2009 年度东方公司发生亏损 35 万元。

要求：①根据以上资料，编制 2008 年有关利润分配的会计处理。

②编制东方公司盈余公积转增资本的会计分录。

③编制 2009 年年末结转亏损的会计分录，并计算未分配利润的年末金额。

（注：盈余公积和利润分配的核算写明明细科目）

4.5 教研活动

到中小企业实际中去，了解企业利润实现情况，以及企业对利润的分配程序、利润分配的会计处理是否规范。

【课后讨论】

1）完成了本任务，小东说，“我觉得盈余公积和未分配利润，都是从企业的利润中留下来的，其实完全没有必要搞得这样复杂，企业只需要减去分给投资人的利润得到留存收益就可以了，没有必要在所有者权益下区分什么是盈余公积和未分配利润。”他的说法有没道理，请说明理由。

2）通明公司 2008 年年末未分配利润为 123 275 元，2009 年实现税后净利润 5 万元，按净利润的 10% 计提法定盈余公积金，净利润的 5% 计提任意盈余公积金，净利润的 30% 向投资人分配，问通明公司 2009 年末的未分配利润是多少？小张脱口而出 50 000 ×（1 − 10% − 5% − 30%）= 275 000（元），他的说法对吗？为什么？

单元7

成本业务核算与管理

学习目标
- □ 熟悉成本核算员岗位的工作职责
- □ 解释成本管理法规和制度
- □ 归集分配成本费用
- □ 计算产品成本
- □ 编制成本报表
- □ 分析成本费用

任务1 熟悉成本核算员岗位工作流程

1.1 任务描述

财务经理高强告诉张明，第一个月张明的主要工作就是熟悉单位情况，了解企业生产工艺流程，了解企业产品成本构成，月底交一份书面材料。

材料内容主要有：

1）绘制企业生产工艺流程图；

2）对公司下设部门分类；

3）编制产品材料配件表；

4）编制企业成本核算流程图。

1.2 任务分析

张明的前期调研是为今后的核算工作打下基础。完成该项任务，需要张明具有较强的与人沟通、协调的能力，能将自己所学的理论知识应用于企业实践活动。

1.3 相关知识

1.3.1 确定成本费用的开支范围

为了正确核算企业成本费用，首先要明确什么是产品成本？什么是期间费用？企业成本费用核算的依据？成本核算基本要求？

（1）产品成本

产品成本，是指企业为生产产品、提供劳务所发生的各项生产耗费的总和，是对象化的费用。常用的产品成本项目包括：

1）直接材料。直接材料核算直接用于产品生产，构成产品实体的原材料、辅助材料、包装材料、半成品以及其他有助于产品形成的材料。

2）燃料动力。燃料动力核算企业为进行产品生产耗用的各类燃料和动力。例如，煤炭、汽油、天然气、生产用水、电力等。

3）直接人工。直接人工核算企业生产工人的职工薪酬。例如，车间生产工人工资、五险一金、三项经费。

4）制造费用。制造费用核算企业的生产单位为组织和管理生产而发生的各项间接费用。例如，车间物料消耗、车间管理人员职工薪酬、车间固定资产折旧费、车间办公费等。

（2）期间费用

期间费用，是指为组织和管理生产经营活动而发生的，与一定时期实现的收入相关，直接计入当期损益的各项费用。主要包括：

1）管理费用，是指企业的行政管理部门为组织和管理生产经营而发生的各项费用。例如，行政管理部门人员的职工薪酬、办公费、折旧费、业务招待费等。

2）财务费用，是指企业为筹集生产经营所需资金而发生的筹资费用。如利息支出、利息收入、汇兑损益、金融机构手续费等。

3）销售费用，是指企业在销售商品、材料和提供劳务的过程中所发生的各项费用。例如，企业在销售过程中发生的应该由企业负担的产品运输费、广告费以及专设销售机构的经费等。

（3）成本费用核算依据

1）国家《企业会计准则》、《企业内部会计制度》。

2）有关的消耗定额、开支标准和开支范围的政策文件。

3）充分考虑企业内部的经营特点和管理要求，制定本企业成本核算制度。

（4）成本核算基本要求

1）正确划分应计入成本的费用与不应计入成本的费用的界限。

①区分生产成本、期间费用、直接计入当期利润的损失。

②下列支出不作为成本进行管理：

- 购置和建造固定资产、无形资产和其他资产的支出。
- 对外投资的支出。
- 被罚没的财物、支付的滞纳金、罚款、违约金等费用。
- 法律法规规定不得列入成本的各种费用。

2）正确划分各期费用成本的界限。

3）正确划分各种产品费用成本的界限。

4）正确划分完工产品与期末在产品成本的界限。

1.3.2 确定成本核算对象

要正确计算产品成本，首先要确定成本计算对象，即计算谁的成本。在不同企业，确定成本计算对象，主要考虑的因素是企业的生产特点和管理要求。

（1）企业生产类型

工业企业的生产类型一般按照生产工艺过程的特点和生产组织的特点进行分类，主要分类方式见图7-1。

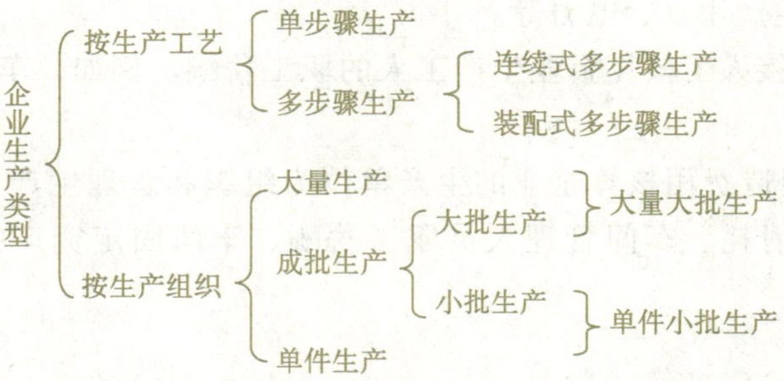

图7-1 工业企业的生产类型

（2）成本计算基本方法

企业选择产品成本计算方法的原则是符合企业生产特点，满足企业成本管理的要求。受企业生产类型特点和管理要求的影响，应该确定三种不同的成本计算对象，分别采用三种不同的成本计算方法，即品种法、分批法和分步法（见表7-1）。

表7-1 成本计算的基本方法

成本计算方法	适用范围	成本计算对象	成本计算期	期末在产品成本的计算
品种法	大量大批单步骤生产或管理上不要求分步计算成本的多步骤生产	产品品种	按月计算	一般不需计算
分步法	大量大批多步骤生产	产品品种及所经生产步骤	按月计算	需要计算
分批法	单件小批生产	产品批别	一般不定期，生产周期一致	一般不需计算

1.4 技能训练

1.4.1 了解企业概况

海达有限责任公司是一般纳税人企业，以生产、销售塑料容器产品为主要业务，拥有塑料产品生产线两条，生产轻质容器和硬质容器。轻质容器有塑料盒、水杯，硬质容器有胶桶、塑料凳。公司下设原料仓库、硬质塑料生产车间、轻质容器生产车间、成品仓库、供水车间、供电车间、销售科、供应科、财务科、总经办等部门。

1.4.2 了解生产工艺流程

张明下到生产车间了解生产工艺流程，绘制了企业生产工序流程示意图（见图7－2）。根据企业生产特点和管理要求，确定企业成本核算对象为塑料盒、水杯、胶桶和塑料凳四种产品，要求计算每种产品的总成本和单位成本。

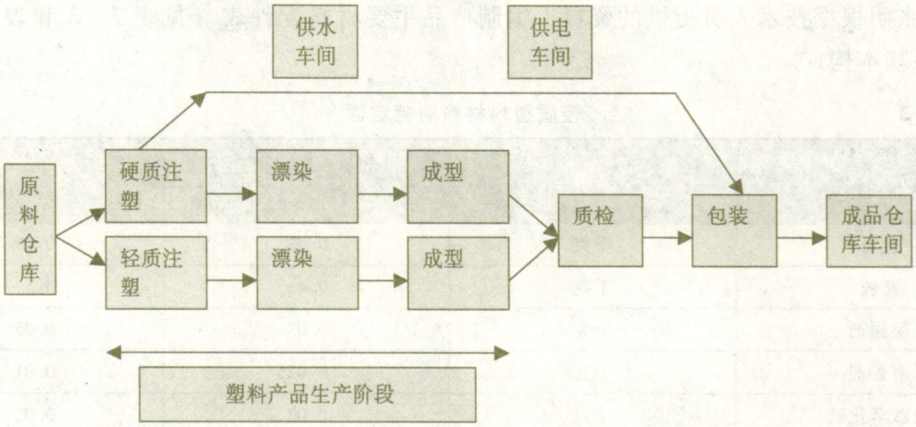

图7－2 塑料产品制造生产工序流程示意图

1.4.3 对公司下设部门分类

张明结合企业生产工艺流程图，设计了海达有限责任公司行政架构表（见表7－2），该表将企业各部门分为生产部门和非生产部门，生产部门又按其在生产中功能性质分为直接生产部门、间接生产部门、辅助生产部门。通过设计该表，张明对公司会计科目设置和成本费用划分有了比较成熟的想法。

表7－2 海达有限责任公司行政架构表

部门名称	职责	主要资产	部门性质	生产阶段
原料仓库	存放原料	叉车、推车	间接生产部门	公共费用
硬质塑料生产车间	注塑、漂染、成型	注塑机、烘干机、压力机	直接生产部门	硬质塑料生产阶段
轻质塑料生产车间	注塑、漂、染、成型	注塑机、烘干机、压力机	直接生产部门	轻质塑料生产阶段
成品仓库	存放成品	叉车、推车	间接生产部门	公共费用

续表

部门名称	职责	主要资产	部门性质	生产阶段
供水车间	向各部门供水	高压泵	辅助生产部门	辅助费用
供电车间	向各部门供电	变压器	辅助生产部门	辅助费用
销售科	销售业务	货车	非生产部门	
供应科	供应、采购		非生产部门	
财务科	核算		非生产部门	
总经办	经营决策、管理	轿车	非生产部门	

1.4.4 编制产品材料配件表

1）产品展示：作为成本核算员，首先应对核算的产品有感性的认识，熟悉产品的构造。

2）张明根据技术人员提供的资料，编制产品主要材料配件表（见表7－3和表7－4），了解产品基本构成。

表7－3　　　　轻质塑料材料消耗定额

产品名称 材料名称	计量单位	口杯	塑料盒
色母	千克	0.03	0.05
塑胶	千克	0.4	0.5
凝固剂	千克	0.03	0.05
清香剂	千克	0.025	0.01
胶肽活化剂	千克	0.03	0.05
商标牌	张	1	1

表7－4　　　　硬质塑料材料消耗定额

产品名称 材料名称	计量单位	胶桶	塑料凳
色母	千克	0.08	0.09
塑胶	千克	0.7	0.8
凝固剂	千克	0.06	0.07
清香剂	千克	0.02	0.02
阀盖	个	1	
商标牌	张	1	1

1.4.5 设计产品成本核算流程图。

张明设计的产品成本核算流程图如图7－3所示。

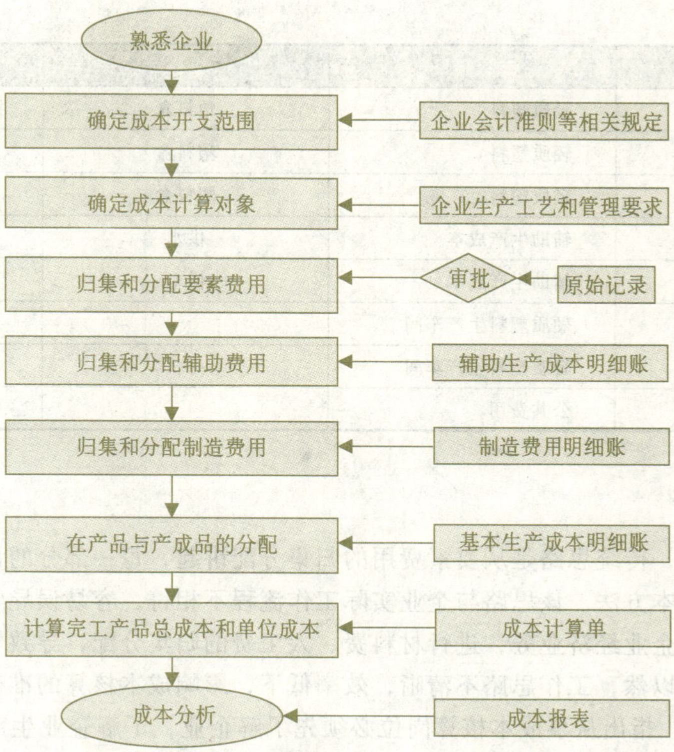

图 7－3　产品成本核算流程图

1.4.6　设置成本类会计科目表

张明编制的海达有限责任公司成本类会计科目表见表 7－5。

表 7－5　　成本类会计科目设置表

一级科目	二级科目	三级科目	四级科目
生产成本	硬质塑料	胶桶	直接材料
生产成本	硬质塑料	胶桶	燃料动力
生产成本	硬质塑料	胶桶	直接人工
生产成本	硬质塑料	胶桶	制造费用
生产成本	硬质塑料	塑料凳	直接材料
生产成本	硬质塑料	塑料凳	燃料动力
生产成本	硬质塑料	塑料凳	直接人工
生产成本	硬质塑料	塑料凳	制造费用
生产成本	轻质塑料	口杯	直接材料
生产成本	轻质塑料	口杯	燃料动力
生产成本	轻质塑料	口杯	直接人工
生产成本	轻质塑料	口杯	制造费用
生产成本	轻质塑料	塑料盒	直接材料

续表

一级科目	二级科目	三级科目	四级科目
生产成本	轻质塑料	塑料盒	燃料动力
生产成本	轻质塑料	塑料盒	直接人工
生产成本	轻质塑料	塑料盒	制造费用
生产成本	辅助生产成本	供水	
生产成本	辅助生产成本	供电	
制造费用	硬质塑料生产车间		
制造费用	轻质塑料生产车间		
制造费用	公共费用		

1.5 教研活动

学习成本会计，传统思路是从要素费用的归集分配讲起，每一部分的计算都讲完后，再抛出成本计算的基本方法。该思路与企业实际工作流程不相符，容易误导学生，到了实际工作岗位，直接处理企业经济业务，进行材料费、人工费的归集分配，导致学生眼界狭窄，只知其然，不知其所以然，工作思路不清晰，效率低下，影响成本核算的准确性。本单元任务1从企业实际出发，指出从事成本核算岗位必须先了解企业，了解企业生产工艺流程和管理要求，明确成本核算对象，建立企业成本核算的框架体系。为了很好地完成本单元任务，必须采用多媒体教学，模拟企业真实情境，采用角色扮演法，在小组充分展开讨论和教师引领下，完成上述工作。

任务2 归集分配要素费用

2.1 任务描述

鉴于张明第一个月的工作表现非常出色，财务经理高强安排张明在成本核算岗位轮流工作一段时间，以便熟悉成本核算的全过程。本企业所设成本核算岗位包括材料核算岗位、工资核算岗位、产品成本核算岗位。

海达公司产品成本核算要求主要是：海达有限责任公司材料存货分为原料及主要材料、辅助材料、燃料、包装材料和其他材料五大类，存货采用永续盘存制，按实际成本计价，发出存货成本采用月末一次加权平均法计算。产品成本中原材料费用能直接计入某种产品成本的，直接计入成本；用于几种产品的，按定额耗用比例分配。低值易耗品采用一次摊销法。企业外购水电费用先计入辅助生产成本，月末随同辅助车间费用一同分配计入各受益对象。海达公司产品成本相关资料如表7－6和表7－7所示。

表 7－6　　2009 年 7 月产量及生产工时资料

产品	产量（只）				生产工时
	期初在产品	投产量	完工产量	月末在产品	
口杯		7 000	7 000		180
塑料盒	220	3 000	3 220		120
胶桶	150	6 000	5 100	1 050	200
塑料凳		2 000	1 800	200	140

表 7－7　　2009 年 7 月期初在产品资料

产品	摘要	直接材料	燃料动力	直接人工	制造费用	合计
胶桶	月初在产品成本	1 120	860	1 680	940	4 600
塑料盒	月初在产品成本	720	460	2 700	520	4 400

【任务要求】

1）归集分配海达公司 2009 年 7 月材料费用。

2）归集分配海达公司 2009 年 7 月人工费用。

3）归集分配海达公司 2009 年 7 月其他费用。

2.2　任务分析

确定成本核算对象后，应根据成本核算对象，归集分配要素费用，包括材料费用归集分配、燃料动力费用归集分配、人工费用归集分配、制造费用归集分配。

1）月末，各部门将数据上报到财务科，包括材料仓库报送本月材料进出存明细表，人事部门报送工资明细数据，车间统计生产量以及材料、工时、动力消耗等数据。

2）开设成本费用明细账，将费用按照成本对象进行归集，按照成本项目予以结算。

3）费用分配应遵循"谁受益，谁承担"的原则，能够确定由某一成本核算对象负担的，直接记入该成本核算对象；由几个成本核算对象共同负担的，选择合理的分配标准，在有关成本核算对象之间进行分配。具体内容如图 7－4 所示。

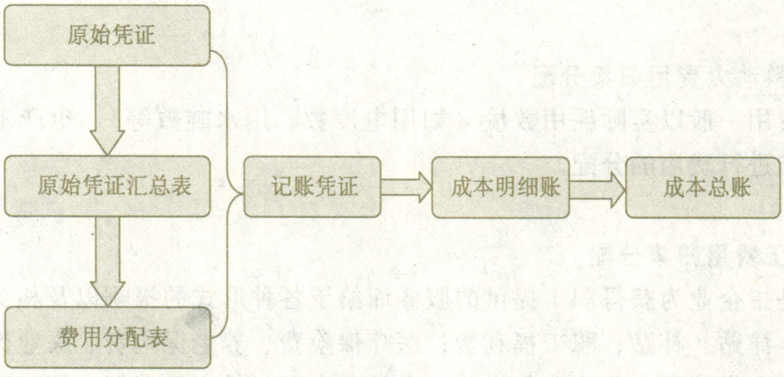

图 7－4　要素费用分配的一般程序

2.3 相关知识

在成本计算当中，对于共同费用的分摊计算是非常多的，分摊得是否合理，决定了成本计算得正确与否。如何做到合理分摊？关键是找到适当的分摊标准。分摊标准的选择应与费用的发生有着密切关系。其计算公式为：

$$分配率=\frac{待分配费用总额}{各种产品分配标准量之和}$$

$$某种产品应负担的费用=该产品的分配标准量\times分配率$$

该组公式属于成本分配的核心公式，应用非常广泛，深入领会该公式，后续费用分配的问题都将迎刃而解。公式中的关键因素包括分配对象、待分配费用和分配标准。具体操作步骤如下：

1）确定待分配费用总额。

2）确定分配标准。

3）计算费用分配率。

4）计算各成本核算对象应负担的费用。

5）编制相关的费用分配表。

6）编写费用分配的会计分录。

2.3.1 材料费用归集分配

1）材料成本主要包括材料购买价格、运杂费、装卸费、运输途中的合理损耗、入库前的加工、整理及挑选费用等。

2）消耗材料的计量主要有两种方法：永续盘存制和实地盘存制。

3）材料成本计价主要有两种方法：实际成本法和计划成本法。在实际成本法下，发出存货计价方法包括先进先出法、加权平均法、个别计价法。

4）凡直接用于产品生产的材料，直接计入各产品成本；由多个成本核算对象共同负担的，分配计入各产品成本。

5）根据分配标准的不同，材料费用分配采用的方法主要有实际产量比例法、定额耗用量比例法、定额成本比例法、系数比例法等。

2.3.2 燃料动力费用归集分配

外购动力费用一般以实际耗用数量（如用电度数、用水吨数等）、生产工时、机器工时等作为分配标准进行费用的分配。

2.3.3 人工费用归集分配

职工薪酬是指企业为获得职工提供的服务而给予各种形式的报酬以及相关支出。包括职工工资、奖金、津贴、补贴；职工福利费；医疗保险费、养老保险费、失业保险费、工伤保险费和生育等社会保险费；住房公积金；工会经费和职工教育经费等。职工薪酬的分配主要指在计时工资下，车间生产多种产品，生产工人职工薪酬应按一定分配标准计入各种产品成本。常用分配标准如生产工时。

2.3.4 其他各项要素费用归集分配

其他各项要素费用包括固定资产折旧费用、税金、其他费用等。其中，折旧费用的归集，一般是由会计部门在月末通过编制各车间、部门折旧计算明细表进行的。

2.4 技能训练

2.4.1 材料费用归集分配

（1）本月领料情况

数据来源：生产部应以生产作业计划为根据开具领料单（见表7－8至表7－17），领料单一式三联；生产车间指定人员持领料单向仓储部领用所需原材料；仓管员审核单据手续是否齐全，符合者发放原材料，并当面清点原材料的数量并记账，除领料单一联退领料单位外，其余两联由仓库接收，其中一联自存，另一联送财务部。

表7－8 领 料 单

领料部门：轻质塑料生产车间 2009年7月5日

材料编号	材料规格及名称	计量单位	数 量	单 价	金 额
	色母	千克	400		
	塑胶	千克	4 600		
	凝固剂	千克	400		
	清香剂	千克	205		
	胶肽活化剂	千克	360		
用途	产品领用				

二交会计

部门主管：海华 领料人：李林 制单人：王强

表7－9 领 料 单

领料部门：轻质塑料生产车间 2009年7月5日

材料编号	材料规格及名称	计量单位	数 量	单 价	金 额
	薄膜套	千克	14		
	40×40×100包装纸箱	个	70		
	商标牌	张	7 000		
	口杯模具	只	70		
用途	口杯领用				

二交会计

部门主管：海华 领料人：李林 制单人：王强

表 7－10 　　　　　　　　　　**领　　料　　单**

领料部门：轻质塑料生产车间　　　　　　2009 年 7 月 8 日

材料编号	材料规格及名称	计量单位	数　量	单　价	金　额
	薄膜套	千克	6		
	40×40×100 包装纸箱	个	40		
	商标牌	张	3 000		
	塑料盒模具	只	30		
用途	塑料盒领用				

二 交会计

部门主管：海华　　　　　　领料人：李林　　　　　　制单人：王强

表 7－11 　　　　　　　　　　**领　　料　　单**

领料部门：轻质塑料生产车间　　　　　　2009 年 7 月 10 日

材料编号	材料规格及名称	计量单位	数　量	单　价	金　额
	机油	千克	5		
	低值品	件	12		
用途	车间一般耗用				

二 交会计

部门主管：海华　　　　　　领料人：李林　　　　　　制单人：王强

表 7－12 　　　　　　　　　　**领　　料　　单**

领料部门：硬质塑料生产车间　　　　　　2009 年 7 月 5 日

材料编号	材料规格及名称	计量单位	数　量	单　价	金　额
	色母	千克	630		
	塑胶	千克	5 600		
	凝固剂	千克	500		
	清香剂	千克	160		
用途	产品领用				

二 交会计

部门主管：海华　　　　　　领料人：李东　　　　　　制单人：胡强

表 7－13 　　　　　　　　　　**领　　料　　单**

领料部门：硬质塑料生产车间　　　　　　2009 年 7 月 15 日

材料编号	材料规格及名称	计量单位	数　量	单　价	金　额
	阀盖	个	6 000		
	泡沫块	立方米	75		
	50×50×120 包装纸箱	只	120		
	商标牌	张	6 000		
	胶桶模具	只	60		
用途	胶桶领用				

二 交会计

部门主管：海华　　　　　　领料人：李东　　　　　　制单人：胡强

表 7－14 领 料 单

领料部门：硬质塑料生产车间 2009 年 7 月 15 日

材料编号	材料规格及名称	计量单位	数 量	单 价	金 额
	泡沫块	立方米	25		
	50 × 50 × 120 包装纸箱	只	40		
	商标牌	张	2 000		
	塑料凳模具	只	20		
用途	塑料凳领用				

二交会计

部门主管：海华 领料人：李东 制单人：胡强

表 7－15 领 料 单

领料部门：硬质塑料生产车间 2009 年 7 月 25 日

材料编号	材料规格及名称	计量单位	数 量	单 价	金 额
	机油	千克	5		
	低值品	件	12		
用途	车间一般耗用				

二交会计

部门主管：海华 领料人：李东 制单人：胡强

表 7－16 领 料 单

领料部门：供水车间 2009 年 7 月 25 日

材料编号	材料规格及名称	计量单位	数 量	单 价	金 额
	低值品	件	4		
	水管	米	40		
	机油	千克	5		
用途	日常领用				

二交会计

部门主管：海华 领料人：程清 制单人：张宇

表 7－17 领 料 单

领料部门：供电车间 2009 年 7 月 25 日

材料编号	材料规格及名称	计量单位	数 量	单 价	金 额
	低值品	件	4		
	机油	千克	5		
用途	日常领用				

二交会计

部门主管：海华 领料人：武怡 制单人：大海

（2）编制发料凭证汇总表

1）数据来源：月末，由各用料单位专职人员根据各种领退料凭证进行汇总（见表 7－18），财会部门成本核算员划价进行金额汇总。

表 7－18　　　　　　7 月份发出色母原材料明细表

材料名称	单位	期初数量	期初金额	购入数量	购入金额	发出数量	单价	发出金额
色母	千克	600	3 600	1 400	10 400	1 030	7	7 210

2）以色母为例，说明如何运用加权平均法计算存货单价，其他存货加权平均单价计算过程略。

月末一次加权平均法计算各种材料单价如表 7－19 所示。

表 7－19　　　　　　各种材料单价

材料名称	计量单位	单　　价
色母	千克	7 元/千克
塑胶	千克	9 元/千克
凝固剂	千克	4 元/千克
清香剂	千克	3 元/千克
胶肽活化剂	千克	2.3 元/千克
阀盖	个	0.6 元/个
泡沫块	立方米	6.9 元/立方米
薄膜套	千克	10 元/千克
商标牌	张	0.1 元/张
50×50×120 纸箱	只	2.2 元/只
40×40×100 包装纸箱	只	2 元/只
机油	千克	4.2 元/千克
水管	米	20 元/米
口杯模具	只	0.7 元/只
塑料盒模具	只	0.8 元/只
胶桶模具	只	1.1 元/只
塑料凳模具	只	1.2 元/只
低值品	件	40 元/件

3）编制材料消耗汇总表，如表 7－20 所示。

表 7－20　　　　　　材料消耗汇总表

材料名称	单位	单价	硬质塑料生产车间				轻质塑料生产车间				供水车间		供电车间		合计	
			产品		车间		产品		车间							
			数量	金额	数量	金额	数量	金额	数量	金额	数量	金额	数量	金额	数量	金额
色母	千克	7	630	4 410			400	2 800							1 030	7 210
塑胶	千克	9	5 600	50 400			4 600	41 400							10 200	91 800
凝固剂	千克	4	500	2 000			400	1 600							900	3 600

续表

材料名称	单位	单价	硬质塑料生产车间				轻质塑料生产车间				供水车间		供电车间		合计	
			产品		车间		产品		车间							
			数量	金额	数量	金额	数量	金额	数量	金额	数量	金额	数量	金额	数量	金额
清香剂	千克	3	160	480			205	615							365	1 095
胶肽活化剂	千克	2.3					360	828							360	828
阀盖	个	0.6	6 000	3 600											6 000	3 600
泡沫块	立方米	6.9	100	690											100	690
薄膜套	千克	10					20	200							20	200
商标牌	张	0.1	8 000	800			10 000	1 000							18 000	1 800
40×40×100 纸箱	只	2					110	220							110	220
50×50×120 包装纸箱	只	2.2	160	352											160	352
机油	千克	4.2			5	21			5	21	5	21	5	21	20	84
水管	米	20									40	800			40	800
口杯模具	只	0.7					70	49							70	49
塑料盒模具	只	0.8					30	24							30	24
胶桶模具	只	1.1	60	66											60	66
塑料凳模具	只	1.2	20	24											20	24
低值品	件	40			12	480			12	480	4	160	4	160	32	1 280
合计				62 822		501		48 736		501		981		181		113 722

4）编制材料费用分配表，并作相应账务处理。

数据分析：材料消耗汇总表确定了本月领用材料金额合计，能直接入成本的，直接计入，由几种产品共同负担的，需要分配计入。本企业以定额耗用量为标准，确定每种产品应分配材料金额（见表 7－21 和表 7－22）。根据材料消耗汇总表、材料费用分配表编制记账凭证。

表 7－21 **材料费用分配表**（硬质塑料生产车间）

材料名称	分配对象	分配过程				
		定额	产量	定额耗用量	分配率	分配金额
色母	胶桶	0.08	6 000	480		3 207.27
	塑料凳	0.09	2 000	180		1 202.73
	合计	0.17	8 000	660	6.6818	4 410
塑胶	胶桶	0.7	6 000	4 200		36 496.55
	塑料凳	0.8	2 000	1 600		13 903.45
	合计		8 000	5 800	8.6897	50 400

续表

材料名称	分配对象	分配过程				
		定额	产量	定额耗用量	分配率	分配金额
凝固剂	胶桶	0.06	6 000	360		1 440
	塑料凳	0.07	2 000	140		560
	合计		8 000	500	4	2 000
清香剂	胶桶	0.02	6 000	120		360
	塑料凳	0.02	2 000	40		120
	合计		8 000	160	3	480

注：分配率保留四位小数，金额保留两位小数，尾差计入塑料凳。

表 7-22　　材料费用分配表（轻质塑料生产车间）

材料名称	分配对象	分配过程				
		定额	产量	定额耗用量	分配率	分配金额
色母	口杯	0.03	7 000	210		1 633.33
	塑料盒	0.05	3 000	150		1 166.67
	合计		10 000	360	7.7778	2 800
塑胶	口杯	0.4	7 000	2 800		26 958.14
	塑料盒	0.5	3 000	1 500		14 441.86
	合计		10 000	4 300	9.6279	41 400
凝固剂	口杯	0.03	7 000	210		933.33
	塑料盒	0.05	3 000	150		666.67
	合计		10 000	360	4.4444	1 600
清香剂	口杯	0.025	7 000	175		525
	塑料盒	0.01	3 000	30		90
	合计		10 000	205	3	615
胶肽活化剂	口杯	0.03	7 000	210		483
	塑料盒	0.05	3 000	150		345
	合计		10 000	360	2.3	828

作会计分录如下：

借：生产成本——硬质塑料生产车间——胶桶　　46 551.32
　　　　　　　　　　　　　　　　——塑料凳　　16 270.68
　　　　　　　轻质塑料生产车间——口杯　　31 561.8
　　　　　　　　　　　　　　　　——塑料盒　　17 174.2
　　生产成本——辅助生产成本——供电　　181
　　　　　　　　　　　　　　——供水　　981
　　制造费用——硬质塑料生产车间　　501
　　　　　　——轻质塑料生产车间　　501

贷：原材料　　　　　　　　　　　　　　　　　　　　　　　　113 722

5）月末，财会人员与仓管员清点库存，盘点实物，做到账实相符。若发现不符，财务部门应追查原因，及时处理。

2.4.2 归集分配职工薪酬

（1）本月应发实发工资情况

数据来源：人力资源部编制工资计算表；财会部门根据员工实有人数、工资等级和工资标准，审核人力资源部编制的工资计算表，办理代扣代缴款项，计算实发工资。编制的工资结算汇总表如表 7－23 所示。

表 7－23　　　　工资结算汇总表

2009 年 7 月　　　　　　　　　　　　单位：元

部门			基础工资	奖金	津贴补贴	应付工资	代扣款项	实发工资
基本生产车间	硬质塑料生产车间	生产工人	80 000	17 000	13 000	110 000	2 400	107 600
		管理人员	2 000	400	600	3 000	260	2 740
	轻质塑料生产车间	生产工人	72 000	12 000	6 000	90 000	1 400	88 600
		管理人员	1 500	600	300	2 400	200	2 200
辅助生产车间	供水车间		7 200	2 000	800	10 000	420	9 580
	电力车间		4 200	1 500	300	6 000	300	5 700
原料仓库			2 000	400	600	3 000	210	2 790
成品仓库			1 000	200	300	1 500	100	1 400
销售科			8 200	2 600	1 200	12 000	900	11 100
供应科			3 800	800	400	5 000	310	4 690
财务科			6 000	2 400	600	9 000	350	8 650
总经办			35 000	10 000	5 000	50 000	1 500	48 500
合计								

（2）根据工资计提各项费用

数据来源：企业根据当地政府的规定，分别按照当月应发工资总额的 10%、12%、2% 和 11% 计提医疗保险费、养老保险费、失业保险费和住房公积金，缴纳给当地的保险经办机构和住房公积金管理机构，根据企业的实际情况按应发工资总额的 5%、1.5%、2% 计提职工福利费、工会经费和职工教育经费（见表 7－24）。

（3）编制职工薪酬费用分配表

数据分析：根据生产工时分配，由各种产品负担职工薪酬费（见表 7－25）。

（4）编制记账凭证

数据分析：根据工资结算汇总表、费用计提表、费用分配表编制记账凭证。作会计分录如下：

借：生产成本——硬质塑料生产车间——胶桶　　　　　　92 852.94

　　　　　　　　　　　　　　　　——塑料凳　　　　　64 997.06

　　　　　　轻质塑料生产车间——口杯　　　　　　　　77 490

　　　　　　　　　　　　　　——塑料盒　　　　　　　51 660

表 7-24　　　　费用计提表

部门			计提基础	计提比例				
			应付工资	五险一金（35%）	福利费（5%）	职工教育经费（2%）	工会经费（1.5%）	合计
基本生产车间	硬质塑料生产车间	生产工人	110 000	38 500	5 500	2 200	1 650	47 850
		管理人员	3 000	1 050	150	60	45	1 305
	轻质塑料生产车间	生产工人	90 000	31 500	4 500	1 800	1 350	39 150
		管理人员	2 400	840	120	48	36	1 044
辅助生产车间	供水车间		10 000	3 500	500	200	150	4 350
	电力车间		6 000	2 100	300	120	90	2 610
原料仓库			3 000	1 050	150	60	45	1 305
成品仓库			1 500	525	75	30	22.5	652.5
销售科			12 000	4 200	600	240	180	5 220
供应科			5 000	1 750	250	100	75	2 175
财务科			9 000	3 150	450	180	135	3 915
总经办			50 000	17 500	2 500	1 000	750	21 750
合计			301 900	105 665	15 095	6 038	4 528.5	131 326.5

表 7-25　　　　职工薪酬费用分配表

部门		职工薪酬分配		
		生产工时	分配率	分配金额
硬质塑料生产车间	胶桶	200		92 852.94
	塑料凳	140		64 997.06
	合计	340	464.2647	157 850
轻质塑料生产车间	口杯	180		77 490
	塑料盒	120		51 660
	合计	300	430.5	129 150

生产成本——辅助生产成本——供电　　8 610
　　　　　　　　　　　——供水　　14 350
制造费用——硬质塑料生产车间　　4 305
　　　　——轻质塑料生产车间　　3 444
　　　　——公共费用　　6 457.5
销售费用　　17 220
管理费用　　91 840
贷：应付职工薪酬　　433 226.5

2.4.3 计提折旧费用

数据分析：该企业固定资产折旧采用直线法，计算分类折旧率。房屋建筑物月折旧率

0.4%，机器设备月折旧率 1.6%。财务部门编制的折旧费用分配表如表 7－26 所示。

表 7－26　　折旧费用明细表

部门	固定资产	期初折旧	上月增加固定资产原值	上月减少固定资产原值	本月折旧
原料仓库	房屋建筑物	500			500
硬质塑料生产车间	房屋建筑物	3 500			3 500
	机器设备	2 340	22 000		2 692
轻质塑料生产车间	房屋建筑物	4 790			4 790
	机器设备	2 200		14 000	1 976
成品仓库	房屋建筑物	300			300
供水车间	房屋建筑物	1 000			1 000
	机器设备	800			800
供电车间	房屋建筑物	1 290			1 290
	机器设备	670			670
销售科	房屋建筑物	460			460
供应科	房屋建筑物	230			230
财务科	房屋建筑物	260			260
总经办	房屋建筑物	2 650			2 650
	机器设备	1 580			1 580

作会计分录如下：

借：生产成本——辅助生产成本——供电　　1 960
　　　　　　　　　　　　　　——供水　　1 800
　　制造费用——硬质塑料生产车间　　6 192
　　　　　　——轻质塑料生产车间　　6 766
　　　　　　——公共费用　　800
　　销售费用　　460
　　管理费用　　4 720
　　贷：累计折旧　　22 698

2.4.4　分配水电费

数据分析：企业外购水电费用先计入辅助生产成本，月末随同辅助车间费用一同分配计入各受益对象，如表 7－27 至表 7－30 所示。

作会计分录如下：

借：生产成本——辅助生产成本——供电　　21 000
　　　　　　　　　　　　　　——供水　　8 000
　　应交税费——应交增值税（进项）　　4 930
　　贷：银行存款　　33 930

表 7－27　　同城委托收款凭证（付款通知）

委托日期　　2009 年 7 月 30 日

<table>
<tr><td rowspan="3">付款人</td><td>全　称</td><td>海达有限责任公司</td><td rowspan="3">收款人</td><td>全　称</td><td colspan="11">供电局</td></tr>
<tr><td>账　号</td><td>4291000817</td><td>账　号</td><td colspan="11">6254000556</td></tr>
<tr><td>开户银行</td><td>浦发银行高新园区支行</td><td>开户银行</td><td colspan="11">工商银行甘井子区支行</td></tr>
<tr><td rowspan="2" colspan="2">委收金额</td><td rowspan="2" colspan="3">人民币（大写）　贰万肆仟伍佰柒拾元整</td><td>亿</td><td>千</td><td>百</td><td>十</td><td>万</td><td>千</td><td>百</td><td>十</td><td>元</td><td>角</td><td>分</td></tr>
<tr><td></td><td></td><td></td><td>¥</td><td>2</td><td>4</td><td>5</td><td>7</td><td>0</td><td>0</td><td>0</td></tr>
<tr><td colspan="2">款项内容</td><td>电费</td><td colspan="2">委托收款凭证名称</td><td colspan="11"></td></tr>
<tr><td colspan="3">备注：印章</td><td colspan="13"></td></tr>
</table>

表 7－28　　增值税专用发票

2102053140　　№ 00684255

开票日期 2009 年 7 月 17 日

全国统一发票监制章 大连 国家税务总局监制

<table>
<tr><td>购货单位</td><td colspan="5">名　　　称：海达有限责任公司
纳税人识别号：120000987654321
地址、电话：沙河口区尖山街 216 号，84713589
开户银行及账号：浦发银行高新园区支行 4291000817</td><td>密码区</td><td colspan="2"></td></tr>
<tr><td>货物或应税劳务名称</td><td>规格型号</td><td>单位</td><td>数量</td><td>单价</td><td>金额</td><td>税率</td><td>税额</td><td rowspan="5">第二联　发票联　购货方记账</td></tr>
<tr><td>电</td><td></td><td>度</td><td>35 000</td><td>0.6</td><td>21 000.00</td><td>17%</td><td>3 570.00</td></tr>
<tr><td>合计</td><td></td><td></td><td></td><td></td><td>¥21 000.00</td><td></td><td>¥3 570.00</td></tr>
<tr><td>价税合计（大写）</td><td colspan="5">⊕壹拾肆万柒仟肆佰贰拾元整</td><td colspan="2">（小写）¥24 570.00</td></tr>
<tr><td>销货单位</td><td colspan="5">名　　　称：供电局
纳税人识别号：120000981124589
地址、电话：中山区杨树街 316 号，82123689
开户银行及账号：工商银行甘井子区支行 6254000556</td><td>备注</td><td></td></tr>
</table>

收款人：　　复核：　　开票人：吴明　　销货单位：

2.4.5　其他费用

数据分析：本月用银行存款支付其他费用（见表 7－31）。财务部门根据审核无误的原始凭证汇总。

作会计分录如下：

借：生产成本——辅助生产成本——供电	246
——供水	262
制造费用——硬质塑料生产车间	600
——轻质塑料生产车间	590

表 7－29 **增值税专用发票**

2102053140 № 00684255

开票日期 2009 年 7 月 17 日

全国统一发票监制章 大连 国家税务总局监制

购货单位	名 称：海达有限责任公司 纳税人识别号：120000987654321 地址、电话：沙河口区尖山街 216 号、84713589 开户银行及账号：浦发银行高新园区支行 4291000817					密码区	
货物或应税劳务名称	规格型号	单位	数量	单价	金额	税率	税额
水		吨	20 000	0.4	8 000.00	17%	1 360.00
合计					￥8 000.00		￥1 360.00
价税合计（大写）	⊕玖仟叁佰贰拾元整				（小写）￥9 360.00		
销货单位	名 称：自来水公司 纳税人识别号：120000981123356 地址、电话：中山区槐树街 116 号、82355689 开户银行及账号：农业银行中山区支行 45681000555					备注	

第二联 发票联 购货方记账

收款人： 复核： 开票人：吴明 销货单位：

表 7－30 **同城委托收款凭证（付款通知）**

委托日期 2009 年 7 月 30 日

付款人	全 称	海达有限责任公司	收款人	全 称	自来水公司
	账 号	4291000817		账 号	45681000555
	开户银行	浦发银行高新园区支行		开户银行	农业银行中山区支行
委收金额	人民币（大写）	玖仟叁佰陆拾元整			亿 千 百 十 万 千 百 十 元 角 分 ￥ 9 3 6 0 0 0
款项内容		水费	委托收款凭证名称		

表 7－31 **其他费用资料**

部门	办公费	差旅费	其他	合计
硬质塑料生产车间	480		120	600
轻质塑料生产车间	520		70	590
供水车间	210		52	262
供电车间	179		67	246
总经办	1 100	3 450	105	4 655

管理费用 4 655

贷：银行存款 6 353

2.5 教研活动

本项任务重点是归集分配要素费用，归集过程要注意与相关部门配合，成本数据必须定期定向报送，否则无法进行成本核算工作。分配过程要注意分配标准的选择，领会成本分配核心公式，账务处理要本着“谁受益，谁担费用”的原则。本项任务的难点是企业如何选择分配标准？

为了解决本项任务的重点、难点，学员必须以小组为单位，完成不同岗位的工作，每一工作环节完成后，要进行讨论，对企业选择的方法进行评价。

任务3　归集分配辅助生产费用

3.1 任务描述

海达公司的辅助车间有供水车间、供电车间，辅助车间劳务供应情况如表7－32所示。

表7－32　　劳务供应通知单

车间名称：供电车间

部　　门	硬质塑料生产车间		轻质塑料生产车间		供水车间	行政部门	合　　计
	产品耗用	照明用电	产品耗用	照明用电			
受益数量（度）	17 000	1 300	12 000	700	1 000	3 000	35 000

车间名称：供水车间

部　　门	硬质塑料生产车间	轻质塑料生产车间	供电车间	行政部门	合　　计
受益数量（吨）	9 000	6 000	1 100	3 900	20 000

【任务要求】

1）采用直接分配法分配辅助生产费用。

2）进行账务处理。

3.2 任务分析

3.2.1 归集辅助生产费用

任务2将企业发生的成本费用按照受益对象不同，编制相应的记账凭证，根据记账凭证登记明细账。根据“生产成本——辅助生产成本——供电”明细账，归集供电车间直接发生费用为31 997元；根据“生产成本——辅助生产成本——供水”明细账，归集供水车间直接发生费用为25 393元。

3.2.2 选择方法，分配辅助生产费用

企业选择直接分配法分配辅助生产费用。待分配金额为供电车间 31 997 元，供水车间为 25 393 元，分配标准为各部门受益劳务量，分配后进行相应账务处理，“生产成本——辅助生产成本”明细账余额为零。具体内容如表 7－33 和表 7－34 所示。

表 7－33　　生产成本——辅助生产成本——供电

2009 年		摘　要	借方						贷方	余额
月	日		机物料	人工	折旧	电费	其他	合计		
7		领用物料	181					181		
		分配薪酬		8 610				8 610		
		计提折旧			1 960			1 960		
		购电				21 000		21 000		
		其他					246	246		
		结转							31 997	0
		本月合计	181	8 610	1 960	21 000	246	31 997	31 997	

表 7－34　　生产成本——辅助生产成本——供水

2009 年		摘　要	借方						贷方	余额
月	日		机物料	人工	折旧	电费	其他	合计		
7		领用物料	981					981		
		分配薪酬		14 350				14 350		
		计提折旧			1 800			1 800		
		购电				8 000		8 000		
		其他					262	262		
		结转							25 393	0
		本月合计	981	14 350	1 800	8 000	262	25 393	25 393	

3.2.3 辅助生产费用归集分配流程图

辅助生产费用归集分配流程图如图 7－5 所示。

3.3 相关知识

辅助生产是为企业基本生产服务而进行的产品生产或劳务供应。辅助生产费用应采用一定的方法在企业基本生产单位所生产的各种主要产品之间及各个职能部门之间进行分配。辅助生产车间有两种类型：一种是为企业提供工具、模具和自制包装物等产品，其成本计算方法和核算程序与基本生产车间生产的产品成本的计算方法和核算程序是相同的；另一种是提

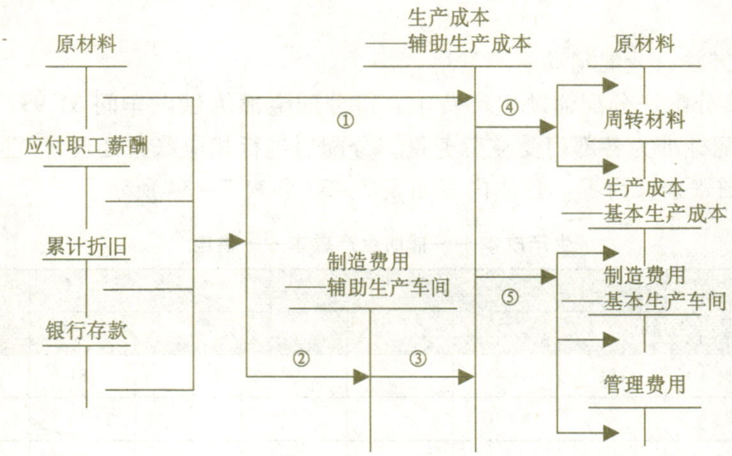

图 7－5　辅助生产费用归集和分配流程图

说明：

①根据各项费用分配表将直接计入费用登记辅助生产成本明细账。

②根据各项费用分配表将间接计入费用登记制造费用明细账。

③期末将辅助生产的制造费用转入辅助生产成本明细账。

④需要验收入库的产品成本的结转。

⑤辅助生产单位对外（非辅助生产单位）的劳务成本结转。

供水、电、气等不需入库的产品和提供修理、运输等劳务的辅助生产单位，该类辅助车间的费用应根据各受益部门的使用情况，采用一定的标准将这些辅助生产费用分配给使用产品和接受劳务的各受益对象。其中核心问题是解决辅助车间相互提供的服务如何进行处理。常用的分配方法有直接分配法、交互分配法、代数分配法、计划成本分配法等。各种方法的特点、核算原理、优缺点及适用范围阐述如表 7－35 所示。

表 7－35　　辅助生产费用分配方法比较

	特　点	计算过程	优缺点	适用范围
直接分配法	不考虑辅助生产相互提供服务，直接分配给辅助生产单位以外的各受益对象。	计算对外分配率	优：计算工作简便。 缺：辅助生产单位互相提供产品或劳务量差异较大时，分配结果往往与实际不符。	适宜辅助车间相互提供劳务较少情况下使用。
交互分配法	先交互分，再对外分。	先计算对内分配率，后计算对外分配率。	优：其实际是交互分配与直接分配相结合，提高了分配率的正确性。 缺：计算两次费用分配率进行两次分配，工作量较大。	适用于辅助生产车间相互提供产品或劳务较多的企业。
代数分配法	将各费用分配率设为未知数，建立方程组。	多元方程，求各单位成本。	优：计算准确。 缺：辅助生产车间较多时计算复杂。	会计电算化的企业。
计划成本分配法	先按计划成本分配给各受益单位，期末将成本差异调整到“管理费用”。	计划成本，实际成本，差异。	优：简化核算工作。 缺：计划成本如失控，不能如实反映实际成本。	计划成本资料完整并较为接近实际成本的企业。

3.4 技能训练

3.4.1 编制辅助生产费用分配表

海达公司编制的辅助生产费用表见表7－36。

表7－36　　　　　　　　　　　　　辅助生产费用分配表

2009年7月31日　　　　　　　　　　　　　　单位：元

项目			供水车间	供电车间	合计
待分配辅助生产费用（元）			25 393	31 997	57 390
供应辅助生产以外的劳务数量			18 900	34 000	
单位成本（分配率）			1.3435	0.9411	
硬质塑料生产车间	产品耗用	耗用数量		17 000	
		分配金额		15 998.7	15 998.7
	一般耗用	耗用数量	9 000	1 300	
		分配金额	12 091.50	1 223.43	13 314.93
轻质塑料生产车间	产品耗用	耗用数量		12 000	
		分配金额		11 293.2	11 293.2
	一般耗用	耗用数量	6 000	700	
		分配金额	8 061	658.77	8 719.77
行政部门	日常耗用	耗用数量	3 900	3 000	
		分配金额	5 240.50	2 822.9	8 063.40
分配金额合计			25 393	31 997	57 390

3.4.2 编制电费分配表

数据分析：产品耗用电费还需在各种产品中进行分配，分配标准生产工时（见表7－37）。

表7－37　　　　　　　　　　　　　电费分配表

硬质塑料生产车间				轻质塑料生产车间			
产品	生产工时	分配率	分配金额	产品	生产工时	分配率	分配金额
胶桶	200		9 411	口杯	180		6 775.92
塑料凳	140		6 587.7	塑料盒	120		4 517.28
合计	340	47.055	15 998.7	合计	300	37.644	11 293.2

作会计分录如下：

借：生产成本——硬质塑料生产车间——胶桶　　9 411
　　　　　　　　　　　　　　　——塑料凳　　6 587.7
　　　　　轻质塑料生产车间——口杯　　6 775.92
　　　　　　　　　　　　　——塑料盒　　4 517.28
　　制造费用——硬质塑料生产车间　　13 314.93
　　　　　　——轻质塑料生产车间　　8 719.77

管理费用　　8 063.40
贷：生产成本——辅助生产成本——供电　　31 997
——供水　　25 393

3.5　教研活动

该项任务的重点是辅助生产费用分配计算，难点是如何取得辅助生产车间的数据。将学员分成海达公司成本核算员小组和持有不同意见的小组，目的是通过各小组展开辩论，领会企业分配选择方法的理由，不同方法对成本核算结果的影响。根据任务2资料登记辅助生产成本明细账，归集辅助费用，是为了理清辅助生产费用核算的来龙去脉，避免学员面对繁多的成本数据，无法搞清数据之间勾稽关系这一问题。

任务4　归集分配制造费用

4.1　任务描述

海达公司设置的制造费用明细账包括“制造费用——硬质塑料生产车间”、“制造费用——轻质塑料生产车间”、“制造费用——公共费用”。企业根据生产工时标准分配制造费用。

【任务要求】

1）归集制造费用。
2）分配制造费用。
3）进行账务处理。

4.2　任务分析

4.2.1　归集制造费用

任务2、任务3将企业发生的成本费用按照受益对象不同，编制相应的记账凭证，根据记账凭证登记明细账。根据“制造费用——硬质塑料生产车间”明细账，归集硬质塑料生产车间制造费用为24 912.93元；根据“制造费用——轻质塑料生产车间”明细账，归集轻质塑料生产车间制造费用为20 020.77元；根据“制造费用——公共费用”明细账，归集制造费用公共费用为7 257.50元。

4.2.2　选择方法，分配制造费用

企业选择生产工时标准分配制造费用。分配后进行相应的账务处理，“制造费用”明细账余额为零。具体内容如表7-38至表7-40所示。

表 7－38　　制造费用——硬质塑料生产车间

2009 年		摘要	借方						贷方	余额
月	日		机物料	人工	折旧	水电费	其他	合计		
7		领用物料	501					501		
		分配薪酬		4 305				4 305		
		计提折旧			6 192			6 192		
		购水电				13 314. 93		13 314. 93		
		其他					600	600		
		结转							24 912. 93	0
		本月合计	501	4 305	6 192	21 000	600	24 912. 93	24 912. 93	

表 7－39　　制造费用——轻质塑料生产车间

2009 年		摘要	借方						贷方	余额
月	日		机物料	人工	折旧	水电费	其他	合计		
7		领用物料	501					501		
		分配薪酬		3 444				3 444		
		计提折旧			6 766			6 766		
		购水电				8 719. 77		8 719. 77		
		其他					590	590		
		结转							20 020. 77	0
		本月合计	501	3 444	6 766	21 000	590	20 020. 77	20 020. 77	

表 7－40　　制造费用——公共费用

2009 年		摘要	借方						贷方	余额
月	日		人工	折旧			其他	合计		
7		分配薪酬	6 457. 50					6 457. 50		
		计提折旧		800				800		
		结转							7 257. 50	0
		本月合计						7 257. 50	7 257. 50	

4. 2. 3　制造费用分配流程图

制造费用分配流程如图 7－6 所示。

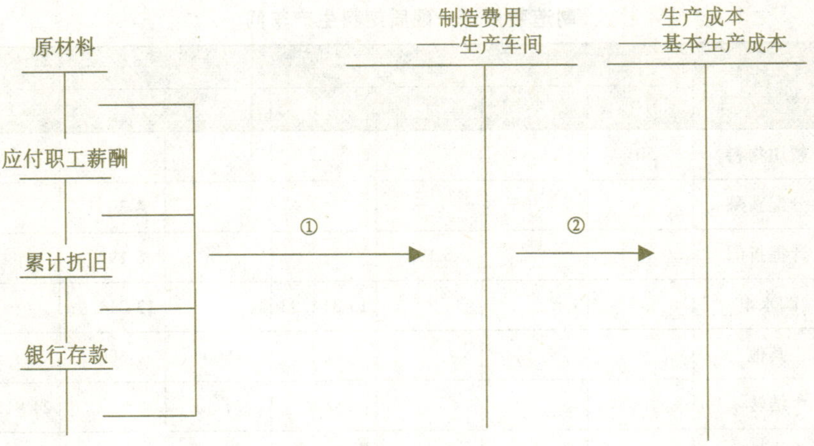

图 7-6　制造费用分配流程

说明：

①根据各项费用分配表登记制造费用明细账。

②期末将制造费用分配计入生产成本明细账。

4.3　相关知识

企业生产多种产品或提供多种劳务时，归集的制造费用应采用适当的分配方法转入该车间、部门的各种产品或劳务的成本中。制造费用分配的关键是要选择合适的分配标准。一般情况下，分配标准的选择需要考虑制造费用与产品的关系和制造费用与产量的关系，应选择与制造费用有密切联系、资料比较容易取得、易于正确计量的分配标准。分配方法一经确定，一般不得随意改变。企业常用的制造费用的分配标准主要有生产工时、生产工人工资、直接成本（数量）、机器工时等。制造费用分配方法包括实际分配率法、预算分配率法。

4.4　技能训练

4.4.1　编制制造费用公共费用分配表

海达公司编制的制造费用公共费用分配表见表 7-41。

表 7-41　　制造费用分配表

产品	生产工时	分配率	分配金额
胶桶	200		2 267.97
塑料凳	140		1 587.57
口杯	180		2 041.16
塑料盒	120		1 360.8
合计	640	11.3398	7 257.50

4.4.2　编制车间制造费用分配表

海达公司编制的制造费用分配表见表 7-42。

表 7－42　　制造费用分配表

硬质塑料生产车间				轻质塑料生产车间			
产品	生产工时	分配率	分配金额	产品	生产工时	分配率	分配金额
胶桶	200		14 654. 66	口杯	180		12 012. 46
塑料凳	140		10 258. 27	塑料盒	120		8 008. 31
合计	340	73. 2733	24 912. 93	合计	300	66. 7359	20 020. 77

4.4.3 账务处理

作会计分录如下：

借：生产成本——硬质塑料生产车间——胶桶　　16 922. 63
　　　　　　　　　　　　　　　——塑料凳　　11 845. 84
　　　　　　轻质塑料生产车间——口杯　　14 053. 62
　　　　　　　　　　　　　　　——塑料盒　　9 369. 11
　贷：制造费用——硬质塑料生产车间　　24 912. 93
　　　　　　　——轻质塑料生产车间　　20 020. 77
　　　　　　　——公共费用　　7 257. 50

4.5 教研活动

该项任务重点是制造费用的分配计算，难点是如何取得制造费用的数据以及分配标准的选择。将学员分成海达公司成本核算员小组和持有不同意见的小组，目的是通过各小组展开辩论，领会企业分配选择方法的理由，不同方法对成本核算结果的影响。根据任务 2、任务 3 资料登记制造费用明细账，归集制造费用，是为了理清制造费用核算的来龙去脉，避免学员面对繁多的成本数据，无法搞清数据的勾稽关系。

任务 5　计算完工产品成本

5.1 任务描述

企业采用约当产量法计算胶桶完工产品成本。原材料在生产开始时一次投入，在产品完工程度 50%。塑料凳生产已接近完工，在产品按完工产品计价。口杯和塑料盒本月全部完工。

【任务要求】

1）登记生产成本明细账。

2）编制产品成本计算单，计算完工产品成本。

3）进行账务处理。

5.2 任务分析

5.2.1 登记生产成本明细账

任务2、任务3、任务4的成本费用按照受益对象不同，编制了相应的记账凭证，根据记账凭证登记明细账。根据“生产成本——硬质塑料生产车间——胶桶”明细账，归集硬质塑料生产车间胶桶本月费用合计为170 337.89元；根据“生产成本——硬质塑料生产车间——塑料凳”明细账，归集塑料凳本月费用合计为99 701.28元；根据“生产成本——轻质塑料生产车间——口杯”明细账，归集口杯本月费用合计为129 881.34元；根据“生产成本——轻质塑料生产车间——塑料盒”明细账，归集塑料盒本月费用合计为87 120.59元。

5.2.2 编制产品成本计算单，计算完工产品成本

生产成本明细账归集的费用按成本项目登记到产品成本计算单上，同时登记期初在产品成本，将生产费用合计选择一定方法进行分配，计算完工产品成本和月末在产品成本。

5.2.3 账务处理

计算完工产品成本后，进行相应账务处理，登记生产成本明细账。具体内容如表7－43至表7－46所示。

表7－43　生产成本——硬质塑料生产车间——胶桶

2009年		摘　要	借方					贷方	余额
月	日		直接材料	燃料动力	直接人工	制造费用	合计		
7		月初	1 120	860	1 680	940	4 600		
		领用材料	46 551.32				46 551.32		
		分配薪酬			92 852.94		92 852.94		
		分配动力		9 411			9 411		
		制造费用				16 922.63	16 922.63		
		本月合计	47 671.32	10 271	94 532.94	17 862.63	170 337.89		
		结转						150 750	19 587.89

表7－44　生产成本——硬质塑料生产车间——塑料凳

2009年		摘　要	借方					贷方	余额
月	日		直接材料	燃料动力	直接人工	制造费用	合计		
		领用材料	16 270.68				16 270.68		
		分配薪酬			64 997.06		64 997.06		
		分配动力		6 587.7			6 587.7		
		制造费用				11 845.84	11 845.84		
		本月合计	16 270.68	6 587.7	64 997.06	11 845.84	99 701.28		
		结转						89 731.15	9 970.13

表7－45　　生产成本——轻质塑料生产车间——口杯

2009年		摘要	借方					贷方	余额
月	日		直接材料	燃料动力	直接人工	制造费用	合计		
7		月初							
		领用材料	31 561.8				31 561.8		
		分配薪酬			77 490		77 490		
		分配动力		6 775.92			6 775.92		
		制造费用				14 053.62	14 053.62		
		本月合计	31 561.8	6 775.92	77 490	14 053.62	129 881.34		
		结转						129 881.34	0

表7－46　　生产成本——轻质塑料生产车间——塑料盒

2009年		摘要	借方					贷方	余额
月	日		直接材料	燃料动力	直接人工	制造费用	合计		
7		月初	720	460	2 700	520	4 400		
		领用材料	17 174.2				17 174.2		
		分配薪酬			51 660		51 660		
		分配动力		4 517.28			4 517.28		
		制造费用				9 369.11	9 369.11		
		本月合计	17 894.2	4 977.28	54 360	9 889.11	87 120.59		
		结转						87 120.59	0

5.2.4 完工产品成本核算流程

完工产品和在产品成本核算流程如图7－7所示。

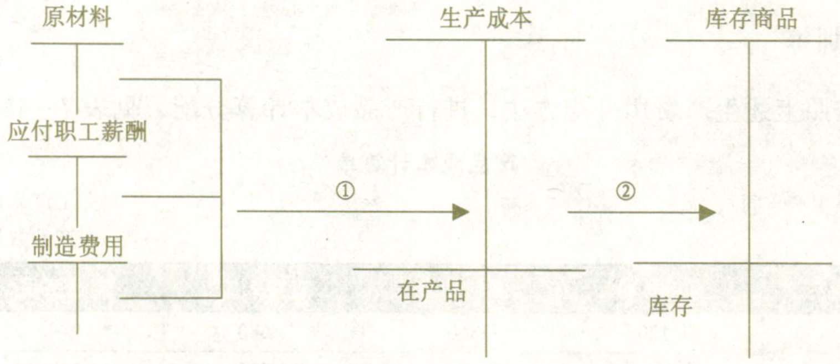

图7－7　完工产品和在产品成本核算流程图

说明：

①归集直接材料、燃料动力、直接人工、制造费用。

②生产费用合计在完工产品和在产品分配。

5.3 相关知识

企业为生产产品发生的各项费用，如材料费、人工费、制造费用等通过计算和分配，都集中到了企业基本生产成本明细账和各种产品成本计算单上了。接下来，企业需要解决的问题是生产费用如何在完工产品和在产品之间进行分配。企业进行成本核算的目的之一，就是通过归集生产费用，最后计算出完工产品的总成本和单位成本。生产费用在完工产品和在产品之间的分配，是成本核算工作中必不可少的一个环节。企业应根据在产品数量的多少、各月在产品数量变化的大小、各项费用在产品成本中所占比重的大小以及定额管理的好坏等具体的条件，采用适当的分配方法。具体内容如表 7－47 所示。

表 7－47　　生产费用在完工产品和在产品之间的分配方法

名　称	特　点	适用范围	原　理
忽略在产品成本分配法	不计算在产品成本，本月发生费用＝完工产品成本	在产品数量少，费用低	简化核算，对计算完工产品成本影响很小
在产品按固定成本计算法	在产品固定，本月发生费用＝完工产品成本	在产品数量多，但各月变化不大	加强在产品管理，月初月末在产品费用差额不大
在产品按完工产品计价法	在产品同完工产品一样分担费用	在产品接近完工	简化核算，对计算完工产品成本影响很小
在产品只计算材料成本法	在产品只分担材料费用，其他费用完工产品分担	只有材料费在产品成本中比重较大	加工费比重不大，月初月末差额也不大，基本抵消
在产品按定额成本计算法	在产品按定额成本计算，倒挤完工产品成本	定额消耗稳定，各月在产品数量变化不大	实际费用脱离定额的差异由完工产品负担
定额比例法	以定额消耗量或定额成本为标准求分配率	定额消耗稳定，各月在产品数量变化较大	实际脱离定额的差异由完工产品、在产品分配
约当产量法	以完工产品产量和月末在产品约当产量为标准求分配率	在产品数量多，各月变化较大，各项费用所占比重相差不多	在产品产量折算为完工产品产量后再分配费用。投料程度、加工程度不同，约当产量计算也不同

5.4　技能训练

海达公司按照上述生产费用分配方法，进行产品成本计算分配，见表 7－48 至表 7－51。

表 7－48　　产品成本计算单

车间：硬质塑料生产车间　　　　完工产品数量：5 100 只

产品：胶桶　　　　在产品数量：1 050

摘　要	直接材料	燃料动力	直接人工	制造费用	合　计
月初在产品成本	1 120	860	1 680	940	4 600
本月发生费用	46 551.32	9 411	92 852.94	16 922.63	165 737.89
费用合计	47 671.32	10 271	94 532.94	17 862.63	170 337.89
完工产品产量	5 100	5 100	5 100	5 100	
月末在产品约当产量	1 050	525	525	525	
产量合计	6 150	5 625	5 625	5 625	
分配率	7.75	1.83	16.81	3.18	29.57
完工产品成本	39 532.31	9 312.37	85 709.87	16 195.45	150 750
月末在产品成本	8 139.01	958.63	8 823.07	1 667.18	19 587.89
单位成本	7.75	1.83	16.81	3.18	29.57

表7－49 **产品成本计算单**

车间：硬质塑料生产车间 完工产品数量：1 800只

产品：塑料凳 在产品数量：

摘　　要	直接材料	燃料动力	直接人工	制造费用	合　　计
月初在产品成本					
本月发生费用	16 270.68	6 587.7	64 997.06	11 845.84	99 701.28
费用合计	16 270.68	6 587.7	64 997.06	11 845.84	99 701.28
完工产品产量	1 800	1 800	1 800	1 800	
月末在产品产量	200	200	200	200	
产量合计	2 000	2 000	2 000	2 000	
分配率	8.13534	3.29385	32.49853	5.92292	
完工产品成本	14 643.61	5 928.93	58 497.35	10 661.26	89 731.15
月末在产品成本	1 627.07	658.77	6 499.71	1 184.58	9 970.13
单位成本	8.14	3.29	32.50	5.92	49.85

表7－50 **产品成本计算单**

车间：轻质塑料生产车间 完工产品数量：7 000只

产品：口杯 在产品数量：

摘　　要	直接材料	燃料动力	直接人工	制造费用	合　　计
月初在产品成本					
本月发生费用	31 561.8	6 775.92	77 490	14 053.62	129 881.34
费用合计	31 561.8	6 775.92	77 490	14 053.62	129 881.34
完工产品成本	31 561.8	6 775.92	77 490	14 053.62	129 881.34
月末在产品成本					
单位成本	4.51	0.97	11.07	2.01	18.56

表7－51 **产品成本计算单**

车间：轻质塑料生产车间 完工产品数量：3 220只

产品：塑料盒 在产品数量：

摘　　要	直接材料	燃料动力	直接人工	制造费用	合　　计
月初在产品成本	720	460	2 700	520	4 400
本月发生费用	17 174.2	4 517.28	51 660	9 369.11	82 720.59
费用合计	17 894.2	4 977.28	54 360	9 889.11	87 120.59
完工产品成本	17 894.2	4 977.28	54 360	9 889.11	87 120.59
月末在产品成本					
单位成本	5.56	1.55	16.88	3.07	27.06

作会计分录如下：

借：库存商品——胶桶　　150 750

　　　　　　——塑料凳　　89 731.15

　　　　　　——口杯　　129 881.34

——塑料盒	87 120.59
贷：生产成本——硬质塑料生产车间——胶桶	150 750
——塑料凳	89 731.15
轻质塑料生产车间——口杯	129 881.34
——塑料盒	87 120.59

5.5 教研活动

该项任务重点是生产费用在完工产品和在产品之间进行分配，难点是如何取得本月费用的数据以及分配方法的选择。根据任务2、任务3、任务4资料登记生产成本明细账，归集本月费用，是为了理清计算完工产品成本的来龙去脉，避免学员面对繁多的成本数据，无法搞清数据的出处。

任务6 成本报表与成本分析

6.1 任务描述

成本核算员主要职责有两项：核算产品成本和分析产品成本的升降原因；控制成本费用的发生，提高企业经济效益。

【任务要求】

1）编制成本单位成本分析表。

2）编制制造费用分析表。

3）分析成本升降原因。

6.2 任务分析

通过编制成本报表可以及时反映企业成本计划和费用预算的执行情况，为企业制定合理的成本费用预算及成本分析，提供重要的会计资料。成本报表编制依据是本月成本费用明细账等相关资料。

6.3 相关知识

成本报表的格式由企业自行决定，具有较大的灵活性。成本分析是利用成本报表及其相关资料，对成本水平和构成的变动情况进行分析，以揭示影响成本升降及其变动的原因，为企业发展作出合理、具有前瞻性的成本动态评价。成本分析是成本核算工作的继续，是成本管理的重要组成部分，贯穿于成本管理工作的全过程。

成本分析方法多种多样，常用的方法有比较分析法、比率分析法、连环替代分析法等。

具体采用哪一种分析方法，根据企业成本分析的目的、费用和成本核算的特点、成本分析所依据的资料性质决定。

6.4 技能训练

6.4.1 产品单位成本分析表

海达公司编制主要产品单位成本表见表7－52所示。

表7－52 主要产品单位成本分析表

产品：胶桶　　　　年　　月

成本项目	本月实际	比例（%）	本年计划	上年实际平均
直接材料	7.75	26%	6.9	7.2
燃料动力	1.83	6%	2	2.1
直接人工	16.81	57%	10.2	10
制造费用	3.18	11%	3.4	3.8
产品单位成本	29.57	100%	22.5	23.1
文字分析				
分析人	张明	财务经理	高强	

6.4.2 产品制造费用明细表

海达公司编制产品制造费用明细表见表7－53。

表7－53 产品制造费用明细表

月份：2009年7月31日　　　　单位：元

项　　目	本　　月	本年累计实际
机物料	1 002	
职工薪酬	14 206.5	
折旧费	13 758	
水电费	22 034.7	
办公费		
保险费		
劳动保护费		
低值易耗品		
其他	1 190	
制造费用合计	52 192.2	

6.5 教研活动

该项任务重点是利用成本数据编制成本报表，进行成本分析。成本报表没有固定格式，成本分析也要因地制宜，因此，该项任务要充分调动学员的积极性，采用头脑风暴法，挖掘企业降低成本的潜力。

单元8 企业税费核算与缴纳

学习目标

- □ 了解企业税务登记，包括开业登记、变更登记、注销登记的相关规定、时间要求及操作要点
- □ 了解增值税一般纳税人认定登记管理规程及认定登记操作要点
- □ 熟悉发票领购管理规程及领购发票的操作要点
- □ 掌握纳税申报操作规范、填制各种纳税申报表的方法及各税种的税收法律法规

任务1 税务登记

税务登记是整个税收征收管理的首要环节，是税务的“户籍”管理，是税务机关对纳税人的开业、变动、歇业等基本情况及生产经营项目进行登记管理的一项基本制度，也是纳税人已经纳入税务机关监督管理的一项证明。根据法律、法规规定具有应税收入、应税财产或应税行为的各类纳税人，都应依照有关规定办理税务登记。

1.1 任务描述

企业开业不久，财务科小王通过学习并打电话与税务相关部门沟通、了解了税务登记的基本流程后，带着有关材料去了办税大厅。

1.2 任务分析

1.2.1 开业税务登记

开业税务登记操作要点如下：

（1）填写“申请税务登记报告书”，详细写明申请税务登记的原因和要求。

（2）提供办理税务登记所必备的资料和复印件：

1）工商营业执照或其他核准执业证件。

2）有关合同、章程、协议书。

3）组织机构统一代码证书。

4）法定代表人或负责人或业主的居民身份证、护照或者其他合法证件。

“税务登记表”分三种类型，分别适用于单位纳税人、个体经营、临时任务登记纳税人、企业分支机构、个体工商户和其他单位。

适用于单位纳税人的税务登记表的具体格式见表8－1。税务会计人员应根据企业的经济类型领取相应的表式，填登完毕后将登记表及有关资料报送税务机关审核。

表8－1 **税务登记表**

（适用单位纳税人）

填表日期：

纳税人名称			纳税人识别号				
登记注册类型			批准设立机关				
组织机构代码			批准设立证明或文件号				
开业（设立）日期		生产经营期限		证照名称		证照号码	
注册地址			邮政编码			联系电话	
生产经营地址			邮政编码			联系电话	
核算方式	请选择对应项目打“√”□独立核算 □非独立核算				从业人数	____其中外籍人数____	
单位性质	请选择对应项目打“√”□企业 □事业单位 □社会团体 □民办非企业单位 □其他						
网站网址			国标行业	□□ □□ □□ □□			
适用会计制度	请选择对应项目打“√” □企业会计制度 □小企业会计制度 □金融企业会计制度 □行政事业单位会计制度						

经营范围	请将法定代表人（负责人）身份证复印件粘贴在此处

项目 内容 联系人	姓名	身份证件 种类	身份证件 号码	固定电话	移动电话	电子邮箱
法定代表人（负责人）						
财务负责人						
办税人						

税务人名称	纳税人识别号	联系电话	电子邮箱

注册资本或投资总额	币种	金额	币种	金额	币种	金额

投资方名称	投资方经济性质	投资比例	证件种类	证件号码	国籍或地址

自然人投资比例		外资投资比例		国有投资比例	

分支机构名称	注册地址	纳税人识别号

以下由税务机关填写：

<table>
<tr><td>纳税人所处街乡</td><td colspan="3"></td><td>隶属关系</td><td></td></tr>
<tr><td>国税主管税务局</td><td></td><td>国税主管税务所（科）</td><td></td><td rowspan="2">是否属于国税、地税共管户</td><td></td></tr>
<tr><td>地税主管税务局</td><td></td><td>地税主管税务所（科）</td><td></td><td></td></tr>
<tr><td colspan="2">经办人（签章）：
国税经办人：
地税经办人：

受理日期：
年　月　日</td><td colspan="2">国家税务登记机关
（税务机关专用章）：

核准日期：
年　月　日
国税主管税务机关：</td><td colspan="2">地方税务登记机关
（税务登记专用章）：

核准日期：
年　月　日
地税主管税务机关：</td></tr>
<tr><td colspan="6">国税核发《税务登记证副本》数量：　本　发证日期：　年　月　日</td></tr>
<tr><td colspan="6">地税核发《税务登记证副本》数量：　本　发证日期：　年　月　日</td></tr>
</table>

国家税务总局监制

（3）领取税务登记证件。税务机关将税务登记资料审核完毕、发放税务登记证件时，小王及时到税务机关领取税务登记证件，并将其交给企业保管。

1.2.2 变更登记

小王为企业顺利办理了开业税务登记，又学习了办理变更登记和注销登记的知识。

变更税务登记操作要点如下：

（1）变更税务登记申报

纳税人在工商行政管理机关办理变更登记的，应当自工商行政管理部门办理变更登记之日起30日内，向原税务机关如实提供下列证件、资料，申报办理变更税务登记：

- 工商变更登记表及工商营业执照复印件；
- 纳税人变更登记内容的决议及有关证明文件；
- 税务机关发放的原税务登记证件（登记证正、副本和登记表等）；
- 其他有关资料。

纳税人按照规定不需要在工商行政管理机关办理变更登记，或者其变更登记的内容与工商登记内容无关的，应当自税务登记内容实际发生变化之日起30日内，或者自有关机关批准或者宣布变更之日起30日内，持下列证件到原税务登记机关申报办理变更税务登记：

1）纳税人变更登记内容的有关证明文件；

2）税务机关发放的原税务登记证件（登记证正、副本和税务登记表等）；

3）其他有关资料。

（2）填写“税务登记变更表”（见表8-2）提交税务机关审核

（3）领取变更后的税务登记证及有关资料

税务会计人员应及时到税务机关领取重新核发的税务登记证件及有关资料，送交企业存档。

表8－2　　　　变更税务登记表

纳税人名称		纳税人识别号		
变更登记事项				
序号	变更项目	变更前内容	变更后内容	批准机关名称及文件
送缴证件情况：				
纳税人 经办人： 年　月　日		法定代表人（负责人）： 年　月　日		纳税人（签章） 年　月　日
经办税务机关审核意见： 经办人： 年　月　日		负责人： 年　月　日		税务机关（签章） 年　月　日

1.2.3　注销登记

注销税务登记操作要点如下：

（1）注销税务登记申报

税务会计人员应按照规定的期限以纳税人的名义向税务机关办理注销税务登记申报，填报“注销税务登记申请审批表”（见表8－3）并提交相关证明文件和资料（资料同上）。

（2）填报“注销税务登记申请审批表”

根据企业的实际情况填写“注销税务登记申请审批表”，经企业盖章后报送税务机关办理审批手续。将已领购的或已购未用的发票、“发票领购簿”、“税务登记证”等税收票证交回税务机关审验核销。

（3）领取注销税务登记的有关批件

税务机关在纳税人结清全部纳税事项后，核发“注销税务登记通知书”。税务会计人员应及时到税务机关领回有关注销税务登记的批件、资料。

1.4　技能训练

1）咨询税务机关办理税务登记相关部门如何办理税务登记。

2）实地调研办理税务登记需要的相关材料和办理程序。

1.5　教研活动

（1）讨论本任务的教学重点

1）纳税人对原税务登记内容发生了哪些变化需要办理变更税务登记？

2）办理税务登记所必备的资料有哪些？

（2）讨论怎么解决教学重点

1）对照变更税务登记的适用范围，查找需要变更税务登记的内容，解决实际工作中申

表 8－3　　注销税务登记申请审批表

<table>
<tr><td>纳税人名称</td><td colspan="2"></td><td colspan="2">纳税人识别号</td><td></td></tr>
<tr><td>注销原因</td><td colspan="5"></td></tr>
<tr><td rowspan="3">附送资料</td><td colspan="2"></td><td colspan="3"></td></tr>
<tr><td colspan="2"></td><td colspan="3"></td></tr>
<tr><td colspan="2"></td><td colspan="3"></td></tr>
<tr><td colspan="2">纳税人
经办人：
年　月　日</td><td colspan="2">法定代表人（负责人）：
年　月　日</td><td colspan="2">纳税人（签章）
年　月　日</td></tr>
<tr><td colspan="6">以下由税务机关填写</td></tr>
<tr><td>受理时间</td><td colspan="2">经办人：
年　月　日</td><td colspan="3">负责人：
年　月　日</td></tr>
<tr><td>清缴税款、滞纳金、罚款情况</td><td colspan="2">经办人：
年　月　日</td><td colspan="3">负责人：
年　月　日</td></tr>
<tr><td>缴销发票情况</td><td colspan="2">经办人：
年　月　日</td><td colspan="3">负责人：
年　月　日</td></tr>
<tr><td>税务检查意见</td><td colspan="2">检查人员：
年　月　日</td><td colspan="3">负责人：
年　月　日</td></tr>
<tr><td rowspan="3">收缴税务证件情况</td><td>种类</td><td>税务登记证正本</td><td>税务登记证副本</td><td>临时税务登记证正本</td><td>临时税务登记证副本</td></tr>
<tr><td>收缴数量</td><td></td><td></td><td></td><td></td></tr>
<tr><td colspan="2">经办人：
年　月　日</td><td colspan="3">负责人：
年　月　日</td></tr>
<tr><td>批准意见</td><td colspan="2">部门负责人：
年　月　日</td><td colspan="3">税务机关（签章）
年　月　日</td></tr>
</table>

报办理的变更税务登记问题。

2）主要通过咨询税务机关解决办理税务登记所必备的资料。

任务 2　一般纳税人资格认证及相关手续

由于我国对增值税的征收实行凭增值税专用发票抵扣税款的制度，对于增值税纳税人会计核算是否健全，是否能够准确地核算销项税额、进项税额和应纳税额有较高的要求。但是，对于众多的纳税人来说，其会计核算水平却高低不同。另外，对某些经营规模很小的纳税人，其销售货物或提供应税劳务的对象多是最终消费者，也无需开具增值税专用发票。因此，为了严格增值税的征收管理和对某些经营规模小的纳税人简化计税办法，将纳税人按其经营规模及会计核算健全与否划分为一般纳税人和小规模纳税人，分别实行不同的征收管理办法。因此，符合增值税一般纳税人条件的企业，应在向税务机关办理税务登记的同时，申请办理一般纳税人认定手续。

2.1 任务描述

小王在为海达公司办理税务登记的同时，还为海达公司办理一般纳税人资格认定。

2.2 任务分析

2.2.1 增值税一般纳税人认定登记操作要点

1）根据“增值税一般纳税人申请认定表”的主要内容，小王向税务机关提供企业有关资料，如企业设立的合同、章程，企业申办工商登记、税务登记的报表和证件，企业已实现销售的情况，会计、财务核算的原始资料等。对企业可能实现或已经实现的年度应税销售额，企业会计、财务处理的方法和管理制度，企业财务人员的办税能力能否具备增值税一般纳税人的条件等问题，写出有关增值税一般纳税人认定登记的核查报告，作为“增值税一般纳税人申请认定表”的附件，报送主管国税局。

2）对于税务机关审核后认定为正式一般纳税人的企业，税务会计人员可以将加盖一般纳税人戳记的税务登记证副本、“增值税一般纳税人申请认定表”交企业存档。如果企业暂被认定为临时一般纳税人，企业应准确核算增值税的进项税额、销项税额，待临时一般纳税人期满后，向税务机关提出转为正式一般纳税人的申请。

2.3 相关知识

2.3.1 增值税一般纳税人认定登记管理规程

1）符合增值税一般纳税人条件的企业，应当在向税务机关办理税务登记的同时，申请办理一般纳税人认定手续；已开业经营的小规模企业（商业零售企业除外），若当年应税销售额超过小规模纳税人标准的，应在次年1月底之前，申请办理一般纳税人认定手续。

2）企业申请办理一般纳税人认定手续，应向所在地主管国税局提出书面申请，说明企业的经济形式、生产经营范围、产品名称及用途、企业注册资本、会计核算等问题，经税务机关审核后填写“增值税一般纳税人申请认定表”。

3）企业总、分支机构不在同一县市的；应分别向其机构所在地主管税务机关申请办理一般纳税人认定登记手续。企业总机构已被认定为增值税一般纳税人的，其分支机构可以持总机构为增值税一般纳税人的证明，向主管税务机关申请认定为一般纳税人。除商业企业外，纳税人总分支机构实行统一核算，其总机构年应税销售额超过小规模企业标准，但分支机构年应税销售额未超过小规模企业标准的，其分支机构可以申请办理一般纳税人认定手续。在办理认定手续时，须提供总机构所在地主管税务机关批准其总机构为一般纳税人的证明（总机构申请认定表的影印件）。

4）县级以上国家税务机关对经审核符合增值税一般纳税人条件的企业，在“增值税一般纳税人申请认定表”上签署意见，并将企业“税务登记证”副本首页上方加盖“增值税一般纳税人”戳记。对从事商业经营的新办企业和小规模企业，一般是先认定为“增值税临时一般纳税人”，经过3个月或半年时间的考核后，再转为正式的一般纳税人。

5）新办小型商贸企业是指新办小型商贸批发企业。由于新办小型商贸批发企业尚未进行正常经营，对其一般纳税人资格，一般情况下需要经过一定时间的实际经营才能审核认定。对于新办工业企业增值税一般纳税人的认定，主管税务机关也应及时组织对纳税人的实地查验，核实是否拥有必要的厂房、机器设备和生产人员，是否具备一般纳税人的财务核算条件。

2.3.2 增值税一般纳税人认定标准

从事货物生产或者提供增值税应税劳务的纳税人，以及以从事货物生产或者提供增值税应税劳务为主并兼营货物批发或者零售的纳税人，年应征增值税销售额在50万元以下的为小规模纳税人；上述以外的纳税人，年应税销售额在80万元以下的为小规模纳税人。超过此标准的则为增值税一般纳税人。

年应税销售额超过小规模纳税人标准的其他个人按小规模纳税人纳税；非企业性单位、不经常发生应税行为的企业可以选择按小规模纳税人纳税。

2.4 技能训练

考察办理增值税一般纳税人认定相关手续部门，咨询办理需要的相关材料和办理程序。

2.5 教研活动

（1）讨论本任务的教学重点

增值税一般纳税人认定登记管理规程。

（2）讨论怎么解决教学重点

通过对增值税一般纳税人认定登记管理规程的讲解，发现如果违反一般纳税人认定登记管理规程，不被认定为一般纳税人，会为纳税人整个生产经营活动带来哪些严重的不良后果。

任务3 向税务机关领购发票

发票是指一切单位和个人在购销商品、提供或者接受劳务服务以及从事其他经营活动时，所提供给对方的收付款的书面证明。它是财务收支的法定凭证，是会计核算的原始凭据，是税务检查的重要依据。

3.1 任务描述

开业不久，海达公司生意兴隆，订货的、购货的客户很多，必然需要开具发票。小王又带着相关资料到税务机关办理领购发票事宜。

3.2 任务分析

3.2.1 增值税专用发票的领购操作要点

增值税一般纳税人在办理完毕一般纳税人认定手续后，应按照一定的程序领购专用发票。其基本程序如下：

（1）向当地主管税务机关提出领购专用发票申请

单位或个人在申请购票时，必须提出并填制领购发票申请报告。

（2）按照税务机关要求提供相关的证件

一般领购发票的单位或者个人必须提供盖有“增值税一般纳税人”确认专章的税务登记证件，经办人身份证明和其他有关证明，提供财务印章或发票专用章的印模。

（3）主管税务机关经审核后，发给发票领购簿

购票申请报告经有权国家税务机关审查批准后，购票者应当领取国家税务机关核发的“发票领购簿”或者“增值税专用发票购领簿”。

（4）凭发票领购簿向主管税务机关领购专用发票

领购专用发票的单位和个人凭“发票购领用证”核准的发票种类、数量及购票方式，向税务机关领购发票。对批量供应发票的单位和个人，每次供应发票的数量仅限于1个月内的用量。用票户第二次领购发票，应带“发票领购用证”及已用完发票存根经税务机关审验后，供给相应数量的发票，税务机关应实行验旧领新的发票领购制度，并通过电脑检查用票户是否缴纳税款。用票户如需领购其他种类或增加相同种类的发票数量，按首次领购发票办理领购手续。

（5）一般纳税人临时到外地经营的规定

一般纳税人临时到外地经营的，又未持有“外出经营活动税收管理证明”的，可以向经营地主管税务机关申请领购专用发票。但是在领用时要提供相应的担保，一般有两种担保方式：一种是由担保人给予担保，从而领用发票；另一种是由领购人缴纳一定的保证金来领购发票，该保证金的最高限额为1万元人民币。

（6）一般纳税人对领购的专用发票的检查

一般纳税人对领购的专用发票应及时进行检查，如有缺联、少份、缺写错号、联次错位、未印防伪标志等印制问题，应整本退回。纳税人在购买专用发票时，应当场对专用发票的一至四联的规定位置加盖发票专用章和“专用发票销货单位栏戳证章”并由发票销售窗口经办人员监督，经检查无误后，方可将专用发票交付纳税人使用（发票专用章用红印色，专用发票销货单位栏戳证章用蓝印色）。

3.2.2 自制发票审批程序和操作要点

《发票管理办法实施细则》规定：凡有固定生产经营场所，财务核算和发票管理制度健全，发票使用量较大的单位，可以申请印制印有本单位名称的发票即自制发票。如果统一发票式样不能满足业务需要，也可以自行设计本单位的发票式样，报经县（市）以上税务机关批准到指定的印刷厂印制。自制发票仅限于普通发票。

1）要求用票单位根据业务特点和经营需要，设计发票式样，预计使用数量。

2）填写“企业自制发票申请审批表”，写明所需发票的种类、名称、格式、联次和需求数量，连同发票式样一同提交主管税务机关审批。

3）取得税务机关核准的“发票印制通知书”后，到指定的印刷厂印制。发票印制完毕，税务会计人员应建立发票领用存的管理制度，按季度向主管税务机关报送“发票领用存情况季报表”。

3.3 相关知识

3.3.1 发票领购相关规定

（1）发票领购的适用范围

1）依法办理税务登记的单位和个人领取“税务登记证”后可以申请领购发票，属于法定的发票领购对象。

2）依法不需要办理税务登记的单位，发生临时经营业务需要使用发票的，可以凭单位介绍信和其他有效证件，到税务机关代开发票。

3）临时到本省、自治区、直辖市以外从事经营活动的单位和个人，凭所在地税务机关开具的“外出经营活动税收管理证明”，在办理纳税担保的前提下，可向经营地税务机关申请领购经营地的发票。

（2）增值税专用发票的领购范围

一般纳税人凭发票领购簿、IC 卡和经办人身份证明领购专用发票。一般纳税人有下列情形之一的，不得领购开具专用发票：

1）会计核算不健全，即不能按会计制度和国家税务机关的要求，准确提供增值税销项税额、进项税额、应纳税额数据及其他有关增值税资料。

2）有《税收征管法》规定的税收违法行为，拒不接受税务机关处理的。

3）其他不得领用专用发票的情况。有以下行为之一，经税务机关责令限期改正而仍未改正的：

- 私自印制专用发票；
- 向个人或国家税务机关以外的单位买取专用发票；
- 借用他人专用发票；
- 向他人提供专用发票；
- 未按规定开具专用发票；
- 未按规定保管专用发票；
- 未按规定申报专用发票的购、用、存情况；
- 未按规定接受国家税务机关检查；
- 销售的货物全部属于免税项目者。

如果一般纳税人有上列情况，但已领购使用专用发票的，税务机关应当收缴其结存的专用发票，纳税人应停止使用专用发票。

3.4 技能训练

到企业财务会计科实习，体验税务会计人员领购发票工作。

3.5 教研活动

（1）讨论本任务的教学重点

增值税专用发票的领购范围。

(2)讨论怎么解决教学重点

正确办理领购发票手续，不能违反增值税专用发票的领购范围的规定，不然会给纳税人的购销活动带来哪些经济损失。

任务4　企业纳税申报相关手续及流程

纳税申报是指纳税人、扣缴义务人为了正确履行纳税、扣缴义务，就纳税事项向税务机关提出书面申请的一种法定手续。进行纳税申报是纳税人和扣缴义务人必须履行的义务。纳税人无论有无应税收入以及其他应税所得，均应在规定的期限内，向主管税务机关办理纳税申报；扣缴义务人在扣缴税款期限，无论有无代扣、代收税款，也必须在规定的期限内，向税务机关报送代扣代缴、代收代缴报告表。享受减税、免税的纳税人，在减免期限内，也要按规定办理纳税申报。

4.1　任务描述

海达公司开业已有1个月，下月15日前须申报纳税。为了正确地计算纳税，小王学习了税收实体法相关税种如何计算和缴纳。

4.2　任务分析

4.2.1　增值税纳税申报

(1)增值税申报操作要点

增值税纳税申报分为“一般纳税人”和“小规模纳税人”两种，其中包括出口货物退免税的申报。其计税原始资料的稽核与办税程序均有不同的要求。

1)增值税一般纳税人。

增值税一般纳税人进行纳税申报时，必报资料如下：

①“增值税纳税申报表(适用于增值税一般纳税人)”及“增值税纳税申报表附列资料(表一)、(表二)”。

②使用防伪税控系统的纳税人，必须报送记录当期纳税信息的IC卡(明细数据备份在软盘上的纳税人，还须报送备份数据软盘)、“增值税专用发票存根联明细表”及“增值税专用发票抵扣联明细表”。

③“资产负债表”和“利润表”。

④“成品油购销存情况明细表”(发生成品油零售业务的纳税人填报)。

⑤主管税务机关规定的其他必报资料。

纳税申报实行电子信息采集的纳税人，除向主管税务机关报送上述必报资料的电子数据之外，还需报送纸质的“增值税纳税申报表(适用于一般纳税人)”(主表和附表)。

备查资料如下：

- 已开具的增值税专用发票和普通发票存根联；

- 符合抵扣条件并且在本期申报抵扣的增值税专用发票抵扣联；
- 海关进口增值税专用缴款书、运输费用结算单据、购进农产品收购发票或销售发票；
- 代扣代缴税款凭证存根联；
- 主管税务机关规定的其他备查资料。

备查资料是否需要在当期报送，由各省级国家税务局确定。

2）小规模纳税人。小规模纳税人由于计税方法简单，其纳税申报的操作也相对容易。

①小规模纳税人的增值税申报，应在规定的期限内向主管税务机关报送纳税申报表。

②税务会计人员在编制纳税申报表时，应按以下规范操作：

第一，核查销售原始凭证及相关账户，稽核销售货物、应税劳务和视同销售的收入。

第二，对于有经营免税项目或有混合销售、兼营非应税劳务的，应通过核查原始凭证及核算过程，正确区分征免税项目及非应税项目的销售收入，将免税销售额和非应税劳务销售额分离出来。

第三，核查“应交税费——应交增值税”明细账，将含税收入换算成不含税销售额乘以征收率计算出当期应纳税额。

3）生产企业“免、抵、退”税申报。

申报程序如下：生产企业在货物出口并按会计制度的规定在财务上作销售后，先向主管征税机关办理增值税纳税和免、抵税申报，并向主管征税机关退税部门办理退税申报。退税申报期为每月 1～15 日（逢节假日顺延）。

申报资料如下：

①生产企业向征税机关的征税部门办理增值税纳税及免、抵、退税申报时，应提供下列资料：

- “增值税纳税申报表”及其规定的附表。
- 退税部门确认的上期“生产企业出口货物免、抵、退税申报汇总表”。
- 税务机关要求的其他资料。

②生产企业向征税机关的退税部门办理“免、抵、退”税申报时，应提供下列凭证资料：

- “生产企业出口货物免、抵、退税申报汇总表”。
- “生产企业出口货物免、抵、退税申报明细表”。
- 经征税部门审核签章的当期“增值税纳税申报表”。
- 有进料加工业务的还应填报：“生产企业进料加工登记申报表”；“生产企业进料加工进口料件申报表明细表”；“生产企业进料加工海关登记手册核销申请表”；“生产企业进料加工贸易免税证明”。
- 装订成册的报表及原始凭证：“生产企业出口货物免、抵、退税申报明细表”；与进料加工业务有关的报表；加盖海关验讫章的出口货物报关单（出口退税专用）；经外汇管理部门签章的出口收汇核销单（出口退税专用）或有关部门出具的中远期收汇证明；出口货物证明；企业签章的出口发票；主管退税部门要求提供的其他资料。

1.2.2 填制增值税纳税申报表的方法

(1) 增值税纳税申报表（见表 8-4）

增值税纳税申报表填表说明（略）

(2)“增值税纳税申报表附列资料（表一）、（表二）”（见表 8-5、表 8-6）

填表说明（略）

表 8－4

增值税纳税申报表

（适用于增值税一般纳税人）

根据《中华人民共和国增值税暂行条例》第二十二条及第二十三条的规定，制定本表。

纳税人不论有无销售额，均应按主管税务机关核定的纳税期限填报本表，并于次月1日至15日内，向当地税务机关申报。

税款所属时间：自　年　月　日至　年　月　日　填表日期：　年　月　日　　　金额单位：元至角分

纳税人识别号				所属行业：		
纳税人名称	（公章）	法定代表人姓名		注册地址		营业地址
开户银行及账号		企业登记注册类型				电话号码

项目		栏次	一般货物及劳务		即征即退货物及劳务	
			本月数	本年累计	本月数	本年累计
销售额	（一）按适用税率征税货物及劳务销售额	1				
	其中：应税货物销售额	2				
	应税劳务销售额	3				
	纳税检查调整的销售额	4				
	（二）按简易征收办法征税货物销售额	5				
	其中：纳税检查调整的销售额	6				
	（三）免、抵、退办法出口货物销售额	7				
	（四）免税货物及劳务销售额	8				
	其中：免税货物销售额	9				
	免税劳务销售额	10				
税款计算	销项税额	11				
	进项税额	12				
	上期留抵税额	13				
	进项税额转出	14				
	免抵退货物应退税额	15				
	按适用税率计算的纳税检查应补缴税额	16				
	应抵扣税额合计	17＝12＋13－14－15＋16				
	实际抵扣税额	18（如17＜11，则为17，否则为11）				
应纳税额		19＝11－18				
期末留抵税额		20＝17－18				
简易征收办法计算的应纳税额		21				
按简易征收办法的纳税检查应补缴税额		22				
应纳税额减征额		23				
应纳税额合计		24＝19＋21－23				
期初未缴税额（多缴为负数）		25				
实收出口开具专用缴款书退税额		26				
本期已缴税额		27＝28＋29＋30＋31				
①分次预缴税额		28				
②出口开具专用缴款书预缴税额		29				
③本期缴纳上期应纳税额		30				
④本期缴纳欠缴税额		31				
期末未缴税额（多缴为负数）		32＝24＋25＋26－27				
其中：欠缴税额（≥0）		33＝25＋26－27				
本期应补（退）税额		34＝24－28－29				
即征即退实际退税额		35				
期初未缴查补税额		36				
本期入库查补税额		37				
期末未缴查补税额		38＝16＋22＋36－37				

授权声明	如果你已委托人申报，请填写下列资料： 为一切税务事宜，现授权＿＿＿＿＿（地址）为本纳税人的申报人，任何与本申报表有关的往来文件，都可寄予此人。 授权人签字：	申报人声明	此纳税申报表是根据《中华人民共和国增值税暂行条例》的规定填报的，我相信它是真实的、可靠的、完整的。 声明人签字：

以下由税务机关填写：

收到日期：　　　　接收人：　　　　主管税务机关盖章：

表 8－5

增值税纳税申报表附列资料（表一）

（本期销售情况明细）

税款所属时间：　　年　　月

纳税人名称：（公章）　　　　填表日期：　　年　　月　　日　　　　金额单位：元至角分

一、按适用税率征收增值税货物及劳务的销售额和销项税额明细

项目	栏次	应税货物						应税劳务			小计		
		17%税率			13%税率								
		份数	销售额	销项税额	份数	销售额	销项税额	份数	销售额	销项税额	份数	销售额	销项税额
防伪税控系统开具的增值税专用发票	1												
非防伪税控系统开具的增值税专用发票	2												
开具普通发票	3												
未开具发票	4												
小计	5 = 1 + 2 + 3 + 4												
纳税检查调整	6												
合计	7 = 5 + 6												

二、简易征收办法征收增值税货物的销售额和应纳税额明细

项目	栏次	6%征收率			4%征收率			小计		
		份数	销售额	应纳税额	份数	销售额	应纳税额	份数	销售额	应纳税额
防伪税控系统开具的增值税专用发票	8									
非防伪税控系统开具的增值税专用发票	9									
开具普通发票	10									
未开具发票	11									
小计	12 = 8 + 9 + 10 + 11									
纳税检查调整	13									
合计	14 = 12 + 13									

三、免征增值税货物及劳务销售额明细

项目	栏次	免税货物			免税劳务			小计		
		份数	销售额	税额	份数	销售额	税额	份数	销售额	税额
防伪税控系统开具的增值税专用发票	15									
开具普通发票	16									
未开具发票	17									
合计	18 = 15 + 16 + 17									

表 8－6　　增值税纳税申报表附列资料（表二）

（本期进项税额明细）

税款所属时间：　　年　　月

纳税人名称：（公章）　　填表日期：　　年　　月　　日　　金额单位：元至角分

一、申报抵扣的进项税额				
项目	栏次	份数	金额	税额
（一）认证相符的防伪税控增值税专用发票	1			
其中：本期认证相符且本期申报抵扣	2			
前期认证相符且本期申报抵扣	3			
（二）非防伪税控增值税专用发票及其他扣税凭证	4			
其中：海关进口增值税专用缴款书	5			
农产品收购发票或者销售发票	6			
废旧物资发票	7			
运输费用结算单据	8			
6%征收率	9	—	—	—
4%征收率	10	—	—	—
（三）外贸企业进项税额抵扣证明	11	—	—	
当期申报抵扣进项税额合计	12			

二、进项税额转出额		
项目	栏次	税额
本期进项税转出额	13	
其中：免税货物用	14	
非应税项目用、集体福利、个人消费	15	
非正常损失	16	
按简易征收办法征税货物用	17	
免抵退税办法出口货物不得抵扣进项税额	18	
纳税检查调减进项税额	19	
未经认证已抵扣的进项税额	20	
红字专用发票通知单注明的进项税额	21	

三、待抵扣进项税额				
项目	栏次	份数	金额	税额
（一）认证相符的防伪税控增值税专用发票	22	—	—	—
期初已认证相符但未申报抵扣	23			
本期认证相符且本期未申报抵扣	24			
期末已认证相符但未申报抵扣	25			
其中：按照税法规定不允许抵扣	26			
（二）非防伪税控增值税专用发票及其他扣税凭证	27			
其中：海关进口增值税专用缴款书	28			

续表

项目	栏次	份数	金额	税额
农产品收购发票或者销售发票	29			
废旧物资发票	30			
运输费用结算单据	31			
6%征收率	32	—	—	—
4%征收率	33	—	—	—
	34			
四、其他				
项目	栏次	份数	金额	税额
本期认证相符的全部防伪税控增值税专用发票	35			
期初已征税款挂账额	36	—	—	
期初已征税款余额	37	—	—	
代扣代缴税额	38	—	—	

注：第1栏=第2栏+第3栏=第23栏+第35栏-第25栏；第2栏=第35栏-第24栏；第3栏=第23栏+第24栏-第25栏；第4栏等于第5栏至第10栏之和；第12栏=第1栏+第4栏+第11栏；第13栏等于第14栏至第21栏之和；第27栏等于第28栏至第34栏之和。

表8-7　　固定资产进项税额抵扣情况表

纳税人识别号：　　　　　　纳税人名称（公章）：

填表日期：　年　月　日　　　　　　金额单位：元至角分

项　目	当期申报抵扣的固定资产进项税额	当期申报抵扣的固定资产进项税额累计
增值税专用发票		
海关进口增值税专用缴款书		
合　计		

注：本表一式两份，一份纳税人留存，一份主管税务机关留存。

4.2.2　消费税纳税申报

（1）消费税纳税申报操作要点

消费税纳税申报包括销售自产应税消费品的纳税申报；委托加工应税消费品代收代缴申报；出口应税消费品的免税或退税申报。

1）自产或委托加工应税消费品。

①自产应税消费品于销售环节纳税，自产自用的于移送使用时纳税。自产应税消费品纳税申报应首先确定应税消费品适用的税目税率，核实计税依据，在规定的期限内向主管税务机关报送消费税纳税申报表。

②委托加工应税消费品，由受托方办理代收代缴消费税申报。税务会计人员首先应确定双方是否为委托加工业务，核查组成计税价格的计算，如为受托方申报，应向主管税务机关报送代收代缴申报表；如为委托方申报，应向主管税务机关提供已由受托方代收代缴税款的完税证明。

2）出口应税消费品。

①生产企业。有进出口经营权的生产企业自营或委托出口应税消费品的申报，税务会计人员应向主管征税机关提供“两单一票”办理免税手续。如发生退关或国外退货，出口时已予以免税的。经所在地主管税务机关批准，可暂不办理补税，待其转为国内销售时，再在当期办理补缴消费税的申报手续，于报送消费税纳税申报表的同时，提供“出口货物转内销证明”。

②外贸企业。外贸企业出口应税消费品退（免）税实行专用税票管理制度，其申报程序如下：

第一，生产企业将应税消费品销售给外贸企业出口，应到主管征税机关办理消费税专用税票开具手续，然后办理消费税纳税申报手续。

第二，应税消费品出口后外贸企业凭“两单两票”及消费税专用税票向主管退税机关办理退税手续，报送出口退税货物进货凭证申报明细表和出口货物退税申报明细表。

第三，出口的应税消费品办理退税后，发生退关或国外退货，外贸企业应在当期向主管退税机关申报补缴已退的消费税税款，办理“出口商品退运已补税证明”。

（2）填制“消费税纳税申报表”的方法

为了在全国范围内统一、规范消费税纳税申报资料，加强消费税管理的基础工作，国家税务总局制定了如下表格：

1）烟类应税消费品消费税纳税申报表（见表8－8）。

2）酒及酒精消费税纳税申报表。

3）成品油消费税纳税申报表。

4）小汽车消费税纳税申报表。

5）其他应税消费品消费税纳税申报表。

4.2.3 营业税纳税申报

（1）营业税纳税申报操作要点

服务业、交通运输业、建筑安装业、金融保险业等营业税纳税申报操作要点如下：

1）核查营业收入相关账户及主要的原始凭证，计算应税营业收入。

2）根据企业应税项目的具体情况，确认税前应扣除的营业额。

3）核查兼营非应税劳务、混合销售以及减免税项目的营业额，确认应税营业额和适用的税目税率。

4）核查已发生的代扣代缴营业税义务的情况，确认应扣缴税额。

5）计算填表后按规定期限向主管税务机关报送营业税纳税申报表及其他计税资料。代扣代缴的营业税要履行报缴税款手续。

（2）填制《营业税纳税申报表》的方法

交通运输业、娱乐业、服务业、建筑业、金融保险业营业税纳税人，除经税务机关核准实行简易申报方式外，均据此进行纳税申报。邮电通信业、文化体育业、转让无形资产和销售不动产的营业税纳税人仍按照各地的申报办法进行纳税申报。

1）营业税纳税申报表。凡按全国统一的《营业税纳税人纳税申报办法》进行纳税申报的营业税纳税人，均应报送以下资料：

表 8－8　　烟类应税消费品消费税纳税申报表

税款所属期：　年　月　日至　年　月　日

纳税人名称（公章）：　　　　纳税人识别号：

填表日期：　年　月　日　　单位：卷烟万支、雪茄烟支、烟丝千克；　　金额单位：元（列至角分）

应税消费品名称＼项目	适用税率		销售数量	销售额	应纳税额
	定额税率	比例税率			
卷　烟	30 元/万支	56%			
卷　烟	30 元/万支	36%			
雪茄烟	—	36%			
烟　丝	—	30%			
合　计	—	—	—	—	

本期准予扣除税额：	声　明 此纳税申报表是根据国家税收法律的规定填报的，我相信它是真实的、可靠的、完整的。 经办人（签章）： 财务负责人（签章）： 联系电话：
本期减（免）税额：	
期初未缴税额：	
本期缴纳前期应纳税额：	（如果你已委托人申报，请填写） 授权声明 为一切税务事宜，现授权________（地址）________为本纳税人的申报人，任何与本申报表有关的往来文件，都可寄予此人。 授权人签章：
本期预缴税额：	
本期应补（退）税额：	
期末未缴税额：	

以下由税务机关填写：

受理人（签章）：　　　　受理日期：　年　月　日　　　　受理税务机关（章）：

①“营业税纳税申报表”（见表 8－9）。

②按照纳税人发生营业税应税行为所属的税目，分别填报相应税目的营业税纳税申报表附表；同时发生两种或两种以上税目应税行为的，应同时填报相应的纳税申报表附表。

③凡使用税控收款机的纳税人应同时报送税控收款机 IC 卡。

④主管税务机关规定的其他申报资料。

纳税申报资料的报送方式、报送的具体份数由省一级地方税务局确定。

2）金融保险业营业税纳税申报表如下：

①“金融保险业营业税纳税申报表”。

②“贷款（含贴现、押汇、透支等）利息收入明细表”。

③“外汇转贷利息收入明细表”。

④“委托贷款利息收入明细表”。

⑤“融资租赁收入明细表”。

⑥“自营买卖股票价差收入明细表”。

⑦“自营买卖债券价差收入明细表”。

⑧“自营买卖外汇价差收入明细表”。

表 8-9

营业税纳税申报表

（适用于查账征收的营业税纳税人）

纳税人识别号：

纳税人名称（公章）

税款所属时间：自 2009 年 3 月 1 日至 2009 年 3 月 31 日　　填表日期 2009 年 4 月 5 日　　金额单位：元（列至角分）

税目	营业额				税率（%）	本期税款计算			税款缴纳								
											本期已缴税额				本期应缴税额计算		
	应税收入	应税减除项目金项	应税营业额	免税收入		小计	本期应纳税额	免（减）税额	期初欠缴税额	前期多缴税额	小计	已缴本期应纳税额	本期已被扣缴税额	本期已缴欠缴税额	小计	本期期末应缴税额	本期期末应缴欠缴税额
1	2	3	4 = 2 - 3	5	6	7 = 8 + 9	8 = (4 - 5) × 7	9 = 5 × 7	10	11	12 = 13 + 14 + 15	13	14	15	16 = 17 + 18	17 = 8 - 13 - 14	18 = 10 - 11 - 15
交通运输业	406 700		406 700		3	12 201	12 201								12 201	12 201	
建筑业																	
邮电通讯业																	
服务业	234 600		234 600		5	11 730	11 730								11 730	11 730	
娱乐业																	
金融保险业																	
文化体育业																	
销售不动产																	
转让无形资产																	
合　计	641 300		641 300			23 931	23 931								23 931	23 931	
代扣代缴项目																	
总　计	641 300		641 300			23 931	23 931								23 931	23 931	

纳税人或声明人：	如纳税人填报，由纳税人填写以下各栏：							
此纳税申报表是根据国家税收法律的规定填报的，我确定它是真实的、可靠的、完整的。	办税人员（签章）		财务负责人（签章）		法定代表人（签章）		联系电话	
	如委托代理人填报，由代理人填写以下各栏：							
	代理人名称		经办人（签章）		联系电话		代理人（公章）	

以下由税务机关填写：

受理人：　　　　年　　月　　日　　　　受理税务机关（签章）：

本表一式三份，一份纳税人留存，一份主管税务机关留存，一份征收部门留存。

⑨“自营买卖其他金融商品价差收入明细表”。

⑩“金融经纪业务及其他金融业务收入月汇总明细表”。

⑪“保费收入明细表”。

⑫“储金业务收入明细表”。

⑬主管税务机关规定的其他资料。

4.2.4 所得税纳税申报

（1）企业所得税纳税申报操作要点

根据税法规定，纳税人应在月份或者季度终了后15日内报送申报表及月份或者季度财务报表。年度终了后5个月内向其所在地主管税务机关报送“企业所得税年度纳税申报表”和税务机关要求报送的其他有关资料，办理结清税款手续。

1）核查收入核算账户和主要的原始凭证，计算当期生产经营收入、财产转让收入、股息收入等各项应税收入。

2）核查成本核算账户和主要的原始凭证，根据行业会计核算制度，确定当期产品销售成本或营业成本。

3）核查主要的期间费用账户和原始凭证，确定当期实际支出的销售费用、管理费用和财务费用。

4）核查税金核算账户，确定税前应扣除的税金总额。

5）核查损失核算账户，计算资产损失、投资损失和其他损失。

6）核查营业外收支账户及主要原始凭证，计算营业外收支净额。

7）经过上述六个步骤的操作，税务会计人员可以据此计算出企业当期收入总额、不征税收入和免税收入额，再按税法规定核查允许的各项扣除及允许弥补的以前年度亏损，计算当期应税所得额。

8）根据企业适用的所得税税率，计算应纳所得税额。

（2）填制企业所得税纳税申报表的方法

自2008年1月1日起，全国统一使用新的企业所得税纳税申报表（见表8－10和表8－11）。

表8－10　　中华人民共和国企业所得税年度纳税申报表（A类）

税款所属期间　　年　月　日至　年　月　日

纳税人名称：

纳税人识别号：□□□□□□□□□□□□□□□□□□□□　　金额单位：元（列至角分）

类别	行次	项目	金额
利润总额计算	1	一、营业收入（填附表一）	
	2	减：营业成本（填附表二）	
	3	营业税金及附加	
	4	销售费用（填附表二）	
	5	管理费用（填附表二）	
	6	财务费用（填附表二）	
	7	减产减值损失	

续表

类别	行次	项目	金额
利润总额计算	8	加：公允价值变动收益	
	9	投资收益	
	10	二、营业利润	
	11	加：营业外收入（填附表一）	
	12	减：营业外支出（填附表二）	
	13	三、利润总额（10+11-12）	
应纳税所得额计算	14	加：纳税调整增加额（填附表三）	
	15	减：纳税调整减少额（填附表三）	
	16	其中：不征税收入	
	17	免税收入	
	18	减计收入	
	19	减：免税项目所得	
	20	加计扣除	
	21	抵扣应纳税所得额	
	22	加：境外应税所得弥补境内亏损	
	23	纳税调整后所得（13+14-15+22）	
	24	减：弥补以前年度亏损（填附表四）	
	25	应纳税所得额（23-24）	
应纳税额计算	26	税率（25%）	
	27	应纳所得税额（25×26）	
	28	减：减免所得税额（填附表五）	
	29	减：抵免所得税额（填附表五）	
	30	应纳税额（27-28-29）	
	31	加：境外所得应纳所得税额（填附表六）	
	32	减：境外所得抵免所得税额（填附表六）	
	33	实际应纳所得税额（30+31-32）	
	34	减：本期累计实际已预缴的所得税额	
	35	其中：汇总纳税的总机构分摊预缴的税额	
	36	汇总纳税的总机构财政调库预缴的税额	
	37	汇总纳税的总机构所属分支机构分摊的预缴税额	
	38	合并纳税（母子体制）成员企业就地预缴比例	
	39	合并纳税企业就地预缴的所得税额	
	40	本年应补退的所得税额（33-34）	
附列资料	41	以前年度多缴的所得税额在本年抵减额	
	42	以前年度应缴未缴在本年入库所得税额	

纳税人公章： 经办人： 申报日期：　　年　　月　　日	申报中介机构公章： 经办人执业证件号码： 申报日期：　　年　　月　　日	主管税务机关受理专用章： 受理人： 受理日期：　　年　　月　　日

各种企业所得税年度纳税申报表附表（略）。

表 8－11　企业所得税纳税申报表（适用于核定征收企业）

税款所属期间：　　年　　月至　　年　　月

纳税人识别码：　　　　　　　　　　　　　　　　金额单位：元（列至角分）

纳税人名称			
纳税申报栏			
项　　目	行次	本期数	累计数
收入总额	1		
成本费用	2		
应税所得率	3		
应纳税所得额	4		
适用税率	5		
应缴所得税额（4×5）	6		
减：实际已预缴的所得税额	7		
应补退的所得税额（8＝6－7）	8		
纳税人公章： 经办人（签章）： 申报日期：　年　月　日		主管税务机关受理专用章： 受理人： 受理日期：　年　月　日	

备注：本表一式三份，主管税务机关受理后退还纳税人保存一份，由主管税务机关留存两份。

4.2.5　其他税种纳税申报

（1）土地增值税纳税申报操作要点与表填制方法

1）增值税纳税申报操作规范。

①核查房地产投资立项合同、批准证书和房地转让合同，确认投资立项与转让的时间及房地产开发项目的性质。如属于免税项目，应向主管税务机关申请办理免征土地增值税的申报手续。

②核查应收账款、预收账款、经营收入、其他业务收入、固定资产清理账户及主要的原始凭证，确认本期应申报的转让房地产收入。

③核查土地使用权转让合同及付款凭证，确认土地出让金的实际缴付金额。

④核查开发成本账户及开发建筑承包合同与付款凭证，确认土地征用及拆迁补偿费、前期工程费等开发支出。

⑤核查财务费用账户及相关借款合同，确认利息支出并按税法规定计算扣除。对于其他房地产开发费用应根据利息计算分摊情况，以土地出让金和开发成本为基数按规定比例计算。

⑥核查经营税金和管理费用账户及缴税原始凭证，确认与转让房地产有关的税金。

⑦有关旧房及建筑物房地产评估机构出具的评估报告及原始资料，确认重置成本价及成新度折扣率。

在经过以上步骤操作之后可计算得出土地增值额，按适用税率计算应纳税额。由于房地产开发项目投资大、工期长，在项目全部竣工结算前，难以计算纳税人转让房地产的增值额，一般按预收款收入的一定比例预缴税款，待竣工结算后清算，多退少补。因此，房地产企业土地增值税预缴申报，可主要依确认征免和核查转让房地产收入的程序进行操作。

2）土地增值税纳税申报表的方法。土地增值税纳税申报表分为两种，分别适用于房地产开发企业和适用于非从事房地产开发的纳税人。

①编制土地增值税纳税申报表的方法如表 8 - 12 所示。

表 8 - 12　　土地增值税纳税申报表（一）

（从事房地产开发的纳税人适用）

纳税人识别号□□□□□□□□□□□□□□□□□□□

填表日期：　　年　　月　　日　　金额单位：元（列至角分）　　面积单位：平方米

纳税人名称		某房地产公司	税款所属时期	

项　　目		行次	金额
一、转让房地产收入总额 1 = 2 + 3		1	10 000 000
其中	货币收入	2	10 000 000
	实物收入及其他收入	3	
二、扣除项目金额合计 4 = 5 + 6 + 13 + 16 + 20		4	5 750 000
1. 取得土地使用权所支付的金额		5	1 000 000
2. 房地产开发成本 6 = 7 + 8 + 9 + 10 + 11 + 12		6	3 000 000
其中	土地征用及拆迁补偿费	7	400 000
	前期工程费	8	400 000
	建筑安装工程费	9	1 000 000
	基础设施费	10	800 000
	公共配套设施费	11	
	开发间接费用	12	400 000
3. 房地产开发费用 13 = 14 + 15		13	400 000
其中	利息支出	14	
	其他房地产开发费用 ·	15	400 000
4. 与转让房地产有关的税金 16 = 17 + 18 + 19		16	550 000
其中	营业税	17	500 000
	城市维护建设税	18	35 000
	教育费附加	19	15 000
5. 财政部规定的其他扣除项目		20	800 000
三、增值额 21 = 1 - 4		21	4 250 000
四、增值额与扣除项目金额之比（%）22 = 21 ÷ 4		22	73.91%
五、适用税率（%）		23	40%
六、速算扣除系数（%）		24	5%
七、应缴土地增值税税额 25 = 21 × 23 - 4 × 24		25	1 412 500
八、已缴土地增值税税额		26	

续表

项目	行次	金额
九、应补（退）土地增值税税额 27 = 25 − 26	27	1 412 500

<table>
<tr><td colspan="3">如纳税人填报，由纳税人填写以下各栏</td><td colspan="5">如委托人填报，由委托人填写以下各栏</td><td>备注</td></tr>
<tr><td rowspan="3">会计主管

（签章）</td><td rowspan="3">经办人

（签章）</td><td rowspan="3">纳税人

（签章）</td><td colspan="2">委托人名称</td><td colspan="2"></td><td rowspan="3">委托人

（签章）</td><td rowspan="3"></td></tr>
<tr><td colspan="2">委托人地址</td><td colspan="2"></td></tr>
<tr><td>经办人</td><td></td><td>电话</td><td></td></tr>
<tr><td colspan="9">以下由税务机关填写</td></tr>
<tr><td>收到申报表日期</td><td colspan="3"></td><td>接收人</td><td colspan="4"></td></tr>
</table>

②土地增值税纳税申报表（二）如表 8 − 13 所示。

表 8 − 13　　　　土地增值税纳税申报表（二）

（非从事房地产开发的纳税人适用）

纳税人识别号□□□□□□□□□□□□□□□□□□□□

填表日期：　　年　　月　　日　　　　　　金额单位：元（列至角分）　　面积单位：平方米

<table>
<tr><td colspan="2">纳税人名称</td><td></td><td>税款所属时期</td><td colspan="2"></td></tr>
<tr><td colspan="4">项　　目</td><td>行次</td><td>金额</td></tr>
<tr><td colspan="4">一、转让房地产收入总额 1 = 2 + 3</td><td>1</td><td>20 000 000</td></tr>
<tr><td rowspan="2">其中</td><td colspan="3">货币收入</td><td>2</td><td>20 000 000</td></tr>
<tr><td colspan="3">实物收入及其他收入</td><td>3</td><td></td></tr>
<tr><td colspan="4">二、扣除项目金额合计 4 = 5 + 6 + 9</td><td>4</td><td>10 160 000</td></tr>
<tr><td colspan="4">1. 取得土地使用权所支付的金额</td><td>5</td><td>3 000 000</td></tr>
<tr><td colspan="4">2. 旧房及建筑物的评估价格 6 = 7 × 8</td><td>6</td><td></td></tr>
<tr><td rowspan="2">其中</td><td colspan="3">旧房及建筑物的重置成本价</td><td>7</td><td></td></tr>
<tr><td colspan="3">成新度折扣</td><td>8</td><td></td></tr>
<tr><td colspan="4">3. 与转让房地产有关的税金 9 = 10 + 11 + 12 + 13</td><td>9</td><td>1 110 000</td></tr>
<tr><td rowspan="4">其中</td><td colspan="3">营业税</td><td>10</td><td>1 000 000</td></tr>
<tr><td colspan="3">城市维护建设税</td><td>11</td><td>70 000</td></tr>
<tr><td colspan="3">印花税</td><td>12</td><td>10 000</td></tr>
<tr><td colspan="3">教育费附加</td><td>13</td><td>30 000</td></tr>
<tr><td colspan="4">三、增值额 14 = 1 − 4</td><td>14</td><td>9 840 000</td></tr>
<tr><td colspan="4">四、增值额与扣除项目金额之比（%）15 = 14 ÷ 4</td><td>15</td><td>96.9%</td></tr>
<tr><td colspan="4">五、适用税率（%）</td><td>16</td><td>40%</td></tr>
<tr><td colspan="4">六、速算扣除系数（%）</td><td>17</td><td>5%</td></tr>
<tr><td colspan="4">七、应缴土地增值税税额 18 = 14 × 16 − 4 × 17</td><td>18</td><td>3 428 000</td></tr>
</table>

<table>
<tr><td colspan="3">如纳税人填报，由纳税人填写以下各栏</td><td colspan="5">如委托人填报，由委托人填写以下各栏</td><td>备注</td></tr>
<tr><td rowspan="3">会计主管

（签章）</td><td rowspan="3">经办人

（签章）</td><td rowspan="3">纳税人

（签章）</td><td colspan="2">委托人名称</td><td colspan="2"></td><td rowspan="3">委托人

（签章）</td><td rowspan="3"></td></tr>
<tr><td colspan="2">委托人地址</td><td colspan="2"></td></tr>
<tr><td>经办人</td><td></td><td>电话</td><td></td></tr>
<tr><td colspan="9">以下由税务机关填写</td></tr>
<tr><td>收到申报表日期</td><td colspan="3"></td><td>接收人</td><td colspan="4"></td></tr>
</table>

表8－13由非从事房地产开发的纳税人在签订房地产转让合同7日内，向主管税务机关报送，该表填报的基本要求与表（一）相同的栏目同前述，下面仅对不同栏目的内容作出说明。

第一，“旧房及建筑物的评估价格”，是按重置成本法并经主管税务机关确认的评估旧房及建筑物价格。其中：旧房及建筑物的重置成本价，是由政府批准设立的房地产评估机构评定的重置成本价，成新度折扣率是旧房及建筑物新旧程度折扣率。

第二，“与转让房地产有关的税金”，除营业税、城市维护建设税和教育费附加外，还包括与转让房地产有关的印花税。

（2）印花税纳税申报操作要点与申报表填制方法

印花税的计税方法虽然简单，然而税目有13个，税率也都有不同的规定，涉及企业生产经营的各个环节，纳税人稍有疏忽就会因零星税额的漏缴而受到严厉的处罚。印花税纳税申报，税务会计人员应详细了解委托人应税凭证的范围，做到及时贴花，不漏不缺。

1）印花税纳税申报操作要点。

①了解企业生产经营所属的行业以及生产经营项目的特点，确定应税凭证可能发生的主要范围。

②核查企业当期书立的购销合同、加工承揽合同、货物运输合同、技术合同、营业账簿、权利许可证照等，按合同金额和适用的税率计算应纳税额。

③核查企业具有合同性质的票据、单据。如运输费用发票，购销单位相互之间开出的订单、要货单、传真函件等，均应视为应税凭证，按规定贴花。

④核查企业可能发生应税凭证业务的核算账户，如“实收资本”、“资本公积”、“固定资产”、“制造费用”、“管理费用”等，以防止漏缴税款。

⑤对于加工承揽合同、货物运输合同等在计税时，可作一定金额扣除的应税凭证，还应核查计税金额与扣除金额，确定计税依据。

⑥将本期各应税凭证印花税税额汇总计算后，如税额较小可到税务机关购买印花税票贴花完税并在每枚税票的骑缝处画销；税额较大的（税法规定为超过500元）可用税收缴款书缴纳税款。如果企业应税凭证种类多，纳税次数发生频繁，且金额较大，可向主管税务机关申请采取汇总缴纳的方法。

2）填制印花税纳税申报表（见表8－14）的方法（略）。

（3）房产税纳税申报操作要点与申报表填制方法

1）房产税纳税申报操作要点。房产税征税对象单一。但是，有关纳税义务人的确认、计税依据的计算、减税免税的规定却较为复杂。为能够准确把握应纳税额的计算，维护纳税人应享有的税收权益，应按下述规范要领操作：

①核查应税房屋及其与房屋不可分割的各种附属设施，或一般不单独计算价值的配套设施，确认产权所属关系，以此判定纳税义务人。

②核查应税房产投入使用或竣工、验收的时间，确认纳税义务发生的时间。

③核查“固定资产”、“预提费用”、“待摊费用”、“在建工程”、“其他业务收入”等核算账户，确认应税房产的净值或租金收入，确定房产税的计税依据。

④核查在征税范围内按现行政策应予以减税免税的房产。如危房、险房、停止使用、企业停产闲置不用的房产，因大修理停用在半年以上的房产等，报请税务机关审核同意可暂免

表 8－14　　印花税纳税申报表

填表日期：　　年　　月　　日

纳税人识别号□□□□□□□□□□□□□□□　　　　金额单位：元（列至角分）

纳税人名称						税款所属时期	2009 年 2 月			
应税凭证名称	件数	计税金额	适用税率	应纳税额	已纳税额	应补（退）税额	购花贴花情况			
							上期结存	本期购进	本期贴花	本期结存
1	2	3	4	5＝2×3×4	6	7＝5－6	8	9	10	11＝8＋9－10
权利、许可证照	4	5		20		20				
产权转移书据		800 000	5‰	400		400				
借款合同		400 000	0.5‰	20		20				
购销合同		1 400 000	3‰	420		420				
营业账簿	1	2 000 000	5‰	1 000		1 000				
	5	5		25		25				

如纳税人填报，由纳税人填写以下各栏			如委托人填报，由委托人填写以下各栏				备注
会计主管（签章）	经办人（签章）	纳税人（签章）	委托人名称			委托人（签章）	
			委托人地址				
			经办人	电话			
以下由税务机关填写							
收到申报表日期			接收人				

征收房产税。

2）填制房产税纳税申报表的方法。房产税纳税申报表（见表 8－15）有关计税依据、适用税率等各栏的内容税法已有明确规定，在此只对一些特殊要求加以说明。

①房产原值，为“固定资产账户”借方所载的房屋造价（或购价）。其中：第 1 栏“上期申报房产原值（评估值）”，填写经税务机关审核认可的房产原值，或没有房产原值经税务机关评估的价值；第 2 栏“本期增减”，反映纳税人因为原有房产进行改建、扩建，或因毁损而增减的房屋原值；第 4～6 栏在确定第 3 栏本期实际房产原值的基础上，区分为从价、从租计税和免税的房产原值。

②计税依据，第 8 栏从价计税的为房产原值减除 10%～30% 折旧后的余值，第 9 栏从租计征的为实际取得的租金收入。

③应纳税额，按本期应缴和汇算填报，其中，第 13 栏缴纳次数，按主管地方税务机关

表 8－15 **房产税纳税申报表**

填表日期：　　月　　日

纳税人识别号□□□□□□□□□□□□□□□□□□　　　　金额单位：元（列至角分）

纳税人名称							税款所属时期								
坐落地点				建筑面积 m^2					房屋结构						
上期申报房产原值（评估值）	本期增减	本期实际房产原值	其中：从价计税的房产原值	其中：从租计税的房产原值	其中：免税房产原值	扣除率%	计税依据：房产余值	计税依据：租金收入	适用税率：1.2%	适用税率：12%	全年应纳税额	缴纳次数	本期：应纳税额	本期：已纳税额	应补退税额
1	2	3 = 1 + 2	4 = 3 − 5 − 6	5 = 3 − 5 − 6	6	7	8 = 4 − 4 × 7	9	10	11	12 = 8 × 10 + 9 × 11	13	14 = 12 ÷ 13	15	16 = 14 − 15
2 000 000		2 000 000	2 000 000			20	160 000		1.2		19 200	2	9 600		
合计		2 000 000	2 000 000			20	160 000		1.2		19 200	2	9 600		

如纳税人填报，由纳税人填写以下各栏			如委托人填报，由委托人填写以下各栏			备注
			委托人名称		委托人（签章）	
会计主管（签章）	经办人（签章）	纳税人（签章）	委托人地址			
			经办人	电话		
以下由税务机关填写						
收到申报表日期			接收人			

的规定填写，如全年分 2 次或 4 次缴纳，第 14 栏“本期应纳税额”为全年应纳税额的 1/2 或 1/4。

（4）城镇土地使用税纳税申报操作要点与申报表填制方法

城镇土地使用税计税方法直观简单，申报操作的重点环节是确定纳税义务人和计税土地面积及类别。

1）城镇土地使用税纳税申报操作规范。

①核查土地使用证标示的土地面积和实际占用的土地面积，在此基础上核查土地实际所处的类区和用途，以确定征税土地面积的数量和适用的单位税额。

②核查拥有土地使用权的实际情况，确认纳税义务人。

③核查企业实际占用的减税免税土地面积及核批手续，确认减税免税土地面积。

④根据适用的单位税额计算应纳税额，按年计算分期缴纳。

2）填制城镇土地使用税纳税申报表的方法。

①“坐落地点”按土地证上标明的地点或实际位置分行填列。

②“上期占地面积”为上期申报的实际占用土地面积（包括免税面积）。

③“本期增减”为实际占用的面积增加或减少的数量。

④其他各栏的填报方法可根据纳税申报表中注明的计算关系进行。

（5）资源税申报操作要点

资源税纳税申报主要涉及两个方面：纳税单位应税资源纳税申报，收购应税资源单位代扣代缴申报。

1）资源税纳税申报。

①核查应税资源项目，确定课税数量，对于应税与非应税资源混同的企业，应具体加以区分。

②核查应税项目中按税法规定享受减免税政策的应税资源数量。

③根据资源税的明细税额和本地区的具体规定，确定适用税率，计算填报纳税申报表。

2）资源税扣缴申报。

资源税扣缴义务人主要有两个方面：第一，收购应税而未税矿产品的独立矿山或联合企业；第二，其他收购未税矿产品的单位。

3）资源税扣缴申报操作要点如下：

①核查收购未税矿产品原始凭证和付款凭证，确定课税数量。

②根据资源税明细税额计算应扣缴的税额。

③指导收购单位在向纳税人支付收购款项前扣缴税款，并按照主管税务机关规定的期限办理扣缴税款报告。

4）填制资源税纳税申报表的方法。

①资源税纳税申报表。资源税纳税申报表适用于开采应税矿产品或者生产盐的单位或个人申报缴纳资源税，主要按应税项目和免税项目区分填列。

- 产品名称按企业应税产品名称及收购未税矿产品名称据实填报。
- 课税单位按税法规定的数量单位填写，如吨、千立方米等。
- 课税数量根据本期应税资源的销售数量、自用数量，按适用税率分别填列。
- 单位税额填写本地区适用定额税率。
- 免税项目各栏目填报要求与应税项目是一致的，故不重述。

②资源税扣缴报告表。资源税扣缴报告表填报内容与纳税申报表基本相同。其中：产品名称、课税单位、课税数量、单位税额均按收购未税矿产品的具体情况填写。免税项目各栏要求填报收购未列举征税的产品。

4.3 相关知识

4.3.1 增值税纳税申报相关知识

（1）一般纳税人应纳税额的计算

一般纳税人销售货物或者提供应税劳务，应纳税额为当期销项税额抵扣当期进项税额后的余额。应纳税额计算公式：

应纳税额＝当期销项税额－当期进项税额－上期留抵税额

如果应纳税额大于零，则为当期应缴纳的增值税；如果应纳税额小于零，则为本期留抵税额。留待下期继续抵扣。

1）销项税额。销项税额指纳税人销售货物或者应税劳务，按照销售额和适用税率计算并向购买方收取的增值税额。其计算公式为：

销项税额＝销售额×税率

上面所述销售额，是指纳税人销售货物或者应税劳务向购买方收取的全部价款和价外费用，但是不包括收取的销项税额。

2）进项税额。纳税人购进货物或者接受应税劳务，所支付或者负担的增值税额为进项税额。包括：

①从销售方取得的增值税专用发票上注明的增值税额。

②从海关取得的进口增值税专用缴款书注明的增值税额。

③购进免税农业产品准予抵扣的进项税额，按照买价和13%的扣除率计算。

④支付运输费用按7%的扣除率计算进项税额，但随同运费支付的装卸费、保险费等其他杂费不得计算扣除进项税额。

3）不得从销项税额中抵扣的进项税额。

①纳税人购进货物或者应税劳务，未按照规定取得并保存增值税扣税凭证或者增值税扣税凭证上未按照规定注明增值税额及其他有关事项的，其进项税额不得从销项税额中抵扣。

②下列项目的进项税额不得从销项税额中抵扣：

- 用于非增值税应税项目、免征增值税项目、集体福利或者个人消费的购进货物或者应税劳务。
- 非正常损失的购进货物及相关的应税劳务。
- 非正常损失的在产品、产成品所耗用的购进货物或者应税劳务。
- 国务院财政、税务主管部门规定的纳税人自用消费品。
- 本条①项至④项规定的货物的运输费用和销售免税货物的运输费用。

4）进项税额抵扣的相关规定。

①增值税一般纳税人申请抵扣的防伪税控系统开具的增值税专用发票，必须自该专用发票开具之日起90日内到税务机关认证，并在认证通过的当月申报抵扣。

②取得的海关进口增值税专用缴款书，应当在开具之日起90日后的第一个纳税申报期结束前向主管税务机关申报抵扣。

③纳税人取得开具的运输发票，应当自开票之日起90日内向主管国家税务局申报抵扣，超过90日的不得予以抵扣。纳税人办理申报时，应填报《增值税运输发票抵扣清单》纸质文件及电子信息，未报送的其进项税额不得抵扣。

5）进项税额的扣减。

①因进货退出或折让而收回的增值税额，应从发生进货退出或折让当期的进项税额中扣减。

②已抵扣进项税额的购进货物或应税劳务发生上述所列五种进项税额不得从销项税额中抵扣情况的，应将该项购进货物或应税劳务的进项税额从当期的进项税额中扣减。

（2）小规模纳税人的征收税率及应纳税额的计算

小规模纳税人增值税征收率一律为3%。征收率的调整由国务院决定。

小规模纳税人销售货物或者应税劳务，按照销售额和规定的征收率计算应纳税额，不得抵扣进项税额。应纳税额计算公式：

应纳税额 = 销售额 × 征收率

销售额按照一般纳税人规定确定，也不包括其应纳税额，小规模纳税人如采用销售额和应纳税额合并定价方法的，按下列公式计算销售额：

销售额 = 含税销售额 ÷（1 + 征收率）

（3）出口货物应退税额的计算方法

1）外贸企业出口货物退税计算方法。对有进出口经营权的外贸企业收购货物直接出口或委托其他外贸企业代理出口货物的，应依据购进出口货物所取得的增值税专用发票上列明的进项金额和该货物适用的退税率计算退税。其公式是：

应退税额 = 购进货物的进项金额 × 退税率

2）生产企业出口货物"免、抵、退"税计算方法。实行"免、抵、退"税管理办法的"免"税，是指对生产企业出口的自产货物，免征本企业生产销售环节的增值税；"抵"税，是指生产企业出口的自产货物所耗用原材料、零部件等应予退还的进项税额，抵顶内销货物的应纳税款；"退"税，是指生产企业出口的自产货物在当期内因抵顶的进项税额大于应纳税额而未抵顶完的税额，经主管税务机关批准后，予以退税。

生产企业出口货物"免、抵、退"税额应根据出口货物离岸价、出口货物退税率计算：出口货物离岸价（FOB）以出口发票上的离岸价为准，若以其他价格条件成交，应扣除按会计制度规定允许冲减出口销售收入的运费、保险费、佣金等。申报数与实际支付数有差额的，在下次申报退税时调整（或年终清算时一并调整）。若出口发票不能如实反映离岸价，企业应按实际离岸价申报"免、抵、退"税，税务机关有权按照《税收征管法》、《增值税暂行条例》等规定予以核定。

①免抵退税不得免征和抵扣税额的计算。

免抵退税不得免征和抵扣税额 = 当期出口货物离岸价 × 外汇人民币牌价 ×（出口货物征税率 − 出口货物退税率）− 免抵退税不得免征和抵扣税额抵减额

免抵退税不得免征和抵扣税额抵减额 = 免税购进原材料价格 ×（出口货物征税率 − 出口货物退税率）

②当期应纳税额的计算。

当期应纳税额 = 当期内销货物的销项税额 −（当期进项税额 − 当期免抵退税不得免征和抵扣税额）− 当期留抵税额

③免抵退税额的计算。

免抵退税额 = 出口货物离岸价 × 外汇人民币牌价 × 出口货物退税率 − 免抵退税额抵减额

免抵退税额抵减额 = 免税购进原材料价格 × 出口货物退税率

免税购进原材料包括国内购进免税原材料和进料加工免税进口料件，其中进料加工免税进口料件的价格为组成计税价格。

进料加工免税进口料件的组成计税价格 = 货物到岸价格 + 海关征关税实 + 海关实征消费税

④当期应退税额和当期免抵税额的计算。

当期期末留抵税额≤当期免抵退税额时：

当期应退税额=当期期末留抵税额

当期免抵税额=当期免抵退税额-当期应退税额

当期期末留抵税额>当期免抵退税额时：

当期应退税额=当期免抵退税额

当期免抵税额=0

"当期期末留抵税额"为当期《增值税纳税申报表》上的"期末留抵税额"。

4.3.2 消费税纳税申报相关知识

消费税计征方法有三种：从价定率征收、从量定额征收和实行复合计税办法征收。

实行从价定率计征办法的，其计算公式如下：

消费税应纳税额=应税消费品的销售额×适用税率

实行从量定额计征办法的，其计算公式如下：

消费税应纳税额=应税消费品的课税数量×单位税额

卷烟、粮食白酒和薯类白酒的计税办法为实行从量定额和从价定率相结合计算应纳税额的复合计税方法。应纳税额的计算公式为：

应纳税额=销售数量×定额税率+销售额×比例税率

（1）应税消费品的销售额

销售额为纳税人销售应税消费品向购买方收取的全部价款和价外费用。

（2）应税消费品的课税数量

①纳税人通过自设非独立核算门市部销售自产消费品的，应按照门市部对外销售数量征收消费税。

②纳税人自产自用的应税消费品，其计税依据为应税消费品的移送使用量。

③委托加工的应税消费品，其计税依据为纳税人收回的应税消费品数量。

④进口的应税消费品，其计税依据为海关核定的应税消费品进口征税数量。

（3）用外购已税消费品连续生产应税消费品

下列用外购已税消费品连续生产的应税消费品，在计税时按当期生产领用数量计算准予扣除外购的应税消费品已纳的消费税税款：

①外购已税烟丝生产的卷烟。

②外购已税化妆品生产的化妆品。

③外购已税珠宝玉石生产的贵重首饰及珠宝玉石。

④外购已税鞭炮、焰火生产的鞭炮、焰火。

⑤外购已税汽车轮胎生产的汽车轮胎。

⑥外购已税摩托车生产的摩托车。

⑦以外购或委托加工收回的已税石脑油为原料生产的应税消费品。

⑧以外购或委托加工收回的已税润滑油为原料生产的润滑油。

⑨以外购或委托加工收回的已税杆头、杆身和握把为原料生产的高尔夫球杆。

⑩以外购或委托加工收回的已税木制一次性筷子为原料生产的木制一次性筷子。

⑪以外购或委托加工收回的已税实木地板为原料生产的实木地板。

上述当期准予扣除外购应税消费品已纳消费税税款的计算公式是：

$$\frac{当期准予扣除的外购}{应税消费品已纳税款}=\frac{当期准予扣除的}{外购应税消费品买价}\times\frac{外购应税消费}{品适应税率}$$

$$\frac{当期准予扣除的外购}{应税消费品买价}=\frac{期初库存的外购}{应税消费品的买价}-\frac{期末库存的外购应}{税消费品的买价}+\frac{当期购进的应}{税消费品的买价}$$

（4）自产自用应税消费品

①用于连续生产应税消费品的不纳税。

②用于其他方面的，应于移送使用时纳税。纳税人自产自用的应税消费品，应按照纳税人生产的同类消费品的销售价格计算纳税；没有同类消费品销售价格的，按照组成计税价格计算纳税。

组成计税价格＝(成本＋利润)÷(1－消费税税率)

实行复合计税办法计算纳税的组成计税价格计算公式：

组成计税价格＝（成本＋利润＋自产自用数量×定额税率）÷（1－比例税率）

应纳税额＝组成计税价格×适用税率＋自产自用数量×定额税率

（5）委托加工应税消费品

委托加工的应税消费品，按照受托方的同类消费品的销售价格计算纳税，没有同类消费品销售价格的，按照组成计税价格计算纳税。

组成计税价格＝(材料成本＋加工费＋委托加工数量×定额税率）÷（1－比例税率）

委托方收回委托加工的已税消费品后，直接对外出售的不再征收消费税。委托方以收回的委托加工的已税消费品作为原料连续生产应税消费品的，准予从应纳税款中扣除原材料中已由受托方代收代缴的消费税税额。

当期准予扣除委托加工收回的应税消费品已纳消费税税款的计算公式是：

$$\frac{当期准予扣除的委托加工}{应税消费品已纳税款}=\frac{期初库存的委托加工}{应税消费品已纳税款}+\frac{当期收回的委托加工}{应税消费品已纳税款}-\frac{期末库存的委托加工}{应税消费品已纳税款}$$

（6）兼营不同税率应税消费品

纳税人兼营不同税率的应税消费品，应当分别核算不同税率应税消费品的销售额、销售数量。未分别核算销售额、销售数量，或者将不同税率的应税消费品组成成套消费品销售的，由税务机关分别核定。

（7）出口应税消费品退（免）税的计算

外贸企业从生产企业购进应税消费品直接出口或受其他外贸企业委托出口应税消费品的应退消费税税款，分两种情况处理：

①属于从价定率征收的应税消费品，应依照外贸企业从工厂购进货物时征收消费税的价格计算，其公式为：

应退消费税税额＝出口货物工厂销售额×税率

②属于从量定额征收的应税消费品，应依照货物购进和报关出口的数量计算。其公式为：

应退消费税税额＝出口数量×单位税额

4.3.3 营业税纳税申报相关知识

纳税人提供应税劳务、转让无形资产或者销售不动产，按照营业额和适用税率计算应纳税额。应纳税额计算公式：

应纳税额＝营业额×税率

纳税人的营业额，为纳税人提供应税劳务、转让无形资产或者销售不动产向对方收取的全部价款和价外费用。营业税的有关具体规定如下：

（1）交通运输业

运输企业将承揽的运输业务分给其他单位或者个人的，以其取得的全部价款和价外费用扣除其支付给其他单位或者个人的运输费用后的余额为营业额。

（2）建筑安装业

纳税人提供建筑业劳务（不含装饰劳务）的，其营业额应当包括工程所用原材料、设备及其他物资和动力价款在内，但不包括建设方提供的设备的价款。

纳税人采用清包工形式提供的装饰劳务，按照其向客户实际收取的人工费、管理费和辅助材料费等收入（不含客户自行采购的材料价款和设备价款）确认计税营业额。

建筑业的总承包人将工程分包给他人的，以工程的全部承包额减去付给分包人的价款后的余额为营业额。

纳税人从事安装工程作业，凡以所安装的设备的价值作为安装工程产值的，其营业额应包括设备价款在内。

（3）金融保险业

1）贷款业务（包括转贷业务）。贷款业务的营业额为贷款利息收入（包括各种加息、罚款）。

2）融资租赁。以其向承租者收取的全部价款和价外费用（包括残值）减去出租方承担的出租货物的实际成本后的余额，以直线法折算出本期的营业额。计算方法为：

本期营业额＝(应收的全部价款和价外费用－实际成本）×（本期天数÷总天数)

实际成本＝货物购入原价＋关税＋增值税＋消费税＋运杂费＋安装费＋保险费＋支付给境外的外汇借款利息支出

3）金融商品转让。外汇、有价证券、期货等金融商品买卖业务，以卖出价减去买入价后的余额为营业额。

4）金融经纪业务和其他金融业务（中间业务）。营业额为手续费（佣金）类的全部收入包括价外收取的代垫、代收代付费用（如邮电费、工本费）、加价等，从中不得作任何扣除。

5）保险。

①办理初保业务向保户收取的保费。营业额为纳税人经营保险业务向对方收取的全部价款，即向被保险人收取的全部保险费。

②储金业务。保险公司如采用收取储金方式取得经济利益的（即以被保险人所交保险资金的利息收入作为保费收入，保险期满后将保险资金本金返还被保险人），其“储金业务”的营业额，为纳税人在纳税期内的储金平均余额乘以人民银行公布的一年期存款的月

利率。

储金平均余额为纳税期期初储金余额与期末余额之和乘以50%。

4.3.4 企业所得税纳税申报相关知识

企业所得税基本计算公式为：

应纳所得税额＝应纳税所得额×税率－减免税额－抵免税额

应纳税所得额＝收入总额－不征税收入－免税收入－各项扣除－允许弥补的以前年度亏损

（1）应纳税所得额的计算

①企业以货币形式和非货币形式从各种来源取得的收入，为收入总额。包括：销售货物收入；提供劳务收入；转让财产收入；股息、红利等权益性投资收益；利息收入；租金收入；特许权使用费收入；接受捐赠收入；其他收入。

②收入总额中的不征税收入包括：财政拨款；依法收取并纳入财政管理的行政事业性收费、政府性基金；国务院规定的其他不征税收入。

③企业的免税收入包括：国债利息收入；符合条件的居民企业之间的股息、红利等权益性投资收益；在中国境内设立机构、场所的非居民企业从居民企业取得与该机构、场所有实际联系的股息、红利等权益性投资收益；符合条件的非营利组织的收入。

④各项扣除的计算（略）。

⑤亏损，是指企业依照企业所得税法及其实施条例的规定将每一纳税年度的收入总额减除不征税收入、免税收入和各项扣除后小于零的数额。

（2）境外所得抵免税额的计算

居民企业来源于中国境外的应税所得，非居民企业在中国境内设立机构、场所，取得发生在中国境外但与该机构、场所有实际联系的应税所得，已在境外缴纳的所得税税额，可以从其当期应纳税额中抵免。抵免限额为该项所得依照企业所得税法规定计算的应纳税额；超过抵免限额的部分，可以在以后五个年度内，用当年度抵免限额抵免当年应抵税额后的余额进行抵补。

居民企业从其直接或者间接控制的外国企业分得的来源于中国境外的股息、红利等权益性投资收益，外国企业在境外实际缴纳的所得税税额中属于该项所得负担的部分，可以作为该居民企业的可抵免境外所得税税额，在企业所得税法规定的抵免限额内抵免。

4.3.5 个人所得税纳税申报相关知识

（1）个人所得税的计算方法

1）工资、薪金所得应纳所得税额的计算。工资、薪金所得应缴纳的个人所得税可以由纳税人直接缴纳。也可以由扣缴义务人扣缴。它以纳税人每月取得的工资薪金收入扣除2 000元（或4 800元）后的余额为应税所得，根据九级超额累进税率，计算其应纳所得税额。

2）劳务报酬所得应纳所得税额的计算。劳务报酬所得个人所得税应纳税额的计算公式为：

①每次收入不足4 000元的：

应纳税额 = 应纳税所得额 × 适用税率 = (每次收入额 − 800) × 20%

②每次收入在4 000元以上的：

应纳税额 = 应纳税所得额 × 适用税率 = 每次收入额 × (1 − 20%) × 20%

③每次收入超过20 000元的：

应纳税额 = 应纳税所得额 × 适用税率 − 速算扣除数

= 每次收入额 × (1 − 20%) × 适用税率 − 速算扣除数

值得注意的是，对劳务报酬所得一次收入畸高，即个人一次取得的应纳税所得额超过2万元至5万元部分，依税法规定计算应纳税额后再按照应纳税额加征五成，超过5万元的部分，加征十成。

3）中国境内无住所的个人未满一月工资薪金所得应纳税额的计算。

$$应纳税额 = [当月工资薪金应纳税所得额 \times 适用税率 - 速算扣除数] \times \frac{当月实际在中国天数}{当月天数}$$

如果外籍个人取得的是日工资薪金，应以日工资薪金乘以当月天数换算成月工资薪金后，按上述公式计算应纳税额。

4）境外所得的已纳税款的扣除。根据《个人所得税法》规定，纳税义务人从中国境外取得的所得，准予其在应纳税额中扣除已在境外缴纳的个人所得税税款。但扣除额不得超过该纳税义务人境外所得依照我国税法规定计算的应纳税额。

5）人独资企业和合伙企业投资者个人所得税的计算。个人独资企业和合伙企业（以下简称企业）每一纳税年度的收入总额减除成本、费用以及损失后的余额，作为投资者个人的生产经营所得，比照《个人所得税法》的“个体工商户的生产经营所得”应税项目，适用5% ~35%的五级超额累进税率。计算征收个人所得税。

个人独资企业的投资者以全部生产经营所得为纳税所得额；合伙企业的投资者按照合伙企业的全部生产经营所得和合伙协议约定的分配比例确定应纳税所得额，合伙协议没有约定分配比例的，以全部生产经营所得和合伙人数量平均计算每个投资者的应纳税所得额。

凡实行查账征税办法的，生产经营所得比照《个体工商户个人所得税计税办法（试行）》的规定确定。但下列项目的扣除例外：

- 投资者的工资不得在税前扣除。投资者的费用扣除标准为24 000元/年（2 000元/月）。
- 企业从业人员合理的工资、薪金支出，允许在税前扣除。
- 投资者及其家庭发生的生活费用不允许在税前扣除。投资者及其家庭发生的生活费用与企业生产经营费用混合在一起，并且难以划分的，全部视为投资者个人及其家庭发生的生活费用，不允许在税前扣除。
- 企业生产经营和投资者及其家庭生活共用的固定资产，难以划分的，由主管税务机关根据企业的生产经营类型、规模等具体情况，核定准予在税前扣除的折旧费用的数额或比例。
- 企业实际发生的工会经费、职工福利费、职工教育经费分别在其计税工资总额的2%、14%、2.5%的标准内据实扣除。
- 企业每一纳税年度发生的广告和业务宣传费用不超过当年销售（营业）收入2%的

部分，可据实扣除；超过部分可无限期向以后纳税年度结转。

- 企业每一纳税年度发生的与其生产经营业务直接相关的业务招待费，按照发生额的60%扣除，但最高不得超过当年销售（营业）收入的5%。
- 企业计提的各种准备金不得扣除。

有下列情形之一的，则采取核定征收方式征收个人所得税：

- 企业依照国家有关规定应当设置但未设置账簿的。
- 企业虽设置账簿，但账目混乱或者成本资料、收入凭证、费用凭证残缺不全，难以查账的。
- 纳税人发生纳税义务，未按照规定期限办理纳税申报，经税务机关责令限期申报，逾期仍不申报的。

实行核定应税所得率征收方式的，应纳所得税额的计算公式如下：

应纳所得税额 = 应纳税所得额 × 适用税率

应纳税所得额 = 收入总额 × 应税所得率

或 = 成本费用支出额 ÷ (1 − 应税所得率) × 应税所得率

应税所得率应按表8－16规定的标准执行。

表8－16　　应税所得率

行　　业	应税所得率（%）
工业、交通运输业、商业	5～20
建筑业、房地产开发业	7～20
饮食服务业	7～25
娱乐业	20～40
其他行业	10～30

企业经营多业的，无论其经营项目是否单独核算，均应根据其主营项目确定其适用的应税所得率。

4.3.6　其他税种纳税申报

(1) 土地增值税纳税申报相关知识

土地增值税的计算公式为：土地增值税按照纳税人转让房地产所取得的增值额和适用的超率累进税率计算征收。计算公式是：

应纳税额 = 土地增值额 × 适用税率 − 扣除项目金额 × 速算扣除系数

(2) 印花税纳税申报相关知识

印花税实行从价定率和从量定额两种征收办法。

应纳税额 = 计税金额 × 税率

或 = 固定税额 × 应税凭证件数

应纳税额不足一角的不征税。应纳税额在0.10元以上，其尾数按四舍五入方法计算贴花。

企业应税凭证所记载的金额为外币的，应按凭证书立、领受当日国家外汇管理局公布的外汇牌价折合为人民币，计算应纳税额。

一般情况下，企业需要预先购买印花税票，待发生应税行为时，再根据凭证的性质和规定的比例税率或者按件计算应纳税额，将已购买的印花税票粘在应税凭证上，并在每枚税票的骑缝处盖戳注销或者画销，办理完税手续。

(3) 房产税纳税申报相关知识

房产税为财产税性质的税种，实行按年征收分期缴纳，地方政府有较大的税收管理权限。房产税的纳税申报，除要掌握税法的一般规定外。还必须了解地方政府的特殊政策。

房产税应纳税额的计算分为以下两种情况：

以房产原值为计税依据的，计算公式为：

应纳税额 = 房产余值 × 税率（1.2%）

以房产租金收入为计税依据的，计算公式为：

应纳税额 = 房产租金收入 × 税率（12%）

企业缴纳的房产税应在“管理费用”中列支。计算应缴房产税时，借记“管理费用”账户，贷记“应交税费——应交房产税”账户；缴纳房产税时，借记“应交税费——应交房产税”账户，贷记“银行存款”账户。

(4) 城镇土地使用税纳税申报相关知识

城镇土地使用税计税方法简单直观。但是，由于界定土地使用权、计税面积和类别、适用的定额税率情况各异，使申报工作也具有一定的难度。

城镇土地使用税实行从量定额征收办法，其应纳税额公式为：

应纳税额 = 单位税额 × 实际占用土地面积

(5) 资源税申报相关知识

资源税具有特定的征税范围，根据资源地区级差或等级收入设置幅度税额和明细税额，实行从量定额征收。资源税的纳税申报，应在了解企业应税资源品目和特点的基础上，正确划分征免范围，确定适用的税目税率。

资源税的应纳税额，按照应税产品的课税数量和适用的单位税额计算。其计算公式为：

应纳税额 = 课税数量 × 单位税额

4.4 技能训练

(1) 练习

1) 增值税、消费税、营业税应纳税额的计算。

①某厂系增值税一般纳税人，具有自营进出口权，出口产品增值税实行“免抵退”税管理办法。2009 年 1 月发生如下经济业务（假定该家具厂按规定的时间办理了增值税抵扣凭证的认证手续和出口货物“免抵退”税审核手续)：

• 1 月 8 日，销售给家具商城组合办公用家具一批，开具的增值税专用发票注明：价款 60 万元，税额 102 000 元，收到家具商城开具的商业承兑汇票。

• 1 月 9 日，向市木材公司购进原木一批并验收入库，取得增值税专用发票注明：价款 20 万元，税额 26 000 元，开出支票支付货款。

• 1 月 10 日，开具支票支付 1 月 9 日购进原木的运费，运输公司开具公路运输发票注明：运费 5 000 元，装卸及杂费 500 元。

• 1 月 12 日，将一套原售价格为 58 500 元家用家具经总经理批示以 8 折卖给关系户，开具普通销货发票：销售价格46 800元，并以现金收取款项（已知该套家具的生产成本为35 000元）。

- 1月15日，将各式家具一批发往省外某家具经销公司代销，该批家具的生产成本为30万元，与代销单位约定代销价格为585 000元（与该家具经销公司一直采用代销形式，且每批代销家具均签订代销协议，以实际销售额的5%支付代销手续费）。
- 上月购进的油漆因质量问题，经与销售单位协商，同意退货。1月7日到主管税务机关申请取得《开具红字增值税专用发票通知单》，1月18日取得销售单位开具的红字增值税专用发票：价款1万元，税额1 700元，款项尚未收到。
- 1月18日，自营出口销售一批家具（出口退税率为13%），以离岸价结算的产品销售收入为40万元，开具“出口货物销售统一发票”，并于当日办妥信用证的结汇手续。
- 1月20日，生产车间更新改造工程领用自产的半成品——木材一批，生产成本为5万元（其中耗用原材料——原木成本为4万元），该种木材家具厂从没对外销售过，无同类销售价格。
- 1月21日，客户上月委托定制的专用办公用家具已经完工，按委托加工合同约定，客户提供的结余原木抵付加工费计20 600元，另外还可以向委托方收取加工费5万元，款项尚未收到，开具加工费普通发票70 600元；收到客户从税务机关开具的增值税专用发票：价款2万元，税额600元。
- 1月23日，购进单位价格1 872元的刨板机三台，可使用年限5年，取得增值税专用发票：价款4 800元，税额816元，刨板机已于当日到厂验收并投入车间使用，款项已开具支票结清。
- 1月25日，收到税务稽查决定书，稽查发现的部分外购板材计不含税成本价6万元，因火灾毁损，其相应的进项税额应转出补缴增值税。
- 1月31日，省外某家具经销公司发来代销清单，销售各式家具价款80万元，税额为136 000元，代销手续费为4万元，汇款896 000元已到账，开具增值税专用发票计价款80万元，税额136 000元。
- 出口退税申报账务处理

②A红酒酒业有限公司，主营红酒的生产、批发和零售，根据红酒产品的特殊性，公司在销售时，主要使用两种包装方式，一种是常见的装瓶销售，采用将酒瓶的售价计入销售中，并另外收取押金，以便收回；另一种是对于酒吧等娱乐场所销售的红酒主要为桶装酒，所用酒桶免费使用，但预先收取押金，具体政策如下：

- 酒瓶每个成本价格为5元，在销售时直接包含在红酒的销售额中，另外收取3元/瓶押金。
- 酒桶每个成本价格是2 000元，免费使用，但是为了保证酒桶的回收，每个酒桶收取押金3 500元。
- 包装物押金的时间规定均为6个月。

2009年4月份，发生下列经济业务：

- 4月1日，为了方便使用，仁人咖啡向酒厂购买酒桶，酒厂销售酒桶200个，收取价款56万元，并开具普通发票。
- 4月6日，发给某经销商红酒100箱，成本价8万元，并开具了增值税专用发票1

张，注明价款 10 万元，另外开具自制收据 1 张，收取酒瓶押金 3 000 元，酒桶押金 3 500 元。

• 4 月 8 日，采用赊销方式销售给某经销商红酒 50 箱，成本价格 4.5 万元，合同约定一年后付款，注明不含税价格 6 万元。

• 4 月 16 日，购进酒瓶 10 000 个，单价 5 元/个，取得增值税专用发票一张，款项尚未支付。

• 4 月 20 日，500 个酒瓶、20 个酒桶的押金已经逾期，按期退回 200 个酒瓶、2 个酒桶的押金。

• 4 月 24 日，仁人咖啡自带酒桶购红酒 5 吨价税合计金额为 175 500 元，与心飞公司口头约定分两期付款，提货当日付款 20%，3 个月后付款 80%，款付清时开具发票，仁人咖啡当日如约支付 20% 的货款。

企业取得的抵扣凭证已经在 4 月 30 日全部通过税务机关认证，上月留抵税额 56 000 元，企业适用的消费税率是 10%。

要求：

• 根据企业的经济业务，作出正确的会计分录。

• 计算出企业当期应缴纳的消费税、增值税（以万元为单位保留两位小数）。

③某集装箱运输企业，2009 年 8 月提供的营业税计税资料如下：

• 本月集装箱装箱收入 25 万元，装箱辅助作业费用如场地作业费、机械费、叉车费、吊车费 20 800 元。

• 本月代收港杂费、验箱费、提箱费 26 000 元。集装箱运输收入 26 万元，集装箱堆存收入 84 000 元，集装箱租赁收入 29 000 元。

• 本月取得货运收入 82 000 元。

根据营业税纳税申报操作规范的要求，通过编制工作底稿，计算应纳税额填制表 8－17。

表 8－17

项目 / 税目	应税劳务额（元）	适用税率	应纳税额（元）	备　注
运输业				（1）装箱收入及辅助费用 （2）集装箱运输收入
仓储业				集装箱堆存收入
租赁业				集装箱租赁收入
代理业				货运、代收港杂费、验箱费等
合计				

2）企业所得税、个人所得税应纳税额的计算。

①某市一家居民企业为增值税一般纳税人，主要生产销售彩色电视机，假定 2009 年度有关经营业务如下：

• 销售彩电取得不含税收入 8 600 万元，与彩电配比的销售成本 5 660 万元。

• 转让技术所有权取得收入 700 万元，直接与技术所有权转让有关的成本和费用 100 万元。

• 出租设备取得租金收入 200 万元，接受原材料捐赠取得增值税专用发票注明材料金额 50 万元、增值税进项税额 8.5 万元，取得国债利息收入 30 万元。

• 购进原材料共计 3 000 万元，取得增值税专用发票注明进项税额 510 万元，支付购料运输费用共计 230 万元，取得合法票据。

• 销售费用 1 650 万元，其中广告费 1 400 万元。

• 管理费用 850 万元，其中业务招待费 90 万元。

• 财务费用 80 万元，其中含向非金融企业借款 500 万元所支付的年利息费用 40 万元（当年金融企业贷款的年利率为 5.8%）。

• 计入成本、费用中的实发工资 540 万元，发生的工会经费 15 万元、职工福利费 82 万元、职工教育经费 18 万元。

• 营业外支出 300 万元，其中包括通过公益性社会团体向贫困山区的捐款 150 万元。

（其他相关资料：上述销售费用、管理费用和财务费用不涉及技术转让费用；取得的相关票据均通过主管税务机关认证）

要求：根据上述资料，按下列序号计算回答问题（每问需计算出合计数）：

• 企业 2009 年应缴纳的增值税。

• 企业 2009 年应缴纳的营业税。

• 企业 2009 年应缴纳的城市维护建设税和教育费附加。

• 企业 2009 年实现的会计利润。

• 广告费用应调整的应纳税所得额。

• 业务招待费应调整的应纳税所得额。

• 财务费用调整的应纳税所得额。

• 职工工会经费、职工福利费、职工教育经费应调整的应纳税所得额。

• 公益性捐赠应调整的应纳税所得额。

• 企业 2009 年度企业所得税的应纳税所得额。

• 企业 2009 年度应缴纳的企业所得税。

②一外籍个人担任我国境内一家外商投资企业财务总监，每月工资由该企业支付 15 000 元，由外方公司支付 5 000 美元（折合人民币 4 万元），该个人 2009 年度 1—6 月在我国境内工作，其余时间在境外履行职务。根据规定，其 2009 年度在我国的纳税义务确定为多少？

③王某 2009 年 1 月至 12 月从中国境内取得工资、薪金收入 3 万元（2009 年度费用扣除标准为 2 000 元/月），从 A 国取得特许权使用费收入 8 000 元，已按 A 国税法规定缴纳了个人所得税 1 400 元，则王某 2009 年应申报缴纳个人所得税额为多少？

3）其他税种应纳税额的计算。

①某运输公司出售一栋办公楼（2006 年购入，原价 2 300 万元，现已使用 3 年，累计折旧 300 万元），取得转让收入 2 500 万元，并按税法规定缴纳了与转让房地产有关的各项税费。经房地产评估机构评定的重置成本为 2 500 万元，成新度折扣率为八成。

第一，计算应纳的营业税、城建税、教育费附加和印花税。

第二，计算应纳的土地增值税。

第三，进行正确的会计处理。

②某企业 2009 年 2 月开业，领受房屋产权证、工商营业执照、商标注册证、土地使用

证各一件，与其他企业订立转移专有技术使用权书据一件，所载金额80万元；订立产品购销合同两件，所载金额为140万元；订立借款合同一份，所载金额为40万元。此外，企业的营业账簿中，“实收资本”科目载有资金200万元，其他账簿5本。则该企业2月份应计算缴纳印花税为多少？

③某厂办公楼、厂房等房产2009年的账面原值为200万元，按规定房产原值扣除比率为20%，每年4月、10月分两次缴纳，则每次应缴纳房产税为多少？

④某企业实际占用土地面积2万平方米，该企业所在地土地使用税年税额为4元/平方米，计算该企业应缴纳土地使用税为多少？并作出正确的会计处理。

⑤某油田10月份生产原油8万吨（单位税额8元/吨），其中，销售6万吨，用于加热、修井的原油1万吨，待销售1万吨，当月在采油过程中还回收伴生天然气1 000万立方米（单位税额8元/千立方米），计算该油田10月份应纳资源税税额。

（2）讨论

①如何填制各税种纳税申报表。

②各税种如何进行纳税申报操作。

4.5 教研活动

（1）本任务的教学重点、教学难点

本任务的教学重点是增值税的纳税申报；本任务的教学难点是企业所得税的纳税申报。

（2）如何发现教学重点、教学难点

购销活动是企业生产经营活动的起点与终点，一般纳税人应纳税额的计算采用的是购进扣税法，小规模纳税人应纳税额的计算采用的是按征收率征税的简易办法。

由于一般纳税人的销售活动多种多样，购进活动进项税额有的可以抵扣、有的不可以抵扣，因此，一般纳税人应纳增值税的计算是一个很复杂的计算过程。

企业所得税应纳税额的计算的过程更为复杂：

应纳所得税额＝应纳税所得额×税率－减免税额－抵免税额

应纳税所得额＝收入总额－不征税收入－免税收入－各项扣除－允许弥补的以前年度亏损

收入总额与各项扣除的计算是企业所得税计算的难点，相关的税收法律法规条例较多，须严格按照规定申报纳税。

（3）如何解决教学重点和教学难点

熟悉《增值税暂行条例》及《企业所得税法》，结合相关案例的讲解，解决重点、难点。

单元9

收入及利润核算与管理

学习目标
- □ 能掌握一般情况下商品销售收入和其他业务收入的确认及主要账务处理
- □ 熟悉商业折扣、现金折扣、销售折让和销售退回的会计处理
- □ 了解委托代销、预收货款销售等业务的账务处理
- □ 熟悉费用的概念、特点和主要内容及相关会计处理
- □ 了解政府补助的账务处理
- □ 理解所得税资产负债表债务法的核算
- □ 掌握本年利润和利润分配的核算方法及会计处理

任务1　收入管理业务的流程

在许多中、小企业的财务报表中，收入的来源与构成都是重要的项目。那么，什么是企业的收入呢？收入是指企业在日常活动中所形成的，会导致所有者权益增加的、与所有者投入资本无关的经济利益的总流入。其中："日常活动"是指企业为完成其经营目标所从事的经常性活动以及与之相关的活动。主要包括主营业务收入和其他业务收入，但不包括为第三方或者客户代收的款项。那么，中、小企业在实际工作中是如何对企业收入业务流程进行设计、管理与核算，如何进行收入的内部控制呢？

1.1　任务描述

1.1.1　收入管理业务流程

维达有限责任公司为了使收入管理规范化，对企业的主营业务收入、其他业务收入、让

渡资产使用权收入等，归纳为“销售收入核算”及“零星收入核算”两大内控管理流程图。

具体收入管理业务流程见图9－1、图9－2。

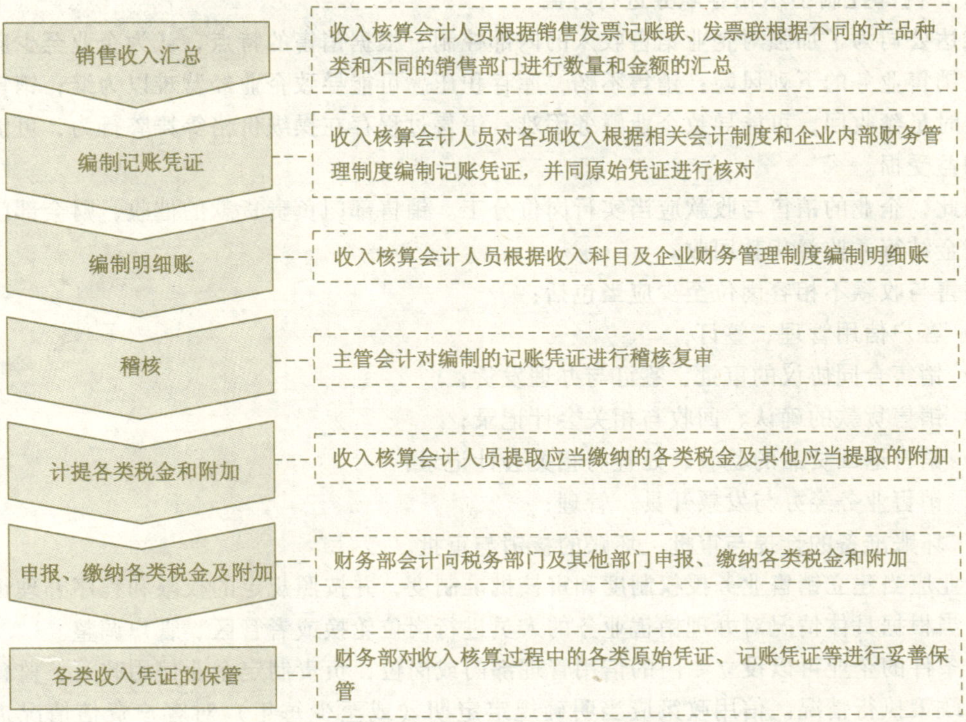

图9－1　海达公司销售收入管理业务流程

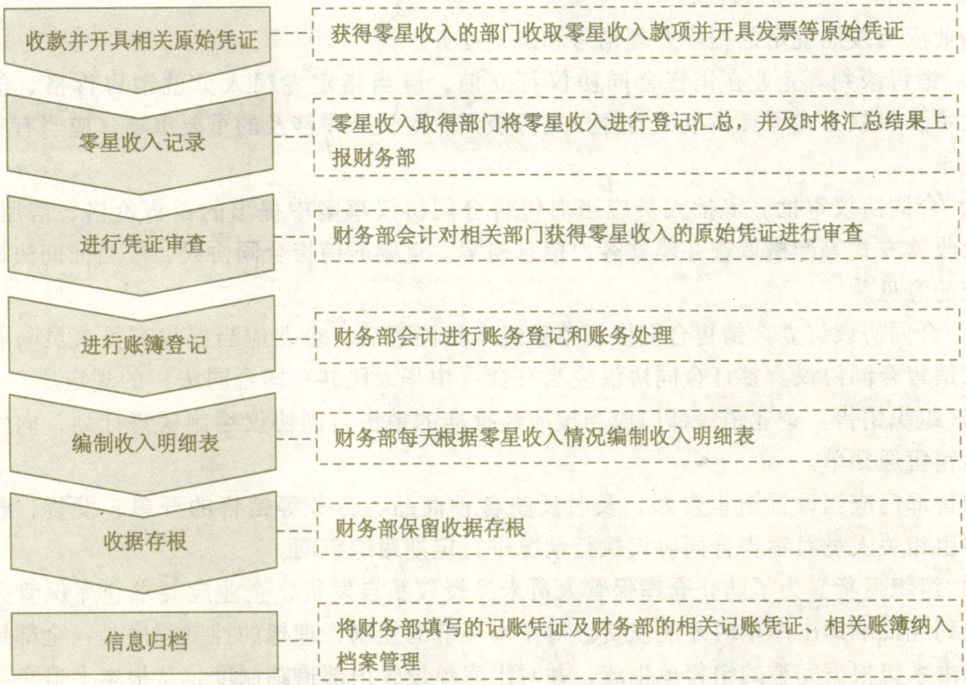

图9－2　达海公司零星收入管理业务流程

1.1.2 收入内部控制制度的相关规定

(1) 内部控制中不相容职务进行分离

维达公司为了加强对企业销售收入的内部控制，根据销售的特点，认为企业至少应当关注涉及销售业务的下列风险：销售不畅，库存积压，可能导致企业经营难以为继；销售款项不能及时足额收回，可能导致企业财务困难；销售过程存在操纵价格等舞弊行为，可能导致企业利益受损。

因此，企业的销售与收款应当实行岗位分工。销售部门负责货款的催收，财会部门负责办理资金结算并监督货款回收。

销售与收款不相容岗位至少应当包括：

1) 客户信用管理、签订；

2) 销售合同协议的审批、签订与办理发货；

3) 销售货款的确认、回收与相关会计记录；

4) 销售退回货品的验收、处置与相关会计记录；

5) 销售业务经办与发票开具、管理；

6) 坏账准备的计提与审批、坏账的核销与审批。

企业应当建立销售业务授权制度和审核批准制度，并按照规定的权限和程序办理销售业务，应当根据具体情况对办理销售业务的人员进行岗位轮换或者管区、管户调整。

有条件的企业可以设立专门的信用管理部门或岗位，负责制定企业信用政策，监督各部门信用政策执行情况。信用政策应当明确规定定期（或至少每年）对客户资信情况进行评估。

(2) 销售与发货的内控程序

企业应当按照规定的程序办理销售和发货业务。

1) 销售谈判。企业在销售合同协议订立前，应当指定专门人员就销售价格、信用政策、发货及收款方式等具体事项与客户进行谈判。对谈判中涉及的重要事项，应当有完整的书面记录。

2) 合同协议审批。审批人员应当对销售合同协议草案中提出的销售价格、信用政策、发货及收款方式等严格审查并建立客户信息档案。重要的销售合同协议，应当征询法律顾问或专家的意见。

3) 合同协议订立。销售合同协议草案经审批同意后，企业应当授权有关人员与客户签订正式销售合同协议。签订合同协议应当符合《中华人民共和国合同法》的规定。

4) 组织销售。企业销售部门应当按照经批准的销售合同协议编制销售计划，向发货部门下达销售通知单。

销售部门应当设置销售台账，及时反映各种商品、劳务等销售的开单、发货、收款情况，并由相关人员对销售合同协议执行情况进行定期跟踪审阅。

5) 组织发货。为了防止仓库保管人员未经授权私自发货，企业应要求仓库保管人员只有在收到经批准的出库单时才能发货。对于本环节的控制，理想的控制程序是：全部销售出库单均由系统根据完整的销售单生成，并对出库单设置内部追踪制度，从根本上避免存货管理人员自行发货的可能性。

(3) 收款内控程序

企业应当建立应收账款账龄分析制度和逾期应收账款催收制度。销售部门应当负责应收账款的催收，催收记录（包括往来函电）要妥善保存，财会部门应当督促销售部门加紧催收。对催收无效的逾期应收账款可通过法律程序予以解决。

企业应当结合销售政策和信用政策，明确应收票据的受理范围和管理措施，应当加强对应收票据合法性、真实性的审查，防止购货方以虚假票据进行欺诈。

(4) 销售退回的内控程序

销售退回的货物应当由质检部门检验和仓储部门清点后方可入库。财会部门应当对检验证明、退货接收报告以及退货方出具的退货凭证等进行审核后办理相应的退款事宜。

1.2 任务分析

1.2.1 描述维达公司销售管理业务流程关键步骤

1) 企业销售部门与客户协商后草签购销合同，并编制购销合同审批单。按照经批准的销售合同协议编制销售计划，向发货部门下达销售通知单。

2) 企业发货部门应当对销售发货单据进行审核，严格按照销售通知单所列的发货品种和规格、发货数量、发货时间、发货方式、接货地点组织发货，并建立货物出库、发运等环节的岗位责任制，确保货物的安全发运。

3) 财会部门应当督促销售部门加紧催收。对催收无效的逾期应收账款可通过法律程序予以解决。

1.2.2 销售业务涉及单证与管理

1) 顾客订货单：即顾客提出的书面购货要求。

2) 买卖合同：是一方转移标的物的所有权于另一方，另一方支付价款的合同。

3) 销售发票：是一种用来表明已销售商品的规格、数量、价格、销售金额、运费和保险费、开票日期、付款条件等内容的凭证。如：增值税发票等。

4) 销售单：是列示顾客所订商品的名称、规格、数量以及其他与顾客订货单有关信息的凭证，作为销售方内部处理顾客订货单的依据。

5) 运费发票：是会计核算、税务管理中的重要凭据。

6) 贷项通知单：是一种用来表示由于销售退回或经批准的折让而引起的应收销货款减少的凭证。这种凭证的格式通常与销售发票的格式相同，只不过它不是用来证明应收账款的增加，而是用来证明应收账款的减少。

7) 银行结算凭证：是收付款双方及银行办理银行转账结算的书面凭证。包括银行汇票委托书、银行汇票、银行汇票挂失电报等。

以上凭证均需要专人管理，以示明确责任。

1.2.3 销售岗位分工及授权批准

公司建立销售业务岗位责任制，明确规定相关部门和岗位的职责与权限，确保办理销售业务的不相容岗位相互分离、制约和监督。

公司销售业务岗位和职责分工如下：

1）销售部负责编制销售计划、执行销售政策、处理客户定单、价格谈判、签订合同、开具发货通知单、催收销售货款等；

2）财务部牵头，综合部、销售部门配合制定公司信用政策和建立客户信用登记档案，监督各部门信用政策执行情况；

3）财务部价格负责人员核定销售价格；

4）财务部负责审核确认发货通知单、开具销售发票、结算销售款项、登记收入及应收账款、监督管理货款回收等；

5）库存管理部门负责根据手续齐全的发货通知单办理产品发货，登记保管账等；

6）审计部定期审计检查销售业务的合规性、合理性和会计记录的正确性与及时性。

公司负责计划、核价、谈判、收款、发货等销售业务的员工，必须参加人力资源部的岗位培训，并获得《岗位合格证》后方能独立上岗办理销售业务。产品的销售价格、赊销政策、折扣政策要严格执行公司授权文件的规定，各级审批人要在授权范围内行使职权，不得超越审批权限。公司授权销售部、财务部、库管部分别办理销售、收款和发货业务，其他任何部门均无权经办销售收款与发货业务。

1.3 相关知识

1.3.1 销售商品收入的确认和计量

企业销售商品时，应当同时满足以下条件时，才能确认为商品销售收入的实现：

【学习资源查阅】 销售商品收入的确认。

1.3.2 主营业务收入的核算

（1）主营业务收支核算的账户设置

企业主营业务收支的核算，主要应设置“主营业务收入”、“主营业务成本”、“营业税金及附加”等账户。

1）“主营业务收入”账户。该账户核算企业在销售商品、提供劳务及让渡资产使用权等日常活动中所产生的收入。企业发生的销售折让和销售退回（属资产负债表日后事项的除外），都作为冲减主营业务收入处理。该账户的贷方登记出售商品（产品）、自制半成品、提供劳务等取得的收入，借方登记发生的销售折让和销售退回的收入，结转前贷方余额为本期实际销售收入数额，期末应将销售收入数额转入“本年利润”账户，结转后本账户无余额。该账户应按商品或劳务种类等设置明细账，进行明细分类核算。

2）“主营业务成本”账户。该账户是用来核算企业因销售商品、提供劳务及让渡资产使用权等日常活动而发生的实际成本。该账户的借方登记销售商品、提供劳务等实际支出的成本数额，贷方登记期末转入“本年利润”账户的数额，结转后本账户无余额。

3）“营业税金及附加”账户。该账户核算企业因经营业务而应负担的税金及附加，包括营业税、消费税、城市维护建设税、资源税、教育费附加等。其借方登记应负担的营业税金及附加数额；贷方登记期末转入“本年利润”账户的金额，结转后本账户无余额。

（2）商品销售收入的账务处理

1）一般销售商品业务的账务处理。企业在进行销售商品的账务处理时，首先要考虑销售商品的收入是否符合确认条件。符合准则所规定的确认条件时，企业应及时确认收入，并结转相关销售成本；否则，不能确认收入。

【业务 9－1】 甲公司售给乙公司 A 产品 500 件，增值税发票上注明售价 20 万元，增值税 34 000 元。产品已发出，并将收到的转账支票送存银行。该批产品的生产成本为 14 万元。甲公司的账务处理如下：

借：银行存款	234 000	
贷：主营业务收入		200 000
应交税费——应交增值税（销项税额）		34 000
借：主营业务成本	140 000	
贷：库存商品		140 000

【业务 9－2】 甲公司向红星厂销售 B 产品 600 件，增值税专用发票上注明价款 30 万元，增值税 51 000 元，红星厂开出并承兑期限为三个月的商业承兑汇票一张。该批产品的生产成本为 24 万元。甲公司账务处理如下：

借：应收票据——红星厂	351 000	
贷：主营业务收入		300 000
应交税费——应交增值税（销项税额）		51 000
借：主营业务成本	240 000	
贷：库存商品		240 000

【业务 9－3】 甲公司售给乙公司 C 产品 1 000 件，增值税发票上注明售价 40 万元，增值税 68 000 元。产品已发出，并已向银行办妥托收手续。该批产品的生产成本为 32 万元。甲公司的账务处理如下：

借：应收账款——乙公司	468 000	
贷：主营业务收入		400 000
应交税费——应交增值税（销项税额）		68 000
借：主营业务成本	320 000	
贷：库存商品		320 000

2）预收货款方式销售商品的账务处理。企业以预收货款方式销售商品，是指企业在商品尚未发出前按合同或协议约定先预收全部或部分货款，此时商品所有权上的主要风险和报酬并没有转移，不符合收入的确认条件，因此，只有在以后发出商品时，才能确认为收入的实现，并进行相关的账务处理。

【业务 9－4】 甲公司与乙公司签订协议，采用预收款方式向乙公司销售一批商品，该批商品实际成本为 5 万元，协议约定，该批商品的销售价格为 8 万元，增值税额为 13 600 元，乙公司应在签订协议时预付 50% 的货款（按售价计算）余款于甲公司发出商品后支付。甲公司账务处理如下：

①收到乙公司预付的账款时：

借：银行存款	40 000	
贷：预收账款		40 000

②发出商品收到余款时：

借：预收账款	40 000	
银行存款	53 600	

贷：主营业务收入　　80 000

应交税费——应交增值税（销项税额）　　13 600

借：主营业务成本　　50 000

贷：库存商品　　50 000

（3）商业折扣、现金折扣和销售折让的账务处理

1）商业折扣，是指企业为促进商品销售而在商品标价上给予的价格扣除。商业折扣在销售时即已发生，并不构成最终成交价格的一部分。企业销售商品涉及商业折扣的，应当按照扣除商业折扣后的金额确定商品销售收入金额。

2）现金折扣，是指债权人为鼓励债务人在规定的期限内付款而向债务人提供的债务扣除。现金折扣发生在销售商品之后，企业销售商品后现金折扣是否会发生以及发生多少要视买方的付款情况而定，企业在确认商品销售收入时不能确定现金折扣金额。因此，企业销售商品涉及现金折扣的，应当按总价法（不扣除现金折扣金额）确定商品销售收入金额。待现金折扣实际发生时再将折扣金额计入当期财务费用。

【业务9-5】 甲公司12月6日销售给乙公司B产品400件，增值税专用发票上注明售价20万元，增值税34 000元，甲公司为了及早收回货款，在合同中承诺给予购货方如下现金折扣条件，2/10、1/20、N/30。该销售商品收入符合确认条件，则甲公司应做如下账务处理：

确认收入时：

借：应收账款——乙公司　　234 000

贷：主营业务收入　　200 000

应交税费——应交增值税（销项税额）　　34 000

如果乙公司10天内付清货款，则按售价的2%享受现金折扣4 000元（200 000×2%），实际付款23万元（234 000－4 000）。

借：银行存款　　230 000

财务费用　　4 000

贷：应收账款——乙公司　　234 000

如果乙公司20天内付清货款，则按售价的1%享受现金折扣2 000元（200 000×1%），实际付款232 000元（234 000－2 000）。

借：银行存款　　232 000

财务费用　　2 000

贷：应收账款——乙公司　　234 000

如果乙公司超过20天以后才支付货款，则不再享受折扣而应按全额付款。

借：银行存款　　234 000

贷：应收账款——乙公司　　234 000

3）销售折让，是指企业因售出商品的质量不合格等原因而在销售价格上给予的减让。销售折让如果发生在确认销售收入之前，则应在确认销售收入时直接按扣除销售折让后的金额确认；如果在确认销售收入后发生销售折让，且不属于资产负债表日后事项的，应在发生折让时冲减当期商品销售收入，如按规定允许扣减增值税的，还应冲减已确认的应交增值税销项税额。

【业务9-6】 甲公司销售给乙公司A产品750件，增值税专用发票上注明售价30万元，增值税51 000元，该批产品成本为25万元，甲公司已于12月18日办妥托收手续。乙公司收货后发现A产品质量不合格，要求在价格给予5%的折让。经查明，乙公司提出的销售折让要求符合原合同的约定，甲公司同意并办妥了有关手续。甲公司应作如下账务处理：

销售实现时：

借：应收账款——乙公司　　351 000

　贷：主营业务收入　　300 000

　　　应交税费——应交增值税（销项税额）　　51 000

借：主营业务成本　　250 000

　贷：库存商品　　250 000

发生销售折让时：

借：主营业务收入　　15 000

　　应交税费——应交增值税（销项税额）　　2 550

　贷：应收账款——乙公司　　17 550

（4）销售退回的账务处理

企业销售商品除了可能发生销售折扣、折让外，还有可能发生销售退回。企业售出商品发生销售退回的，应当分别情况进行会计处理：一是尚未确认收入的售出商品发生销售退回的，应当冲减“发出商品”，同时调增“库存商品”；二是已确认收入的商品销售发生销售退回的，除属于资产负债表日后事项外，一般应在发生时冲减当期的销售收入，同时冲减当期销售成本，如按规定允许扣减增值税税额的，应同时冲减已确认的销项税额。如该项销售退回已发生现金折扣的，还应同时调整相关财务费用的金额。

【业务9-7】 甲公司在4月18日向乙公司销售一批商品，开出的增值税发票上注明售价为5万元，增值税税额为8 500元。该批商品成本为26 000元。为及早收回货款，甲公司和乙公司约定的现金折扣条件为：2/10，1/20，n/30。乙公司在4月26日支付货款。5月10日该批商品因质量问题被乙公司退回，甲公司当即退付货款。假定计算现金折扣时不考虑增值税。甲公司的会计处理如下：

4月18日实现收入时：

借：应收账款——乙公司　　58 500

　贷：主营业务收入　　50 000

　　　应交税费——应交增值税（销项税额）　　8 500

借：主营业务成本　　26 000

　贷：库存商品　　26 000

4月26日收到货款时：

借：银行存款　　57 500

　　财务费用　　1 000

　贷：应收账款——乙公司　　58 500

5月10日发生销售退回时：

借：主营业务收入　　50 000

　　应交税费——应交增值税（销项税额）　　8 500

贷：银行存款 57 500
　　财务费用 1 000
借：库存商品 26 000
　贷：主营业务成本 26 000

(5) 代销商品的账务处理

1) 视同买断方式。即由委托方和受托方签订协议，委托方按协议价收取所代销的货款，实际售价可由受托方自定，实际售价与协议价之间的差额归受托方所有。由于这种销售本质上仍是代销，委托方将商品交付时不确认收入，受托方也不作为商品购进处理。受托方将商品销售后，应按实际售价确认为销售收入，并向委托方开具代销清单。委托方收到代销清单时，再确认本企业的销售收入。委托方发出代销的商品，应设置“发出商品”账户进行核算；受托方收到代销的商品时，应设置“代理业务资产”和“代理业务负债”账户进行核算。

【业务9-8】 甲公司委托乙公司销售仪表100台，协议价200元一台，该仪表成本价每台120元，增值税税率17%。甲公司收到乙公司开来的代销清单时开具增值税专用发票，发票注明价款为2万元，增值税3 400元。乙公司销售时开具的增值税发票注明价款24 000元，增值税4 080元。

①委托方（甲公司）账务处理。

- 将商品交付给乙公司时：

借：发出商品 12 000
　贷：库存商品 12 000

- 收到乙公司转来代销清单时：

借：应收账款 23 400
　贷：主营业务收入 20 000
　　　应交税费——应交增值税（销项税额） 3 400

- 结转主营业务成本：

借：主营业务成本 12 000
　贷：发出商品 12 000

- 收到乙公司汇来的货款时：

借：银行存款 23 400
　贷：应收账款 234 000

②受托方（乙公司）账务处理。

- 收到甲公司发来的商品时：

借：代理业务资产 20 000
　贷：代理业务负债 20 000

- 销售代销商品时：

借：银行存款 28 080
　贷：主营业务收入 24 000
　　　应交税费——应交增值税（销项税额） 4 080

- 结转代销商品成本：

借：主营业务成本　20 000
　贷：代理业务资产　20 000
借：代理业务负债　20 000
　贷：应付账款　20 000

- 支付甲公司代销货款时：

借：应付账款　20 000
　应交税费——应交增值税（进项税额）　3 400
　贷：银行存款　23 400

2）收取手续费方式。即受托方根据合同或协议向委托方收取手续费。受托方收取的手续费属于劳务收入。这种代销方式的主要特点是，受托方通常应按照委托方规定的价格销售，不得自行改变售价。在这种代销方式下，委托方应在收到受托方交付的商品代销清单时确认销售商品的收入；受托方则按应收取的手续费确认为收入。委托方发出代销的商品，应设置“发出商品”账户进行核算；受托方收到代销的商品时，应设置“代理业务资产”（或受托代销商品）和“代理业务负债”（或受托代销商品款）账户进行核算。

【业务9－9】　甲公司委托乙公司代销产品一批，代销手续费按商品价款（不含税）的5%计算支付，甲公司发出委托代销产品100件，每件售价1 000元，单位成本800元，该产品适用增值税率17%，当月销售代销产品50件。

①委托方（甲公司）账务处理。

- 将商品交付给乙公司时：

借：发出商品　80 000
　贷：库存商品　80 000

- 收到乙公司转来代销清单时：

借：应收账款　58 500
　贷：主营业务收入　50 000
　　应交税费——应交增值税（销项税额）　8 500

- 结转主营业务成本：

借：主营业务成本　40 000
　贷：发出商品　40 000

- 收到乙公司汇来的货款（扣除代销手续费）时：

借：银行存款　56 000
　销售费用　2 500
　贷：应收账款　58 500

②受托方（乙公司）账务处理。

- 收到甲公司发来的商品时：

借：代理业务资产　100 000
　贷：代理业务负债　100 000

- 销售代销商品时：

借：银行存款　58 500
　贷：代理业务资产　50 000

应交税费——应交增值税（销项税额）　8 500

• 交付代销清单并收到甲公司的增值税发票时：

借：应交税费——应交增值税（进项税额）　8 500

　贷：应付账款　8 500

• 支付甲公司代销货款（扣除代销手续费）时：

借：代理业务负债　50 000

　应付账款　8 500

　贷：其他业务收入（或主营业务收入）　2 500

　　银行存款　56 000

（6）售后回购

售后回购，是指销售商品的同时，销售方同意日后再将同样或者类似的商品买回的销售方式。在售后回购交易中，通常情况下，所售商品使用权的主要风险和报酬没有从销售方转移到购货方，不属于真正意义上的销售行为，因而不能确认相关的销售商品收入，不能结转相关的销售商品成本。售后回购交易实质上是销售企业通过转移存货达到融通资金的行为。企业售后取得款项，应按实际收到的金额，借记“银行存款”，贷记“其他应付款”；回购价格与原销售价格之间的差额，应在售后回购期间内按期计提利息费用，借记“财务费用”，贷记“其他应付款”。按照合同约定购回该项商品等时，应按实际支付的金额，借记“其他应付款”，贷记“银行存款”。

【业务9－10】 甲公司为增值税一般纳税企业，适用的增值税率为17%。3月1日，甲公司与乙公司签订协议，向乙公司销售一批商品，增值税专用发票上注明销售价款为700万元，增值税为119万元。协议规定，甲公司应在7月31日将所售商品购回，回购价为710万元（不含增值税）。商品发出，货款收到，存入银行。假定该批商品的实际成本为600万元，不考虑其他相关税费。甲公司的有关账务处理为：

1）3月1日发出商品收到款项时：

借：银行存款　8 190 000

　贷：库存商品　600 000

　　应交税费——应交增值税（销项税额）　1 190 000

　　其他应付款——乙公司　1 000 000

2）3月31日核算本月的利息费用：

回购价大于原售价的差额＝7 100 000－7 000 000＝100 000（元），在回购期间按期计提。每月计提的利息费用＝100 000÷5＝20 000（元）

借：财务费用　20 000

　贷：其他应付款　20 000

3）7月31日购回商品，支付款项时：

借：库存商品　7 100 000

　应交税费——应交增值税（进项税额）　1 207 000

　贷：银行存款　8 307 000

借：其他应付款——乙公司　1 080 000

　财务费用　20 000

贷：库存商品　　　　　　　　　　　　　　　　　　　　1 100 000

1.3.3 提供劳务收入的核算

企业提供劳务的种类很多，有的劳务一次就能完成，有的则需要较长一段时间才能完成，企业提供劳务收入的确认原则因劳务完成的时间不同而不同。

1）在同一会计期间开始并完成的劳务

对于一次就能完成的劳务，企业应在提供劳务交易完成时确认收入及相关成本；对于持续一段时间但能在同一会计期间内开始并完成的劳务，企业应在为提供劳务发生相关支出时确认劳务成本，待劳务完成时再确认劳务收入，并结转相应的成本。

【业务9－11】 甲公司为软件开发公司，于5月8日接受一项软件技术开发任务，合同总价为5万元，实际发生开发成本3万元，该公司账务处理如下：

1）若该开发任务可一次完成：

借：银行存款（或应收账款）　　　　　　　　　　50 000
　　贷：主营业务收入　　　　　　　　　　　　　　　50 000
借：主营业务成本　　　　　　　　　　　　　　　30 000
　　贷：银行存款等　　　　　　　　　　　　　　　　30 000

2）若该开发任务需持续一段时间但能在同一会计期间内开始并完成：

- 发生开发支出时：

借：劳务成本　　　　　　　　　　　　　　　　　30 000
　　贷：银行存款　　　　　　　　　　　　　　　　　30 000

- 劳务完成时：

借：银行存款（或应收账款）　　　　　　　　　　50 000
　　贷：主营业务收入　　　　　　　　　　　　　　　50 000
借：主营业务成本　　　　　　　　　　　　　　　30 000
　　贷：劳务成本　　　　　　　　　　　　　　　　　30 000

（2）劳务的开始和完成分属不同的会计期间

1）提供劳务交易结果能够可靠估计。企业在资产负债表日提供劳务交易的结果能够可靠计量的，应当采用完工百分比法确认劳务收入。

完工百分比法，是指按照提供劳务交易的完工进度确认收入和费用的方法。在这种方法下，企业应当在资产负债表日按照提供劳务收入总额乘以完工进度扣除以前会计期间累计已确认提供劳务收入后的金额，确认当期劳务收入；同时，按照提供劳务估计总成本乘以完工进度扣除以前会计期间累计已确认劳务成本后的金额，结转当期劳务成本。用公式表示为：

$$\text{本期应确认的劳务收入} = \text{劳务总收入} \times \text{本期末止劳务的完工进度} - \text{以前期间已确认的收入}$$

$$\text{本期应确认的费用} = \text{劳务总成本} \times \text{本期末止劳务的完工进度} - \text{以前期间已确认的费用}$$

【业务9－12】 甲公司于11月1日接受一项产品安装任务，安装期限为3个月，合同总收入60万元，至年底已预收款项44万元，实际发生成本28万元（安装人员工资和其他费用等），估计还会发生12万元。按实际发生的成本占总成本的比例确定完成程度。

实际发生的成本占总成本的比例 = 280 000 ÷（280 000 + 120 000）= 70%

12 月 30 日应确认的劳务收入 = 600 000 × 70% − 0 = 420 000（元）

12 月 30 日应结转的劳务成本 =（280 000 + 120 000）× 70% − 0 = 280 000（元）

①实际发生成本支出时：

借：劳务成本　　280 000

　　贷：银行存款（或应付职工薪酬等）　　280 000

②预收劳务款时：

借：银行存款　　440 000

　　贷：预收账款　　440 000

③12 月 31 日确认劳务收入时：

借：预收账款　　420 000

　　贷：主营业务收入　　420 000

④12 月 31 日结转成本时：

借：主营业务成本　　280 000

　　贷：劳务成本　　280 000

2）提供劳务交易结果不能可靠估计。企业在资产负债日交易结果不能可靠计量的，不能采用完工百分比法确认劳务收入。具体应当分别下列情况进行会计处理：

①已经发生的劳务成本预计能够得到补偿的，应当按照已经发生的劳务成本金额确认劳务收入，并按相同的金额确认劳务成本。即按已经发生的劳务成本金额，借记“应收账款”、“预收账款”等，贷记“主营业务收入”，同时，借记“主营业务成本”，贷记“劳务成本”。

②已经发生的劳务成本只能部分得到补偿的，应当按照能够得到补偿的劳务成本金额确认劳务收入，并按已经发生的劳务成本结转成本。即按能够得到补偿的劳务成本金额，借记“应收账款”、“预收账款”等，贷记“主营业务收入”，同时，按已经发生的劳务成本金额，借记“主营业务成本”，贷记“劳务成本”。

③已经发生的劳务成本预计全部不能得到补偿的，应当将已经发生的劳务成本计入当期损益，不确认劳务收入。即企业按已经发生的劳务成本金额，借记“主营业务成本”，贷记“劳务成本”。

【业务 9－13】 甲公司于上年 11 月 1 日接受乙公司委托，为其开发一项软件，期限为 6 个月，协议约定，乙公司应向甲公司支付的开发费用总额为 6 万元，分三期等额支付，11 月 1 日首付 2 万元，本年 1 月 1 日第二次支付，软件开发完成时第三次支付。假定至上年底甲公司已发生支出 3 万元。则甲公司的账务处理如下：

- 上年 11 月 1 日收到乙预付款时：

借：银行存款　　20 000

　　贷：预收账款　　20 000

- 发生劳务支出时：

借：劳务成本　　30 000

　　贷：银行存款（应付职工薪酬等）　　30 000

- 上年底若实际发生的开发支出预计能够得到补偿时：

借：预收账款 30 000

  贷：主营业务收入 30 000

借：主营业务成本 30 000

  贷：劳务成本 30 000

- 上年底若实际发生的开发支出预计能够补偿 2 万元时：

借：预收账款 20 000

  贷：主营业务收入 20 000

借：主营业务成本 30 000

  贷：劳务成本 30 000

- 本年实际发生的开发支出 1 万元时：

借：劳务成本 10 000

  贷：银行存款（应付职工薪酬等） 10 000

- 本年实际发生的开发支出预计全部不能够得到补偿时：

借：主营业务成本 10 000

  贷：劳务成本 10 000

1.3.4 其他业务收入的核算

其他业务收入是企业在经营过程中发生的一些零星收入业务。企业的其他业务收入主要包括商品销售以外的原材料销售、包装物出租或出售、固定资产和无形资产出租、技术转让等业务所取得的收入。其他业务收入的确认原则及计量方法与主营业务相同。

（1）涉及的账户

设置“其他业务收入”和“其他业务成本”账户进行核算。“其他业务收入”账户，核算企业除主营业务以外的其他业务所取得的收入。如材料销售、包装物出租等收入。该账户的贷方登记当期取得的其他收入，借方登记期末转入“本年利润”账户的金额。结转后该账户期末无余额。“其他业务成本”账户，核算企业除主营业务成本以外的其他销售或其他业务所发生的支出，包括销售材料、提供劳务等而发生的相关成本、费用等。该账户的借方登记其他销售和其他业务的成本、费用；贷方登记期末转入“本年利润”账户的金额。结转后该账户无余额。“其他业务收入”和“其他业务成本”账户均应按其他业务的种类设置明细账，进行明细分类核算。

（2）业务处理

【业务 9－14】 甲公司出售原材料给乙企业，出售收入 2 万元，增值税 3 400 元，款项存入银行。该原材料实际成本 15 000 元。根据有关凭证，甲公司应作如下账务处理：

借：银行存款 23 400

  贷：其他业务收入 20 000

    应交税费——应交增值税（销项税额） 3 400

结转出售原材料的成本时：

借：其他业务成本 15 000

  贷：原材料 15 000

1.3.5 让渡资产使用权收入

让渡资产使用权收入包括利息收入和使用费收入。使用费收入主要指让渡无形资产等资产使用权的使用费收入，出租固定资产取得的租金，进行债权投资收取的利息，进行股权投资取得的现金股利等。这些收入已分别在本书其他相关章节中介绍。

1.4 技能训练

1.4.1 识别利润相关的概念与计算（学习目标1）

维达公司涉及收入核算的业务如下：

（1）本期主营业务利润为100万元，其他业务利润为20万元，管理费用为10万元，投资收益为25万元，所得税费用为30万元。假定不考虑其他因素，则本期营业利润为(　　)万元。

A. 105　　B. 95　　C. 120　　D. 110

（2）在采用收取手续费方式委托代销商品时，委托方确认商品销售收入的时间为(　　)。

A. 委托方发出商品时
B. 受托方销售商品时
C. 委托方收到受托方开具的代销清单时
D. 受托方收到受托代销商品的销货款时

（3）下列各项中，符合收入会计要素定义，可以确认收入的是（　　）。

A. 出售固定资产收取的价款
B. 出售无形资产收取的价款
C. 出售原材料收取的价款
D. 出售股票收取的价款

1.4.2 练习收入相关的业务处理（学习目标2）

（1）维达公司为一般纳税人，税率为17%，5月8日销售电视机40台，每台售价3 000元、每台成本2 400元。当日收到价款存入银行。

要求：编制有关会计分录。

（2）维达公司向外地销售商品一批，价款150万元，增值税25.5万元，另以银行存款为购货方代垫运费6 000元，现已办妥异地托收承付结算手续。

要求：编制有关会计分录。

（3）维达公司上年10月18日销售商品一批，售价5万元，增值税率17%，成本3万元。合同规定的折扣条件为2/10，1/20，N/30。买方于10月28日付款（假定计算折扣时不考虑增值税）。如果该批产品于本年2月8日被退回入库，价款以银行存款退付。

要求：编制有关会计分录。

（4）维达公司销售商品一批，增值税专用发票上注明的售价为10万元，增值税17 000元，货款已收到。买方收到货后发现商品的质量与合同不符，经协商，企业按售价给予买方5%的销售折让，有关折让款已退回。

要求：编制有关会计分录。

（5）维达公司10月19日销售商品一批，售价共计8万元，增值税13 600元，成本5万元。合同规定现金折扣条件为：2/10，1/20，N/30。买方于10月28日付款，享受现金折扣1 600元。当年12月20日，该商品因不符合质量要求，同意对方退货，并以存款退回货款。

要求：编制有关会计分录。

（6）维达公司委托乙企业销售商品100台，协议价每台300元，该商品每台成本价200元，增值税率17%。甲企业收到乙企业开来的代销清单时开具增值税发票，发票上注明售价3万元，增值税5 100元。乙企业销售代销商品时开具的增值税发票上注明售价为4万元，增值税6 800元。

要求：分别对维达公司和乙企业的相关账务进行处理。

（7）维达公司委托乙企业销售商品100台，协议约定售价每台300元，该商品每台成本价200元，增值税率17%。甲企业按售价的5%支付乙企业代销手续费。乙企业销售代销商品时开具的增值税发票上注明售价为3万元，增值税5 100元。

要求：分别甲企业和乙企业进行相关的账务处理。

（8）2008年7月1日维达公司与一客户签订一项劳务合同，预计2009年12月31日完工；合同总金额为1 200万元，预计总成本为1 000万元。截止2008年底，该劳务实际发生合同成本300万元。假定该劳务合同的结果能够可靠计量。

要求：计算2008年度该劳务合同应确认的收入为多少？并编制相关会计分录。

任务2　费　　用

费用作为会计要素或会计报表要素的构成内容之一，是和收入相对应的。费用是指企业为销售商品、提供劳务等日常活动所发生的、会导致所有者权益减少的、与向所有者分配利润无关的经济利益的总流出。费用具有以下特点：

（1）费用是企业在日常活动中发生的经济利益的总流出

费用形成于企业日常活动的特征使其与产生于非日常活动的损失相区分。企业偶尔从事或发生的某些活动或事项也可能导致经济利益流出企业，但不属于企业的日常活动。如企业处置固定资产损失，支付罚款，对外捐赠等，这些活动或事项形成的经济利益的总流出属于企业的损失而不是费用。

（2）费用会导致所有者权益减少

费用既可能表现为资产的减少，也可能表现为负债的增加。根据“资产－负债＝所有者权益”的会计等式，费用一定会导致企业所有者权益减少。企业经营管理中的某些支出并不减少企业的所有者权益，也就不构成费用。如企业以银行存款偿还借款，只是一项资产和一项负债的等额减少，对所有者权益没有影响，因此，不构成企业的费用。

（3）费用与向所有者分配利润无关

向所有者分配利润或股利属于企业利润分配的内容，不构成企业的费用。

2.1 任务描述

2.1.1 费用控制管理业务流程

1）费用申请工作流程如图 9－3 所示。

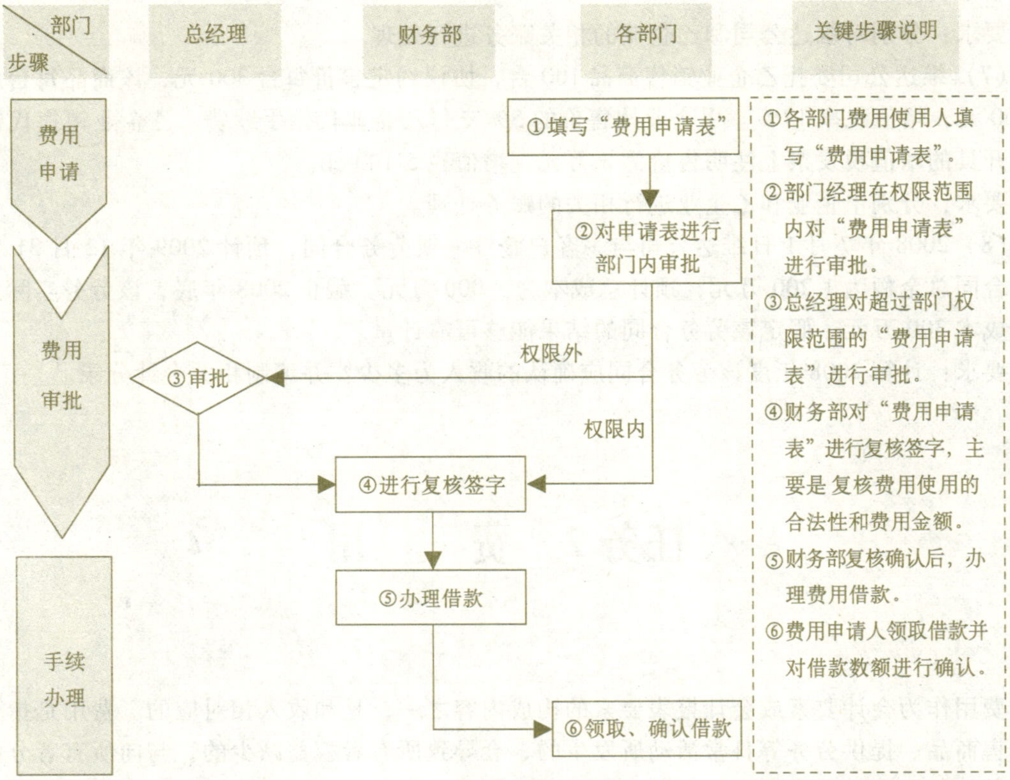

图 9－3 海达公司费用申请工作业务流程

2）费用报销管理流程如图 9－4 所示。

2.2 任务分析

2.2.1 费用内控的岗位分工及授权批准

企业应当建立成本费用业务的岗位责任制，明确内部相关部门和岗位的职责、权限，确保办理成本费用业务的不相容岗位相互分离、制约和监督。同一岗位人员应定期作适当调整和更换，避免同一人员长时间负责同一业务，并配备合格人员办理成本费用的核算业务。办理成本费用核算的人员应当具备良好的业务知识和职业道德，遵纪守法，客观公正。企业应当通过培训，不断提高他们的业务素质和职业道德水准。

2.2.2 成本费用控制的要点和方法

企业在进行成本费用核算时，要注意掌握以下几个关键的控制点：

1）成本费用的严格划分和准确确认，是做好企业财务管理和核算工作的基础工作，为

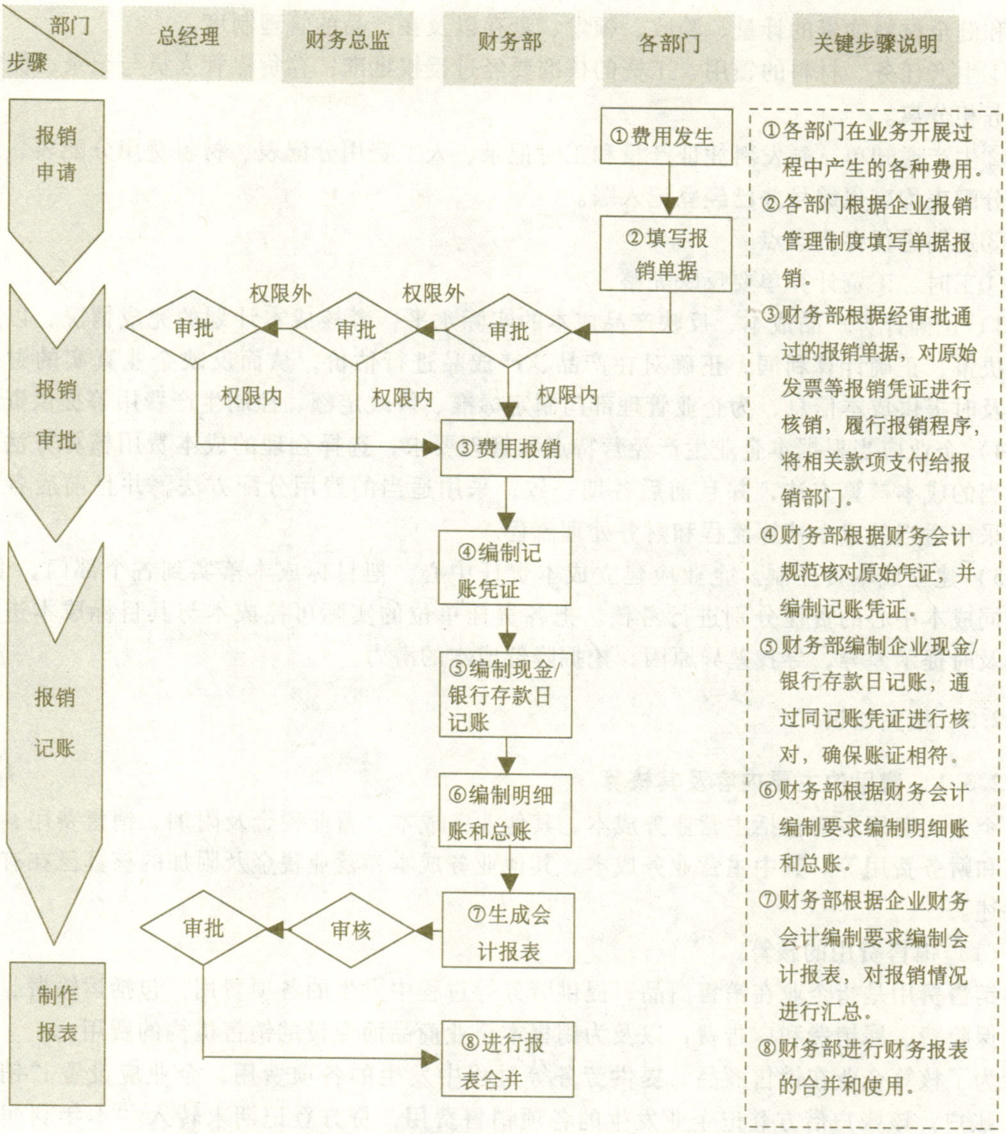

图 9－4　维达公司费用报销管理业务流程

保证企业成本费用的合理性，应该做到以下几点：

①从企业原材料的采购开始就按照价低、质好的原则来降低采购成本，满足企业的生产需求；

②在原材料的储备过程中强化库存物资管理，降低库存材料费用；

③在生产过程中采用实际标准成本的管理模式，来控制生产中的费用，使企业获得最大的经济效益；

④应用先进的质量管理办法，严格控制产品生产过程及销售中的费用，增强企业产品质量意识。

2）成本的核算是以经过审核的生产通知单、领发料凭证、产量和工时记录、人工费用分配表、材料费用分配表、制造费用分配表为依据的。应制定必要的料、工、费消耗定额，建立和健全材料物资的计量、验收、领发、盘存以及在产品的管理制度。

①生产任务、材料的领用、工资的核准要经过授权批准；存货保管人员与记录、保管人员职务相分离。

②生产通知单、领发料凭证产量和工时记录、人工费用分配表、材料费用分配表、制造费用分配表均事先编号并已经登记入账。

③定期进行存货盘点。

④工时、工资计算单要反映完整。

3）正确计算产品成本，反映产品成本的实际水平，考核成本计划的完成情况，以进行成本决策，正确计算利润，正确对在产品、产成品进行估价，从而反映企业真实的财务状况。及时提供成本信息，为企业管理部门制定标准、修改定额、控制生产费用等提供资料。

4）企业应当根据本企业生产经营特点和管理要求，选择合理的成本费用核算方法。采用适当的成本核算方法，并且前后各期一致；采用适当的费用分配方法，并且前后各期一致；采用适当的成本核算流程和财务处理流程。

5）建立成本责任制。企业应建立成本责任中心，把目标成本落实到各个部门、个人，对不同成本中心的责任分别进行考核。把各责任单位的实际可控成本与其目标成本进行比较，及时提示差异，寻找差异原因，挖掘降低成本的潜力。

2.3 相关知识

2.3.1 费用的主要内容及其核算

企业的费用主要包括主营业务成本、其他业务成本、营业税金及附加、销售费用、管理费用和财务费用等。其中主营业务成本、其他业务成本、营业税金及附加的核算已在有关章节讲述。

（1）销售费用的核算

销售费用是指企业在销售商品、提供劳务等过程中发生的各项费用，包括运输费、装卸费、保险费、展销费和广告费，以及为销售本企业商品而专设的销售机构的费用。

为了核算企业在销售商品、提供劳务等过程中发生的各项费用，企业应设置“销售费用”账户。该账户借方登记企业发生的各项销售费用，贷方登记期末转入“本年利润”账户的销售费用；“销售费用”账户月末结转“本年利润”账户后无余额。该账户按费用项目设置明细账，进行明细分类核算。

【业务9－15】 甲公司本月发生有关销售费用的业务及账务处理如下：

1）以银行存款支付商品广告费1 500元。

借：销售费用——广告费　　1 500

　　贷：银行存款　　1 500

2）以银行存款支付参展商品运输费和参展费计6 000元。

借：销售费用——展览费　　6 000

　　贷：银行存款　　6 000

3）以存款支付本月销售部门费用总计16万元，其中：销售人员工资10万元，业务费用6万元。

借：销售费用　　100 000

贷：应付职工薪酬　100 000

借：应付职工薪酬　100 000

销售费用　6 000

贷：银行存款　160 000

（2）管理费用的核算

管理费用是指企业为了组织管理生产经营活动所发生的各项费用，包括企业在筹建期间发生的开办费、企业的董事会和行政管理部门在经营管理中发生的，或者应当由企业统一负担的各项费用。包括行政管理部门职工工资、折旧费、修理费、物料消耗、低值易耗品摊销、办公费、差旅费、工会经费、董事会费、聘请中介机构费、咨询费、诉讼费、业务招待费、房产税、车船使用税、土地使用税、印花税、技术转让费、研究费用、排污费以及企业生产车间（部门）和行政管理部门发生的固定资产修理费用等。

企业为核算生产经营过程中所发生的各项管理费用，应设置“管理费用”账户进行核算。该账户的借方登记企业发生的各项管理费用，期末，将本期发生的全部管理费用转入“本年利润”账户，结转后该账户无余额。管理费用按费用项目设置明细账，进行明细分类核算。

【业务 9－16】 某公司本月发生有关管理费用的业务及账务处理如下：

1）公司办公楼筹建期间共发生开办费 3 万元，其中：应付人员工资 7 000 元，用银行存款支付办公费 6 000 元，注册登记费 2 000 元，应付不构成固定资产价值的长期借款利息 15 000 元。半年后公司开始生产经营。公司应作如下账务处理：

借：管理费用——开办费　30 000

贷：应付职工薪酬　7 000

银行存款　8 000

长期借款——应计利息　15 000

2）以现金支付业务招待费 2 000 元。

借：管理费用　2 000

贷：库存现金　2 000

3）筹建期间发生办公费、差旅费等开办费支出 18 000 元，均以银行存款支付。

借：管理费用　18 000

贷：银行存款　18 000

4）以存款支付当月生产车间发生设备大修理费用 8 000 元，以现金支付当月行政管理部门日常修理费用 1 000 元。

借：管理费用　9 000

贷：银行存款　8 000

库存现金　1 000

5）行政管理部门当月共发生费用 56 000 元，其中：工资 45 000 元，折旧 8 000 元，以银行存款支付招待费 1 300 元、水电费 1 000 元和其他费用 700 元。

借：管理费用　56 000

贷：应付职工薪酬——工资　45 000

累计折旧　8 000

贷：银行存款　　　　3 000

6）以银行存款支付中介机构咨询服务费5 000元。

借：管理费用　　　　5 000

　　贷：银行存款　　　　5 000

（3）财务费用的核算

财务费用是指企业为筹集生产经营所需资金等而发生的费用，包括利息以及相关的手续费、企业在购销活动中发生的现金折扣等。

企业为了核算在生产经营过程中发生的财务费用，应设置“财务费用”账户。该账户的借方登记企业发生的各项财务费用，贷方登记期末结转入“本年利润”账户的财务费用，结转后该账户无余额。该账户应按费用项目设置明细账，进行明细分类核算。

【业务9－17】　甲公司本月发生有关财务费用的业务及账务处理如下：

1）以银行存款支付金融机构手续费400元。

借：财务费用　　　　400

　　贷：银行存款　　　　400

（2）接银行通知，已转来银行存款利息1 000元。

借：银行存款　　　　1 000

　　贷：财务费用　　　　1 000

2.4　技能训练

1. 下列各项中，属于期间费用的有（　　）。

A. 制造费用　　B. 销售费用

C. 管理费用　　D. 财务费用

2. 下列各项费用中，不应记入产品成本的有（　　）。

A. 制造费用　　B. 销售费用

C. 管理费用　　D. 所得税费用

3. 下列项目中，应记入“财务费用”的有（　　）。

A. 销售方给予购货方的现金折扣

B. 购货方享受销售方给予的现金折扣

C. 销售方支付的银行承兑汇票的手续费

D. 固定资产达到预定使用状态后支付的基建借款利息

4. 下列各项应列为“管理费用”的是（　　）。

A. 广告费支出　　B. 银行借款利息费支出

C. 企业的捐赠支出　　D. 企业管理部门人员的工资

5. 某企业“生产成本”账户的期初余额为10万元，本期为生产产品发生直接材料费用80万元，直接人工费用15万元，制造费用20万元，企业行政管理费用10万元，本期结转完工产品成本为100万元。假定该企业只生产一种产品，期末“生产成本”账户的余额为（　　）万元。

A. 5　　B. 15　　C. 25　　D. 35

任务3 利润的核算

利润是指企业在一定会计期间的经营成果。它包括企业在一定期间内实现的收入减去费用后的净额、直接计入当期利润的利得和损失等。

3.1 任务描述

3.1.1 利润管理业务流程

年度利润流程核算流程图如图9-5所示。

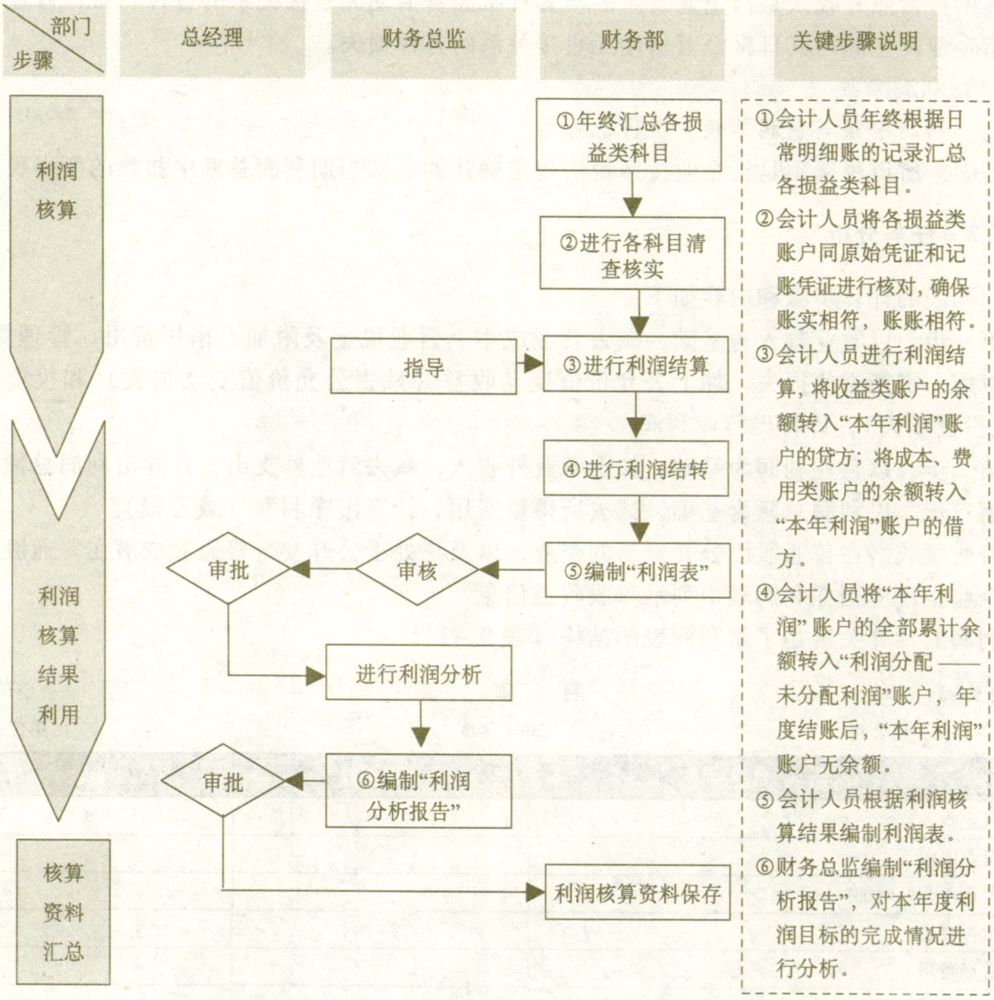

图9-5 海达公司年度利润核算流程图

3.1.2 利润的构成

（1）营业利润

营业利润＝营业收入－营业成本－营业税金及附加－销售费用－管理费用－财务费用－资产减值损失＋公允价值变动损益＋投资收益

其中：营业收入是指企业经营业务所确认的收入总额，包括主营业务收入和其他业务收入。

营业成本是指企业经营业务所发生的实际成本总额，包括主营业务成本和其他业务成本。

资产减值损失是指企业计提各项资产减值准备所形成的损失。

公允价值变动损益是指企业交易性金融资产等公允价值变动形成的应计入当期损益的利得或损失。

投资收益是指企业以各种方式对外投资所取得的收益或损失。

（2）利润总额

利润总额＝营业利润＋营业外收入－营业外支出

其中：营业外收入是指企业发生的与其日常经营活动无直接关系的各种利得；营业外支出是指企业发生的与其日常经营活动无直接关系的各种损失。

（3）利润净额

利润净额＝利润总额－所得税费用

其中：所得税费用是指企业按照税法规定确认的应从当期利润总额中扣除的所得税。

3.2 任务分析

利润表的计算步骤和内容如下：

第一步，以营业收入为基础，减去营业成本、营业税金及附加、销售费用、管理费用、财务费用、资产减值损失，加上公允价值变动收益（减去公允价值变动损失）和投资收益（减去投资损失），计算出营业利润。

第二步，以营业利润为基础，加上营业外收入，减去营业外支出，计算出利润总额。

第三步，以利润总额为基础，减去所得税费用，计算出净利润（或亏损）。

普通股或潜在普通股已公开交易的企业，以及正处于公开发行普通股或潜在普通股过程中的企业，还应当在利润表中列示每股收益信息。

利润的计算关键是了解利润表的结构（表9－1）。

表9－1　　利　润　表　　会企02表

编制单位：甲公司　　2008年度　　单位：元

项　目	本期金额	上期金额
一、营业收入		
减：营业成本		
营业税金及附加		
销售费用		
管理费用		
财务费用		
资产减值损失		

续表

项目	本期金额	上期金额
加：公允价值变动收益		
投资收益		
其中：对联营企业和合营企业的投资收益		
二、营业利润（亏损以“－”号填列）		
加：营业外收入		
减：营业外支出		
其中：非流动资产处置损失		
三、利润总额（亏损总额以“－”号填列）		
减：所得税费用		
四、净利润（净亏损以“－”号填列）		
五、每股收益：		
（一）基本每股收益		
（二）稀释每股收益		

利润表各项目均需填列“本期金额”和“上期金额”两栏。其中“上期金额”栏内各项数字、根据上年该期利润表的“本期金额”栏内所列数字填列。“本期金额”栏内各期数字，除“基本每股收益”和“稀释每股收益”项目外，应当按照相关账户的发生额分析填列。

企业利润的结转见图9－6所示。

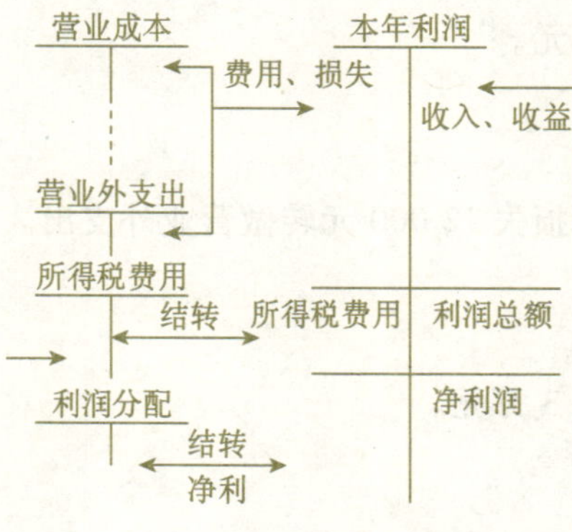

图9－6 企业利润的结转

3.3 相关知识

3.3.1 营业外收支的核算

（1）营业外收入

营业外收入是指企业发生的与其生产经营活动无直接关系的各项利得。它包括固定资产处置利得、无形资产出售利得、罚没利得、捐赠利得、确实无法支付而按规定程序经批准后转做营业外收入的应付账款、政府补助等。

企业为了核算发生的与其生产经营无直接关系的各项收益，应设置“营业外收入”账户，该账户的贷方登记企业发生的各项营业外收入数额，期末，将本账户的发生额转入“本年利润”账户，结转后无余额。

【业务 9－18】 甲公司本月有关营业外收入的业务及账务处理如下：

1）因购货单位延期承付货款，按合同规定，收到延期付款滞纳金 5 000 元存入银行。

借：银行存款　　5 000

　　贷：营业外收入　　5 000

2）按规定程序批准，将固定资产清理发生的收益 7 000 元转做营业外收入。

借：固定资产清理　　7 000

　　贷：营业外收入　　7 000

3）原欠乙单位货款 2 万元，因乙单位已宣告破产倒闭无须偿付，经批准转做营业外收入。

借：应付账款　　20 000

　　贷：营业外收入　　20 000

（2）营业外支出

营业外支出是指企业发生的与其生产经营活动无直接关系的各项损失。它包括固定资产盘亏损失、处置固定资产净损失、处置无形资产净损失、罚款支出、捐赠支出、非常损失等。

企业为了核算与其生产经营无直接关系的各项支出，应设置“营业外支出”账户，该账户的借方登记企业发生的各项营业外支出数额，期末，将本期营业外支出数额转入“本年利润”账户，结转后无余额。

【业务 9－19】 乙公司本月发生的有关营业外支出的业务及账务处理如下：

1）以银行存款向灾区捐助 8 万元。

借：营业外支出　　80 000

　　贷：银行存款　　80 000

2）将固定资产清理中发生的净损失 12 000 元转做营业外支出。

借：营业外支出　　12 000

　　贷：固定资产清理　　12 000

3）用银行存款支付税收滞纳金 3 万元。

借：营业外支出　　30 000

　　贷：银行存款　　30 000

4）将一项专利技术出售，取得价款 70 万元，应交营业税 35 000 元。该专利技术的账面价值为 80 万元，累计摊销 10 万元，计提减值准备 2 万元。

借：银行存款　　700 000

　　累计摊销　　10 000

　　无形资产减值准备　　20 000

　　营业外支出　　15 000

贷：无形资产　　800 000

　　应交税费——应交营业税　　35 000

3.3.2 本年利润的结转

会计期末，结转本年利润的方法有表结法和账结法两种。企业应将本期的损益类账户发生额结转至“本年利润”账户；年度终了，再将“本年利润”账户余额结转至“利润分配——未分配利润”账户。

【业务9-20】 甲公司2008年12月末有关损益账户的余额为（该公司采用表结法年末一次结转损益类账户）：“主营业务收入”账户贷方余额356万元；“其他业务收入”账户贷方余额24万元；“营业外收入”账户贷方余额3万元；“投资收益”账户贷方余额5万元；“公允价值变动损益”贷方余额1万元；“主营业务成本”账户借方余额214万元；“营业税金及附加”账户借方余额12万元；“其他业务成本”账户借方余额16万元；“销售费用”账户借方余额4万元；“管理费用”账户借方余额8.6万元；“财务费用”账户借方余额4 000元；“营业外支出”账户借方余额2万元；“资产减值损失”借方余额2.8万元。

1）将损益类中各收益账户发生额转入“本年利润”账户：

借：主营业务收入　　3 560 000

　　其他业务收入　　240 000

　　投资收益　　50 000

　　营业外收入　　30 000

　　公允价值变动损益　　10 000

　　贷：本年利润　　3 890 000

2）将损益类中各费用、损失账户余额转入“本年利润”账户：

借：本年利润　　2 598 000

　　贷：主营业务成本　　2 140 000

　　　　营业税金及附加　　120 000

　　　　其他业务成本　　160 000

　　　　营业费用　　40 000

　　　　管理费用　　86 000

　　　　账务费用　　4 000

　　　　营业外支出　　20 000

　　　　资产减值损失　　28 000

3）年终将“本年利润”账户贷方余额转入“利润分配——未分配利润”账户贷方（不考虑所得税费用）：

借：本年利润　　962 000

　　贷：利润分配——未分配利润　　962 000

若年终“本年利润”账户借方余额转入“利润分配——未分配利润”账户借方，即作上述分录的相反分录。

3.4 技能训练

1. 试用公式说明企业营业利润、利润总额、净利润的形成。

2. 下列各项，影响当期利润表中利润总额的有（　　）。

A. 固定资产盘盈　　　　B. 确认所得税费用

C. 对外捐赠固定资产　　　　D. 无形资产出售利得

3. 某工业企业本期主营业务利润为 100 万元，其他业务利润为 20 万元，管理费用为 10 万元，投资收益为 25 万元，所得税费用为 30 万元。假定不考虑其他因素，该企业本期营业利润为（　　）万元。

A. 105　　B. 95　　C. 120　　D. 110

4. 某企业 2008 年取得国库券利息收入为 3 万元，其他债券投资利息 2 万元，全年税前利润总额 85 万元，所得税率为 25%。无其他纳税调整事项。并按净利润的 10% 提取法定盈余公积；按剩余净利润的 50% 向投资者分配利润。

要求：计算全年应纳所得税额和利润分配额，并编制相关会计分录。

任务 4　利润分配的核算

利润分配是指企业对一定时期内的生产要素所带来的利益总额在企业内外各利益主体之间分割的过程，是关系到所有者的合法权益能否得到保护，企业能否长期、稳定发展的重要问题。

4.1 任务描述

4.1.1 利润分配管理业务流程

利润分配业务流程如图 9－7 所示。

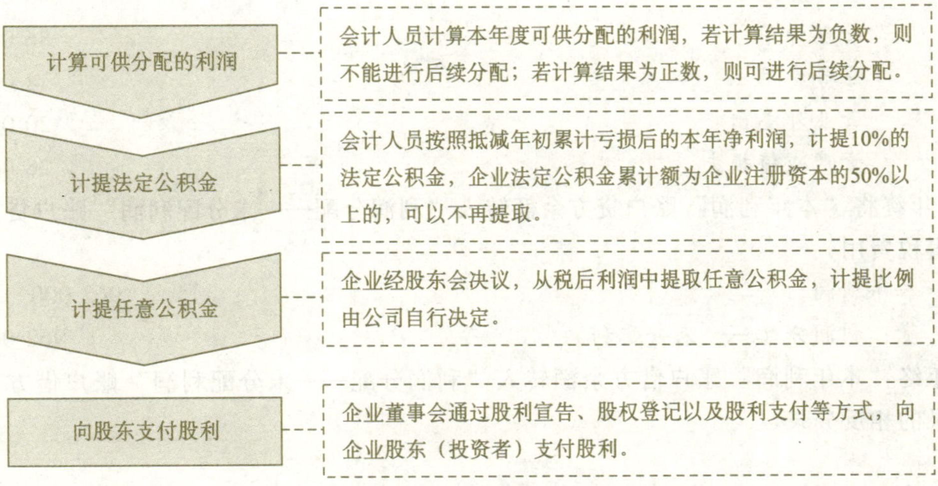

图 9－7　海达公司年度利润分配流程图

4.2 任务分析

利润分配的内容和程序

(1) 利润分配的内容

1) 盈余公积。盈余公积是企业在税后利润中计提的用于增强企业物质后备、防备不测事件的资金。盈余公积包括法定盈余公积和任意盈余公积两种。

2) 法定公益金。法定公益金于2006年4月份已停止提取。

3) 向股东分配利润。企业向股东分配利润(公司制企业为向股东分配股利),又称分配红利,是利润分配的主要阶段。企业在弥补亏损、提取盈余公积和公益金后才能向股东分配利润。

(2) 利润分配的程序

1) 弥补亏损;

2) 按照税法规定,企业亏损在一定年限内可用税前利润抵补,超过规定的年限,就只能用税后利润抵补;

3) 提取法定盈余公积;

4) 提取法定公益金;

5) 支付优先股股利;

6) 提取任意盈余公积金;

7) 支付普通股股利。

企业的股利分配政策受国家法律约束,并受企业经营环境、经营方针、经营情况和投资者(股东)要求等因素的影响,因此,企业股利分配的政策是不完全相同的。

4.3 相关知识

4.3.1 利润分配的内容和程序

1) 可供分配的利润。企业的利润总额扣除所得税后的净额为净利润,净利润加上年初未分配利润和其他转入后的余额,为可供分配的利润,企业实现的利润必须按国家及企业的有关规定予以分配,其利润分配大致分为三大部分:其一,提取盈余公积;其二,向投资者分配利润(或股利);其三,留待以后年度分配,即未分配利润。企业的可分配利润,除国家另有规定者外,按照下列顺序分配:

①弥补以前年度亏损。企业发生的亏损,可以用以后年度实现的利润进行弥补,按现行规定弥补期限超过五年的用税后利润弥补。

②提取法定盈余公积金。法定盈余公积按照净利润的10%提取,当企业法定盈余公积达到注册资本的50%时可不再提取。

③提取任意公积金。企业在提取法定盈余公积金后,还可根据需要和可能,提取任意公积金。

④向投资者分配利润。企业以前年度未分配的利润,可以并入本年度向投资者分配。

企业以前年度亏损在未弥补完前,不得提取盈余公积金。在提取盈余公积金前,不得向投资者分配利润。如果是股份有限公司,提取盈余公积金后利润分配顺序为:支付优先股股利;提取任意盈余公积金;支付普通股股利。

2）利润分配的账务处理。为了核算企业净利润的分配（或亏损的弥补）和历年分配（或弥补）后的积存余额，应设置“利润分配”账户。该账户的借方登记提取的法定公积金和公益金、分配的股利或利润、提取的任意公积金等，或年末转入的全年发生的亏损；贷方登记年末转入的全年实现的利润，或用盈余公积金弥补亏损。年末贷方余额，表示历年积存的未分配利润，年末贷方余额，表示历年积存的未弥补亏损。

“利润分配”账户，应设置“其他转入”、“提取法定盈余公积”、“提取法定公益金”、“提取储备基金”、“提取任意盈余公积”、“应付普通股股利”和“分配利润”等明细账户，进行明细分类核算。

【业务9－21】 甲公司本年净利润为380万元，年末分配的资料如下：

①按净利润的10%提取法定盈余公积金38万元。应作如下账务处理：

借：利润分配——提取法定盈余公积　　380 000
　　贷：盈余公积　　380 000

②根据协议，向优先股分派股利38万元，结转应付优先股股利时，应作如下账务处理：

借：利润分配——应付优先股股利　　380 000
　　贷：应付股利　　380 000

③根据股东会决议，按净利润的6%提取任意公积228 000元。应作如下账务处理：

借：利润分配——提取任意盈余公积　　228 000
　　贷：盈余公积——任意盈余公积　　228 000

④结转应付普通股现金股利150万元。应作如下账务处理：

借：利润分配——应付普通股股利　　1 500 000
　　贷：应付股利　　1 500 000

⑤将本年净利润380万元，转入“利润分配”账户。应作如下账务处理：

借：本年利润　　3 800 000
　　贷：利润分配——未分配利润　　3 800 000

⑥将“利润分配”有关明细账户的余额，转入“利润分配——未分配利润”，应作如下账务处理：

借：利润分配——未分配利润　　2 908 000
　　贷：利润分配——提取法定盈余公积　　380 000
　　　　　　　　——应付优先股股利　　800 000
　　　　　　　　——提取任意盈余公积　　228 000
　　　　　　　　——应付普通股股利　　1 500 000

4.4　技能训练

1）利润分配的顺序和计算。

2）利润分配表的编制。

单元 10

处理总账与编制报表业务

学习目标

- □ 了解相关概念
- □ 理解相关流程
- □ 掌握总账的处理
- □ 掌握资产负债表的编制
- □ 掌握利润表的编制
- □ 掌握现金流量表的编制
- □ 掌握所有者权益变动表的编制
- □ 掌握企业财务报表的分析

任务1 处 理 总 账

总账，即总分类账，是根据总分类科目开设的，用以分类登记一个单位的全部交易或事项，提供资产、负债、所有者权益、收入、成本费用和经营成果等总括核算资料的账簿。依法设置会计账簿，是单位进行会计核算的最基本的要求。单位应当按照国家统一会计制度的规定和会计业务的需要设置会计账簿，发生的交易或事项应当在依法设置的会计账簿上统一登记、核算，不得违反会计法和国家统一的会计制度的规定私设会计账簿登记、核算。

总账能够提供会计要素具体内容的总括核算指标，通过设置和登记总账，可以全面、完整、系统地记录单位发生的交易或事项，提供经营管理所必需的会计信息，为编制财务会计报告提供依据。

1.1 任务描述

海达有限责任公司，是增值税一般纳税人，袁望担任总经理，主要生产销售电子产品，公司设有采购部、销售部、财务部、行政办公室、生产车间，财务主管由严立担任。该厂存货按实际成本计价核算，发出存货采用全月一次加权平均法计价，应收账款坏账损失采用备抵法核算，除应收账款外，其他资产均未发生减值，产品成本计算采用品种法，发生筹资、采购、生产、销售等交易或事项，其中包括有贷款、赊购、赊销和短期投资等交易或事项。总账报表会计高飞针对该公司的具体情况，井然有序地开展自己的工作，建账、登账、对账、结账。

1.2 任务分析

1.2.1 会计核算流程

会计核算流程如图 10－1 所示。

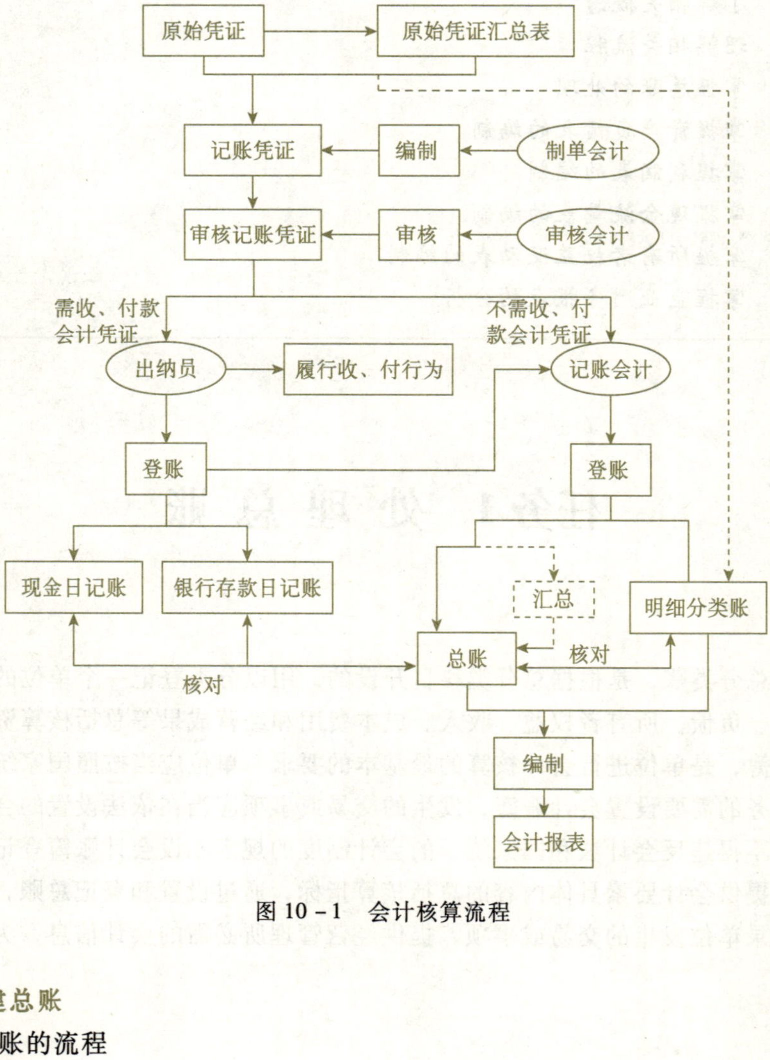

图 10－1 会计核算流程

1.2.2 建总账

（1）建总账的流程

建总账的流程如图 10－2 所示。

图 10－2 建总账的流程

（2）建总账的具体步骤

步骤一，填列总账账簿扉页的“账簿启用及交接表”。

在账簿的“启用表”上，写明单位名称、账簿名称、册数、编号、起止页数、启用日期以及记账人员和会计主管人员姓名，并加盖名章和单位公章。记账人员或会计主管人员在本年度调动工作时，应注明交接日期、接办人员和监交人员姓名，并由交接双方签名或盖章，以明确经济责任。

步骤二，顺序编定页数。

启用订本式账簿，从第一页起到最后一页止顺序编定号码，不得跳页、缺号。

步骤三，根据公司自身的特点，在不违反会计准则的前提下，在总账账页上建立总账账户。在年度开始建立各级账户的同时，应将上年账户余额结转过来。例如 20×8 年末结账后，海达有限责任公司“银行存款”账户借方余额为 201 200 元，在 20×9 年 1 月 1 日启用的新总账账簿中，开设“银行存款”总账账户，登记年初余额如表 10－1 所示。

表 10－1 **银行存款总分类账**

总分类账 第 2 页

GENERAL LEDGER

会计科目及编号 ACCOUNT NO. 1002 银行存款

××年		凭证字号	摘要	借方											√	贷方											√	借或贷	余额										
月	日			亿	千	百	十	万	千	百	十	元	角	分		亿	千	百	十	万	千	百	十	元	角	分			亿	千	百	十	万	千	百	十	元	角	分
1	1		上年结转																									借				2	0	1	2	0	0	0	0

步骤四，在总账账簿的目录页，记明每个总账账户的名称和所在页次。

步骤五，在总账账簿扉页“账簿启用及交接表”上方空白处足额粘贴印花税票，并按规定对已粘贴的印花税票自行注销或者划销（在其上划两条平行线）。

1.2.3 登总账

（1）科目汇总表核算形式下账务处理流程，如图 10－3 所示

1）根据原始凭证进行原始凭证汇总。

2）根据审核无误的原始凭证和原始凭证汇总表填制记账凭证。

3）根据收款凭证和付款凭证登记现金日记账和银行存款日记账。

4）根据原始凭证、原始凭证汇总表和记账凭证登记各种明细分类账。

5）根据各种记账凭证汇总编制科目汇总表。

6）根据科目汇总表登记总分类账。

7）按照对账的具体要求定期进行总分类账与库存现金、银行存款日记账、明细账之间的核对。

8）根据总账和明细账的记录编制财务报表。

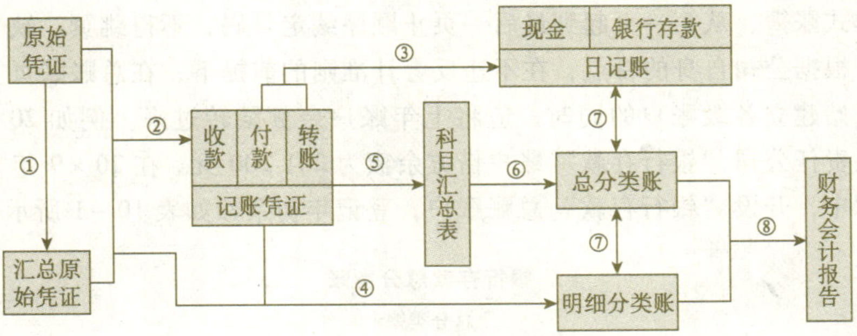

图 10－3　科目汇总表核算形式下账务处理流程

（2）编制科目汇总表

1）对记账凭证进行复核。

2）在科目汇总表的“会计科目”栏，按顺序填列总账科目名称。

3）将该月份的全部记账凭证按照相同会计科目的借方和贷方分别归类，将每一会计科目的所有借方发生额相加，其合计数填入科目汇总表中该会计科目的借方栏内；将每一会计科目的所有贷方发生额相加，其合计数填入科目汇总表中该会计科目的贷方栏内；对于已汇总了的发生额的会计科目，应在的记账凭证中注明已汇总的符号，如打“√”号，以免重汇或者漏汇。

4）归类汇总每一会计科目的借、贷方发生额后，分别加计科目汇总表本月借方发生额合计数和贷方发生额合计数。

如果借方发生额合计数与贷方发生额合计数相等，说明记账凭证和科目汇总表编制基本正确；如果借方发生额合计数与贷方发生额合计数不相等，则说明记账凭证或科目汇总表编制存在错误，应查明原因，按规定方法进行更正，直到借方发生额合计数与贷方发生额合计数相等。

5）在科目汇总表上注明据以编制的各种记账凭证的起讫字号，以备进行检查。

科目汇总表填制示例如表 10－2 所示。

表 10－2　　　　　　　　　　　　科 目 汇 总 表

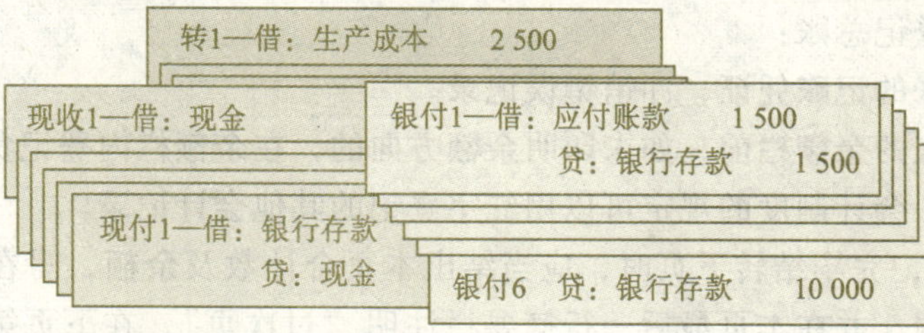

科目汇总表

年　月　日

会计科目	本期发生额		总账页数
	借方金额	贷方金额	
现金	85 080	85 813	
银行存款		311 310	
原材料	83 200	46 200	
(以下略)			
合　计	2 768 190	2 768 190	

(3) 编制科目汇总表的注意事项

1）科目汇总表的“会计科目”栏内，填列会计科目应按照总账账簿中会计科目的先后顺序排列，以便于登记总账。

2）对于年终“利润分配”所属“提取法定盈余公积”等明细科目结转至“利润分配”所属“未分配利润”明细科目的记账凭证，由于其借、贷方总账科目均为“利润分配”科目，所以无需编入科目汇总表。

3）科目汇总表的编制时间，应根据企业经济业务量的多少而定。经济业务量较多的可以每日汇总，经济业务量不多的可以定期（3 天、5 天、10 天）汇总，经济业务量较少的也可以按月汇总。

(4) 科目汇总表核算形式下登记总账

1）复核所编制的科目汇总表，检查借方发生额合计和贷方发生额合计是否相等。

2）根据科目汇总表登记总账。

(5) 根据科目汇总表登记总账的注意事项

1）根据科目汇总表登记总账时，应当将科目汇总表的日期、编号、该账户的借、贷方发生额等逐项记入账页同一行中，摘要栏填写“本期（日或旬或月）发生”字样，而不能写具体经济业务的摘要。

2）登记时应当按照行次、页次顺序连续登记，不得跳行、隔页。如果发生跳行、隔页的，应当将空行、空页划线注销，或者注明“此行空白”、“此页空白”字样，并由总账报表岗位会计人员签名或者盖章。

3）登记总账要用蓝黑墨水或者碳素墨水书写，不得使用圆珠笔或者铅笔书写。下列情况可以用红色墨水登记总账：

①按照红字冲账的记账凭证，冲销错误记录。

②在三栏式总账的余额栏前，如未印明余额方向的，在余额栏内登记负数余额。

③根据国家统一会计制度的规定可以用红字登记的其他会计记录。

4）每一账页登记完毕结转下页时，应当结出本页合计数及余额，写在本页最后一行和下页第一行有关栏内，并在本页最后一行摘要栏注明“过次页”，在下页第一行摘要栏注明“承前页”字样。

1.2.4 对账

对账的流程如图 10－4 所示。

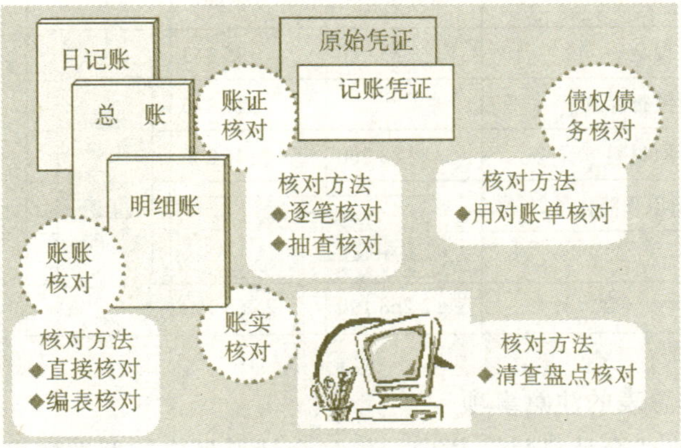

图 10－4 对账

1）账证核对。

2）账账核对。

①总分类账户之间的核对。通过编制总分类账户本期发生额和余额对照表（试算平衡表）进行核对。

②总分类账户与所属各明细分类账户之间的核对。总分类账各账户期末余额应与其所属有关明细分类各账户余额合计数相符。

③总分类账户与库存现金日记账、银行存款日记账之间的核对。核对库存现金日记账、银行存款日记账的期末余额与总分类账各账户期末余额是否相符（图 10－5）。

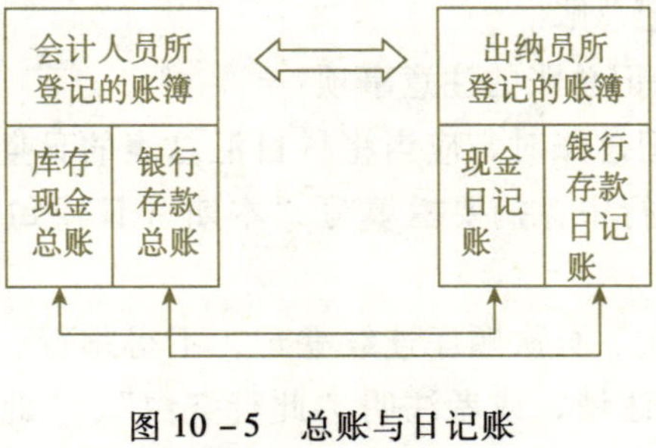

图 10－5 总账与日记账

④会计账簿与实物保管和使用部门明细账的核对。

3）账实核对。

1.2.5 结账

结账流程如图 10－6 所示。

1）结账前，必须将本期内发生的经济业务全部登记入账，对漏记的账项应及时补记，不能将本期发生的经济业务延至下期入账。

2）按权责发生制的原则进行期末账项调整。

3）期末分配结转有关成本费用。

4）计算各账户本期发生额和期末余额。

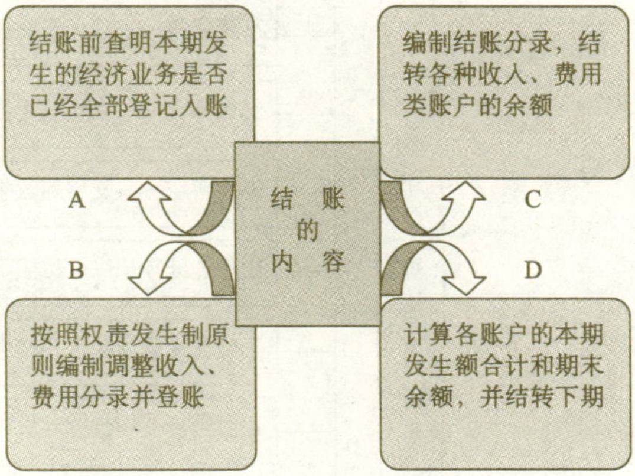

图 10－6 结账

1.3 相关知识

1.3.1 账簿与账户

账簿与账户的关系是形式与内容的关系。账户存在于账簿之中，账簿中的每一账页就是账户的存在形式和载体，账簿是一个外在形式，账户是它的真实内容，二者相互依存、辩证统一。

总账账户是总账账簿的组成内容，它应该根据总账科目开设。

国家统一的会计制度对总账科目的设置、科目名称、编号、主要核算内容和基本业务的核算方法等都作出了规定，这些规定是各企业进行总账会计科目设置和使用的主要依据。

1.3.2 填列账簿启用及交接表的注意事项

1）填列账簿启用及交接表时，单位名称应填列企业的全称，不得简化；公章应加盖单位行政公章，不能用财务专用章代替；单位主管、财务主管、复核人员和总账报表会计人员应签名盖章。总账报表会计人员调动工作时，应严格交接手续，在交接记录栏填明接管人员姓名、职别、交接日期，并由交接人员盖章，以分清责任。

2）总账账簿中各总账账户一般应按总账科目编号的先后顺序排列。开设账户时，应根据各个账户的记录内容和所采用的总账登记方法，合理地为每一账户预留账页，应避免预留账页不足或者预留账页过多的问题。

1.3.3 会计账簿登记的基本规定

会计账簿登记的基本规定如图 10－7 所示。

1.3.4 登记总账的方法

（1）记账凭证核算形式

（2）汇总记账凭证核算形式

（3）科目汇总表核算形式

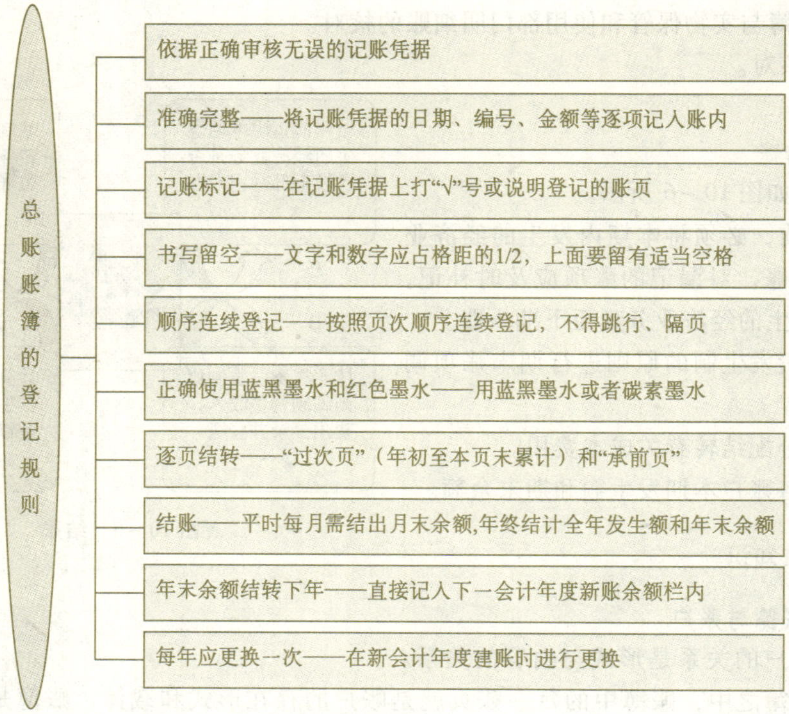

图 10－7　会计账簿登记的基本规定

1.3.5　科目汇总表

科目汇总表是指列示本单位所设各总账账户，并根据记账凭证汇总各总账账户本期发生额而编制的一种记账凭证汇总表。它的主要作用是作为记账凭证与总账的中间环节，以减少登记总账的工作量。

1.3.6　对账的相关知识

1）对账的含义：核对账目，是为保证账簿记录真实、完整和准确对有关数据进行检查、核对的方法。

2）对账的内容。

①账证核对。核对会计账簿记录与原始凭证、记账凭证的时间、凭证字号、内容、金额是否一致，记账方向是否相符。

②账账核对。核对不同会计账簿之间的账簿记录是否相符，包括：总账有关账户的余额核对，总账与明细账核对，总账与日记账核对，会计部门的财产物资明细账与财产物资保管和使用部门的有关明细账核对等。

③账实核对。核对会计账簿记录与财产等实有数额是否相符。包括：现金日记账账面余额与现金实际库存数相核对；银行存款日记账账面余额定期与银行对账单相核对；各种财物明细账账面余额与财物实存数额相核对；各种应收、应付款明细账账面余额与有关债务、债权单位或者个人核对等。

1.3.7 结账的含义

结账是于会计期末，在全部业务登记入账的基础上，按照规定的方法对本期的账簿记录进行小结，结算出各账户的本期发生额和期末余额，并将余额结转下期或转入新账的工作。

1.4 技能训练

1）中发电器公司，其法定代表人是李德；财务部长张起，全面负责财务部工作，并负责会计稽核；会计师王莉负责总账报表核算。20×9 年 1 月 1 日，该公司启用一本 100 页的总账账簿。要求：填制“账簿启用及交接表”。

2）20×8 年末结账后，海达有限责任公司“应收账款”账户借方余额为 299 100 元，在 20×9 年 1 月 1 日启用的新总账账簿中，开设“应收账款”总账账户，登记年初余额。

3）登记海达有限责任公司 20×9 年 1 月份“银行存款”账户（表 10－3）。

表 10－3

银行存款总账

总分类账

GENERAL LEDGER

第 2 页

会计科目及编号 ACCOUNT NO. 1002 银行存款

20×9 年		凭证字号	摘要	借方											√	贷方											√	借或贷	余额										
月	日			亿	千	百	十	万	千	百	十	元	角	分		亿	千	百	十	万	千	百	十	元	角	分			亿	千	百	十	万	千	百	十	元	角	分
1	1		上年结转																									借				2	0	1	2	0	0	0	0
	10	科汇 01	1－10 日汇总				3	7	6	4	0	0	0	0					1	4	6	9	6	0	0	0		借				4	3	0	6	4	0	0	0
	20	科汇 02	11－20 日汇总																1	3	9	3	0	0	0	0		借				2	9	1	3	4	0	0	0
	30	科汇 03	21－31 日汇总					1	4	0	4	0	0	0							7	6	5	0	0	0		借				2	2	8	8	8	0	0	0

1.5 完成任务

1）账簿启用及接交表如表 10－4 所示。

表 10－4　　　　账簿启用及接交表　　　　监制号：001539

<table>
<tr><td colspan="3">单位名称</td><td colspan="7"></td><td colspan="3">公　章</td></tr>
<tr><td colspan="3">账簿名称</td><td colspan="7">总账</td><td colspan="3" rowspan="4"></td></tr>
<tr><td colspan="3">账簿编号</td><td colspan="7">20×901　　（第 1 册）</td></tr>
<tr><td colspan="3">账簿页数</td><td colspan="7">本账簿共计　　页（本账簿页数检点人盖章　　）</td></tr>
<tr><td colspan="3">启用日期</td><td colspan="7">公元 20×9 年 1 月 1 日</td></tr>
<tr><td rowspan="3">经管人员</td><td colspan="2">单位主管</td><td colspan="3">财务主管</td><td colspan="4">复　核</td><td colspan="3">记　账</td></tr>
<tr><td>姓名</td><td>盖章</td><td>姓名</td><td colspan="2">盖章</td><td>姓名</td><td colspan="3">盖章</td><td>姓名</td><td colspan="2">盖章</td></tr>
<tr><td>袁望</td><td>袁望</td><td>严立</td><td colspan="2">严立</td><td>严立</td><td colspan="3">严立</td><td>高飞</td><td colspan="2">高飞</td></tr>
<tr><td rowspan="5">接交记录</td><td colspan="2">经管人员</td><td colspan="5">接　管</td><td colspan="5">交　出</td></tr>
<tr><td>职　别</td><td>姓　名</td><td>年</td><td>月</td><td>日</td><td colspan="2">盖章</td><td>年</td><td>月</td><td>日</td><td colspan="2">盖　章</td></tr>
<tr><td></td><td></td><td></td><td></td><td></td><td colspan="2"></td><td></td><td></td><td></td><td colspan="2"></td></tr>
<tr><td></td><td></td><td></td><td></td><td></td><td colspan="2"></td><td></td><td></td><td></td><td colspan="2"></td></tr>
<tr><td></td><td></td><td></td><td></td><td></td><td colspan="2"></td><td></td><td></td><td></td><td colspan="2"></td></tr>
<tr><td>备　注</td><td colspan="12"></td></tr>
</table>

2）20×9 年 1 月 1 日，海达有限责任公司开设的总账账户如表 10－5 所示。

表 10－5　　　　总账账户列表

资　产	负债和股东权益	成本损益
流动资产：	流动负债：	生产成本：
库存现金	短期借款	制造费用
银行存款	交品性金融负债	劳务成本
其他货币资金	应付票据	研发支出
交易性金融资产	应付账款	损益类：
应收票据	预收款项	主营业务收入
应收账款	应付职工薪酬	其他业务收入
预付款项	应交税费	公允价值变动损益
其他应收款	应付利息	投资收益
材料采购	应付股利	营业外收入
原材料	其他应付款	主营业务成本
周转材料		其他业务成本
库存商品		营业税金及附加
材料成本差异		销售费用

续表

资　产	负债和股东权益	成本损益
非流动资产：	非流动负债：	管理费用
可供出售金融资产	长期借款	财务费用
持有至到期投资	应付债券	资产减值损失
长期应收款	长期应付款	营业外支出
长期股权投资	专项应付款	所得税费用
投资性房地产	预计负债	以前年度损益调整
固定资产	递延所得税负债	
累计折旧	股东权益：	
固定资产减值准备	实收资本	
固定资产清理	资本公积	
工程物资	盈余公积	
在建工程	本年利润	
无形资产	未分配利润	
累计摊销	库存股	
商誉		
长期待摊费用		

3）月结—— 每月月末时进行的结账（见表 10 - 6）。

表 10 - 6

月　结

总　账

会计科目：原材料

年		凭　证		摘　要	借　方	贷　方	借或贷	余　额
月	日	种类	号数					
1	1			上年结转			借	12 500
	10	转	8	购入	10 000		借	22 500
	12	转	10	领用		4 000	借	18 500
	24	转	18	领用		8 000	借	10 500
	31			本月合计	10 000	12 000	借	10 500
2	1			上月结转			借	10 500

在最后一笔业务下一行计算出本期发生额和余额。“摘要”栏注明“本月合计”

在其上下各划一条单红线

将余额结转下月

4）年结——年末时进行的结账。

年结如表 10－7 所示。

表 10－7　　　　　　　　　　　　**总　　账**

会计科目：原材料

年		凭　证		摘　　要	借　方	贷　方	借或贷	余　额
月	日	种类	号数					
1	1			上年结转			借	12 500
	10	转	8	入库	10 000		借	22 500
12	31			本月合计	30 000	25 000	借	10 000
				本年合计	150 000	152 500	借	10 000
				上年结余	12 500			
				结转下年		10 000		
				合　　计	162 500	162 500		

A 计算出本年度12个月度发生额合计数和余额。“摘要”栏注明“本年合计”。其下划双红线

B将上年结转来余额按其相同方向记人该行借(或贷)方栏。(上年结余+本年增加)

D进行借贷双方合计。收入=支出

C将本年的余额按其相反方向记人这一行的(借)贷方栏内。(本年减少+本年结余)

1.6　教研活动

1）本任务的重点是总账账簿的登记，难点是科目汇总表的编制。

2）根据你所教学生的特点，你认为本任务教学应采用哪些教学方法？教学环境如何创设？应选择哪些教学媒体？

3）根据你所教学生的特点，你认为本任务教学应如何提高学生的积极性？应如何提高课堂效率？

4）教学效果如何评价？请设计合适的表格进行评价。

任务 2　编制资产负债表

财务报告是指企业对外提供的反映企业某一特定日期的财务状况和某一会计期间的经营成果、现金流量等会计信息的文件。财务报告包括财务报表和其他应当在财务报告中披露的相关信息和资料。

财务报表是财务会计报告的主体和核心，包括资产负债表、利润表、现金流量表、所有者权益变动表和附注，通过定期编制财务报表，将日常会计核算资料集中起来，进行归类、整理，对全面、概括地反映单位的经济活动全貌，向使用者传递关于单位财务状况、经营成果和现金流量的有用信息，满足财务会计资料使用者的需要，反映企业管理层受托责任履行情况都有着重要的意义。

资产负债表是反映企业在某一特定日期财务状况的会计报表。特定日期说明资产负债表是一个时点报表。财务状况主要是指企业的偿债能力。我国资产负债表采用账户式结构：左方列示资产，右方列示负债和所有者权益。账户式资产负债表以“资产 = 负债 + 所有者权益”为理论依据，资产各项目的合计等于负债和所有者权益各项目的合计。还有一种结构是报告式，即将资产、负债和所有者权益竖着排列。

2.1 任务描述

海达有限责任公司20×8年12月31日的资产负债表（年初余额略）及20×9年12月31日的科目余额表分别见表10-8和表10-9所示。假设海达有限责任公司20×9年度除计提固定资产减值准备导致固定资产账面价值与其计税基础存在可抵扣暂时性差异外，其他资产和负债项目的账面价值均等于其计税基础。假定环宇公司未来很可能获得足够的应纳税所得额用来抵扣可抵扣暂时性差异，适用的所得税税率为25%。

表10-8　　　　资产负债表

会企01表

编制单位：海达有限责任公司　　　　20×8年12月31日　　　　单位：元

资　　产	期末余额	年初余额	负债和股东权益	期末余额	年初余额
流动资产：			流动负债：		
货币资金	1 406 300		短期借款	300 000	
交易性金融资产	15 000		交品性金融负债	0	
应收票据	246 000		应付票据	200 000	
应收账款	299 100		应付账款	953 800	
预付款项	100 000		预收款项	0	
应收利息	0		应付职工薪酬	110 000	
应收股利	0		应交税费	36 600	
其他应收款	5 000		应付利息	1 000	
存货	2 580 000		应付股利	0	
一年内到期的非流动资产	0		其他应付款	50 000	
其他流动资产	100 000		一年内到期的非流动动负债	1 000 000	
流动资产合计	4 751 400		其他流动负债	0	
非流动资产：			流动负债合计	2 651 400	
可供出售金融资产	0		非流动负债：		
持有至到期投资	0		长期借款	600 000	
长期应收款	0		应付债券	0	
长期股权投资	250 000		长期应付款	0	
投资性房地产	0		专项应付款	0	
固定资产	1 100 000		预计负债	0	
在建工程	1 500 000		递延所得税负债	0	
工程物资	0		其他非流动负债	0	
固定资产清理	0		非流动负债合计	600 000	
生产性生物资产	0		负债合计	3 251 400	

续表

资　　产	期末余额	年初余额	负债和股东权益	期末余额	年初余额
油气资产	0		股东权益：		
无形资产	600 000		实收资本（或股本）	5 000 000	
开发支出	0		资本公积	0	
商誉	0		减：库存股	0	
长期待摊费用	0		盈余公积	100 000	
递延所得税资产	0		未分配利润	50 000	
其他非流动资产	200 000		股东权益合计	5 150 000	
非流动资产合计	3 650 000				
资产总计	8 401 400		负债和股东权益总计	8 401 400	

表 10－9　　**科目余额表**　　单位：元

科目名称	借方余额	科目名称	贷方余额
库存现金	2 000	短期借款	50 000
银行存款	805 831	应付票据	100 000
其他货币资金	7 300	应付账款	953 800
交易性金融资产	0	其他应付款	50 000
应收票据	66 000	应付职工薪酬	180 000
应收账款	600 000	应交税费	226 731
坏账准备	－1 800	应付利息	0
预付账款	100 000	应付股利	32 215.85
其他应收款	5 000	一年内到期的长期负债	0
材料采购	275 000	长期借款	1 160 000
原材料	45 000	股本	5 000 000
周转材料	38 050	盈余公积	124 770.4
库存商品	2 122 400	利润分配（未分配利润）	218 013.75
材料成本差异	4 250		
其他流动资产	100 000		
长期股权投资	250 000		
固定资产	2 401 000		
累计折旧	－170 000		
固定资产减值准备	－30 000		
工程物资	300 000		
在建工程	428 000		
无形资产	600 000		
累计摊销	－60 000		
递延所得税资产	7 500		
其他长期资产	200 000		
合　　计	8 095 531	合　　计	8 095 531

根据上述资料，编制海达有限责任公司20×9年12月31日的资产负债表。

2.2 任务分析

2.2.1 财务报告编制流程

财务报告是会计核算的最终产品。它是以会计账簿的记录及其他有关资料为依据，将日常核算中大量的、分散的会计资料，加以分类、整理、汇总，按照相关的要求及格式形成会计报表及相关的文字解释和分析。

财务报告编制流程如图10－8所示。

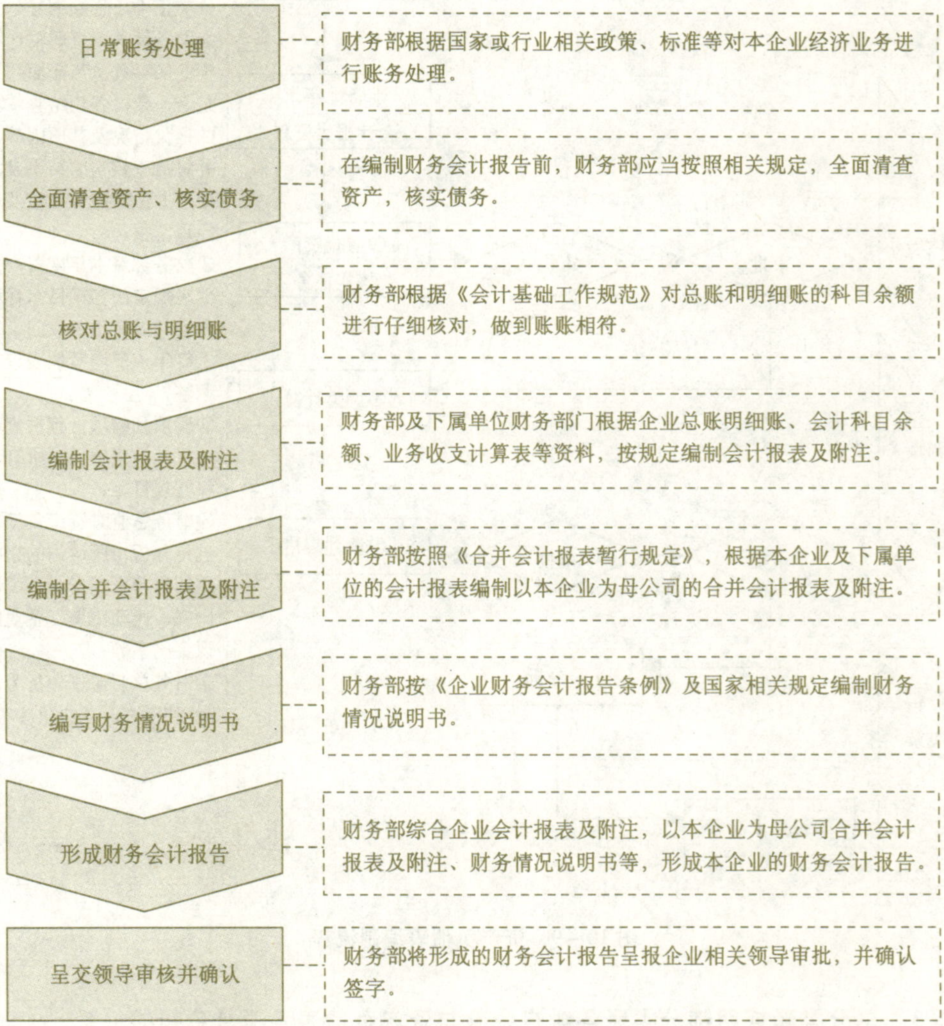

图10－8 财务报告编制流程

2.2.2 资产负债表编制流程

资产负债表编制流程如图10－9所示。

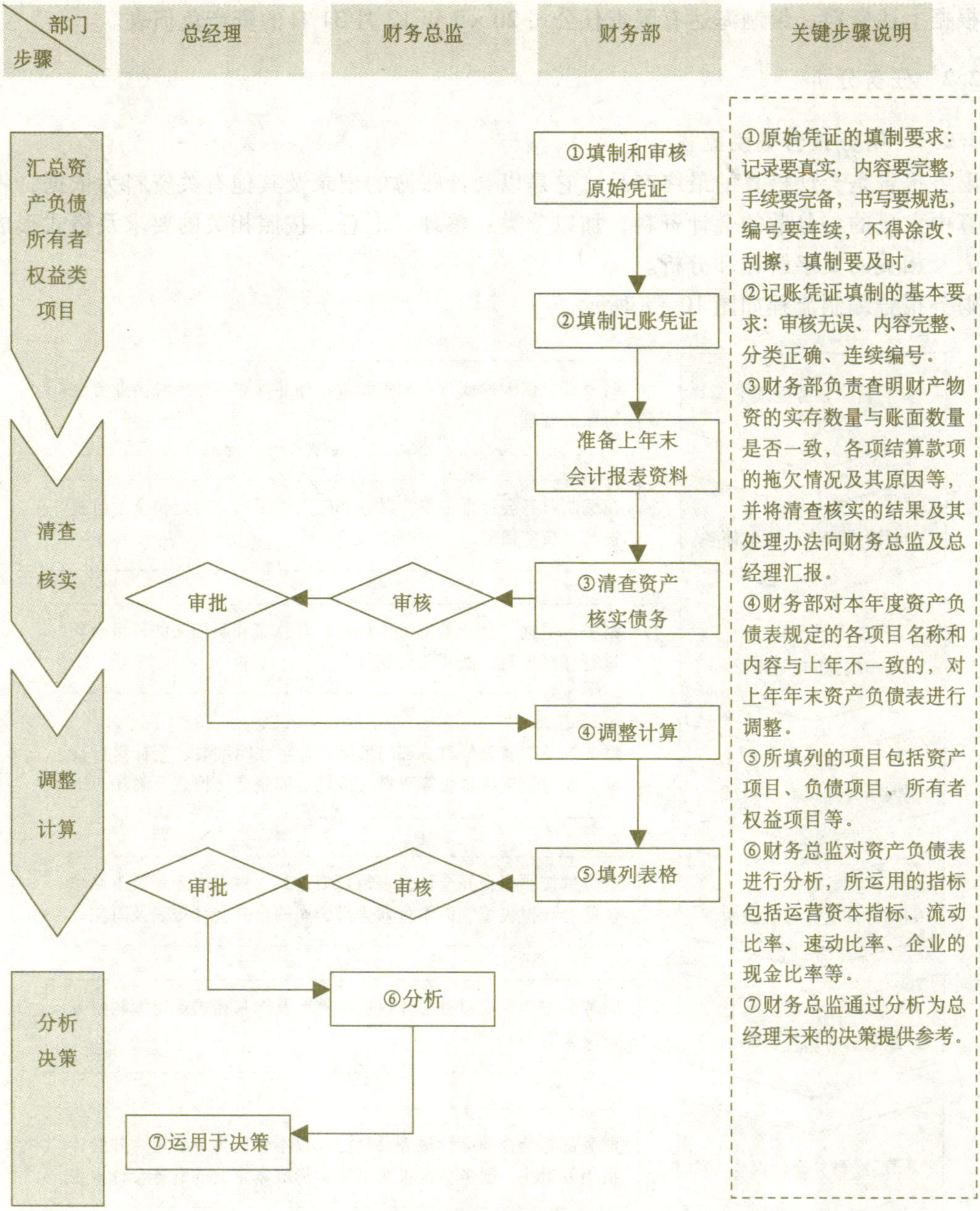

图 10－9　资产负债表编制流程

2.2.3　总分类账或明细分类账各账户余额与资产负债表各项目金额的关系

总分类账或明细分类账各账户与资产负债表各项目金额的关系如图 10－10 所示。

2.2.4　资产负债表的填列方法

1）期初余额就是上期的期末余额。

2）期末余额的填列见表 10－10 所示。

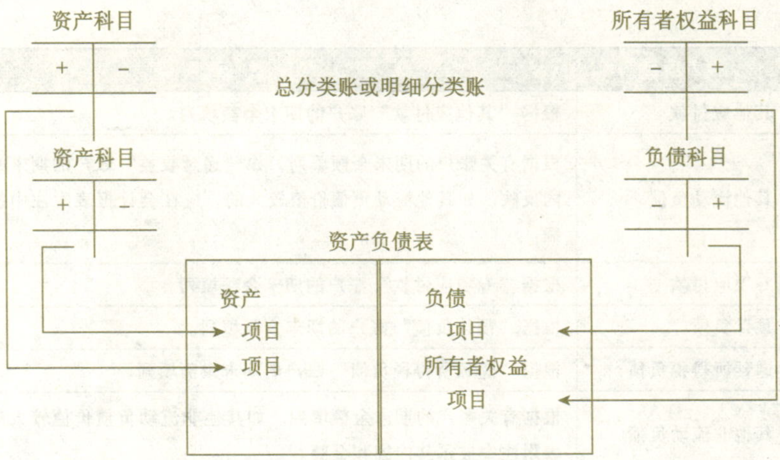

图 10－10　总分类账或明细分类账各账户余额与资产负债表各项目金额的关系

表 10－10　资产负债各项目期末余额填列方法

填列方法	报表项目	数据来源
直接根据总账账户余额填列	交易性金融资产	根据“交易性金融资产”账户的期末余额填列。
	应收票据	根据“应收票据”账户的期末余额填列。已向银行贴现和已背书转让的应收票据不包括在本项目内，其中已贴现的商业承兑汇票应在会计报表附注中单独披露。
	应收股利	根据“应收股利”账户的期末余额填列。
	应收利息	根据“应收利息”账户的期末余额填列。
	其他流动资产	根据有关账户的期末余额填列。如其他流动资产价值较大的，应在会计报表附注中披露其内容和金额。
	工程物资	根据“工程物资”账户的期末余额填列。
	固定资产清理	根据“固定资产清理”账户借方的余额填列；如“固定资产清理”账户期末为贷方余额，以“－”号填列。
	递延所得税资产	根据“递延所得税资产”账户的期末余额填列。
	其他非流动资产	根据有关账户的期末余额填列。如其他非流动资产价值较大的，应在会计报表附注中披露其内容和金额。
	短期借款	根据“短期借款”账户的期末余额填列。
	交易性金融负债	根据“交易性金融负债”账户的期末余额填列。
	应付票据	根据“应付票据”账户的期末余额填列。
	应付职工薪酬	根据“应付职工薪酬”账户的期末贷方余额填列。如“应付职工薪酬”账户的期末为借方余额，以“－”号填列。
	应交税费	根据“应交税费”账户的期末贷方余额填列。如“应交税费”账户的期末为借方余额，以“－”号填列。
	应付利息	根据“应付利息”账户的期末贷方余额填列。
	应付股利	根据“应付股利”账户的期末余额填列。

续表

填列方法	报表项目	数据来源
直接根据总账账户余额填列	其他应付款	根据“其他应付款”账户的期末余额填列。
	其他流动负债	根据有关账户的期末余额填列，如“递延收益”账户的期末余额可在本项目内反映。如其他流动负债价值较大的，应在会计报表附注中披露其内容和金额。
	专项应付款	根据“专项应付款”账户的期末余额填列。
	预计负债	根据“预计负债”账户的期末余额填列。
	递延所得税负债	根据“递延所得税负债”账户的期末余额填列。
	其他非流动负债	根据有关账户的期末余额填列。如其他非流动负债价值较大的，应在会计报表附注中披露其内容和金额。
	实收资本（或股本）	根据“实收资本”（或“股本”）账户的期末余额填列。
	资本公积	根据“资本公积”账户的期末余额填列。
	库存股	根据“库存股”账户的期末余额填列。
	盈余公积	根据“盈余公积”账户的期末余额填列。
根据几个总账账户余额计算填列	货币资金	根据“库存现金”、“银行存款”、“其他货币资金”账户余额的合计数填列。
根据有关明细账户余额计算填列	预付款项	根据“应付账款”和“预付账款”账户所属各明细账借方余额之和填列。
	一年内到期的非流动资产	根据“持有至到期投资”、“长期应收款”、“长期待摊费用”等账户分析填列，这些账户中将于一年内到期的部分，在本项目内反映。
	开发支出	根据“研发支出”账户所属的“资本化支出”明细账户的期末余额填列。
	预收款项	根据“预收账款”和“应收账款”两账户所属各有关明细账的贷方余额之和填列。如“预收账款”账户所属有关明细账户有借方余额的，应在“应收账款”项目内填列。
	应付账款	根据“应付账款”和“预付账款”账户所属各明细账期末贷方余额之和填列。如“应付账款”账户所属各明细账期末有借方余额，应在“预付账款”项目内填列。
	一年内到期的非流动负债	根据“长期借款”、“应付债券”、“长期应付款”等账户分析填列，这些账户中将于一年内到期的部分，在本项目内反映。
	未分配利润	根据“本年利润”账户和“利润分配”账户的余额计算填列。未弥补的亏损，在本项目内以“－”号填列。
根据总账账户和明细账户余额分析计算填列	长期借款	根据“长期借款”账户减去一年内（含一年）到期还款的数额后的金额填列。
	应付债券	根据“应付债券”账户减去一年内（含一年）摊销的数额后的金额填列。
	长期应付款	根据“长期应付款”账户的期末余额，减去“未确认融资费用”账户期末余额后的金额填列。

续表

填列方法	报表项目	数据来源
根据总账账户与其备抵账户抵消后的净额填列	其他应收款	根据“其他应收款”账户的余额减去“坏账准备”账户中有关其他应收款计提的坏账准备期末余额后的金额填列。
	可供出售金融资产	根据“可供出售金融资产”账户的期末余额减去“可供出售金融资产减值准备”期末余额后的金额填列。
	持有至到期投资	根据“持有至到期投资”账户的期末余额减去“持有至到期投资减值准备”期末余额后的金额填列。
	长期应收款	根据“长期应收款”账户的期末余额减去“未实现融资收益”期末余额后的金额填列。
	长期股权投资	根据“长期股权投资”账户的期末余额减去“长期股权投资减值准备”期末余额后的金额填列。
	投资性房地产	采用成本模式计量时，根据“投资性房地产”账户的期末余额减去“投资性房地产累计折旧（摊销）”、“投资性房地产减值准备”期末余额后的金额填列。 采用公允价值模式计量时，根据“投资性房地产”账户的期末余额减去（或加上）“公允价值变动损益”账户期末余额（借方余额为减去，贷方余额为加上）后的金额填列。
	固定资产	根据“固定资产”账户的期末借方余额减去“累计折旧”账户的期末贷方余额填列。如有计提的固定资产减值准备，还应减去“固定资产减值准备”账户期末贷方余额。
	在建工程	根据“在建工程”账户的期末借方余额减去“在建工程减值准备”账户的期末贷方余额填列。
	生产性生物资产	根据“生产性生物资产”账户的期末借方余额减去“生产性生物资产累计折旧”账户的贷方余额填列。如有计提减值准备的应予以扣除。
	油气资产	根据“油气资产”账户的期末余额填列。如有计提减值准备的应予以扣除。
	无形资产	根据“无形资产”账户的期末余额减去“累计摊销”、“无形资产减值准备”账户的期末余额后的金额填列。
	商誉	根据“商誉”账户的期末余额填列。如有计提减值准备的应予以扣除。
	长期待摊费用	根据“长期待摊费用”账户的期末余额减去一年内（含一年）摊销的数额后的金额填列。
综合运用以上各种方法分析填列	存货	根据“原材料”、“材料采购”、“在途物资”、“在产品”、“生产成本”、“库存商品”、“委托加工物资”、“周转材料”、“发出商品”等账户的期末余额合计数减去“存货跌价准备”账户期末余额后的金额填列。材料采用计划成本核算，以及库存商品采用计划成本或售价核算的企业，还应按加或减“材料成本差异”、“商品进销差价”账户余额后的净额填列。
	应收账款	根据“应收账款”和“预收账款”账户所属各明细账户的期末借方余额之和减去“坏账准备”账户中有关应收账款计提的坏账准备期末余额后的金额填列。如“应收账款”账户所属各明细账户的期末有贷方余额，应在“预收账款”项目内填列。

2.3 相关知识

2.3.1 会计报表

会计报表是指企业以一定的会计方法和程序，由会计账簿的数据整理得出的，以表格的形式反映企业财务状况、经营成果和现金流量以及费用成本的书面文件。会计报表至少应当包括资产负债表、利润表、现金流量表等报表，没有包括附注。

2.3.2 财务报表

财务报表是会计要素确认、计量的结果和综合性描述，财务报表由报表本身及其附注两部分构成，附注是财务报表的重要组成部分。财务报表的分类如图 10－11 所示。

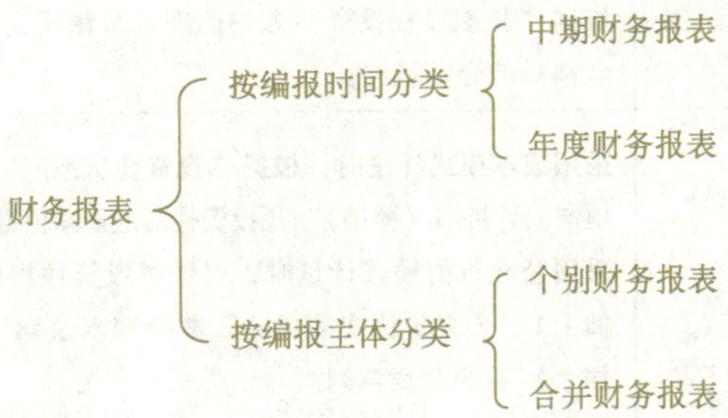

图 10－11 财务报表种类图

2.3.3 财务报表列报的基本要求

财务报表列报的基本要求如图 10－12 所示。

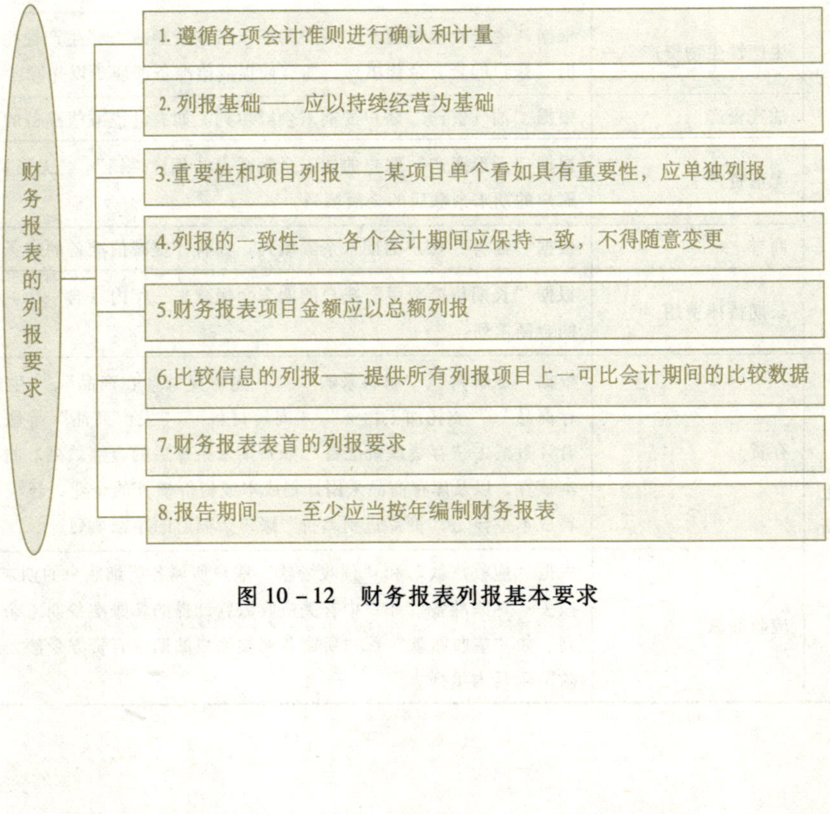

图 10－12 财务报表列报基本要求

2.3.4 资产负债表的作用

资产负债表主要提供有关企业财务状况方面的信息，即某一特定日期关于企业资产、负债、所有者权益及其相互关系。资产负债表的作用包括：

1）可以提供某一日期资产的总额及其结构，表明企业拥有或控制的资源及其分布情况，使用者可以一目了然地从资产负债表上了解企业在某一特定日期所拥有的资产总量及其结构。

2）可以提供某一日期的负债总额及其结构，表明企业未来需要用多少资产或劳务清偿债务以及清偿时间。

3）可以反映所有者所拥有的权益，据以判断资本保值、增值的情况以及对负债的保障程度。

2.3.5 资产负债表列报总体要求

（1）分类别列报

分为资产、负债、所有者权益三大类。

（2）资产和负债按流动性列报

1）区分流动资产和非流动资产。资产满足下列条件之一的，应当归类为流动资产：

①预计在一个正常营业周期中变现、出售或耗用。这主要包括应收账款和存货等资产。

②主要为交易目的而持有，这主要是指交易性金融资产。

③预计在资产负债表日起一年内（含一年）变现。

④自资产负债表日起一年内，交换其他资产或清偿负债的能力不受限制的现金或现金等价物。

2）区分流动负债与流动资产。满足下列条件之一的负债，应当归类为流动负债。

①预计在一个正常营业周期中清偿。

②主要为交易目的而持有。

③自资产负债表日起一年内到期应予以清偿。

④企业无权自主地将清偿推迟至资产负债表日后一年以上。

（3）所有者权益按不同来源和特定用途分类列报

根据净资产的不同来源和特定用途进行分类，按照实收资本、资本公积、盈余公积和未分配利润等项目分项列示。

（4）列报相关的合计、总计项目

资产类至少应当列示流动资产和非流动资产的合计项目；负债类至少应当列示流动负债和非流动负债以及负债的合计项目；所有者权益类应当列示所有者权益的合计项目。应当分别列示资产总计项目、负债与所有者权益总计项目，并且这两者的金额应当相等。

2.3.6 财务报告的呈报期限

年度财务报告应于年度终了后4个月内对外报出；半年度财务报告应于年度中期结束后60天内对外报出；季度财务报告应于季度结束后15天内对外报出；月度财务报告应于月度终了后6天内对外报出。

2.4 技能训练

1）根据表10－8和表10－9的资料计算海达有限责任公司20×9年资产负债表中货币资金、应收账款、预付款项、存货、应付账款、预收款项等各项“期末余额”栏内的数字。

2）某企业20×9年6月30日结账后的“库存现金”总账账户的期末余额为2万元，“银行存款”总账账户的期末余额为18万元，“其他货币资金”总账账户的期末余额为35万元。要求：计算资产负债表中“货币资金”项目的金额。

3）某企业20×9年6月30日结账后有关账户的余额如下：

账户名称	余额方向	金　额（元）
应收账款	借	30 000
——A公司	借	50 000
——B公司	贷	20 000
预收账款	贷	5 000
——甲公司	贷	60 000
——乙公司	借	55 000

要求：计算资产负债表中“应收账款”和“预收账款”项目的金额。

2.5 完成任务

根据任务逐项填列各项内容（表10－11）。

表10－11　　资 产 负 债 表　　会企01表

编制单位：海达有限责任公司　　20×9年12月31日　　单位：元

资　　产	期末余额	年初余额	负债和所有者权益（或股东权益）	期末余额	年初余额
货币资金	815 131	1 406 300	短期借款	50 000	300 000
交易性金融资产	0	15 000	交易性金融负债	0	0
应收票据	66 000	246 000	应付票据	100 000	200 000
应收账款	598 200	299 100	应付账款	953 800	953 800
预付款项	100 000	100 000	预收款项	0	0
应收利息	0	0	应付职工薪酬	180 000	110 000
应收股利	0	0	应交税费	226 731	36 600
其他应收款	5 000	5 000	应付利息	0	1 000
存货	2 484 700	2 580 000	应付股利	32 215.85	0
一年内到期的非流动资产	0	0	其他应付款	50 000	50 000
其他流动资产	100 000	100 000	一年内到期的非流动负债	0	1 000 000
流动资产合计	4 169 031	4 751 400	其他流动负债	0	0

续表

资　　产	期末余额	年初余额	负债和所有者权益（或股东权益）	期末余额	年初余额
非流动资产：			流动负债合计	1 592 746.85	2 651 400
可供出售金融资产	0	0	非流动负债：		
持有至到期投资	0	0	长期借款	1 160 000	600 000
长期应收款	0	0	应付债券	0	0
长期股权投资	250 000	250 000	长期应付款	0	0
投资性房地产	0	0	专项应付款	0	0
固定资产	2 201 000	1 100 000	预计负债	0	0
在建工程	428 000	1 500 000	递延所得税负债	0	0
工程物资	300 000	0	其他非流动负债	0	0
固定资产清理	0	0	非流动负债合计	1 160 000	600 000
生产性生物资产	0	0	负债合计	2 752 746.85	3 251 400
油气资产	0	0	所有者权益（或股东权益）：		
无形资产	540 000	600 000	实收资本（或股本）	5 000 000	5 000 000
开发支出	0	0	资本公积	0	0
商誉	0	0	减：库存股	0	0
长期待摊费用	0	0	盈余公积	124 770.4	100 000
递延所得税资产	7 500	0	未分配利润	218 013.75	50 000
其他非流动资产	200 000	200 000	所有者权益（或股东权益）合计	5 342 784.15	5 150 000
非流动资产计	3 926 500	3 650 000			
资产总计	8 095 531	8 401 400	负债和所有者权益（或股东权益）总计	8 095 531	8 401 400

2.6 教研活动

1）本任务的重点难点是资产负债各项目期末余额填列方法。

2）根据你所教学生的特点，你认为本任务的教学应采用哪些教学方法？教学环境如何创设？应选择哪些教学媒体？

3）根据你所教学生的特点，你认为本任务的教学应如何提高学生的积极性？应如何提高课堂效率？

4）你认为教学效果如何评价？请设计合适的表格进行评价。

任务3 编制利润表

利润表是反映企业在一定会计期间经营成果的会计报表，属于动态报表。利润表的列报必须充分反映企业经营业绩的主要来源和构成，有助于使用者判断净利润的质量及其风险，有助于使用者预测净利润的持续性，从而作出正确的决策。通过利润表，可以反映企业一定会计期间收入的实现情况，如实现的营业收入有多少、实现的投资收益有多少、实现的营业外收入有多少等；可以反映一定会计期间的费用耗费情况，如耗费的营业成本有多少、营业税金及附加有多少及销售费用、管理费用、财务费用各有多少、营业外支出有多少等等；可以反映企业生产经营活动的成果，即净利润的实现情况，据以判断资本保值、增值等情况。利润表主要反映以下几方面的内容：①营业收入；②营业利润；③利润总额；④净利润；⑤每股收益。

3.1 任务描述

海达有限责任公司20×9年度有关损益类科目本年累计发生净额如表10－12所示。

表10－12　　海达有限责任公司损益类科目20×9年度累计发生净额　　单位：元

科目名称	借方发生额	贷方发生额
主营业务收入		1 250 000
主营业务成本	750 000	
营业税金及附加	2 000	
销售费用	20 000	
管理费用	157 100	
财务费用	41 500	
资产减值损失	30 900	
投资收益		31 500
营业外收入		50 000
营业外支出	19 700	
所得税费用	85 300	

根据上述资料，编制海达有限责任公司20×9年度利润表。

3.2 任务分析

3.2.1 利润表编制流程

利润表编制流程如图10－13所示。

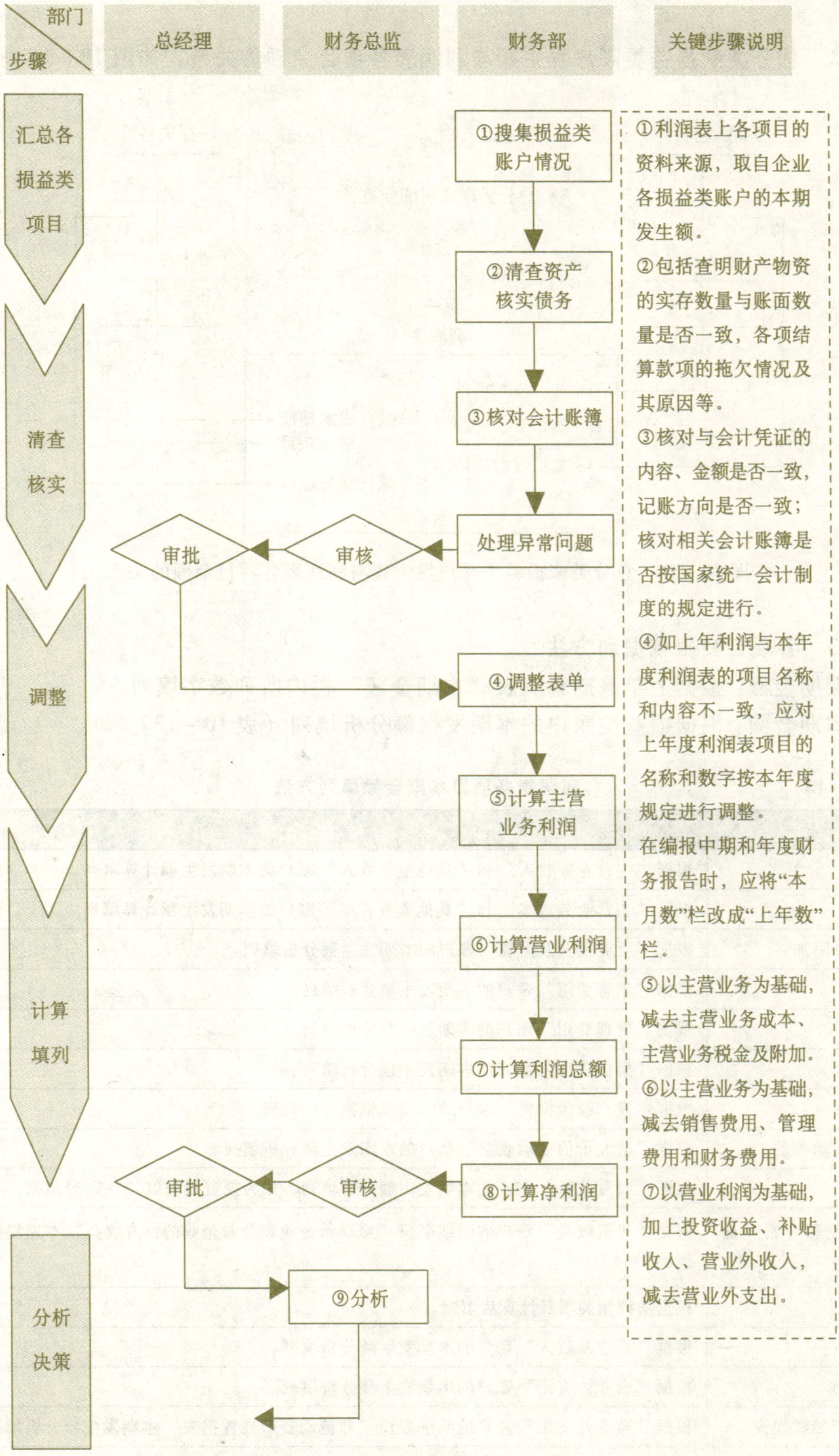

图 10－13　利润表编制流程

3.2.2 总分类账损益类账户发生额与利润表各项目金额的关系，如图 10－14 所示。

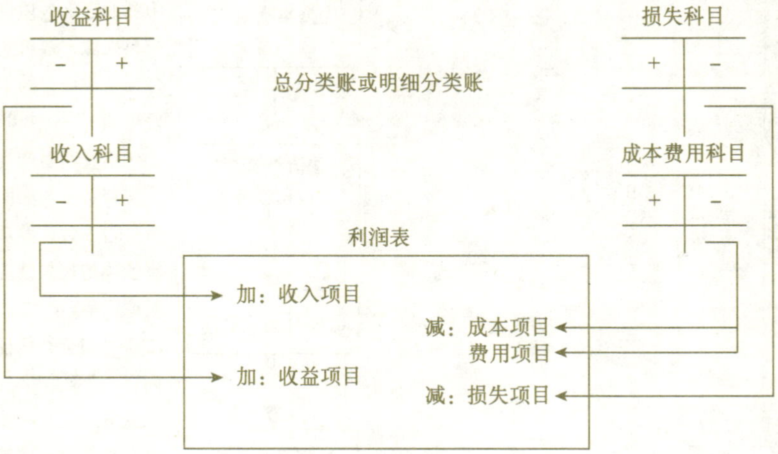

图 10－14　总分类账损益类账户发生额与利润表各项目金额的关系

3.2.3 各项目列报依据和方法

1）上期金额：根据上年该期利润表“本期金额”栏内所列数字填列。

2）本期金额：根据损益类账户的本期发生额分析填列（表 10－13）。

表 10－13　　利润表各项目本期金额填列方法

项　目	数据来源
营业收入	根据“主营业务收入”和“其他业务收入”账户的本期发生额计算填列。
营业成本	根据“主营业务成本”和“其他业务成本”账户的本期发生额计算填列。
营业税金及附加	根据“营业税金及附加”账户的本期发生额分析填列。
销售费用	根据“销售费用”账户的本期发生额分析填列。
管理费用	根据“管理费用”账户的本期发生额分析填列。
财务费用	根据“财务费用”账户的本期发生额分析填列。
资产减值损失	根据“资产减值损失”账户的本期发生额分析填列。
公允价值变动收益	根据“公允价值变动收益”账户的本期发生额分析填列。
投资收益	根据“投资收益”账户的本期发生额分析填列，如为投资损失以“－”号填列。
对联营企业和合营企业的投资收益	根据“投资收益”账户的明细账户“对联营企业和合营企业的投资收益”本期发生额分析填列。
营业利润	根据前列相关项目计算后填列。
营业外收入	根据“营业外收入”账户的本期发生额分析填列。
营业外支出	根据“营业外支出”账户的本期发生额分析填列。
非流动资产处置损失	根据“营业外支出”账户的明细账户“非流动资产处置损失”本期发生额分析填列。
利润总额	根据前列相关项目计算后填列，如为亏损总额以“－”号填列。

续表

项　目	数据来源
所得税费用	根据“所得税费用”账户的本期发生额分析填列。
净利润（净亏损以“－”号填列）	根据前列“利润总额”项目减去“所得税费用”项目后填列；如为净亏损以“－”号填列。
每股收益：	每股收益＝(净利润－优先股股利)/发行在外的加权平均普通股股数
（1）基本每股收益	基本每股收益＝(净利润－优先股股利)/(流通在外的普通股股数＋增发的普通股股票＋真正稀释的约当股数)
（2）稀释每股收益	稀释每股收益＝(净利润－不可转换优先股股利)/(流通在外的普通股股数＋普通股股票等同权益)

3.3　相关知识

利润表的结构有单步式和多步式之分：

1）单步式：将当期所有的收入列在一起，然后将所有的费用列在一起，两者相减得出当期净损益。

2）多步式：通过对当期的收入、费用、支出项目按性质加以归类，按利润形成的主要环节列示一些中间性利润指标，分步计算当期净损益。

财务报表列报准则规定，企业应当采用多步式列报利润表，将不同性质的收入和费用类进行对比，从而可以得出一些中间性的利润数据，便于使用者理解企业经营成果的不同来源。

3.4　技能训练

1）根据表10－12的资料计算海达有限责任公司20×9年利润表中“营业利润”、“利润总额”、“净利润”项目的金额。

2）某企业20×9年度“主营业务收入”账户的贷方发生额为650万元，“其他业务收入”账户的贷方发生额为100万元，计算该企业20×9年度利润表中“营业收入”项目的金额是多少？

3.5　完成任务

根据任务分析逐项填列各项内容，如表10－14所示。

表10－14　　　　**利　润　表**　　　　会企02表

编制单位：海达有限责任公司　　　　20×9年　　　　单位：元

项　目	本期金额	上期金额（略）
一、营业收入	1 250 000	
减：营业成本	750 000	
营业税金及附加	2 000	
销售费用	20 000	
管理费用	157 100	

续表

项　　目	本期金额	上期金额（略）
财务费用	41 500	
资产减值损失	30 900	
加：公允价值变动收益（损失以“-”号填列）	0	
投资收益（损失以“-”号填列）	31 500	
其中：对联营企业和合营企业的投资收益	0	
二、营业利润（亏损以“-”号填列）	280 000	
加：营业外收入	50 000	
减：营业外支出	19 700	
其中：非流动资产处置损失	（略）	
三、利润总额（亏损总额以“-”号填列）	310 300	
减：所得税费用	85 300	
四、净利润（净亏损以“-”号填列）	225 000	
五、每股收益	（略）	
（一）基本每股收益		
（二）稀释每股收益		

3.6　教研活动

1）本任务的重点难点是资产负债各项目期末余额填列方法。

2）根据你所教学生的特点，你认为本任务的教学应采用哪些教学方法？教学环境如何创设？应选择哪些教学媒体？

3）根据你所教学生的特点，你认为本任务的教学应如何提高学生的积极性？应如何提高课堂效率？

4）你认为教学效果如何评价？请设计合适的表格进行评价。

任务4　编制现金流量表

现金流量表是指反映企业在一定会计期间现金和现金等价物流入和流出的报表，属于时期报表。它反映了资产中的货币资金项目，是对资产负债表的补充，资产负债表已经反映了货币资金的变动，但是现金流量表反映了货币资金的变动过程。同时现金流量表也是对利润表的补充，企业会计的计量基础是权责发生制，其直接弊端是现金流量不合理，有可能导致投资失误，现金流量表采用收付实现制，弥补了权责发生制的弊端。

编制现金流量表的主要目的，是为财务报表使用者提供企业一定会计期间内现金和现金等价物流入和流出的信息，以便于财务报表使用者了解和评价企业获取现金和现金等价物的能力，并据以预测企业未来现金流量。现金流量表的作用主要体现在以下几个方面：一是有助于评价企业支付能力、偿债能力和周转能力；二是有助于预测企业未来现金流量；三是有助于分析企业收益质量及影响现金净流量的因素，掌握企业经营活动、投资活动和筹资活动的现金流量，可以从现金流量的角度了解净利润的质量，为分析和判断企业的财务前景提供信息。

4.1 任务描述

沿用前面海达有限责任公司20×9年资产负债表、利润表的资料，海达有限责任公司其他相关资料如下。

1）20×9年度利润表有关项目的明细资料如下：

①管理费用的组成：职工薪酬17 100元，无形资产摊销6万元，折旧费2万元，支付其他费用6万元。

②财务费用的组成：计提借款利息11 500元，支付应收票据（银行承兑汇票）贴现利息3万元。

③资产减值损失的组成：计提坏账准备900元，计提固定资产减值准备3万元。上年年末坏账准备余额为900元。

④投资收益的组成：收到股息收入3万元，与本金一起收回的交易性股票投资收益500元；自公允价值变动损益结转投资收益1 000元。

⑤营业外收入的组成：处置固定资产净收益5万元（其所处置固定资产原价为40万元，累计折旧为15万元，收到处置收入30万元）。假定不考虑与固定资产处置有关的税费。

⑥营业外支出的组成：报废固定资产净损失19 700元（其所报废固定资产原价为20万元，累计折旧为18万元，支付清理费用500元，收到残值收入800元）。

⑦所得税费用的组成：当期所得税费用92 800元，递延所得税收益7 500元。

⑧除上述项目外，利润表中的销售费用2万元至期末已经支付。

2）资产负债表有关项目的明细资料如下：

①本期收回交易性股票投资本金15 000元、公允价值变动1 000元，同时实现投资收益500元。

②存货中生产成本、制造费用的组成：职工薪酬324 900元，折旧费8万元。

③应交税费的组成：本期增值税进项税额42 466元，增值税销项税额212 500元，已交增值税10万元；应交所得税期末余额为20 097元，应交所得税期初余额为0；应交税费期末数中应由在建工程负担的部分为10万元。

④应付职工薪酬的期初数无应付在建工程人员的部分，本期支付在建工程人员职工薪酬20万元。应付职工薪酬的期末数中应付在建工程人员的部分为28 000元。

⑤应付利息均为短期借款利息，其中本期计提利息11 500元，支付利息12 500元。

⑥本期用现金购买固定资产101 000元，购买工程物资30万元。

⑦本期用现金偿还短期借款25万元，偿还一年内到期的长期借款100万元；借入长期借款56万元。

根据以上资料，采用分析填列的方法，编制海达有限责任公司20×9年度的现金流量表。

4.2 任务分析

4.2.1 现金流量表编制流程

现金流量表编制流程如图 10－15 所示。

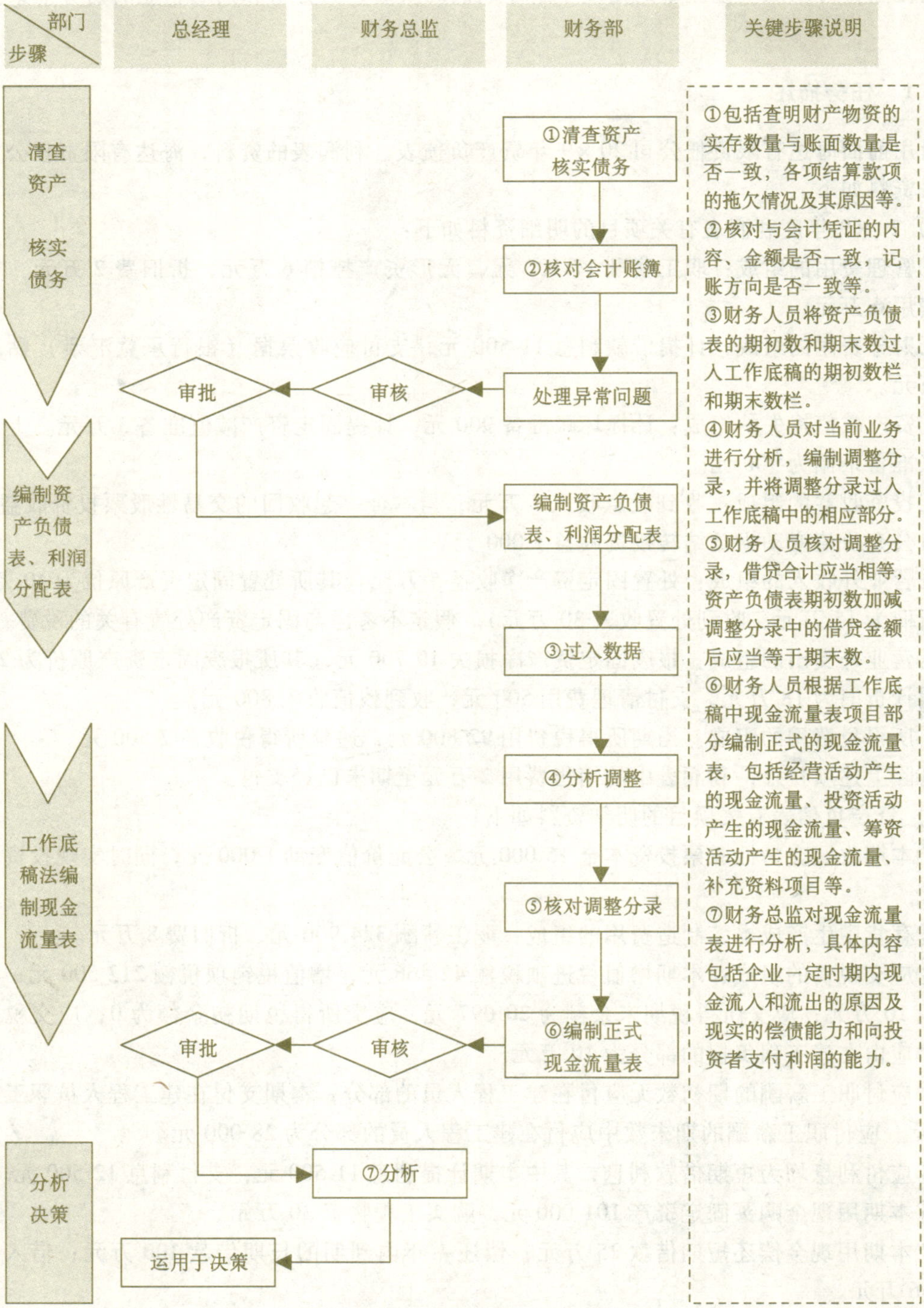

图 10－15 现金流量表编制流程

4.2.2 现金流量表各项目的内容及填列方法

现金流量表各项目的填列如表10－15所示。

表10－15　　现金流量表各项目的内容及填列方法

项目		内　　容	填列方法
经营活动产生的现金流量	销售商品、提供劳务收到的现金	①当期销售商品和提供劳务本期收到的现金（包括收到的增值税销项税额）；②当期收到以前期间的应收账款；③当期收到以前期间的应收票据；④当期预收的账款；⑤当期收到以前期间核销的坏账；⑥当期销售商品提供劳务退回支付的现金。注意：销售材料、代销业务收到的现金也在本项目反映。	在利润表中营业收入数据的基础上，通过调整有关资产负债表项目获得。计算公式为：销售商品、提供劳务收到的现金＝主营业务收入＋应交税费(应交增值税——销项税额)＋(应收账款年初余额－应收账款期末余额)＋(应收票据年初余额－应收票据期末余额)＋(预收账款期末余额－预收账款年初余额)－当期计提的坏账准备－票据贴现的利息
	收到的税费返还	反映企业收到返还的各种税费。如收到的增值税、消费税、营业税、所得税、教育费附加返还等。本期退回的增值税、所得税在本项目反映。	根据“银行存款”、“库存现金”等账户的有关借方记录及“营业外收入”、“其他应收款”等账户的贷方发生额分析填列。
	收到其他与经营活动有关的现金	①罚款收入；②经营租出固定资产收到的租金；③流动资产损失当中由个人或其他赔偿的部分；④除税费返还以外的其他政府补助收入；⑤接受捐赠的现金。	根据“银行存款”、“库存现金”等账户的有关借方记录及“营业外收入”等账户的贷方发生额分析填列。
	购买商品、接受劳务支付的现金	①当期购买商品、接受劳务支付的现金；②当期支付前期的应付账款；③当期支付前期的应付票据；④当期预付的账款。注意：①这里包含购买商品、接受劳务所支付的增值税进项税额；②当期购买商品接受劳务退回所收到的现金。	在利润表中营业成本数据的基础上，通过调整有关资产负债表项目获得。计算公式为：购买商品、接受劳务支付的现金＝主营业务成本＋应交税费(应交增值税——进项税额)＋(存货期末余额－存货年初余额)(假设存货的增加付出了现金)＋(应付账款年初余额－应付账款期末余额)＋(应付票据年初余额－应付票据期末余额)＋(预付账款期末余额－预付账款年初余额)－当期列入生产成本、制造费用的职工薪酬（当期实际支付的职工薪酬应计入“支付给职工以及为职工支付的现金”项目）－当期列入生产成本、制造费用的折旧费和固定资产修理费。
	支付给职工以及为职工支付的现金	反映支付给职工的各种薪酬。工资、奖金、津贴、五险一金、辞退福利等。注意：①该项目不包括在建工程人员的薪酬。在建工程人员薪酬放在投资活动流出量的第一个项目“购建固定资产、无形资产和其他长期资产支付的现金”中；②该项目不包括离退休人员的薪酬。离退休人员的薪酬放在经营活动流出量的最后一行“支付其他与经营活动有关的现金”项目中。	根据“银行存款”、“库存现金”等账户的有关贷方记录以及“应付职工薪酬”等账户的借方方发生额分析填列。支付给职工以及为职工支付的现金＝生产成本、制造费用、管理费用中职工薪酬＋(应付职工薪酬年初余额－应付职工薪酬期末余额)－[应付职工薪酬(在建工程)年初余额－应付职工薪酬(在建工程)期末余额]

续表

项目	内　　容		填列方法
经营活动产生的现金流量	支付的各项税费	①当期支付当期的税费；②当期支付以前期间的税费；③当期预交的税费；注意：①不包括计入固定资产的税金比如计入固定资产成本的耕地占用税，那么相应支付的税金计入投资活动现金流量；②不包括各种税费的返还。	支付的各项税费＝当期所得税费用＋营业税金及附加＋应交税费（应交增值税——已交税金）－（应交所得税期末余额－应交所得税期初余额）
经营活动产生的现金流量	支付其他与经营活动有关的现金	①各种罚款支出；②差旅费、业务招待费、广告费等销售费用；③离退休人员工资；④捐赠支出。	根据“银行存款”、“库存现金”、“销售费用”、“管理费用”、“营业外支出”等账户的记录分析填列。
投资活动产生的现金流量	收回投资收到的现金	反映对外投资。如果是股权投资则该项目反映的是实际收到的金额，如果是债权投资，这里只反映收回债权投资的本金，不反映利息。	根据“持有至到期投资”、“长期股权投资”、“银行存款”、“库存现金”等账户的记录分析填列。
投资活动产生的现金流量	取得投资收益收到的现金	反映企业因各种投资收到的现金股利、利润和利息等。	根据“银行存款”、“库存现金”、“投资收益”等账户的记录分析填列。
投资活动产生的现金流量	处置固定资产、无形资产和其他长期资产收回的现金净额	反映企业处置固定资产、无形资产和其他长期资产而收到的现金，减去处置资产而支付的有关费用后的净额。包括固定资产等因损失而收到的保险赔款等。	根据“固定资产清理”、“银行存款”、“库存现金”等账户的记录分析填列。
投资活动产生的现金流量	处置子公司及其他营业单位收到的现金净额	反映企业处置子公司及其他营业单位收到的现金，减去相关处置费用以及子公司和其他营业单位自身所持有的现金和现金等价物的数额。	根据“长期股权投资”、“银行存款”、“库存现金”等账户的记录分析填列。
投资活动产生的现金流量	收到其他与投资活动有关的现金	反映企业除上述各项目外，收到的其他与投资活动有关的现金流入。如收到的属于购买时买价中所包含的现金股利或已到付息期的利息等。	根据“应收股利”、“应收利息”、“银行存款”、“库存现金”等账户的记录分析填列。
投资活动产生的现金流量	购建固定资产、无形资产和其他长期资产支付的现金	①买价、相关税费；②在建工程人员的薪酬。不包括：①支付的资本化的利息；②支付融资租赁的租金；③分期付款方式下购买固定资产以后各期支付的现金。	根据“固定资产”、“在建工程”、“无形资产”、“银行存款”、“库存现金”等账户的记录分析填列。
投资活动产生的现金流量	投资支付的现金	反映企业进行各种投资（除取得子公司及其他营业单位）所支付的现金。包括买价和佣金手续费等。注意：①不包括购买现金等价物；②不包括子公司及其他营业单位支付的现金。	根据“长期股权投资”、“可出售金融资产”、“银行存款”、“库存现金”等账户的记录分析填列。

续表

项目	内容		填列方法
投资活动产生的现金流量	取得子公司及其他营业单位支付的现金净额	反映企业取得子公司及其他营业单位支付的现金，减去子公司和其他营业单位持有的现金和现金等价物后的净额。	根据“长期股权投资”、“银行存款”、“库存现金”等账户的记录分析填列。
	支付其他与投资活动有关的现金	反映企业除上述各项目外，支付的其他与投资活动有关的现金。如购买股票和债券时，支付的买价中所包含的已宣告发放但尚未领取的现金股利或已到付息期但尚未领取的利息等。	根据“应收股利”、“应收利息”、“银行存款”、“库存现金”等账户的记录分析填列。
筹资活动产生的现金流量	吸收投资收到的现金	通常情况下发行股票、债券时手续费已经从发行收入中扣除了，收到的是扣除手续费后的净额，则在该项目中直接以净额列示；如果手续费是单独支付的，那么此时的手续费就应该放在“支付的其他与筹资活动有关的现金”项目中反映。	根据“实收资本”、“银行存款”、“库存现金”等账户的记录分析填列。
	取得借款收到的现金	反映企业本期实际借入短期借款、长期借款所收到的现金。但本期偿还借款支付的现金不能从本项目中扣除。	根据“短期借款”、“长期借款”、“银行存款”、“库存现金”等账户的记录分析填列。
	收到其他与筹资活动有关的现金	反映企业除上述各项目外，收到的其他与筹资活动有关的现金。	根据“银行存款”、“库存现金”、“营业外收入”等账户的记录分析填列。
	偿还债务支付的现金	反映企业以现金偿还短期借款、长期借款和应付债券的本金。该项目不包括偿还的借款利息、债券利息。	根据“短期借款”、“长期借款”、“银行存款”、“库存现金”、“应付债券”等账户的记录分析填列。
	分配股利、利润或偿付利息支付的现金	反映企业实际支付的现金股利、利润和支付的借款利息、债券利息等。	根据“应付股利”、“应付利息”、“财务费用”、“长期借款”、“银行存款”、“库存现金”、等账户的记录分析填列。
	支付其他与筹资活动有关的现金	反映企业除上述各项目外，支付的其他与筹资活动有关的现金。如支付的筹资费用、支付的融资租赁费、分期付款购建固定资产除第一期外其他各期支付的款项等。	根据“银行存款”、“库存现金”、“营业外支出”等账户的记录分析填列。
将净利润调节为经营活动现金流量	资产减值准备	包括坏账准备、存货跌价准备、长期股权投资减值准备、固定资产减值准备和无形资产减值准备、投资性房地产减值准备、商誉减值准备等。	根据“坏账准备”、“存货跌价准备”、“长期股权投资减值准备”、“投资性房地产减值准备”、“固定资产减值准备”和“无形资产减值准备”等账户的发生额分析计算填列。
	固定资产折旧、油气资产折耗、生产性生物资产折旧	反映企业本期计提的固定资产折旧、油气资产折耗、生产性生物资产折旧。	根据“累计折旧”、“累计折耗”等账户的贷方发生额填列，或根据有关费用账户借方发生额中的折旧费计算填列。

续表

项目		内容	填列方法
将净利润调节为经营活动现金流量	无形资产摊销	反映企业本期摊入成本费用的无形资产的价值。	根据“累计摊销”账户的贷方发生额分析计算填列，或根据管理费用和其他业务成本账户借方发生额中“摊销无形资产”计算填列。
	长期待摊费用摊销	反映企业本期摊入成本费用的长期待摊费用。	根据“长期待摊费用”账户的贷方发生额填列。
	处置固定资产、无形资产和其他长期资产的损失（收益以“-”号填列）	反映企业本期由于处置固定资产、无形资产和其他长期资产而发生的净损失。	根据“营业外支出”账户的借方发生额中处置固定资产净损失、出售无形资产净损失和“营业外收入”的贷方发生额中处置固定资产净收益、出售无形资产净收益分析计算填列。如收益>损失，则用“-”号填列。注意：营业外收入与营业外支出也可能有现金流入或流出，但其属于投资活动，不属于经营活动，故应进行调整。处置固定资产、无形资产产生的现金流量，即变价收入减去清理费用的净额在正表中填列。
	固定资产报废损失	反映企业本期发生的固定资产盘亏后的净损失。	根据“营业外支出”账户的借方发生额中固定资产盘亏损失减去“营业外收入”的贷方发生额中固定资产处置收益的差额填列。如收益>损失，则用“-”号填列。注意：补充资料中调整的是营业外收入或营业外支出的金额，报废产生的现金流量在正表中填列。
	公允价值变动损失（收益以“-”号填列）	反映企业持有的交易性金融资产、交易性金融资产、采用公允价值模式及计量的投资性房地产等公允价值变动形成的净损失。	根据“公允价值变动损益”账户所属明细账户记录分析计算填列。
	财务费用（收益以“-”号填列）	反映企业本期发生的属于投资活动和筹资活动产生的财务费用。	根据“财务费用”账户的发生额分析计算填列。
	投资损失（收益以“-”号填列）	反映企业本期投资发生的损失减去收益后的净损失。	根据“投资收益”账户的发生额分析计算填列（损失-收益）。
	递延所得税资产减少（增加以“-”号填列）	反映企业资产负债表“递延所得税资产”项目期初余额与期末余额的差额。	根据“递延所得税资产”账户（期初余额-期末余额）的差额填列。
	递延所得税负债增加（减少以“-”号填列）	反映企业资产负债表“递延所得税负债”项目期初余额与期末余额的差额。	根据“递延所得税负债”账户（期末余额-期初余额）的差额填列。
	存货的减少（增加以“-”号填列）	反映企业本期存货的减少（减增加）。	根据资产负债表“存货”项目（期初余额-期末余额）的差额+“存货跌价准备”账户（期初余额-期末余额）的差额填列。

续表

项目	内容		填列方法
将净利润调节为经营活动现金流量	经营性应收项目的减少（增加以“-”号填列）	反映企业本期经营性应收项目，包括应收账款、应收票据和其他应收款中与经营活动有关的部分（包括应收的增值税销项税额）、预付账款等。	根据资产负债表“应收账款”、“应收票据”、“预付账款”等项目的期初、期末余额的差额分析填列，期末数大于期初数的差额以“-”号填列。
	经营性应付项目的增加（减少以“-”号填列）	反映企业本期经营性应付项目，包括应付账款、应付票据、预收账款、应付职工薪酬、应交税费、其他应付款中与经营活动有关的部分（包括应付的增值税进项税额）等。应付职工薪酬、应交税费、其他应付款可能会涉及经营活动，也可能会涉及其他活动。注意涉及投资活动的要扣除。应付职工薪酬对应在建工程不属于经营活动，应交税费对应固定资产也不属于经营活动。	根据资产负债表“应付账款”、“应付票据”、“预收账款”、“应付职工薪酬”、“其他应付款”等项目的期初、期末余额的差额分析填列，期末数小于期初数的差额以“-”号填列。

4.3 相关知识

4.3.1 现金及现金等价物

狭义的现金仅指库存现金，而现金流量表中的现金则是广义的现金，是指企业库存现金以及可以随时用于支付的存款。不能随时用于支付的存款不属于现金，它包括货币资金（库存现金、银行存款、其他货币资金）和现金等价物。

现金等价物，指企业持有的期限短（一般是指从购买之日起，3个月内到期）、流动性强、易于转换为已知金额现金、价值变动风险很小的投资。例如划分为交易性金融资产的债券。现金等价物虽然不是现金，但其支付能力与现金的差别不大，可视为现金。现金等价物的定义本身，包含了判断一项投资是否属于现金等价物的四个条件：即，①期限短；②流动性强；③易于转换为已知金额的现金；④价值变动风险很小。其中，前两者强调了变现能力，而后两者则强调了支付能力的大小。现金等价物通常包括3个月内到期的短期债券投资。权益性投资变现的金额通常不确定，因而不属于现金等价物。

4.3.2 现金流量表的内容和结构

（1）经营活动产生的现金流量

包括销售商品或提供劳务、收到返还的税费、购买商品或接受劳务、支付工资、支付广告费、交纳各项税款等。

（2）投资活动产生的现金流量

包括取得和收回投资、购建和处置固定资产、购买和处置无形资产等。

（3）筹资活动产生的现金流量

包括发行股票或接受投入资本、分派现金股利、取得和偿还银行借款、发行和偿还公司债券等。

4.3.3 现金流量表的编制方法及程序

(1) 直接法和间接法

编制现金流量表时，列报经营活动现金流量的方法有两种：一是直接法，二是间接法。这两种方法通常也称为编制现金流量表的方法。

所谓直接法，是指按现金收入和现金支出的主要类别直接反映企业经营活动产生的现金流量，如销售商品、提供劳务收到的现金；购买商品、接受劳务支付的现金等就是按现金收入和支出的类别直接反映的。在直接法下，一般是以利润表中的营业收入为起算点，调节与经营活动有关的项目的增减变动，然后计算出经营活动产生的现金流量。

所谓间接法，是指以净利润为起算点，调整不涉及现金的收入、费用、营业外收支等有关项目，剔除投资活动、筹资活动对现金流量的影响，据此计算出经营活动产生的现金流量。由于净利润是按照权责发生制原则确定的，且包括了与投资活动和筹资活动相关的收益和费用，将净利润调节为经营活动现金流量，实际上就是将按权责发生制原则确定的净利润调整为现金净流入，并剔除投资活动和筹资活动对现金流量的影响。

采用直接法，便于分析企业经营活动产生的现金流量的来源和用途，预测企业现金流量的未来前景；采用间接法，便于将净利润与经营活动产生的现金流量净额进行比较，了解净利润与经营活动产生的现金流量差异的原因，从现金流量的角度分析净利润的质量。所以，现金流量表准则规定企业应当采用直接法编报现金流量表，同时要求在附注中提供以净利润为基础调节的经营活动现金流量的信息。

(2) 工作底稿法、T型账户法和分析填列法

在具体编制现金流量表时，可以采用工作底稿法或T型账户法，也可以根据有关账户记录分析填列。

1) 工作底稿法。采用工作底稿法编制现金流量表，是以工作底稿为手段，以资产负债表和利润表数据为基础，对每一项目进行分析并编制调整分录，从而编制现金流量表。

2) T型账户法。采用T型账户法编制现金流量表，是以T型账户为手段，以资产负债表和利润表数据为基础，对每一项目进行分析并编制调整分录，从而编制现金流量表。

3) 分析填列法。分析填列法是直接根据资产负债表、利润表和有关会计账户明细账的记录，分析计算出现金流量表各项目的金额，并据以编制现金流量表的一种方法。从现金流量表编制的角度来讲，题目给出的资料有两类：

①给出多笔业务，要求编制现金流量表。这类题目可以采用简单的方法处理，即根据会计处理和账簿记录来编制现金流量表。

②给出资产负债表、利润表和补充资料，根据这两张报表和补充资料来分析填列现金流量表。

4.4 技能训练

1) 根据前面海达有限责任公司20×9年资产负债、利润表和资产负债、利润表的有关项目的明细资料，采用分析填列的方法，计算海达有限责任公司20×9年度现金流量表中的下列项目。

①销售商品、提供劳务收到的现金。

②购买商品、接受劳务支付的现金。
③支付给职工以及为职工支付的现金。
④支付的各项税费。
⑤支付其他与经营活动有关的现金。
⑥收回投资收到的现金。
⑦取得投资收益所收到的现金。
⑧处置固定资产收回的现金净额。
⑨购建固定资产支付的现金。
⑩取得借款所收到的现金。
⑪偿还债务支付的现金。
⑫偿还利息支付的现金。

2）根据前面海达有限责任公司20×9年资产负债、利润表和资产负债、利润表的有关项目的明细资料，计算海达有限责任公司20×9年度现金流量表补充资料中的下列项目。

①资产减值准备。
②固定资产折旧。
③无形资产摊销。
④处置固定资产、无形资产和其他长期资产的损失。
⑤固定资产报废损失。
⑥财务费用。
⑦投资损失（减：收益）。
⑧递延所得税资产减少。
⑨存货的减少。
⑩经营性应收项目的减少。
⑪经营性应付项目的增加。

4.5 完成任务

海达有限责任公司的现金流量与补充资料如表10－16、表10－17所示。

表10－16　　现金流量表　　会企03表

编制单位：海达有限责任公司　　20×9年　　单位：元

项　目	本期金额	上期金额
一、经营活动产生的现金流量：		略
销售商品、提供劳务收到的现金	1 312 500	
收到的税费返还	0	
收到其他与经营活动有关的现金	0	
经营活动现金流入小计	1 312 500	
购买商品、接受劳务支付的现金	392 266	
支付给职工以及为职工支付的现金	300 000	
支付的各项税费	174 703	

续表

项目	本期金额	上期金额
支付其他与经营活动有关的现金	80 000	
经营活动现金流出小计	1 006 361	
经营活动产生的现金流量净额	365 531	
二、投资活动产生的现金流量：		
收回投资收到的现金	16 500	
取得投资收益收到的现金	30 000	
处置固定资产、无形资产和其他长期资产收回的现金净额	300 300	
处置子公司及其他营业单位收到的现金净额	0	
收到其他与投资活动有关的现金	0	
投资活动现金流入小计	346 800	
购建固定资产、无形资产和其他长期资产支付的现金	601 000	
投资支付的现金	0	
取得子公司及其他营业单位支付的现金净额	0	
支付其他与投资活动有关的现金	0	
投资活动现金流出小计	601 000	
投资活动产生的现金流量净额	-254 200	
三、筹资活动产生的现金流量：		
吸收投资收到的现金	0	
取得借款收到的现金	560 000	
收到其他与筹资活动有关的现金	0	
筹资活动现金流入小计	560 000	
偿还债务支付的现金	1 250 000	
分配股利、利润或偿付利息支付的现金	12 500	
支付其他与筹资活动有关的现金	0	
筹资活动现金流出小计	1 262 500	
筹资活动产生的现金流量净额	-702 500	
四、汇率变动对现金及现金等价物的影响	0	
五、现金及现金等价物净增加额	-591 169	
加：期初现金及现金等价物余额	1 406 300	
六、期末现金及现金等价物余额	815 131	

表 10－17　　现金流量表补充资料

补充资料	本期金额	上期金额
1. 将净利润调节为经营活动现金流量：		略
净利润	225 000	
加：资产减值准备	30 900	
固定资产折旧、油气资产折耗、生产性生物资产折旧	100 000	
无形资产摊销	60 000	
长期待摊费用摊销	0	
处置固定资产、无形资产和其他长期资产的损失（收益以“－”号填列）	－50 000	
固定资产报废损失（收益以“－”号填列）	19 700	
公允价值变动损失（收益以“－”号填列）	0	
财务费用（收益以“－”号填列）	11 500	
投资损失（收益以“－”号填列）	－31 500	
递延所得税资产减少（增加以“－”号填列）	－7 500	
递延所得税负债增加（减少以“－”号填列）	0	
存货的减少（增加以“－”号填列）	95 300	
经营性应收项目的减少（增加以“－”号填列）	－120 000	
经营性应付项目的增加（减少以“－”号填列）	32 131	
其他	0	
经营活动产生的现金流量净额	365 531	
2. 不涉及现金收支的重大投资和筹资活动：		
债务转为资本	0	
一年内到期的可转换公司债券	0	
融资租入固定资产	0	
3. 现金及现金等价物净变动情况：		
现金的期末余额	815 131	
减：现金的期初余额	1 406 300	
加：现金等价物的期末余额	0	
减：现金等价物的期初余额	0	
现金及现金等价物净增加额	－591 169	

4.6 教研活动

1）本任务的重点难点是现金流量表各项目的填列方法。

2）根据你所教学生的特点，你认为本任务的教学应采用哪些教学方法？教学环境如何创设？应选择哪些教学媒体？

3）根据你所教学生的特点，你认为本任务的教学应如何提高学生的积极性？应如何提高课堂效率？

4）你认为教学效果如何评价？请设计合适的表格进行评价。

任务5　编制所有者权益变动表

所有者权益变动表是反映构成所有者权益的各组成部分当期的增减变动情况的报表。所有者权益变动表应当全面反映一定时期所有者权益变动的情况，不仅包括所有者权益总量的增减变动，还包括所有者权益增减变动的重要结构性信息，特别是要反映直接计入所有者权益的利得和损失，让报表使用者准确理解所有者权益增减变动的根源。

5.1　任务描述

沿用前面资产负债表、利润表、现金流量表的资料，海达有限责任公司其他相关资料如下：提取盈余公积 24 770.4 元，向投资者分配现金股利 32 215.85。根据以上资料，编制海达有限责任公司 20×9 年度的所有者权益变动表。

5.2　任务分析

5.2.1　所有者权益变动表各项目的列报说明

1）“上年年末余额”项目，反映企业上年资产负债表中实收资本（或股本）、资本公积、盈余公积、未分配利润的年末余额。

2）“会计政策变更”和“前期差错更正”项目，分别反映企业采用追溯调整法处理的会计政策变更的累积影响金额和采用追溯重述法处理的会计差错更正的累积影响金额。

为了体现会计政策变更和前期差错更正的影响，企业应当在上期期末所有者权益余额的基础上进行调整得出本期期初所有者权益，根据“盈余公积”、“利润分配”、“以前年度损益调整”等账户的发生额分析填列。

3）“本年增减变动额”项目分别反映如下内容：

①“净利润”项目，反映企业当年实现的净利润（或净亏损）金额，并对应列在“未分配利润”栏。

②“直接计入所有者权益的利得和损失”项目，反映企业当年直接计入所有者权益的利得和损失金额。其中：

“可供出售金融资产公允价值变动净额”项目，反映企业持有的可供出售金额资产当年公允价值变动的金额，并对应列在“资本公积”栏。

“权益法下被投资单位其他所有者权益变动的影响”项目，反映企业对按照权益法核算的长期股权投资，在被投资单位除当年实现的净损益以外其他所有者权益当年变动中应享有的份额，并对应列在“资本公积”栏。

“与计入所有者权益项目相关的所得税影响”项目，反映企业根据《企业会计准则第 18 号——所得税》的规定应计入所有者权益项目的当年所得税影响金额，并对应列在“资本公积”栏。

③“净利润”和“直接计入所有者权益的利得和损失”小计项目，反映企业当年实现的净利润（或净亏损）金额和当年直接计入所有者权益的利得和损失金额的合计额。

④“所有者投入和减少资本”项目，反映企业当年所有者投入的资本和减少的资本，其中：

“所有者投入资本”项目，反映企业接受投资者投入形成的实收资本（或股本）和资本溢价或股本溢价，并对应列在“实收资本”和“资本公积”栏。

“股份支付计入所有者权益的金额”项目，反映企业处于等待期中的权益结算的股份支付当年计入资本公积的金额，并对应列在“资本公积”栏。

⑤“利润分配”下各项目，反映当年对所有者（或股东）分配的利润（或股利）金额和按照规定提取的盈余公积金额，并对应列在“未分配利润”和“盈余公积”栏。其中：

“提取盈余公积”项目，反映企业按照规定提取的盈余公积。

“对所有者（或股东）的分配”项目，反映对所有者（或股东）分配的利润（或股利）金额。

⑥“所有者权益内部结转”下各项目，反映不影响当年所有者权益总额的所有者权益各组成部分之间当年的增减变动，包括资本公积转增资本（或股本）、盈余公积转增资本（或股本）、盈余公积弥补亏损等项金额。为了全面反映所有者权益各组成部分的增减变动情况，所有者权益内部结转也是所有者权益变动表的重要组成部分，主要指不影响所有者权益总额、所有者权益的各组成部分当期的增减变动。其中：

“资本公积转增资本（或股本）”项目，反映企业以资本公积转增资本或股本的金额。

“盈余公积转增资本（或股本）”项目，反映企业以盈余公积转增资本或股本的金额。

“盈余公积弥补亏损”项目，反映企业以盈余公积弥补亏损的金额。

5.2.2 上年金额栏的列报方法

所有者权益变动表“上年金额”栏内各项数字，应根据上年度所有者权益变动表“本年金额”栏内所列数字填列。如果上年度所有者权益变动表规定的各个项目的名称和内容同本年度不相一致，应对上年度所有者权益变动表各项目的名称和数字按本年度的规定进行调整，填入所有者权益变动表“上年金额”栏内。

5.2.3 本年金额栏的列报方法

所有者权益变动表“本年金额”栏内各项数字一般应根据“实收资本（或股本）”、“资本公积”、“盈余公积”、“利润分配”、“库存股”、“以前年度损益调整”等科目的发生额分析填列。

5.3 相关知识

1）所有者权益变动表至少应单独列示反映的项目有：

①净利润。

②直接计入所有者权益的利得和损失。

③会计政策变更和差错更正的累积影响金额。

④所有者投入资本和向所有者分配利润等。

⑤按照规定提取的盈余公积。

⑥实收资本（或股本）、资本公积、盈余公积、未分配利润的期初和期末余额及其调节情况。

2）所有者权益变动表在一定程度上体现了企业综合收益。综合收益，是指企业在某一期间与所有者之外的其他方面进行交易或发生其他事项所引起的净资产变动。综合收益的构成包括两部分：净利润和直接计入所有者权益的利得和损失。其中，前者是企业已实现并已确认的收益，后者是企业未实现但根据会计准则的规定已确认的收益。用公式表示如下：

综合收益 = 收入 + 直接计入所有者权益的利得和损失

其中：净利润 = 收入 - 费用 + 直接计入当期损益的利得和损失

在所有者权益变动表中，净利润和直接计入所有者权益的利得和损失均单列项目反映，体现了企业综合收益的构成。

3）一般企业所有者权益变动表的列报格式。

①以矩阵的形式列报。为了清楚地表明构成所有者权益的各组成部分当期的增减变动情况，所有者权益变动表应以矩阵的形式列示。一方面，列示导致所有者权益变动的交易或事项，改变了以往仅仅按照所有者权益的各组成部分反映所有者权益变动情况，而是按所有者权益变动的来源对一定时期所有者权益变动情况进行全面反映；另一方面，按照所有者权益各组成部分（包括实收资本、资本公积、盈余公积、未分配利润和库存股）及其总额列示交易或事项对所有者权益的影响。

②列示所有者权益变动的比较信息。根据财务报表列报准则的规定，企业需要提供比较所有者权益变动表，因此，所有者权益变动表还就各项目再分为“本年金额”和“上年金额”两栏分别填列。

5.4 技能训练

沿用前面海达有限责任公司资产负债表、利润表、现金流量表和其他相关资料，计算海达有限责任公司 20×9 年度的所有者权益变动表各项目。

5.5 完成任务

所有者权益变动表如表 10 - 18 所示。

5.6 教研活动

1）本任务的重点难点是所有者权益（股东权益）变动表各项目的填列。

2）根据你所教学生的特点，你认为本任务的教学应采用哪些教学方法？教学环境如何创设？应选择哪些教学媒体？

3）根据你所教学生的特点，你认为本任务的教学应如何提高学生的积极性？应如何提高课堂效率？

4）你认为教学效果如何评价？请设计合适的表格进行评价。

表 10－18 所有者权益（股东权益）变动表

20×9 年

会企 04 表

编制单位： 单位：元

项目	行次	本年金额						上年金额					
		实收资本（或股本）	资本公积	盈余公积	未分配利润	库存股（减项）	所有者权益合计	实收资本（或股本）	资本公积	盈余公积	未分配利润	库存股（减项）	所有者权益合计
一、上年年末余额		5 000 000	0	100 000	50 000	0	5 150 000						
加：会计政策变更													
前期差错更正													
二、本年年初余额		5 000 000	0	100 000	50 000	0	5 150 000						
三、本年增减变动金额（减少以"－"号填列）													
（一）本年净利润					225 000		225 000						
（二）直接计入所有者权益的利得和损失													
1. 可供出售金融资产公允价值变动净额													
2. 现金流量套期工具公允价值变动净额													
3. 与计入所有者权益项目相关的所得税影响													
4. 其他													
小计													
（三）所有者投入资本													
1. 所有者本期投入资本													
2. 本年购回库存股													
3. 股份支付计入所有者权益的金额													
（四）本年利润													
1. 对所有者（或股东）的分配					－32 215.85		－32 215.85						
2. 提取盈余公积				24 770.4	－24 770.4		0						
（五）所有者权益内部结转													
1. 资本公积转增资本													
2. 盈余公积转增资本													
3. 盈余公积弥补亏损													
四、本年年末余额		5 000 000	0	124 770.4	218 013.75	0	5 342 784.15						

知识拓展

财务报表附注

（1）财务报表附注的含义

附注是对资产负债表、利润表、现金流量表和所有者权益变动表等报表中列示项目的文字描述或明细资料，以及对未能在财务报表中列示项目的说明等，是财务报表的重要组成部分。

（2）财务报表附注披露的基本要求：披露的信息应该是定量、定性信息的结合；应当按照一定的结构进行系统合理的排列和分类，有顺序地披露信息；披露的相关信息应当与财务报表中列示的项目相互参照。

（3）财务报表附注披露的内容

1）财务报表的编制基础。

2）遵循企业会计准则的声明。

3）重要会计政策的说明。

4）重要会计估计的说明。

5）会计政策和会计估计变更以及差错更正的说明。

6）对已在财务报表中列示的重要项目的进一步说明。

7）或有和承诺事项、资产负债表日后非调整事项等需要说明的事项。

8）在资产负债表日后、财务报告批准报出日前提议或宣布发放的向投资者分配的利润总额。

9）企业的基本情况，包括企业注册地、组织形式、总部地址、业务性质和主要经营活动等。

任务6　企业财务报表分析

财务分析，是以会计核算和报告资料及其他相关资料为依据，采用一系列专门的分析技术和方法，对企业等经济组织过去和现在的有关筹资活动、投资活动、经营活动中的盈利能力、营运能力、偿债能力和增长能力状况等分析与评价，为企业的投资者、债权者、经营者及其他关心企业的组织或个人了解过去、评价企业现状、预测企业未来、作出正确决策与估价提供准确的信息或依据。

6.1　任务描述

财务报表分析是了解企业会计和财务数据的重要手段，有价值的会计报表分析能够帮助企业经营者在错综复杂的企业经济活动中发现问题，从而对作出正确的财务政策和经营决策起到重要作用，也可以帮助投资者或债权人辨别企业运营中的经营风险和财务风险。在拿到海达有限责任公司财务报表之后，需要采用哪些分析方法？需要分析哪些内容？需要计算哪些指标？

6.2 任务分析

6.2.1 财务分析工作流程

财务分析工作的流程如图10－16所示。

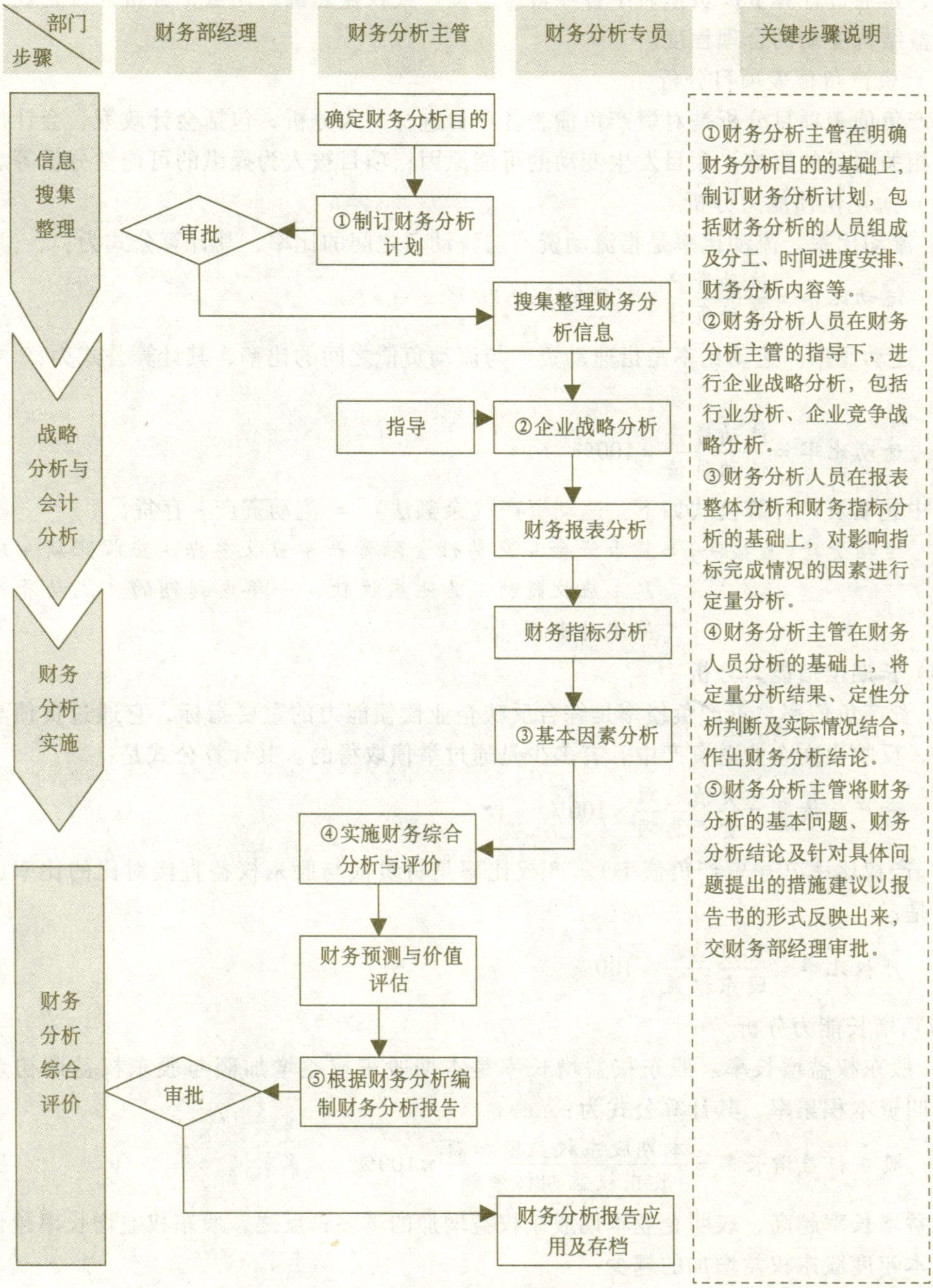

图10－16 财务分析工作流程图

6.2.2 资产负债表分析

（1）资产负债表的全面分析

资产负债表的全面分析包括资产负债表水平分析和资产负债表垂直分析两部分，资产负债表水平分析的目的是从总体上概括了解资产、权益额的变动情况，揭示出资产、负债和所有者权益变动的差异，分析其差异产生的原因；资产负债表垂直分析，又称为资产负债表结构分析，是通过计算资产负债表中各项目占总资产或权益总额的比重，分析评价企业资产结构和权益结构变动的合理程度。

（2）资产负债表项目分析

资产负债表项目分析是对资产负债表各项目进行深入分析，包括会计政策、会计估计等变动对相关项目的影响；项目发生变动的可能原因；项目被人为操纵的可能性分析等。

（3）短期偿债能力分析

1）流动比率。流动比率是指流动资产与流动负之间的比率，其计算公式为：

$$流动比率=\frac{流动资产}{流动负债}\times 100\%$$

2）速动比率。速动比率是指速动资产与流动负债之间的比率，其计算公式为：

$$速动比率=\frac{速动资产}{流动负债}\times 100\%$$

其中速动资产计算公式如下：速动资产（余额法） = 流动资产 - 存货

速动资产（直接法）= 货币资金 + 交易性金融资产 + 应收票据 + 应收账款 + 应收利息 + 应收股利 + 其他应收款 + 一年内到期的非流动资产 + 其他流动资产

（4）长期偿债能力分析

1）资产负债率。资产负债率是综合反映企业偿债能力的重要指标，它通过负债与资产的对比，反映出在企业总资产中，有多少是通过举债取得的。其计算公式是：

$$资产负债率=\frac{负债总额}{资产总额}\times 100\%$$

2）产权比率（净资产负债率）。产权比率是将负债与股东权益直接对比的比率。其计算公式是：

$$产权比率=\frac{负债总额}{股东权益}\times 100\%$$

（5）增长能力分析

1）股东权益增长率。股东权益增长率是本期股东权益增加额与股东权益期初余额之比，又叫资本积累率，其计算公式为：

$$股东权益增长率=\frac{本期股东权益增加额}{股东权益期初余额}\times 100\%$$

股东权益增长率越高，表明企业本期股东权益增加的越多；反之，股东权益增长率越低，表明企业本年度股东权益增加的越少。

2）资产增长率。资产增长率是本期资产增加额与资产期初余额之比，其计算公式如下：

$$资产增长率=\frac{本期资产增加额}{资产期初余额}\times 100\%$$

资产增长率是用来考核企业资产投入增长幅度的财务指标。资产增长率为正数，则说明企业本期资产规模增加，资产增长率越大，则说明资产规模增加幅度越大；资产增长率为负数，则说明企业本期资产规模缩减，资产出现负增长。

6.2.3 利润表分析

（1）利润表的全面分析

利润表的全面分析包括利润表的水平分析和利润表的结构分析两部分。利润表水平分析是指通过将企业报告期的利润表数据与前期对比，揭示各方面存在的问题，为全面深入分析企业的利润情况奠定基础；利润表的结构分析是通过计算利润表中各项目占营业收入的比重或结构，分析各项目在企业经营收入中的重要性，反映利润表中的项目与营业收入的关系及其变动情况，分析说明财务成果的结构及其增减变动的合理程度。

（2）收入分析

收入分析的要点包括收入的合理性分析、收入结构分析和收入趋势分析等。企业收入操纵的常用手法有：提前确认未实现收入、延迟确认已实现收入、伪装收入性质以夸大营业收入金额、歪曲事实以虚增收入 、凭空虚构收入、通过关联交易操纵收入、篡改收入分配、双向交易或三角交易。

（3）成本与费用分析

成本与费用分析应注意企业是否为虚增利润或掩盖亏损而少结转成本费用或者为掩盖利润或扩大亏损而多结转成本费用。

（4）赢利能力分析

1）营业收入毛利率。营业收入毛利率是营业收入与营业成本的差额与营业收入之间的比率，其计算公式如下：

$$营业收入毛利率=\frac{营业收入-营业成本}{营业收入}\times 100\%$$

2）销售净利润率。销售净利润率是净利润与营业收入之间的比率，其计算公式如下：

$$销售净利润率=\frac{净利润}{营业收入}\times 100\%$$

3）营业成本费用利润率。营业成本费用利润率是营业利润与营业成本费用总额的比率，其计算公式如下：

$$营业成本费用利润率=\frac{营业利润}{营业成本费用总额}\times 100\%$$

其中，营业成本费用总额包括营业成本、营业税费及期间费用，期间费用包括销售费用、管理费用、财务费用等。

4）总资产报酬率。总资产报酬率是指企业息税前利润（EBIT）与全部资产平均额之间的比率，其计算公式如下：

$$总资产报酬率=\frac{利润总额+利息支出}{平均总资产}\times 100\%$$

5）净资产收益率。净资产收益率是指企业净利润与净资产平均额之间的比率，其计算公式如下：

$$净资产收益率=\frac{净利润}{平均净资产}\times 100\%$$

6）市盈率。市盈率亦称价格与收益比率，是反映普通股的市场价格与当期每股收益之间的关系，可用来判断企业股票与其他企业股票相比较潜在的价值，其计算公式如下：

$$市盈率=每股市价/每股收益$$

（5）营运能力分析

1）存货周转率（次数）。存货周转率以营业成本与存货平均余额的比率来表示，以反映企业存货规模是否合适，周转速度如何，其计算公式如下：

$$存货周转率=\frac{营业成本}{存货平均余额}$$

2）应收账款周转率（次数）。应收账款周转率是指企业一定时期赊销收入净额与应收账款平均余额的比率，用以反映应收账款的收款速度，其计算公式如下：

$$应收账款周转率=\frac{赊销收入净额}{应收账款平均余额}$$

3）流动资产周转率（次数）。流动资产周转率表示企业在一定时期内完成几次从商品再到货币的循环，其计算公式如下：

$$流动资产周转率=\frac{营业收入}{流动资产平均余额}$$

4）总资产周转率（次数）。总资产周转率（次数）是指一定时期企业实现的营业收入净额与总资产平均余额的比值，其计算公式是：

$$总资产周转率=\frac{总周转额（营业收入）}{总资产}$$

（6）增长能力分析

1）销售增长率。销售增长率是本期营业收入增加额与上期营业收入之比。其计算公式如下：

$$销售增长率=\frac{本期营业收入增加额}{上期营业收入}\times 100\%$$

需要说明的是，如果上期营业收入为负值，则应取其绝对值代入公式进行计算，该公式反映的是企业某期整体销售增长情况。

2）净利润增长率。净利润增长率是本期净利润增加额与上期净利润之比，其计算公式如下：

$$净利润增长率=\frac{本期净利润增加额}{上期净利润}\times 100\%$$

需要说明的是，如果上期净利润为负值，则应取其绝对值代入公式进行计算，该公式反映的是企业净利润增长情况。

6.2.4 现金流量表分析

（1）现金流量表全面分析

现金流量表全面分析包括一般分析、水平分析、结构分析，现金流量表的一般分析是根据现金流量表的数据，对企业现金流量整体情况进行分析与评价；现金流量表水平分析，目的在于通过对比不同时期的各项现金流量变动情况，揭示企业当期现金流量水平及其变动情况，反映企业现金流量管理的水平与特点；现金流量表结构分析，目的在于揭示现金流入量和现金流出量的结构情况，从而抓住企业现金流量管理的重点。

（2）现金流量表项目分析

现金流量表的项目分析又称现金流量表的质量分析，是指按照现金流量表中现金流量的项目及类别，分析现金流入与流出情况是否符合企业发展阶段的特征及其体现出来的企业发展战略目标，具体而言，就是分别对经营活动现金流量、投资活动现金流量、筹资活动现金流量进行分析。

（3）有关比率分析

1）现金比率。现金比率是指货币资金（或现金）与流动负债之间的比率，其计算公式为：

$$现金比率=\frac{货币资金（或现金）}{流动负债}\times 100\%$$

2）现金流量比率。现金流量比率是指经营活动现金流量净额与流动负债的比率，用来衡量企业的流动负债用经营活动所产生的现金来支付的程度，其计算公式为：

$$现金流量比率=\frac{经营活动现金流量净额}{流动负债}\times 100\%$$

6.3 相关知识

6.3.1 财务报表分析的主体

1）企业投资者。

2）企业债权者。

3）企业经营者。

4）其他财务报表分析主体。

6.3.2 财务报表分析的目的

1）基于内部管理的财务报表分析目标：改进管理，提升效益。

2）基于外部主体的财务报表分析目标：赢利、风险、增长。

6.3.3 财务报表分析的作用

1）财务报表分析可正确评价企业过去。

2）报表分析可全面反映企业现状。

3）财务报表分析可用于预测企业未来。

6.3.4 财务报表分析的基本程序

1）战略分析。

2）会计分析。

3）财务分析。

4）前景分析。

6.3.5 财务报表分析的方法

1）水平分析法。

2）垂直分析法。

3）趋势分析法。

4）比率分析法。

5）因素分析法。

6）综合分析法。

6.4 技能训练

1）根据前述海达有限责任公司20×9年资产负债表计算短期偿债能力指标：流动比率、速动比率。

2）根据前述海达有限责任公司20×9年资产负债表计算长期偿债能力指标：资产负债率、产权比率。

3）根据前述海达有限责任公司20×9年资产负债表、利润表计算赢利能力指标：营业收入毛利率、销售净利润率、营业成本费用利润率、总资产报酬率、净资产收益率。

4）根据前述海达有限责任公司20×9年资产负债表、利润表计算营运能力指标：存货周转率、应收账款周转率、流动资产周转率、总资产周转率。

5）根据前述海达有限责任公司20×9年资产负债表、利润表计算增长能力指标：股东权益增长率、资产增长率、销售增长率、净利润增长率。

6）根据前述海达有限责任公司20×9年资产负债表、现金流量表计算：现金比率、现金流量比率。

6.5 完成任务

在对海达有限责任公司财务报表进行分析时，不仅要分析企业财务报表的现有数据、反映企业资金和经营状况的关键比率，还要结合数据分析同行业企业数据，分析企业的历史数据，同时应考虑企业的外部环境，冷静地判断市场，从而对企业的经济现状和未来作出更合理的判断，为企业的发展指明方向。

6.6 教研活动

1）本任务的重点偿债能力、赢利能力营运能力、营运能力、增长能力相关指标计算，难点是运用相关指标进行分析。

2）根据你所教学生的特点，你认为本任务的教学应采用哪些教学方法？教学环境如何创设？应选择哪些教学媒体？

3）根据你所教学生的特点，你认为本任务的教学应如何提高学生的积极性？应如何提高课堂效率？

4）你认为分层教学有何利与弊？

知识拓展

（1）传统的财务分析体系

传统的财务分析体系，由美国杜邦公司在20世纪20年代首创（如图10－17所示），经过多次改进，逐渐把各种财务比率结合成一个体系，其基本框架如下：

核心比率：权益净利率（既具有很好的可比性，又具有很强的综合性）

核心公式：

$$\text{权益净利率}=\frac{\text{净利润}}{\text{股东权益}}=\frac{\text{净利润}}{\text{资产}}\times\frac{\text{资产}}{\text{股东权益}}=\text{资产净利率}\times\text{权益乘数}$$

$$\text{资产净利率}=\frac{\text{净利润}}{\text{资产}}=\frac{\text{净利润}}{\text{销售收入}}\times\frac{\text{销售收入}}{\text{资产}}=\text{销售净利率}\times\text{资产周转率}$$

$$\text{权益净利率}=\text{销售净利率}\times\text{资产周转率}\times\text{权益乘数}$$

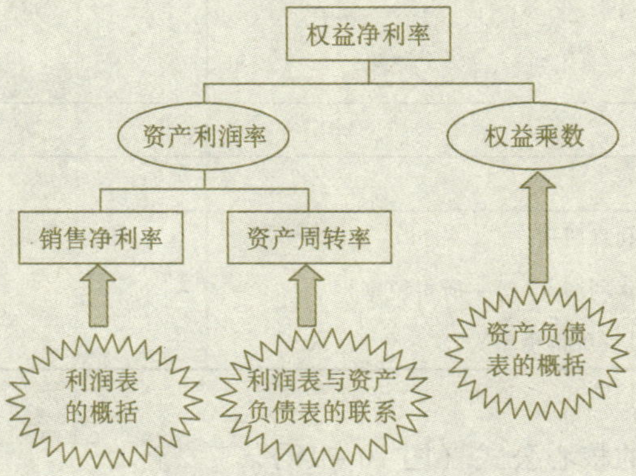

图10－17　传统的财务分析体系

（2）改进的财务分析体系

1）调整资产负债表（图10－18）。

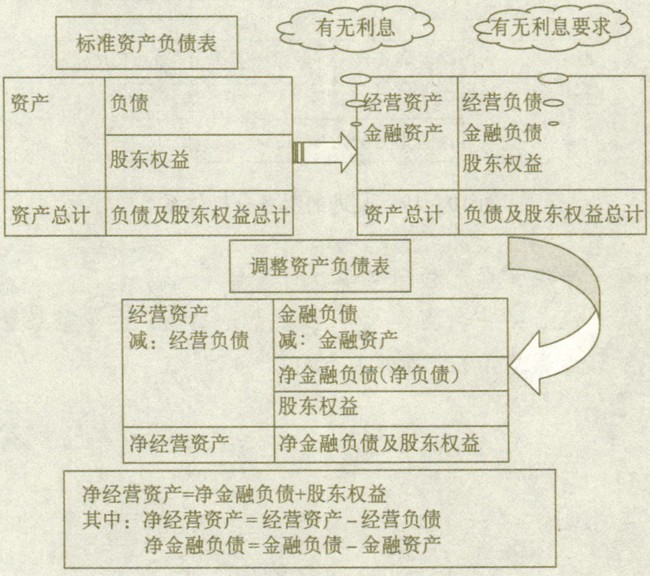

图10－18　调整资产负债表

2）利润调整表（表 10－19）。

表 10－19　　利润调整表

项　　目	本年金额	上年金额
经营活动：		
营业收入		
减：营业成本		
税前经营利润		
减：经营利润所得税费用		
税后经营利润 A		
金融活动：		
税前利息费用		
利息费用减少所得税		
税后利息费用 B		
税后净利润（A－B）		
净利润＝税后经营利润－税后利息费用		
其中：税后经营利润＝税前经营利润×（1－所得税率）		
税后利息费用＝利息费用×（1－所得税率）		

（3）改进分析体系的核心公式（图 10－19）。

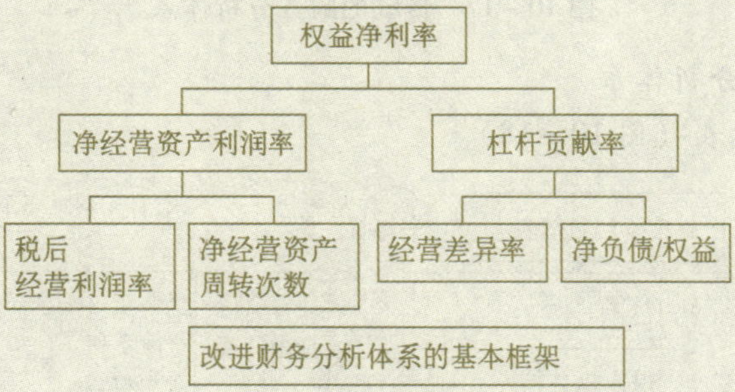

图 10－19　改进的财务分析体系

权益净利率＝净经营资产利润率＋杠杆贡献率

＝税后经营利润率×净经营资产周转次＋（净经营资产利润率－税后利息率）×净财务杠杆

主要参考文献

1. 刘润田主编：《会计基础教程》，辽宁大学出版社 2006 年版。

2. 杨春平著：《会计法律与职业道德规范论》，法律出版社 2005 年版。

3. 梁素萍、李星华编著：《出纳岗位实用技能与技巧》，中国财政经济出版社 2007 年版。

4. 周英虎、唐秋烨编著：《存货核算岗位实用技能与技巧》，中国财政经济出版社 2007 年版。

5. 容焱、何劲军编著：《往来结算岗位实用技能与技巧》，中国财政经济出版社 2007 年版。

6. 马英华、张卫红编著：《成本核算岗位实用技能与技巧》，中国财政经济出版社 2007 年版。

7. 刘资焱、林明梅、蒋琳玲编著：《总账报表核算岗位实用技能与技巧》，中国财政经济出版社 2007 年版。

8. 廖文龙、潘云标、唐振达编著：《长期资产核算岗位实用技能与技巧》，中国财政经济出版社 2007 年版。

9. 陈德萍主编：《财务会计》，东北财经大学出版社 2009 年版。

10. 李金茹、张瑶主编：《新编财务会计》，电子工业出版社 2009 年版。

11. 王德敏主编：《企业内控精细化管理全案》，人民邮电出版社 2009 年版。

12. 张洪兵主编：《做一天固定资产会计》，新华出版社 2005 年版。